UNCONVENTIONAL SUCCESS

A Fundamental Approach
to Personal Investment

非凡的成功

个人投资的制胜之道

David F. Swensen
大卫·F. 史文森 著
年四伍 陈彤 译

高瓴资本 **张磊**
作序推荐

中国人民大学出版社
·北京·

我把这本书献给我的孩子们：

我可爱的女儿——托莉，

即便长大到十几岁了，

她依然像我的漂亮小宝贝一样闪耀；

我的高尔夫球搭档——亚里克斯，

每天都会教给我勇气的意义；

还有我那酷爱运动的儿子——蒂姆，

他似乎总是知道如何让我面带微笑。

大卫·F. 史文森（右）和高瓴资本张磊（左）

投资之道，大道至简

高瓴资本　张　磊

多年以前，当我还是一名学生时，总希望理解投资世界的林林总总，无论是思想框架、学术理论，还是具体的分析方法和策略，都想学习一二，并且时常反思：在不同的市场环境和行业生态中，怎样的投资策略更加有效？对于不同的投资者而言，怎样建立让自己心灵宁静的投资原则？投资中最重要的究竟是什么？但许多事情并非“多即好”。一个偶然的机会，我遇到了大卫·F. 史文森先生，在无数次的实践以后，我对投资有了更加系统深入的理解。

在投资中，有许多经典理论从不同角度诠释着这个行业的规律，投资的魅力也正是源于此。大卫·F. 史文森的这部著作——《非凡的成功：个人投资的制胜之道》开诚布公地为个人投资者讲述了投资的基本法则，给出的不仅是答案，而且是一名个人投资者应有的思维框架和行动指南。初看似是常识，细思则是独辟蹊径地讲述了投资的“第一性原理”，读完令人击节叹赏！

一般而论，“第一性原理”强调探究事物的本质，从最基础的公理出发，去完整思考事物本来应该呈现的发展脉络。“第一性原理”最突出的特征是不盲目相信比较策略或者类比思维，不能在断章取义的片段或者似是而非的对比中寻找结论。对于投资而言，“第一性原理”需要在尊重常识的基础上，正确认识投资收益的真正来源，以及风险背后的内生因素，不盲目相信市场的历史经验，也不拘泥于固定的思维范式。因此，在本书中，大卫·F. 史文森开宗明义：“资本市场为投资者提供了赚取投资收益的三类工具，即资产配置、择时交易和证券选择。”

资产配置这个在教科书中被广泛讨论的议题，在大卫·F. 史文森这里有了新的内涵。他认为，倾向于权益的多元化配置策略是一种适合多数投资者的长期配置策略。这里的长期并非简单意味着长期持有，而是正确对待各类资产收益和风险特征的长期视角。换句话说，长期既是一种研究跨度，也是正确理解事物起承转合的计量尺度，还是理解价值创造过程的天然属性。无论是传统资产类别，还是非传统资产类别，都有着本质的、与市场紧密结合、与时间息息相关的独特性，正是这些独特性构成了收益的主要来源。对于深思熟虑的投资者来说，追求真正创造价值的资产组合，比追求市场的共识更加重要。当然，这需要更多的知识和勇气。

对于择时交易，大卫·F. 史文森认为，由企业不断成长所驱动的收益，才是投资者最应该追求的、最具有确定性的投资选择，而不是所谓的市场套利。与其相信对市场的择时，不如理解为对产业发展和创新变化的笃信。我们多年坚持“做时间的朋友”，就是坚持深研行业规律，在产业不断发生变化的关键节点，寻找最伟大的企业和企业家，一起穿越创新的“死亡谷”，实现企业甚至产业发展的整体跃迁。所以，真正好的投资，可以不论天气、不唯阶段地与企业家同行，一起不断地创造价值。

比阐释思维框架更难得的是，大卫·F. 史文森先生凭借多年对金融市场的理解，抽丝剥茧地讲述各类资产的本质属性，包括收益风险特征、市场表现、税收敏感程度以及投资者和底层资产的利益一致性等。对于投资而言，掌握了每一类资产的本质属性，就好比习武之人获得了心法口诀，大道至简，知晓这些方可触类旁通，游刃有余。

许多人没有注意，却最令人折服的是，大卫·F. 史文森先生始终把受托人责任置于首位，这也让他的论述拥有了更高格局的精神气质。大卫·F. 史文森先生本就是俭以养德的典范，在耶鲁大学投资办公室数十年如一日的投资生涯中，他始终铭记着受托人责任，将道德遵循作为投资的必备法则。并且，他在书中充满理性地剖析众多行业顽疾，回顾诸多现象背后的时代背景和商业实质，诸如共同基金的高换手率、对投资者税负敏感性的忽视以及基金管理人的内部利益冲突问题。他的直言不讳和针砭时弊，尤其令人敬仰。

2002 年，我们将大卫·F. 史文森的另一本著作——《机构投资的创新之路》引入中国，该书讲述了耶鲁投资基金“守正用奇”的机构投资哲学，得到了行业的广泛赞誉。《非凡的成功：个人投资的制胜之道》则更多讲述个人投资的思维框架，同样堪称经典。在复杂的市场环境和动态的竞合博弈中，总有一种方法能够穿越现实的迷雾，找到接近真理的门径，从而获得丰厚的投资收益。书中的许多观点都是引人入胜的哲思，诸如如何理解投资收益的真正来源、资产配置的基本原则、资产类别的本质特征等。我们应当庆幸，大卫·F. 史文森先生首先是一位老师，只是恰好是一名投资者。

在投资行业不断助力产业创新和实体经济发展的新环境中，一旦理解了投资的“第一性原理”，坚持“守正用奇”，坚持“长期主义”，就能不断发现价值和创造价值，并在投资之路上行稳致远。因此，这本书值得每一位投资者阅读，因为这是投资之路上首选的路书。

致读者

《非凡的成功：个人投资的制胜之道》包含了我的观点和想法。本书概述的策略并不一定适合每个人。对于任何特定结果的实现，本书也不做任何担保或保证。出版商和本人明确拒绝承担任何由于应用本书内容造成的损失。特此敬告读者。

读者应该知道，我是美国教师保险和年金协会（TIAA）的受托人，该协会是美国教师保险和年金协会-大学退休股票基金（TIAA-CREF）的一部分。在本书的一些例子中，特别是关于该组织对其客户的专一奉献方面，我对TIAA 做了总体上正面的评价。我在 TIAA 中的经济利益包括我所赚取普通受托人的费用，以及我在 TIAA-CREF 的退休账户中所期望的业绩。我所表达的观点并不必然代表 TIAA 和 CREF 管理理事会的观点。

致　谢

如果没有我在耶鲁大学投资办公室的三位同事——金伯利·萨伦特（Kimberly Sargent）、兰迪·金（Randy Kim）和凯莉·阿比加德（Carrie Abildgaard）的非凡努力，这本书就无法顺利面世。金伯利、兰迪和凯莉通过孜孜不倦的奉献和不懈的努力，协助我完成了手稿制作的各个方面。他们凭借自己永不枯竭的好心情，把充满爱的工作变成了真正快乐的经历。

我的朋友高桥（Takahashi）院长与我相识近 30 年，我们还是工作了 20 多年的老同事，高桥院长为耶鲁投资团队的工作注入了智慧和活力。他的影响和思想贯穿整本书。我俩在个人和专业领域的持续合作给我带来了极大的满足感，当然，也为耶鲁大学带来了大量的资金。

我的手稿从我的同事赛斯·亚历山大（Seth Alexander）、杰伊·康（Jay Kang）、丹·基尔帕特里克（Dan Kilpatrick）和肯·米勒（Ken Miller）的建设性意见中受益匪浅。我的弟弟史蒂夫·史文森（Steve Swensen）则从一个精明的非金融专业人士的角度帮助了我。尽管有他们的帮助，本书中依然存在错误，对此我本人愿意承担全部责任。

前言

当我开始研究《非凡的成功：个人投资的制胜之道》的写作时，我打算写一本不一样的书。我的第一本书《机构投资的创新之路》借鉴了我作为耶鲁大学首席投资官的丰富经验，为其他机构管理基金提供了模板。《机构投资的创新之路》描述了一个以股票为导向，采用主动管理策略的广泛多元化投资计划。我曾预计，《非凡的成功：个人投资的制胜之道》一书将会类似于《机构投资的创新之路》，只是根据机构投资者和个人可用的资源和工具之间的差异做出一些调整。

在为本书收集信息的过程中，我拿到的数据清楚地表明，盲目追求利润的共同基金经理的主动管理策略并未给个人投资者带来令人满意的结果。根据上述证据，我得出一个结论：个人在构建以股票为导向、且没有采用主动管理策略的广泛多元化投资组合中的收益率表现最佳。铁一般的事实表明，不同于追求短期超越市场平均收益率的战略，个人收益来源于购买由非营利性投资机构管理的跟踪市场的投资组合。

共同基金行业的巨大失败给社会带来了严重的负面影响，尤其是在美国工人的退休保障方面。我和大多数经济学家一样，都有一种偏执的观点，认为自由市场通常会带来更好的结果，认为政府干预所引发的问题比其解决的问题更多。然而，由于共同基金行业对个人投资者的系统性盘剥而导致的市场失灵需要政府出面采取行动。如果政府没有做出适当的政策回应，我对美国未来几代退休人员的可用资金数量感到担忧。

绪　论

约翰·梅纳德·凯恩斯（John Maynard Keynes）曾说道，“大多数人都会告诉我们，相比非同凡响的成功，传统型的失败听起来要更好一点。”① 凯恩斯的这条至理名言可谓深入投资圈的每个角落。实践表明，盲目追随大多数人的观点其实并不明智，因为大众都喜欢走的路的结局常常会让人失望；而在经过深思熟虑后，再走一条与众不同的路，一般都是正确的，因为那条很少有人涉足的道路，更有可能让您的投资取得更大成功。

反向投资

对投资者而言，追求反传统策略存在着极大挑战。出于本能，人们都更喜欢沿用那些可以追溯到悠久历史的传统策略，享受其带来的舒适感。与大多数追随者一起共享成果，会强化人们之间的社交互动关系纽带。但不幸的是，这种舒适感无法把人们的投资带上成功之路。

无数共同基金投资者晚上都高枕无忧，坚信只要与想法一致的投资者一同买入基金，并且选择水平高的投资管理人为其提供专业化服务，就必定能够收获高收益率。但从结果来看，多数人的观点都是绝对不明智的！因为有证据表明，在绝大多数情况下共同基金都未能践行其承诺。事实上，只有采用一种反传统的方法才更有可能获得投资上的成功。

《非凡的成功：个人投资的制胜之道》一书建议投资者选择不以盈利为目

---

① John Maynard Keynes，*The General Theory of Employment，Interest and Money*（London：MacMillan and Co.，1936），158.

的的基金管理公司，从而构建一个高度多元化、被动管理型的投资组合。要知道，是营利性基金管理公司正在打理着绝大多数的共同基金资产。我们更要明白，在大多数个人的投资组合中，都包含结果导向型的有价证券投资组合，而真正的多元化配置与其截然不同。另外，绝大多数的共同基金都试图创造超越市场平均水平的收益率，而跟踪市场型基金的投资策略为我们提供了一种与众不同的替代性选择。

在公众的眼中，反向投资者会处于一个两难的困境。当反向投资方法落败于当前的市场主流投资方式时，主流投资者就会嘲笑那些与他们想法不一样的独立思考者；而当反向投资方法获胜的时候，追求一致共识的市场参与者又会站起来谴责反向投资者极不负责任。无论其投资业绩的最终表现如何，非主流投资者（即反向投资者）从外部观察人士处得到的始终只是冰冷的反馈。

反向投资者要意志坚定地买入并持有非传统型投资组合，如果对精心设计的投资组合所使用的基本准则缺乏坚定的信念而心存疑虑，投资者就可能会遭受灭顶之灾。如果他们由于非传统投资策略的业绩表现不佳，就选择中途放弃，并转向使用一种近期业绩表现不错的传统投资方法，那么就会因高买低卖而亏损。在这些普通投资者放弃反传统策略之后的一段时间里，市场理性又会重新占上风。近期表现抢眼的传统投资方法则开始失去光环，而原本短期内并不被看好的反向投资组合开始大放光芒。高买低卖的投资者最终只会自食苦果。

从最基础的层面来讲，《非凡的成功：个人投资的制胜之道》一书的观点只用了少量篇幅便介绍了一个多元化、偏重股票、被动管理型的投资组合规划，执行这一方案的第一步就是应该选择不以盈利为目的的投资管理公司。不幸的是，对那些时间精力有限的投资者来说，事先设定好的推荐策略所带来的帮助十分有限。成功的投资需要信念，而这种信念根植于对投资组合的构建原理有着基本理解。除非投资者真正相信这种非传统的资产管理方法正确并且有效，否则几乎可以肯定的是，其最终还是会禁不住各种市场力量的考验。

未经深思熟虑就轻率做出的反向投资策略最终所造成的结果同样会像传统方法那样很难让人如愿。在相当长一段时间内，追求一致共识的策略往往能创造骄人业绩，这就使那些浮躁的反向投资者处境很尴尬。在某些情形下这种共识是正确的，这会使浮躁的反向投资者坐立不安。成功的投资不仅仅需要站在当时市场交易的对立面，它们需要做的还有更多。深思熟虑型的投资者会在基本了解了为什么要选择反传统的投资方法之后，再制定投资方案。

本书试图给予投资者采取反向投资策略的知识与勇气。本书中列举了侵吞主流投资者资产的诸多圈套，目的是让大家吸取经验教训并远离它们。本书中所介绍的尚未流行的投资方法可以为众多反传统的投资者提供一种新选择。如果说“观念带来信念”，那么知识将是成功投资必不可缺的要素。

公共政策问题

虽然《非凡的成功：个人投资的制胜之道》一书的主要目的是向个人投资者提供一个理性的投资分析框架，但是本书也涉及一些与美国雇员退休保障息息相关的公共政策问题。为了拥有舒适的退休生活，越来越多的个人选择积攒必要的财富，而现在这个责任越来越多地落到个人自己的肩上。近几十年来，雇主负责的退休金方案逐步被由雇员自主打理养老金的方案所取代。责任从雇主转移到雇员身上，原本管理有序、成本低廉的投资方案基本上都变成管理不善、成本高昂的投资方案。日渐增多的雇员管理型养老金产品正威胁着数百万美国人退休后的生活保障。

由雇主出资的固定收益型养老金计划日益减少这一趋势似乎已经无法逆转。雇主很反感这种固定收益型养老金计划，因为它承诺要向退休员工终生支付养老金，这项义务非常艰巨，并且不确定性极大，而要履行这一义务，还需要掏出一笔数目巨大、具体金额不确定的资金；雇员也不喜欢这种固定收益型养老金计划，因为它无法确定将来到手的退休金具体金额，并且不能及时发到自己账户上。因此，在所有人的眼中，固定收益型养老金计划都很不受欢迎。

与此类似，由雇员负责的固定缴款型养老金计划日益增多，这种趋势看上去已经不可逆转。雇主偏好这种固定缴款型养老金计划，这是因为他们所承担的义务不仅有限，而且边界清晰；雇员也喜欢固定缴款型养老金计划，因为他们可以清楚地知道自己的账户财富的最终价值。在这场民意争夺中，固定缴款型养老金计划已经战胜了固定收益型养老金计划。

不幸的是，固定缴款型养老金计划并未取得成功。有的雇员拒绝参与，其他雇员的参与水平也不足以形成足够的退休储蓄金。当雇员变换工作的时候，大量储蓄金会被折算成现金支付给员工，并被他们花销掉了。固定缴款型养老金计划具有自愿参与性质，这是对人们退休保障的第一个威胁。

人们退休保障所面临的第二个威胁就是投资选择的成本高昂。固定缴款型养老金计划的投资产品名录列出了共同基金业向人们推销的投资产品。结果，尽管产品的业绩表现平庸，投资者却仍然付出了高昂的费用。可供固定缴款型养老金计划参与人使用的投资工具远远不够，距离“足够”的最低标准还要差很多。

人们退休保障所面临的第三个威胁就是参与人缺乏投资管理的专业知识。绝大多数人都缺乏使自身能在激烈竞争的投资市场上取得成功所必需的专业知识。不合理的资产配置、计划不周详的主动管理，以及不合时宜的交易都是个人投资者容易犯的错误。即使在全国范围内大力开展教育，也很难培养出具备高效率投资技能的国民。

要解决人们的退休储蓄金问题，合理的对策应是将固定收益型养老金计划放到个人退休金方案的中心地位，并以固定缴款型养老金计划为辅助手段。但不幸的是，政府的态度似乎恰恰相反。布什（Bush）政府提议允许“个人自主将他们的社会保障税的一部分投资到个人退休金账户”①，这让个人投资者承担了更大责任。社会保障资金的部分私有化使人们要自主决策如何对部分退休金资产做投资，这使那些本身已肩负重担、投资能力并不高的个人投资者又多承担了一项责任。

针对社会保障资金的私有化，诺贝尔经济学奖得主保罗·萨缪尔森

---

① Whitehouse. gov, “Specifics on The President's Plan to Strengthen Retirement Security,” 2 February 2002.

http: //www. whitehouse. gov/news/releases/2002/02/20020228-1. html.

(Paul Samuelson) 表达了如下担忧：

> 将来布什政府的继任者很可能允许工人在私人打理的账户中提取部分社会保障资产。为什么这么做呢？是因为它能为大多数人造福吗？不。事实上它只会让大多数人付出高昂代价。但是金融行业将会因此而发展得很好，它们可以向那些用社会保障资金做投资的客户提供一如既往的常规服务。政治说客将会顺势赞成这种制度，但它只会带来无谓的巨额损失和低下的效率。[1]

美国政府准许共同基金市场的金融机构获得更多打理美国人的退休储蓄金的机会，这是以牺牲中产阶级的利益为代价，来迎合华尔街利益的举措。

另一项合理的回应政策是，把投资产品限定在某个精心设计的选择范围内。政府出台的税收优惠政策会鼓励个人参与投资固定缴款型养老金计划。假设政府只对那些投向低成本、跟踪市场的指数基金的账户给予税收优惠，那么通过将具有税收优势的资金限制在被动投资工具上就能大大降低投资者犯错误的概率，政府监管可以通过限制不同基金间的转换次数（资金流动数量）和频率来解决择时交易的问题。宣传教育也可以解决资产配置面临的挑战，它可以鼓励个人结合自身风险承受能力和投资期限来选择适当的投资方案。政府就像家长一样制定了强有力的鼓励措施，来促使人们选择配置合理的被动管理型投资方案。

这里举一个现成的范例，它就是美国政府推出的节俭储蓄计划（Thrift Savings Plan，简称 TSP），这是面向全美的公民和军人设立的。截至 2003 年年底，该计划的总资产规模高达 1 288 亿美元，被分配到五只基金里。其中，四只基金跟踪的都是非常著名的指数，即大盘股的标准普尔 500 指数（S&P 500 Index），小盘股的威尔逊 4500 指数（Wilshire 4500 Index），境外发达市场股票的摩根士丹利资本国际欧洲、大洋洲和远东指数（MSCI EAFE Index）和仅限国内债券的雷曼兄弟美国综合指数（Lehman Brothers U. S. Aggregate Index）。从证券选择的角度来看，美国政府是在保护企业的雇员，使其远离

---

① Paul A. Samuelson, "The Backward Art of Investing Money," *Institutional Investor*, October 2004: 114.

主动管理的负和博弈。

假如资金购买被动管理型的投资工具只能享受税收优惠，那么投资者可能会继续购买成本高昂、实行主动管理的负有纳税义务的基金。但如果政府施行“胡萝卜加大棒”的政策，即在给予税收优惠的同时对投资标的加以限制，那么这会迫使投资者在一系列高质量的投资工具中做出选择，从而提升数百万美国人的退休金前景。

共同基金行业处在严重的市场失灵的中心。对于提供投资管理服务的机构而言，它们成熟老练、深谙市场，而个人客户往往很不成熟，双方间的不对等导致大量财富从个人账户转移到机构手中。市场机制失灵是需要政府干预的前提条件，也就是说，当整个行业已经明显不能为大多数个人投资者创造令其满意的收益时，政府就有必要介入。

共同基金行业的失败

《非凡的成功：个人投资的制胜之道》一书认为，共同基金行业有负于美国的个人投资者。一些极具说服力的数据表明，等待着共同基金持有人的最终结果几乎都是失落，而他们原本希望能获得超越市场平均水平的收益。之所以出现这个问题，其根源在于共同基金管理公司的信托责任与公司盈利动机之间的矛盾，而两者冲突的结局就是共同基金管理公司会毫无疑问地倾向于自身的盈利，于是个人投资者落败，共同基金管理人则成为赢家。

一些证据让人无法反驳地指出，资产主动管理行为没能为个人投资者带来理想的收益。两个因素共同作用的结果造成了个人投资者面临的困境。第一个因素源于个人投资者可选的潜在投资标的，它们中的绝大多数天生都是成本高昂的，投资的实际操作效果也很糟糕。第二个因素则与个人投资者面对市场时所做的反应相关。调研不够充分、事后诸葛亮式的投资、投资行为的反复无常（不论是面临困境还是碰到机会时）等都会让大多数投资计划所获得的收益率大打折扣。即便是外部的投资经理人没有让投资者遭遇多少亏损，投资者自己也会给自己制造伤害。

这就形成了让人沮丧的局面。《非凡的成功：个人投资的制胜之道》一书大部分章节详尽分析了共同基金行业的缺陷，并警告投资者要避开那些受盈利动机驱动的投资管理机构。本书其他部分的重要内容描述了个人投资者行为的各种失误，并详细解释了是投资者给自己制造了过多麻烦。

最后，针对个人投资者面临的挑战，《非凡的成功：个人投资的制胜之道》一书提出了一个建设性的解决方案。在资产管理行业中，存在占比很小的一部分非营利性基金管理公司，这就使得投资者有机会委托这些专注于履行信托责任的机构去做投资。此外，市场中还有大量结构设计合理的被动管理型投资选择工具，这也使得投资者可以构建出股票型、多元化的投资组合。即使共同基金行业出现了大范围的市场失灵，对于那些愿意采用反传统的方法来管理投资组合的投资者，他们的投资仍然有机会取得成功。

大卫 · F. 史文森

写于纽黑文市

目 录

开 篇

第一部分 资产配置

后　记

开　篇

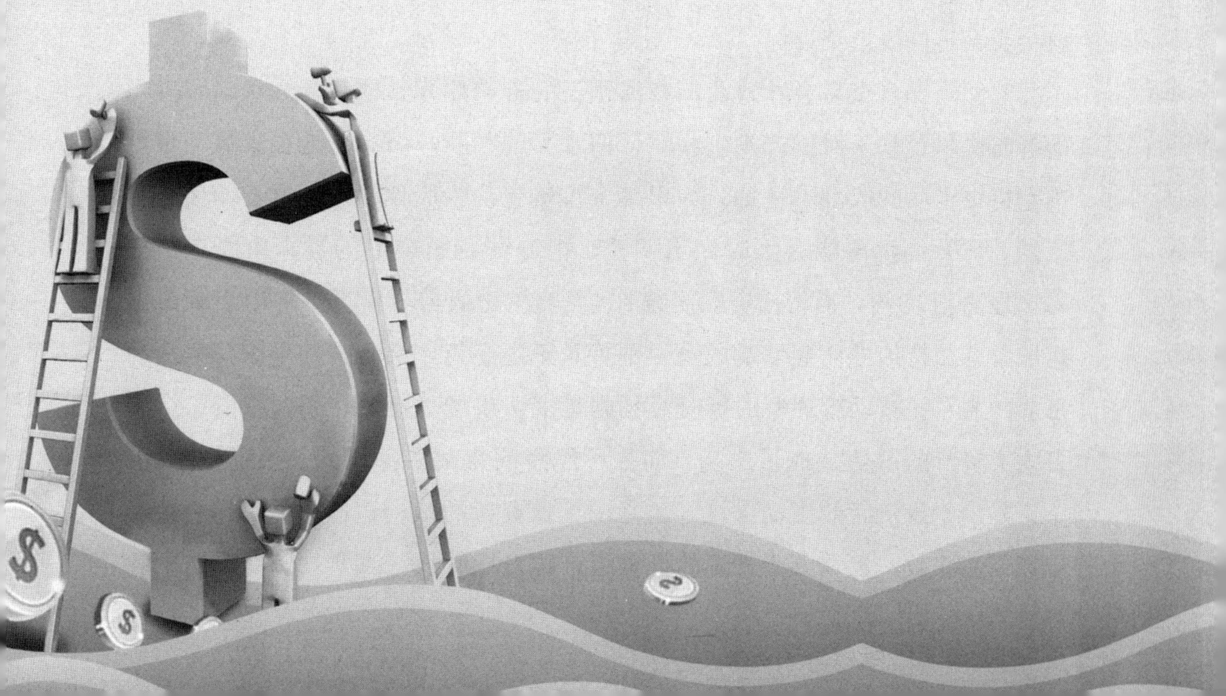

第1章

投资收益的来源

资本市场为投资者提供了赚取投资收益的三类工具，即资产配置、择时交易和证券选择。如果能清晰理解这三类投资组合管理工具的性质和作用，投资者们就会重视那些最可能帮助我们达成长期投资目标的因素，并忽略那些最可能妨碍长期投资目标实现的因素。制定一个合理的投资方案，应该从认识资产配置、择时交易和证券选择三个因素的相对重要性开始。

资产配置是一项长期决策，即投资者会在各种不同的资产类别上选择分配多大比例的资金。比如，对于某个投资期限长的投资者，他可能决定将资产的30%投资于国内股市，20%投资于国外股市，20%投资于房地产，15%投资于挂钩通货膨胀（简称通胀）指数的国债，剩下的15%投资于传统证券。投资者们都会设定一个衡量投资业绩的比较基准。一旦确定了资产配置决策，就很少会再修改投资目标。

然而，择时交易会导致我们背离预设的资产配置长期目标。主动管理型的择时交易是基于对资产类别相对估值水平的判断，而有意地去尝试在短期内获得更丰厚的收益。比如，如果某个投资者认为股票将会上涨，而债券将下跌，那么他就可能会临时做出调整，把分配在股票上的资金由原有占比30%提高到35%，而将投资在债券上的资金占比从15%调低到10%。通过增持股票并减持债券而赚取的收益，不管是正还是负，都是主动采取择时交易形成的盈亏。被动管理型的择时交易则是由于市场力量的作用对投资组合中各大类资产的市值造成了影响，而在不经意间背离了预设的长期投资目标。不论是由于投资者的主动决策，还是由于投资者的被动适应，择时交易之所以能创造收益，都是由于设想的投资组合的目标收益与真实投资组合中的各资产类别收益之间出现偏离。

证券选择是指从确定被动或主动管理方式入手，为每种单独的资产类别构建投资组合的一种方法。作为评价其他证券选择的比较基准，被动管理是对标的市场的复制。就美国国内股票而言，标准普尔 500 指数、标准普尔 1500 指数、威尔逊 3000 指数和威尔逊 5000 指数都是被人们广泛应用的指数，为从事被动管理的投资者们提供了合理的市场定义及投资选择；主动管理则是对市场下赌注，投资者们试图对价格诱人的股票进行加仓，并减持估值过高的股票。主动管理者收取的是扣除基准收益后的部分收益，这部分就代表着证券选择行为所创造出的收益。

资产配置决策对决定投资业绩的好坏起着主导作用。对机构投资者投资组合的大量可信研究表明，在投资收益率的变动中，大约 90%是源于资产配置，只有约 10%是由择时交易和证券选择决定的。另外一项对机构投资者业绩的重要研究表明，投资收益的 100%都来自资产配置，而证券选择和择时交易的作用可以完全忽略。① 所以，稳健的投资者会把重点放在确定目标资产类别上。

关于资产配置重要性的学术研究成果让许多资本市场的研究人员得出如下结论，即某些不变的财务规律决定了资产配置在投资管理中占据首要位置。事实上，上文所引用的研究结论仅仅印证了投资者的行为，并没有从金融学理论中找到依据。投资者们如果意识到是什么力量在驱动着资产配置被放到首要位置，择时交易和证券选择被放在次要位置，就会对如何构建证券投资组合这一问题有重大领悟。

在结构合理的投资组合中，以下三条基本投资准则始终影响着资产配置的决策。第一，在构建投资组合时，长期投资者应着眼于侧重股票资产；第二，稳健的投资者应构造一个非常多元化的投资组合；第三，在构造投资组合时，聪明的投资者应充分考虑到税负造成的影响。这三条基本投资准则，即偏重股票、多元化和对税负敏感，既符合常识认知，也是学术理论所倡导

---

① Roger G. Ibbotson and Paul D. Kaplan, "Does Asset Allocation Policy Explain 40, 90, 100 Percent of Performance?" *Financial Analysts Journal* 56, no. 1 (2000): 32.

的。令人吃惊的是，在现实的资产配置活动中，人们似乎并不怎么重视以上三条基本投资准则。

资产配置

在大多数投资者的投资组合中，资产配置决策都处于核心地位，因为他们所持有的投资组合大多是多元化的，包含了多种大类资产类别（以减少证券选择的影响），而且他们一般都会保持合理稳定的资产类别配置（以减少择时交易决策的影响）。[①] 在投资收益率的三个来源当中，已经有两个彻底不起作用了，资产配置也就顺理成章地成了最后的赢家。鉴于投资组合的长期目标对投资业绩具有重大影响，理性的投资者应该聚焦于如何构建一个思虑周详的资产配置结构。

投资专家查理·艾利斯（Charley Ellis）发现，基本上投资者们都不会将绝大部分的时间和才智用在最重要的投资决策上，他们非常容易受到证券选择决策的吸引和择时交易活动的诱惑，往往把精力放在不断地调整投资组合上，在付出了高昂的代价之后，还毫无收获。虽然鸡尾酒会上热门股票和绝佳的择时交易总会成为人们的精彩谈资，但是在成功的投资中，那些让人觉得乏味无趣的基准投资组合才是真正更为重要的东西。

怎样设定可行的投资组合目标？最重要的在于对基本投资准则、特定投资目标的定义以及对个人风险承受能力的认知。基本投资准则为投资者建立最可能满足其需要的投资组合提供了分析框架，表述清晰的投资目标可以明确投资者们希望完成的任务，而对风险偏好的准确界定则圈定了投资者们理性投资的范围。投资者们如果能谨慎遵循基本投资准则，设定恰当清晰的投资目标，并且保有合理的自我认知，将会提高投资成功的概率。

---

① 不幸的是，即使构建了非常多元化的投资组合，并进行了比较稳健的资产配置，也不足以阻止投资者因追逐前一天的业绩热门产品（见第二部分——市场择时策略）而亏损大量资产，以及因低效率的主动管理（见第三部分——证券选择策略）而消耗大量资产。

基本投资准则

不论是金融学理论，还是生活常识，都认同上述三条长期的资产配置准则——偏重持有股票、投资组合多元化和对税负敏感。把资产配置到股票之类的投资工具上突出了投资组合的特色，因为正是那些预期能带来更高收益的高风险头寸最终创造了更多财富；将资金投入一系列业绩表现各不相同的资产类别能提升投资组合的特性，因为多元化的投资组合可以降低风险，并最终带来更稳定的收益；重视不同种类大类资产在税收负担水平上的差异，同时考虑投资组合策略在纳税后的实际收益水平，将有助于提高投资组合的业绩，因为得到改善的资产组合可以创造更高的税后收益率。偏重持有盈利能力较强的股票、投资组合多元化，以及提高对税负的敏感性均会提振最终收益率，这三者相互结合，共同为高效率的投资组合的资产配置奠定了良好基础。

偏重持有股票

金融学理论认为，相比那些持有较低风险金融资产的投资者，股票投资者普遍期望获得更高的收益率，这是无可厚非的，因为他们的代价是要承担更高的风险。由于股东在公司偿付了其他债权人之后才能得到收益，股票所有权代表着一种剩余权益。就这一点来看，与那些在公司资本结构中处于优先地位的公司贷款人相比，股东所处的地位导致其承担的风险更大。从有价证券收益的视角来看，现实同理论保持一致。在相当长的一段时间内，股票的投资收益率都高于债券和现金的收益率。

历史证明，在较长期的持有中，股市能带来丰厚收益。每一种信息来源都提供了关于股票市场收益的高质量信息。伊博森公司（Ibbotson Associates）由耶鲁大学学者罗格·伊博森（Roger Ibbotson）创立，它发表的过去78年的投资收益率调查报告被人们广泛引用。在1926年到2003年的近80年间，美国大公司股票的年化收益率为10.4%，而同期美国长期政府债券（国债）的年化收益率仅为 5.4%，短期国库券*的年化收益率仅为 3.7%。股票和债券的收益率相差 5 个百分点，这便是历史意义上的风险溢价水平，也就是由于承担的风险要高于债券投资的固定风险水平，股票持有人应获得的收益。

即使是看似微不足道的收益率差异，如果放到长期来看，也会演变为惊人的财富悬殊。如表 1.1 所示，在报告所考察的 78 年中，如果将 1 美元投资于大公司的股票，将增值 2 285 倍；若投资于债券，将增值 61 倍；若持有现金，则仅增值 18 倍。小公司股票的业绩表现则更为惊人，1926—2003 年，1 美元增值高达 10 954 倍。很显然，股票投资的收益率水平能轻而易举地战胜债券或现金。

表 1.1　持有股票带来的长期收益率*

时间	现金收益		长期政府债券收益		大公司股票收益		小公司股票收益	
	百分比（%）	倍数	百分比（%）	倍数	百分比（%）	倍数	百分比（%）	倍数
1926—2003 年	3.7	18	5.4	61	10.4	2 285	12.7	10 954
1802—2001 年	4.3	4 500	4.9	14 000	8.3	8 800 000	N/A	N/A

资料来源：Ibbotson Associates. Stocks, Bonds, Bills, and Inflation 2004 Yearbook (Chicago: Ibbotson Associates, 2004); Jeremy Siegel, Stocks for the Long Run (New York: McGraw Hill, 2002).

* 该表中收益率为复利收益率。——译者注

在《股史风云话投资》（*Stocks for the Long Run*）一书中，杰瑞米·西格尔（Jeremy Siegel）也提到了类似的结论。这本书是他在股票收益率方面的经典研究成果，书中表明：在 1802 年到 2001 年的两个世纪中，美国大公司股票的年化收益率达到 8.3%。在 19 世纪初投入股市 1 美元，如果把获得的收益和股息全部再投资，那么到 21 世纪初，它就升值为 880 万美元，这个统计结果简直到了令人难以置信的地步。

而债券投资的业绩表现就要逊色不少，长期政府债券的年化收益率为 4.9%，即投入 1 美元，持有 200 年后将会成为价值 14 000 美元的投资组合；

* 原书如此，正文中为短期国库券，表 1.1 中为现金。——译者注

短期国库券的收益率最低，这也是意料之中，其年化收益率为 4.3%，也就是说，1 美元在 200 年后仅会升值到约 4 500 美元。值得注意的是，西格尔考察的是长达两个世纪的收益率情况，这一期间的风险溢价为 3.4%，而伊博森研究了 78 年中的收益率情况，这一期间的风险溢价为 5%，两者水平大致相当。

历史证据清楚地表明，长期投资计划应该高度偏重权益资产。事实上，浮光掠影地看数据可能会把你引向错误结论，误以为应该把所有“鸡蛋”都放到股票市场这个“篮子”里。其实不然，仔细审视历史后你会发现，集中于单一大类资产非常危险。

投资多元化

1929 年股灾就是由于持有非多元化投资组合而造成巨额亏损的最生动的例子。1928 年 11 月，小盘股的股价达到巅峰，但在 1932 年跌至谷底。在这个过程中，投资者购买的小盘股跌幅高达 90%，损失极为惨重。经济大萧条引发了通货紧缩，从而稍微缓解了居民购买力下降所带来的损失，在扣除通货膨胀因素后，1 美元的实际价值跌至 88 美分。表 1.2 向我们展示了这段可怕的经历。

表 1.2　有时市场会打败集中型投资组合

时间	小盘股倍数	购买力调整后的倍数
1928 年 11 月—1932 年 6 月	0.10	0.12
1968 年 12 月—1974 年 12 月	0.42	0.29

资料来源：Ibbotson Associates. Stocks，Bonds，Bills，and Inflation 2004 Yearbook (Chicago：Ibbotson Associates，2004).

另外，在 20 世纪 70 年代出现的熊市和经济滞胀中，小盘股的收益表现极为糟糕，简直令人难以忍受。在 20 世纪 60 年代疯狂的牛市中，1968 年 12 月，小盘股价格涨到最高值，连续 4 年都高于大盘股价格的峰值。但接下来的股市暴跌几乎一泻千里，小盘股暴跌了将近 60%，并在 1974 年 12 月触底。熊市给股民带来了巨大痛苦，与此同时，通货膨胀更是让人们面临的形势雪上加霜，1968 年的 1 美元的购买力到 6 年后贬值为 68 美分。考虑购买力变化进行调整后，由于受到市场波动和通货膨胀两者的共同影响，投资者的亏损高达70%多。因此，没有坚持多元化投资原则的投资者付出了惨痛代价。

严格来说，从金融学理论角度来看，多元化能够提高投资组合的业绩，因为它能让投资者在特定风险水平上获取更高的收益（或在特定的收益率水平上承担更低的风险）。一直以来，经济学研究者都信奉“天下没有免费的午餐”，但有一点还是会让他们觉得惊讶，那就是诺贝尔经济学奖得主哈里·马科维茨（Harry Markowitz）把多元化投资称为经济领域中罕见的“免费的午餐”。借助于多元化投资，投资者可以在降低风险的同时保持稳定的收益率水平，或在风险不变的情况下得以提振收益率。

总体来看，投资多元化行为带来的好处要远远多于其财务收益。当集中型投资策略的业绩表现惨淡时，那些没有选择多元化投资组合的投资者面临巨大压力——这种压力不仅来自自身，也来自外部世界——于是他们开始改变投资方向。20世纪30年代，购买小盘股的1美元本金贬值为10美分。20世纪70年代，1美元再次贬值为30美分，投资者们纷纷宣称“不再”并且“永远不会”购买小盘股，他们卖掉股票，转而持有现金。当然，此时还没到投资者真正见识小盘股风险的时候。1932年6月，投资1美元买入小盘股，到2003年12月时，它的价格已经上涨为原来的100 000多倍。非常不幸的是，投资多元化并不能提供任何收益保证，也不会让投资者在面对不利条件时依然能坚持既定投资方针。但是，如果在整个投资组合中，只有少部分股票遭遇价格暴跌，那么投资者们还是有可能安然渡过这场难关的。

理性的个人投资者都会选择将资产精心分配到一系列的投资产品中。投资多元化提供了一场“免费的午餐”，既提振了收益率，又降低了风险，使投资者能够在不利的市场环境下，仍有可能坚守既定的投资方向。

操盘中的投资准则

虽然几乎所有的投资专家都支持股票型的多元化投资组合，但是在市场实际操盘中，通常没有完全体现出投资组合管理的基本理念。以学院和大学捐赠基金的常规资产配置来看，它们是机构基金中管理得最好的。如表1.3所示，1993年组合中的国内股票几乎占全部资产的50%，国内债券和现金占比为40%多，这两种资产类别几乎占组合中总资产的90%，这种投资组合并没有实现多元化。其中，预期收益率较低的债券和现金占总资产的 40%多，这种投资组合也不符合以偏重股票交易为导向的投资准则。20 世纪 90 年代初，学院和大学捐赠基金管理的收益率表现都比较糟糕。

表 1.3　学院和大学捐赠基金没能遵守基本投资准则：加权平均后的资产配置

资产类别	1993 年 6 月 30 日（占总资产的百分比，%）	2003 年 6 月 30 日（占总资产的百分比，%）
国内股票	48.6	47.7
国内债券和现金	40.8	29.2
多元化资产	10.6	23.1

资料来源：全美高校经营管理者协会（National Association of College and University Business Officers，NACUBO）。

由传统有价证券构成的投资组合所表现出的多元化远不如债券和股票的差异所表现出的多元化。在大多数情况下，市场利率水平（这是市场收益率最重要的驱动因素之一）的变化会以相似的方式作用于债券和股票。当市场利率水平上升时，债券投资所面临的严峻现实会导致其市场价格下跌。当市场利率水平上升时，公司未来收益的贴现率也会随之上升，这就会导致当前股价的下跌；反之亦然。20 世纪 90 年代初，在学院和大学捐赠基金的投资组合中，有将近 90%的资产暴露在影响金融市场收益率的共同决定因素即市场利率水平中。

当真实的通货膨胀率与预期水平并不相符时，持有股票和债券是多元化程度最高的投资选择。例如，当出现通货膨胀超出预期的情况时，债券持有人的固定名义债权价值会变得更低。也就是说，超预期的通货膨胀率会提升股东对企业资产的剩余索取权价值；反之亦然。简而言之，只有在异常（特定）情形下，手中同时持有股票和债券才算得上是较好地做到了投资多元化。

与 1993 年相比，2003 年的学院和大学捐赠基金的投资组合并没有多大改进。在 2003 年的投资组合中，股票的持有量占总资产的近 48%，这与 10 年前并无太大差别。2003 年，投资组合中的固定收益证券在总资产中的比例接近 30%，与 1993 年相比下降了近 10%。很显然，从 1993 年到 2003 年，传统有价证券的占比下降凸显了投资组合抵抗风险的特性。尽管多元化资产的占比得到提升，但是，2003 年的多元化程度仍算不上很高，偏重股票投资的程度也不够。

这里我们做一个比较，考察一下学院和大学的投资业绩与捐赠基金管理得很好的教育机构。在捐赠基金领域，哈佛大学、耶鲁大学、普林斯顿大学和斯坦福大学在资产管理规模上占据领先地位，它们很早就开始构建多元化的股票型投资组合。早在 1993 年，领先市场的这四所大学仅将约 56％的资产用于投资国内有价证券，相比之下，其他大多数学校却将捐赠基金中高达 89％的资产投资到国内有价证券上。截至 2003 年，这四所大学对捐赠基金做了深度多元化，投资于国内有价证券的资产下降到约 32％，如表 1.4 所示；而在其他大学中，该项占比依然高达 77％。

表 1.4　大型捐赠基金采用多元化的股票型投资组合策略

资产类别	1993 年 6 月 30 日 （占总资产的百分比，％）	2003 年 6 月 30 日 （占总资产的百分比，％）
国内股票	35.5	17.0
国内债券和现金	20.0	14.6
多元化资产	44.5	68.4

资料来源：NACUBO。

说明：该表数据代表哈佛大学、耶鲁大学、普林斯顿大学和斯坦福大学四所大学加权平均后的资产配置情况。

规模庞大的捐赠基金不但多元化程度更高，而且更侧重于股票类资产的投资。对于上述四大捐赠基金而言，1993 年时其配置在固定收益类产品上的资金占比平均为 20％，而到了 2003 年时占比下降至约 15％，这大约只有其他学院和大学的一半，后者投资于固定收益类产品的资产比重在 1993 年和 2003 年时分别为 41％和 29％。

多元化的股票型投资组合带来了丰厚收益。截至 2003 年 6 月 30 日，在捐赠基金投资机构排名中，哈佛大学、耶鲁大学、普林斯顿大学和斯坦福大学累计赚取的收益位居前 5％，远远超过其他学院和大学。可见，把这些基本投资准则运用在实际投资中，完全可以创造优异的投资业绩。

择时交易

对于机构投资者的投资组合而言，择时交易对其投资业绩的贡献度并不高。因为这些机构投资者们在持有多种资产类别时，会表现出理性的坚定。机构投资者会主动回避择时交易，也许这是因为它们深知，对于一个经过精心设定长期目标的投资组合来说，采取短线的投机性交易是自相矛盾的。这些机构投资者坚持既定资产配置政策不变，也可能是因为它们意识到，持续对大类资产开展相对价值评估虽是成功进行择时交易所必需的动作，结果却只会是徒劳无功，尤其是当这种持续评估依赖于一组令人眼花缭乱而且不可预测的经济和金融变量时。实际上，不管投资组合资产配置具有内在稳定性的真实原因是什么，对机构投资者的投资业绩而言，择时交易对其造成的影响并不太大。

但是如果放到个人投资者来看，情况就完全不同了。已有证据向我们描述了这样一种投资模式，即对近期表现强劲的投资产品配置过多资产，并对近期表现疲软的投资产品配置过少资产。也许投资者会默许由惯性来左右投资组合的资产配置状况，也就是任由各大类资产的配置权重随着市场的相对涨跌而变化。个人投资者也可能主动去追捧市场上的昨日“赢家”，并极力抛售“输家”。对于个人投资者的投资组合而言，择时交易往往只会造成负面的影响。

相对而言，择时交易之所以无足轻重，并不是由于这是金融学理论的准则，而是因为它是投资者行为导致的一种结果。一般而言，坚守资产配置的长期目标是一种理性行为，下面我们把它与择时交易做一下对比。如果某位投资者的策略是对股指期货做日内频繁交易，那么这个投资组合的业绩就变得与资产配置和证券选择不再有任何关系，而仅仅与择时交易的操作密切相关。投资者大多不会激进地操作高频交易，这可能是由于他们基本上都很明智，也可能是由于日内交易者受到达尔文式的“物竞天择”理论的影响。

择时交易中的交易操作之所以十分频繁，并不是因为投资者明确地喜好或厌恶某种大类资产，而只是因为其被动地背离了对资产配置的预设目标。面对市场的波动，如果投资者未能进行调仓交易，那么其所持投资组合的配置就会不可避免地偏离预设的目标水平。例如，如果债券的业绩表现强于股票，那么债券组合收益率就会高于目标水平，股票组合收益率则会下降并低于目标水平。组合再平衡要求投资者应卖出当前表现强劲的债券，从而为买进表现较弱的股票腾出支持资金。由于很少有投资者能系统地执行此类调仓操作，因而大多数投资组合只是在被动跟随市场波动，而且面临平时操作稀少的择时交易。如果投资者遵循这种投资方法，即增持近期表现强劲的投资产品，减持近期表现疲弱的投资产品，那么他们投资成功的可能性就会降低。

增持近期表现强劲的资产，同时减持过去表现疲软的资产，这并不是赚取满意的预期收益率的好办法。部分很有说服力的证据表明，市场走势会表现出均值回归的倾向，也就是说，好的业绩表现随后就会变差，而紧跟着差的业绩表现之后就会出现好转。在具有均值回归特征的市场上，如果投资者不能按照长远目标对投资组合进行再平衡，而是大量买进近期升值的资产，那么这种做法将会最容易恶化未来的投资结果。只有根据长期目标对投资组合定期进行再平衡，投资者才能赚取与规划好的资产配置决策一致的收益率。

证券选择

证券选择对投资收益率的影响比较小，因为投资者往往持有多元化的投资组合，这些组合与整个市场走势紧密相关。投资者持有的证券与市场高度相关，这降低了特定证券对组合收益率的影响，因此，投资组合的收益率水平可以代表整个市场的收益率水平。

持有多元化的投资组合通常被看作明智的投资行为。下面我们把它与证券选择做一下比较。如果某位投资者仅持有单只股票，而不是持有一个包含多只股票的一篮子组合，那么这只股票的特性就决定了整个股票组合的业绩。在单一股票的投资方案中，证券选择对投资组合的业绩起到了决定性的作用。

投资者们只需持有股票市场上的一小部分股票，就可以达到与市场指数类似的多元化效果。包括投资专家伯顿·麦基尔（Burton Malkiel）在内的一批学者曾指出，从过去传统的测算方法中可得出结论，在投资组合中纳入 20 只股票就能够收获多元化投资全部收益的绝大部分。[①] 而近年的研究表明，要想减少同样多的非市场风险，投资者就应构建一个包含 50 多种不同证券的投资组合。投资组合里总共需要多少只股票才算合理呢？如果不考虑持有多少只股票才能表现出与市场同等的风险，那么美国股市中的成千上万只股票都符合上述条件，毫无疑问，我们有着宽裕的选择余地。

我们从某个由数量众多、随机选择的证券组成的投资组合中，考察与市场有关的系统性风险和与市场无关的非系统性风险的情况。系统性风险是指市场固有的风险，非系统性风险则是指由特定证券的自身变化形成的风险。需要注意的是，只包含一只证券的投资组合，其含有极高的非市场性的单一证券的特质风险。相比之下，某个综合性的、市值加权的指数基金只包含市场的系统性风险。单一证券组合与市场投资组合展示了两个极端情形，由此我们可以看出，随着组合中所包含的证券数量的不断增加，该投资组合与市场无关的风险（非系统性风险）就会不断降低，而与市场相关的风险（系统性风险）就会上升。

某项严谨的研究（包含 1963 年到 1997 年间三个大致相同的时期）表明：由 2 只证券组成的投资组合所蕴含的风险为市场风险的 2 倍或 3 倍；相比之下，某个包含 20 只证券的投资组合蕴含的风险水平比市场总体风险高出 1/3 至 2/3 的水平；含有 50 只证券的投资组合所表现出的风险水平差不多与市场风险水平相当，而且它基本上已经没有可以再分散的风险了。[②] 换句话来说，对于由几十只甚至几百只证券组成的具有广泛代表性的多元化股票型投资组合而言，它的收益率水平基本上完全由市场的大趋势所决定。

对投资组合的总收益而言，证券选择所起的作用并不是很重要，这与学

---

① John Y. Cambell, Martin Lettau, Burton G. Malkiel, and Yexiao Xu, "Have Individual Stocks Become More Volatile? An Empirical Exploration of Idiosyncratic Risk," *Journal of Finance* 56, no. 1 (2001): 25.

② John Y. Cambell, Martin Lettau, Burton G. Malkiel, and Yexiao Xu, "Have Individual Stocks Become More Volatile? An Empirical Exploration of Idiosyncratic Risk," *Journal of Finance* 56, no. 1 (2001): 9, 25-26.

术理论的预计完全一致。以美国股市为例，由于市场包含每位投资者持有的全部证券的价值，美国所有股票投资者的总收益必然等于市场水平的收益。如果在持有市场投资组合时，每个投资者都严守被动管理策略，那么他们都将赚取市场收益水平。在这种情况下，任何证券选择行为就都变得毫无意义了。

当然，很多投资者奉行的是主动管理策略——试图战胜市场，以赚取超额收益率。但是，也只能当市场上有其他投资者要减持某只股票时，主动管理者才能增持这只股票。从定义上看，他所增持的头寸必须等于减持的头寸，才能保证股市上的头寸总规模不变。

很显然，根据这只股票随后的市场表现，增持者和减持者就分别成为赢家和输家（或者输家和赢家）。如果这只股票的表现好于市场指数，那么增持者会盈利，减持者会有损失；如果这只股票的表现弱于市场指数，那么增持者输了，减持者胜出。

在不考虑交易费用的情形下，主动管理策略看起来就像是一场零和博弈，即赢家的收益恰好抵消了输家的亏损。但不幸的是，对投资组合的主动管理者而言，他们在执行打败市场的策略时，还需要付出高昂的交易成本。选股者要为每笔交易支付佣金，买进和卖出的交易还会对股市造成价格冲击。购买共同基金的投资者除了要向咨询公司支付管理费用，向经纪公司支付销售费用外，还要承受市场的交易冲击成本。在这一体系中，如果出现费用损失，主动管理就变成负和博弈，即主动管理者所获的总收益要少于股市的整体收益。

也许证券选择能让技术高超的投资者赚到丰厚的超额收益，然而，这些超额收益的直接来源是其他收益相对较低的投资者的钱包。如果对所有进行主动管理的投资组合的收益率做加总，那么最终的结果必然是，其与股市的总收益差不多，同时需要减掉在这场博弈中付出的总成本。因此，对于投资者整个群体来讲，证券选择在投资业绩中所起的作用只是损害收益率。

对税负的敏感度

由于投资收益和资本利得需要缴税，这会让资产配置和证券选择的决策变得异常复杂。对于享受免税政策的捐赠基金、基金会和养老金，它们的投资组合只须在预期风险和收益特征上评估投资标的，而无须考虑由收益性质和持有期长短所形成的预期税负影响。相比之下，负有纳税义务的个人就必须考虑税负对不同的资产配置、证券选择和投资组合结构所造成的不同影响。

麻省理工学院（MIT）经济学家詹姆斯·波特巴（James Poterba）指出，对资本性质的收入制定何种征税制度是现代所得税体系中最为复杂的部分。[①]不过，他还是做了一些简化假设，对历史上的税前和税后资产收益率做了正面比较。即使税后收益率取决于个人的税率等级及盈亏实现的具体时点，波特巴对税前与税后收益率差距的估算还是能帮助我们观察税负在投资组合决策中所起的重要作用。如表1.5所示，根据波特巴的计算，应纳税的股票投资者每年因税负而遭受的收益率损失高达3.5%。如果股票投资的税前收益率为12.7%，那么税负支出就会大幅削减这笔投资的收益率。

表1.5 税收支出削减了真实的投资收益率水平：1926—1996年税前收益率和税后收益率（%）

资产类别	税前收益率	税后收益率	税负的影响
大公司股票	12.7	9.2	3.5
长期政府债券	5.5	3.4	2.1
短期国库券	3.8	2.2	1.6

资料来源：James M. Poterba，"Taxation，Risk-Taking，and Household Portfolio Behavior，" NBER Working Paper Series，Working Paper 8340（National Bureau of Economic Research，2001），90.

税收对债券和现金类产品收益率的影响要弱于对股票收益率的影响，但是税负对当期收入集中的资产的影响更大。根据波特巴的估算，股票投资总收益率的28%流入税务部门，对债券投资收益和现金类产品的收益而言，这

① James M. Poterba，"Taxation，Risk-Taking，and Household Portfolio Behavior，" NBER Working Paper Series，Working Paper 8340（National Bureau of Economic Research，2001），2.

个比值则分别达到 38%和 42%。

相较于对股息和利息收入的税收政策，目前税法主要通过两种方式对投资者的长期收益给予优惠：对资本利得收益所定的税率较低，并且只有在收益实现后才对其征税。税法规定，只有在收益实现以后才需要交税，这样就可以让投资者将纳税义务推迟到很久以后。对资本利得收益的延迟征税为投资者创造了巨大的经济价值。①

当投资者持有负有纳税义务的投资工具时，未来的税率和个人的纳税情况决定了某个特定投资者的税后收益率。即使我们无法预知未来的税收管理制度，也可以通过以往的税制来预测将来的情况。如表 1.6 所示，1980—2003 年，对股息和利息所核定的税率要远远高于对长期资本性收益所核定的税率。目前短期收益是指持有期短于 1 年（包含 1 天）的投资所带来的收益，它同股息和利息收入一样需要承担高额税负。《国际收入法》极力鼓励对税负敏感的投资者长期持有股票类资产。

表 1.6　联邦历史税率对长期资本性收益格外优惠

年份	长期资本性收益的税率（%）	短期收益和当期收入的税率（%）	股息的税率（%）
1980	28.0	70.0	70.0
1985	20.0	50.0	50.0
1990	28.0	31.0	31.0
1995	28.0	39.6	39.6
2000	20.0	39.6	39.6
2003	15.0	35.0	15.0

资料来源：美国资本结构委员会（American Council for Capital Formation）网站；美国国会预算办公室（Congressional Budget Office）网站；波特巴的论文。②

① 如果某个人持有的证券增值了，那么其继承人所继承的证券具有更高的计税基数，在最极端的情形下，这个人终生不用对证券增值部分缴纳税款，并且从税收的角度，继承人可以以新的基数开始计算税负。

② Accf. org，"ACCF Testimony：Capital Gains Taxation and U. S. Economic Growth，" 2 September 2004. http：//www. accf. org/December99test. htm.

Cbo. gov，"Effective Federal Tax Rates Under Current Law，2001 to 2014，" 2 September 2004. http：//www. cbo. gov/showdoc. cfm? index=5746&sequence=1.

Poterba，"Taxation，Risk-Taking，and Household Portfolio Behavior，" NBER Working Paper Series，Working Paper 8340（National Bureau of Economic Research，2001），3 - 4.

值得注意的是，近年来税率出现大幅下降。长期资本性收益的税率从1980 年的 28%下降到 2003 年的 15%；短期收益的税率则从 1980 年的 70%下降到 2003 年的 35%，减少了一半。

最为引人注意的是，股息的税率呈现下降趋势。在过去几十年时间里，与股息相比，长期资本性收益享有极大的税收优惠。2003 年，这两种收入的税率变化趋势相近。在绝对水平和相对水平上，这两种收入的税率都发生了巨大变化，其中包含了一个很重要的因素，那就是不确定性因素。我们不能准确预测各种不同形式的投资收入在未来的税负情况会是怎样的。

表 1.6 中的数据代表的是对各种形式投资收入核定的最高税率。在做投资决策时，个人必须要考虑未来税收制度的具体结构，同时要结合个人的情况。也许对未来情况过于精确的估计并不起作用，但是更笼统的感观可能还是会有一定价值。比如，认定退休后自己的税负会降低这一想法就会对自己当前的理财计划产生重要影响。

递延税

对证券投资收益的征税给个人投资者造成了巨大的负担，这使得他们想方设法来减少税前和税后收益率的差异。对于个人投资者而言，最重要的手段就是可延期交税的投资工具。个人退休金账户（IRAs）、401(k) 账户、403(b) 账户以及雇员养老金简易账户（SEP）等都享有税收政策优惠，这些优惠为个人投资者提供了积攒储蓄退休金的途径。

高等教育信托计划，即 529 计划，可以逐渐积攒起可用于支付孩子接受高等教育所需学费的储蓄存款，同时可以享受免税待遇。如果用该信托计划中的基金来支付学费或用于其他合理用途，税负就会由延迟征收变为免除，对于具有税负意识的投资者来说，这项信托计划便成为一个极为有效的投资工具。

在构建投资组合时，投资者们应该顺从主流，避免做出一些与降低税负相关的怪异举动。日常收入与长期资本性收益之间的税率差异有时会促使推销商大胆尝试把日常收入转换为长期资本性收益。在 20 世纪 70 年代末和 80

年代初，许多人开始从事美术、低收入住宅、养牛等受税负驱动的交易。国会滥用职权养肥了自己，叫停了受税负驱动的交易活动，连同着不合法的交易行为（养牛）一并否决了合法的交易行为（低收入住宅）。因此，我们要慎重对待没有任何实用价值只是出于税负考虑的方案。①

对于负有应纳税义务的投资者来说，关于税负优惠型投资的法律、法规可谓变化无常。从总体性质和具体特征上关注这些机会可以提高自身的税后收益率，从而获得丰厚的红利。理性的市场参与者会在最大程度上利用税负优惠型投资让自己从中受益。

用递延税账户来管理资产的投资者们无须担心收入的特征或实现情况。股息、利息以及短期与长期投资盈亏都会在账户中累加，而交税时间可以一直延期至提款日。账户中本来可以抵减税收的款项一旦被提取出来，就会被当作日常收入。账户中应纳税的款项形成了一个基数，在此基数之上允许人们提出免税部分的款项。管理延期纳税的资产时需要处理的税收问题则相对较少。

与此形成鲜明对比的是，使用应纳税账户持有资产的投资者们必须要处理一系列复杂的税收问题。坚持较高成交量的策略及随之实现的高收益水平最终能否带来足够高的税后收益？能否证明自己采用的这种投资组合管理技巧是正确的？当其中一部分债券现期收入很高时，是否应该使用递延纳税的账户来持有一些应纳税的债券？是否应该使用应纳税账户持有免税的债券，从而使享受优惠的账户也能够采取主动管理策略？要回答上述问题及其他与税收计划相关的问题，需要考察资产的特性、投资策略的性质——尤其是资产交易量，以及投资者面临的税负结构。

股息、利息及资本性收益

来自股票的红利和来自债券的应税利息构成了投资者手中的现金流。在投资者获得现金收益的同时，税务部门也会得到其应得的部分。应纳税的股

---

① 可参见格罗特麦凯房地产（Grodt&Ma Kay Realty）公司和美国国内收入委员会（Commission of Internal Revenue）关于养牛的一宗税务纠纷案件。

息及利息收入不能逃避纳税，当期收入也不能延迟纳税。

免税债券使投资者们有机会在不受联邦税收的影响下获得利息收入。[①] 考察应纳税债券和免税债券之间的收益率关系，可以帮助我们具体解读递延税的价值。对比应纳税债券和免税债券的收益率差异以及递延税对其他大类资产的作用，可以帮助我们决定在应纳税和递延税账户中如何分配资产才是最优的。

应纳税的投资者偏爱低股息或无股息的股票，因为对股息所征的税往往要比对资本性收益所征的税高出许多，而且股息不能延期纳税。20 世纪 90 年代，公司经理人意识到这个长久以来存在的事实，并对此做出反应，他们开始减少派发的股息，并用这部分现金流回购股票。这样，公司经理人就把公司的多余现金从股息挪到重新购买的股票上，从而使应纳税的投资者用资本性收益代替了当期收入。

只有当投资者平仓时，税负带来的收益或亏损才会真正实现。未实现的收益并不形成税收负担，这一事实极大地鼓舞着投资者们继续持有获利的头寸，将税负推迟到未来的某个时点。而未实现的亏损并不形成税负支出，这就使得投资者有了强烈的动机去抹平亏损的交易，可以在眼前就使用这一亏损或存下来留待将来备用。对税负敏感的投资者偏向于对有盈利的财产只做低频换手，而对亏损的资产进行高频换手。

已实现的亏损不但会降低当期应纳税收入，而且为投资组合的管理者提供了便利。正是这部分亏损使得投资者在卖出已获利头寸的同时不必交税。但是，一定要注意，千万不能因为幻想着要去买有高收益率前景的证券而浪费了这些宝贵的亏损（因为你可以把它们放到未来的纳税年度里用）。无论如何，在管理投资组合的过程中，要更多地去关注如何处理资本利得收益的税负问题，这比利用投资亏损来节约税负更具有价值。因为长期来看，股票市场通常都是能够带来盈利的，投资者们应该重点考虑的是如何处理收益的税负问题，而非如何利用亏损来获利。

---

① 有关免税债券的讨论，请参见第 4 章非核心资产类别。

然而，非常不幸的是，投资者如何处理投资收益的税负问题使得投资组合的管理过程变得更为复杂。除了要搞懂现行税法本身会遇到的困难外，投资者还要面对税收制度经常出现的调整。理性的投资者会设法将投资组合的税收负担最小化，以应对复杂多变的税收环境。总而言之，税收的支出削减了投资者的财富积累。

本章小结

通常，投资者都很难严格遵守最基本的投资准则。他们没有把精力集中到着力解决首要问题上，即制定合理的资产配置长期目标，反而常常把注意力过多地转移到证券选择和择时交易这些次要问题上。他们没有去构建一个以股票为导向、多元化、对税负敏感的投资组合，反而常常选择效仿传统的、结构不合理的投资共识，最终得到只是令他们大失所望的结果。但这几乎是不可避免的结局，因为他们无视了最基本的投资准则。

全面深入地理解怎样理性入市是成功投资必须具备的一个重要前提。事实证明，坚定不移的信念是必需的，否则在面对非常惨淡的业绩和公众的怀疑时，你无法坚持自己不被看好的投资策略。在面对来自市场的各种困难时，投资者只有坚守自己的立场，最后才能获得收益。而个人投资者如果经受不住这些市场必经的挫折，最后往往就放弃了明智的投资策略，而这一原本不被看好的策略往往随后会变成公众注目的焦点。

资本市场发展的历史提供了强有力的证据，支撑了人们坚持持有股票和多元化投资组合的理念。在相当长的一段时间内，持有股票都能轻而易举地跑赢持有债券和现金。仔细考察各种大类资产的收益，就会发现多元化投资理念的价值所在。有时某类高风险的大类资产市场波动过于剧烈，令投资者难以忍受，这就要求我们对任何一类证券的持有数量都要适度。偏重于股票投资并且坚持多元化投资才是理性的选择。

对于投资者而言，注重税负的影响同样非常重要。向税务部门纳税意味着投资者的资产收益在直接减少。在构建投资组合时，谨慎的投资者都会尽可能地避免或延迟纳税。税收负担的最终水平会影响资产配置和投资组合管理的决策。

投资组合的目标是影响投资业绩的最重要因素。如果投资者很随意地就做了资产配置的决策，即违背了投资准则并随意变化立场，那么将对投资组合造成极大伤害。如果能够严格执行经过深思熟虑后确定的策略目标，并且对此坚定不移，就会为成功投资奠定基础。

第一部分

资产配置

在构建投资组合之初，聪明的投资者都会在以股票为导向、坚持多元化、对税负敏感等基本准则上决定资产如何配置。投资组合由核心资产类别构成，其构建模块建立在以市场为基础的收益上，这就赋予投资组合体现大类资产特点的基本特征。

有 6 种资产类别表现出界定清晰的投资属性，如表 I. 1 所示。投资者期望从国内股票、国外发达市场股票以及新兴市场股票中获得权益*类收益。传统的国内固定收益证券（如美国国债）和通货膨胀指数证券（又称通货膨胀保值债券，简称通胀保值债券）为多元化投资提供了多元化的投资选择，当然这是有代价的——它们的期望收益率要低于投资股票的期望收益率。投资房地产将会使投资组合更加多元化，而机会成本要比持有固定收益证券更低。

在投资组合的构建过程中，多元化要求每种资产类别的配置比例上升到足以影响整个投资组合的水平，即每种资产类别至少要占总资产的 5%～10%。多元化投资还要求，任何单一资产类别都不应在投资组合中占据主导地位，即在总资产中单一资产所占的比例不能高于 25%～30%。

以股票为导向（又称以权益为导向）的投资准则会激励投资者把投资组合的主体置于具有高期望收益率的资产类别上。他们将大多数资金投资于国内股票、国外股票以及房地产上，从而使长期收益取决于这些以权益资产为导向的资产类别。因而，投资于国内债券和通货膨胀指数证券的资产就会比较少，在不会形成过高机会成本的前提下，这些旨在获得固定收益的资产类别就发挥出使投资组合多元化的作用。

建立在这样一个基本投资准则之上的一般性投资组合为我们提供了探讨如何构建投资组合的起点。表 I. 1 概述了一个以股票为导向的多元化投资组合。70%的资产都将获得权益类收益率，满足了以股票为导向的要求。各种资产类别的权重为 5%～30%，符合多元化投资的要求。根据基本投资准则配置资产的投资组合是个人投资方案有望成功的起点。

---

* 除特别说明，本书对股票与权益不加以区分。——译者注

表 I.1　完美多元化、权益导向型的组合为人们提供了成功投资的框架

资产类别	目标比例
国内股票	30%
国外发达市场股票	15%
新兴市场股票	5%
房地产	20%
美国国债	15%
通货膨胀保值债券	15%

成功的投资组合能够反映出个体投资者的特定偏好和风险承受能力。从定性和定量上理解资产类别的风险为决定一个投资组合包含哪些资产类别，以及各资产类别应占比多少奠定了基础。第 2 章名为核心资产类别，是入门级的学习资料，为读者介绍了可能成为投资者目标的各种大类资产。第 3 章名为构建投资组合，概述了一种融合科学和艺术的方法，以帮助我们构建投资组合。第 4 章名为非核心资产类别，描述了不大能够满足投资者需求的资产类别。

第2章

核心资产类别

要想对资产类别给出合适的定义，需要我们既科学又艺术地按照资产的共性特征对其进行分组，最终找到一个相对近似的投资机会的集合。恰当地定义资产类别，就是将对投资者资产组合所起作用相当的证券做出归类。

核心资产应具备一系列关键的特征。第一，在投资组合中，核心资产起到的是基础性的、有价值的、可辨识的作用；第二，持有的核心资产的收益根本上是由市场变化带来的收益，而不是依靠资产组合的管理形成的收益；第三，核心资产类别应来自有广度、有深度、可投资的市场。

核心资产类别的这种基础性的、有价值的、可辨识的作用体现在各个方面，如创造与通货膨胀相关的可观的预期收益率，以对冲金融危机。谨慎的投资者会将资产类别的范围定义得足够窄，以保证能利用投资工具达成预期目标，同时能够覆盖足够多的资产类别。

核心资产类别主要依赖市场来创造收益，因为投资者需要足够的确定性，以使得各类资产组合构成能够达成其约定的收益。当市场无法产生收益时，投资者则会寻求更优秀的主动管理者来实现收益。如果对于某些特定的资产类别，管理者起到了至关重要的作用，投资者想要通过策略来达成预期收益，那么需要依赖管理人足够的主动投资能力和一定的运气。如果主动管理者能力不强或运气不佳，那么投资者无法通过这种资产配置实现其目标。事实证明，要实现投资目标，我们就不能仅仅依赖一时的好运气，或者相信市场参与者中所谓的专家意见。核心资产类别主要取决于市场驱动的收益。

持有的核心资产应该是能在有广度、有深度、可投资的市场中交易的。市场的广度意味着能保证投资者有足够多的选择；市场的深度意味着市场能为个人头寸提供足够多的交易量；市场的可投资性保证投资者能够获得投资机会。投资者资产组合的基石来自成熟、持久的市场，而不是由华尔街金融工程师设计出来的当下受追捧的混合市场。

核心资产类别涵盖股票、债券和房地产。投资者用来实现组合收益的核心资产类别包括国内股票、国外发达市场股票和新兴市场股票。投资者用以创造多元化的核心资产类别包括美国国债（可以保护资产不受金融危机的影响）和通货膨胀保值债券（可以提供坚实的保证，以避免通货膨胀等的资产侵蚀）。此外，在核心资产类别的范围内加入房地产，可合成一种具有类股权和类债权性质的混合资产。相比于其他替代物，它可以用更低的机会成本达到通货膨胀保值的效果。核心资产类别能够提供投资者所需的工具，便于他们创造一个充分多元化的组合，以满足其特定的需求。

定义核心资产类别能帮助投资者理解投资组合中各种投资工具的作用。通过评估不同资产类别的预期收益率和风险、对通货膨胀的反应以及与其他资产类别的相互作用，投资者可以获得成功投资所需要的更多知识。人们对证券发行人和持有者的利率所展开的说辞可以解释参与某个特定资产领域的潜在缺陷和可能收益。

核心资产类别可以提供一系列投资工具，足够我们用来构建充分多样化、经济高效的投资组合。通过以合理的方式对基础资产做投资，投资者可以构建出可能实现广泛投资目标的投资组合。

国内股票

在本书中，国内股票市场投资指的是持有美国上市公司的一部分股份。在大多数机构投资组合和个人投资组合中，美国股票是其核心组成部分，因而，华尔街的涨跌起伏会对多数投资者的投资收益产生很大影响。再加上许多市场参与者过于依赖有价证券，所以，在投资组合中，美国股票理所当然地占据重要地位。

在投资组合中，国内股票发挥着核心作用，这在理论与实践中均有合理的解释。权益工具的预期收益特征完美契合投资者多年内实现组合实质性增值的需求。历史数据从一定程度上给出了解释，例如股票的长期收益激励着投资者持有股票。西格尔对200年数据的分析显示，美国股票的年化收益率为8.3%，伊博森对78年数据的分析显示，美国股票的年化收益率为10.4%。再没有其他哪种大类资产能够有如此令人印象深刻的长期业绩表现了。

历史业绩表现长期良好的股票型投资组合符合在基本投资准则上形成的预期。权益投资的收益率高于债券投资的收益率，虽然这种高收益率有时候难以实现。不足为奇的是，在权益市场收益率整体较高的历史记录中，也存在一些投资者权益价值在下降的时期。在公司资本结构中，所有者权益代表着扣除对公司索赔后的剩余价值。权益头寸的风险越高，理性的投资者自然就会索取更高的预期收益率。

股票具有能够激发投资者兴趣的一系列诱人特征。股东和公司管理者的利益趋于一致，这也给股票的外部持有者一丝宽慰，因为这时的公司行为对股东和公司管理者均有利。一般而言，投资股票是对未预期的通货膨胀率上升的一种保护，尽管这在短期中是极其不可靠的保护。最后，股票在有广度、有深度、可投资的市场中交易，可以使投资者接触更多的机会。我们有必要对权益投资展开全面详尽的讨论，因为在很多方面，股票都是市场观察者评估其他所有可替代投资的基准资产。

权益风险溢价

权益风险溢价被定义为权益持有人因承担高于债券投资的内在风险而获得的超额收益，它是投资领域中最重要的几个变量之一。像所有前瞻性指标一样，预期风险溢价代表着未来的不确定性。为了探究明天将发生什么，聪明的投资者会去研究历史走势表现出哪些特点。

耶鲁大学管理学院教授伊博森开发了为大家广泛使用的一系列资本市场统计指标，它们显示，在过去78年的时间里，股票和债券的收益率存在年均5%的差异。① 沃顿商学院教授西格尔利用200年的数据研究证实，两者之间

① Ibbotson Associates, *Stocks*, *Bonds*, *Bills*, *and Inflation 2004 Yearbook* (Chicago: Ibbotson Associates, 2003): 28.

存在年均 3.4%的风险溢价。[①] 姑且不论这些数据的精确度如何，历史的风险溢价表明，权益持有者确实比债券持有者拥有更为可观的收益。

在资产配置决策中，发现并证实风险溢价的大小极其重要。虽然有史可鉴，但谨慎的投资者还是会严谨地解读历史数据的结果。菲利普·乔瑞（Phillipe Jorion）和威廉·格茨曼（William Goetzmann）对幸存者偏差做了研究，阐述了美国股票市场经历的不寻常之处。他们从长达 75 年的时间里检验了 39 年的市场经历后，发现“在我们的样本期间，几乎所有的市场都遭受过严重破坏，只有少数几个市场例外，如美国市场”[②]。

在 19 世纪和 20 世纪，美国股票市场的不间断运作保持了优异的成绩。乔瑞和格茨曼的研究发现，从 1921 年至 1996 年，美国股票市场创造出年化 4.3%的实际资本增值率。与此形成对比的是，其他许多国家经历了经济和军事破坏，实际资本增值幅度的中位数仅为每年 0.8%。成熟的市场观察者会把美国股票市场这种优异的经验应用于更广泛且不那么引人注目的市场中。

即使投资者最终认同并接受了美国市场的发展历史，我们依然有理由怀疑过去的价值能否代表着未来趋势。回顾过去 200 多年股票市场的表现，股票投资收益由股息、通货膨胀、真实股息增长以及估值增长结合而成。2003 年 4 月，罗伯特·阿诺特（Robert Arnott）发表了名为《股息与三个障碍》（Dividends and the Three Dwarfs）的研究，该研究证实，股息贡献了股票投资长期收益率的大部分。在 200 年间股票投资的 7.9%的年化收益率中，5%的收益率（年化）来自股息，而通货膨胀贡献了 1.4%，真实股息增长率贡献了 0.8%，估值增长贡献了 0.6%。阿诺特指出，股息对股票的历史收益率的影响极为重要，这一研究结论与人们的传统看法（即认为股票带来的首先是估值增长，其次才是收入）大相径庭。[③]

阿诺特利用其对历史数据的考察对未来进行了几点预测。他得出的结论

---

① Jeremy Siegel, *Stocks for the Long Run* (New York: McGraw Hill, 2002): 6.

② William N. Goetzmann and Philippe Jorion, “A Century of Global Stock Markets,” NBER Working Paper Series, Working Paper 5901 (National Bureau of Economic Research, 1997), 16.

③ Robert Arnott, “Dividends and the Three Dwarfs,” *Financial Analysts Journal* 59, no. 2, (2003): 4.

是，如果股息率低于2%（论文写作的时间为2003年4月），除非真实股息增长率提高或权益市场估值提升，否则投资者将面临截然不同的历史以及无利可图的未来局面。由于注意到1965—2002年的真实股利并没有任何增长，因此，阿诺特对能够带来未来股票收益的股息增长几乎不抱希望。人们转而寄希望于估值增长，而这取决于公司从未来股市中所获的收益，于是人们只能在这个脆弱的基础上构建投资组合。

依据历史收益率来简单推断未来收益，这种做法隐含的假设是价值变化的历史趋势在未来还能够延续。在美国股票市场的具体案例中，期望历史能为未来提供指导，就意味着股息率会以前所未有的速度增长，或者公司的收益将被赋予越来越高的估值。投资者对这些预测的依赖不仅取决于企业的基本盈利能力，而且取决于股市是否愿意继续提高对企业利润的估值，让上市公司从中受益。

1999年，市面上出版了一本颇受欢迎的关于牛市的书。它认为股票估值将会一直增长下去，股票的风险溢价为零，这似乎不合逻辑。詹姆斯·格拉斯曼（James Glassman）和凯文·哈赛（Kevin Hassett）在《道指36 000点：如何在即将到来的股票上涨中获利的新策略》（*Dow 36,000：The New Strategy for Profiting from the Coming Rise in the Stock Market*）一书中提出，股票的长期表现通常优于债券，他们得出的结论是股票的风险并没有债券高。[①] 作者没有考虑股票和债券的内在差异，而这些差异清晰地表明股票具有更高的风险。他们没有考察美国以外的股市发展历程，这些股市有时会消失，这就让人怀疑长期投资股票是否必然产生高收益。可能最重要的是，作者高估了能够持续二三十年入市交易的投资者的数量，而低估了当股市低迷时清盘退出股市的投资者的数量。

金融理论和资本市场发展史为风险溢价的概念提供了理论和实践的支持。如果人们预期风险资产不存在更高的收益率，那么金融世界将会是另一番场景。如果没有更高的预期收益，市场参与者就不会购买基本面风险更大的股

① James K. Glassman and Kevin A. Hassett, *Dow 36,000：The New Strategy for Profiting from the Coming Rise in the Stock Market*（New York：Random House，1999）.

票。如果股票和债券的预期收益率完全相同，理性投资者将会选择预期收益率相等但风险更低的债券，没有投资者愿意持有预期收益率相等但风险更高的股票。所以，在资本市场中必须存在风险溢价这一概念，才能保证市场的有效运行。

虽然事实证明预期风险溢价对市场的良好运作是不可或缺的，但乔瑞和格茨曼强调了幸存者偏差对认识风险溢价重要性的影响。阿诺特对股票收益率的分解以及历史趋势的分析表明，相较于债券，股票在预期收益率上的优势正在减弱。不管未来的风险溢价有多大，聪明的投资者都是在准备迎接一个不同于过去的未来，他们会利用充分多元化的投资组合，因为这可以对错误预测某种资产类别的特质风险提供最强有力的保护。

股票价格和通货膨胀

通常，股票可以对常见的通货膨胀提供长期保护。诺贝尔经济学奖获得者詹姆斯·托宾（James Tobin）为我们提供了一个理解股票价格的简单又不失文雅的方法，即对比公司资产的重置成本与市场价值。托宾认为，在均衡状态时，重置成本与市场价值的比值（他称之为“q”）应该等于1。如果重置成本大于市场价值，市场参与者则会发现在股票交易所购买资产比在实体产业中购买资产更便宜；如果市场价值大于重置成本，市场参与者则可以创建公司，然后在股票交易所以出售股票的方式获取利润。显然，在理性市场中，股票交易所的上市公司的市场价值应等于现实世界中相同资产的重置成本。

通货膨胀会提升公司资产的重置成本，在这个意义上，通货膨胀同样反映为股票价格的上涨。如果通货膨胀没有带动股票价格上涨，那么通货膨胀后新的资产重置成本将高于市场价值，使得投资者能以低于内在价值的价格在股票交易所买到公司的股票。除非股票价格能够反映出通货膨胀水平的变化，否则上市公司只能代表兜售廉价商品的部门。

虽然股票价格与通货膨胀之间存在显著的理论联系，但是在股票市场中，股票价格有时能反映通货膨胀的影响，有时则无法体现出这种影响。例如，

20 世纪 70 年代就是股市没能将通货膨胀反映到股价中的生动例子。在 1973 年和 1974 年，通货膨胀使得购买力下降了 37%，而同时期的股票价格整体下跌幅度高达 22%，这使得股票投资者遭受了双重打击，经通货膨胀调整后的亏损率为 51%。很显然，随着股票价格的下跌，通货膨胀在上升，在短期内股票价格无法反映通货膨胀。

西格尔发现，股价在长期内能够很好地对冲通货膨胀产生的影响，但对物价上涨的短期对冲作用较弱。① 大体而言，通货膨胀与股价的长期正相关关系源于投资者的理性行为，因为市场参与者会进行权衡，比较从现实社会中购买该资产支付的成本与从金融资产交易所中获取类似资产所付的成本。而短期内通货膨胀与股价呈现负相关关系，可能源于投资者的非理性行为，因为投资者应对突发的通货膨胀的做法是提高未来现金流的贴现率，而不是根据通货膨胀率来调整未来现金流。虽然资本市场的发展证实了西格尔的观点，但是股价与通货膨胀之间的关系在长期和短期中存在差异，而且结论完全相反。长期都是由一系列的短期所构成的，没有哪种理论能够同时解释股价在短期内保值能力差，但在长期内保值能力好。无论如何，如果想完全规避通货膨胀的影响，投资者就不能局限于仅持有有价证券。

利益一致性

股票具有能服务于投资者目标的很多特性。对股票投资者来说，如果管理层和公众存在利益一致性，那么这是一件大好事。在多数情况下，管理层能够在提升股东价值的同时获利，这就同时满足了管理层和投资者双方的获利愿望。例如，随着公司经营利润的上升，管理层的收入也会增加，这间接源于薪酬的增加，直接源于其个人名下所持股份的增值。

不幸的是，由于所有权（来自股东）和控制权（来自管理层）的分离，公开上市交易的公司中会出现委托-代理问题，即管理层（代理人）为了个人利益而损害股东（委托人）的利益。最常见的股东与管理层的分歧是对管理层的薪酬安排。管理层在不断提高自己的薪酬的同时，却忽略了公司的潜在

---

① Siegel，*Stocks for the Long Run*，210.

业绩表现。由于规模较大的公司能够比小公司支付更高的薪酬，为了实现更高的个人薪资，管理层更可能追求简单粗放的公司规模扩张方式，却无视公司规模对公司盈利的影响。

管理层可能会使用公司资金来满足个人喜好，从而牺牲公司业绩。公司的艺术品收藏、乘坐商务舱、装饰豪华的办公室以及公司公寓等，这通常只会让高级管理层从中获益，却影响了公司合理目标的实现。世通（WorldCom）公司的前任总裁伯纳德·埃伯斯（Bernard Ebbers）从公司获得 4 亿多美元的个人贷款；泰科（Tyco）的总裁丹尼斯·科兹洛斯基（Dennis Kozlowski）挪用公司 6 亿美元资产用于个人消费，其中包括花费 6 000 美元购买一个淋浴帘。投资者对此感到震惊与不安。管理层获得的巨额物质性和非物质性收益，不论其合法与否，最终花费都直接来自公司股东的钱包。

但是，最令人苦恼的丑闻不是来自面临被起诉的首席执行官，而是来自打着遵守规则的幌子而中饱私囊的人。由于退休方案中充满个人特权，通用电气（General Electric）前任总裁杰克·韦尔奇（Jack Welch）使得自己和公司都深陷丑闻。其退休方案包括终生使用通用电气斥资 1 500 万美元买下的一套公寓，有权乘坐公司的波音 737 喷气式飞机、直升机，同时，公司为他和他的妻子配备了一辆汽车和专属司机。毫无疑问，通用电气“担心”在韦尔奇先生任职期间向其发放的数亿美元薪酬不足以使他过上满意的退休生活。公司提供美酒、鲜花、厨师、管家和其他设施，包括顶级体育赛事和歌剧的门票，以迎合这位前首席执行官的需要。① 甚至一向具有公信力且对企业友好的《华尔街日报》（*Wall Street Journal*），其社论版也把韦尔奇的退休方案描述为“玩弄公司财富于股掌”②。

以埃伯斯、科兹洛斯基和韦尔奇为代表的领取高额薪酬现象只是冰山一角。正如纽约联邦储备银行（Federal Reserve Bank of New York）行长威廉·麦克多诺（William McDonough）在 2002 年 9 月的一次演讲中所讲的，更深层次的问题是，过去 20 年中首席执行官的薪酬迅速上升，代表了“极其糟糕的社会政

① “Jack's Booty,” editorial, *Wall Street Journal*, 10 September 2002.

② Leslie Wayne and Alex Kuczynski, “Tarnished Image Places Welch in Unlikely Company,” *New York Times*, 16 September 2002.

策，甚至可能是不道德的行为”。麦克多诺建议，公司的董事会“应该得出公司薪酬过高的结论，并将其调整到一个更为合理的水平”[①]。

股东和管理层之间的利益协调时常会出现问题，这凸显了个人在证券选择时所面临的风险，并建议人们采用广泛的、多元化的投资组合管理方法。当持有的投资组合中含有的有价证券数量相对较少时，一旦投资者考虑不周，就会面临着他持有的某只证券影响整个投资组合的风险。在全面市场投资组合的背景下，业绩好的投资能够胜过业绩坏的投资，从而使投资者从股市投资中获得预期收益。

公司慈善活动

通常来说，公司的慈善活动处于一个灰色地带，它不是公司资深主管用于满足个人需求的行为，也不是为支持公司的合理经营目标而做的决策。研究公司的捐赠活动会受到信息不足的困扰，因为是否披露公司的慈善活动取决于捐赠者和受捐赠者的意愿。

依据《纽约时报》（*New York Times*）的报道，花旗银行（Citibank）是极少数详细披露自身慈善捐赠情况的公司之一，它为我们研究首席执行官的意愿与公司行为之间的关系提供了一个案例。[②] 桑福德·威尔（Sanford Weill）是花旗集团（Citigroup）极富干劲的领导人，他和妻子琼（Joan）是慈善圈的明星人物。威尔夫妇曾向康奈尔大学（Cornell University）、卡耐基音乐厅（Carnegie Hall）和阿尔文·艾利美国舞蹈剧院（Alvin Ailey American Dance Theater）提供了慷慨的捐助，他们也因此名声大震。康奈尔大学拥有以他们夫妇名字命名的琼和桑福德·威尔医学院（Joan and Sanford I. Weill Medical College，由桑福德担任主席），并在卡塔尔设立了同名的分校区，同时还拥有琼和桑福德·威尔医学科学院研究生院（Joan and Sanford I. Weill Graduate School of Medical Sciences）。在修复卡耐基音乐厅内一个主演出大厅的工程中，桑福德·威尔发挥了关键作用，现在这个大厅也被命名

---

① David Leonhardt, “Reining in the Imperial C. E. O. ,” *New York Times*, 15 September 2002.

② Stephanie Strom, “In Charity, Where does a C. E. O. End and a Company Start?” *New York Times*, 22 September 2002.

为威尔演奏厅（Weill Recital Hall）。琼·威尔还担任阿尔文·艾利美国舞蹈剧院董事会的主席，她曾经捐赠 1 500 万美元为其舞蹈团修建剧院，并将其命名为琼·威尔舞蹈中心（Joan Weill Center for Dance）。不论以何种标准来看，威尔夫妇的慈善活动都给人们留下了深刻印象。

威尔夫妇非常热衷于慈善活动，花旗集团的公司捐赠则完美地迎合了他们的这个爱好。依据《纽约时报》的报道，在 1998 年到 2001 年期间，花旗集团捐助金额最大的几笔都给了同威尔夫妇关系密切的三个机构，即康奈尔大学、卡耐基音乐厅和阿尔文·艾利美国舞蹈剧院。《纽约时报》还指出，由桑福德·威尔担任主席的花旗集团基金会还向威尔夫妇支持的多个慈善组织分别捐赠了几百万美元。[①]

花旗集团支持威尔夫妇的慈善活动，这就给我们提出了一个难题：如何处理个人利益和公司的社会责任？而花旗集团向第 92 街道 Y 号的一所幼儿园提供捐赠就完全没受这个困扰。这次桑福德·威尔肆无忌惮地动用了公司资金，为一位员工提供了难以衡量的好处，以致让人众说纷纭。

1999 年，桑福德·威尔对美国电话电报（AT&T）公司股票的评级为“持有”，他要求花旗集团旗下的所罗门美邦分公司的证券分析师杰克·格鲁伯曼（Jack Grubman）对这只股票重新做评级。如果格鲁伯曼调高对 AT&T 公司股票的评级，那么花旗集团就更有胜算从 AT&T 公司争取到投资银行业务，而且可能拉拢 AT&T 公司首席执行官迈克尔·阿姆斯特朗（Michael Armstrong）兼任花旗集团董事会成员，从而帮助桑福德·威尔将花旗集团前任首席执行官约翰·瑞德（John Reed）排挤出董事会。虽然杰克·格鲁伯曼在其证券分析师生涯中一直都不看好 AT&T 公司，但他意识到如果自己调高对 AT&T 公司的评级，将会为自己的双胞胎女儿争取到良好的教育机会。在给桑福德·威尔写的一份名为“AT&T 公司股票与第 92 街道 Y 号”的备忘录中，格鲁伯曼抱怨幼儿园招录孩子的过程太复杂，并说出了一句很有名的话，“从统计学的角度来看，想进第 92 街道 Y 号幼儿园比进哈佛还要

---

① Stephanie Strom，“In Charity，Where does a C. E. O. End and a Company Start?” *New York Times*，22 September 2002.

难”。对此，桑福德·威尔做出了回应，他为格鲁伯曼孩子的事情给这所幼儿园打了电话，并指示公司向第 92 街道 Y 号送出了 100 万美元的大礼。[①] 随后这所幼儿园招收了格鲁伯曼的双胞胎女儿，与此同时，AT&T 公司的信用评级被调高，但投资者为此付出了巨大代价。

股票期权

借助股票期权来激励公司管理层，会使管理层与股东的利益产生另一种难以察觉的分歧。当公司股价上涨时，基于期权的薪酬机制能够有效运转，因为管理层和股东都能从中获益；但是如果股价下跌，两者之间的利益就会出现不一致，因为这时管理层失去的只是从股价上涨中获利的机会。事实上，管理层通常并不会遭受任何损失，因为在股价下跌之后，公司董事会通常会调整行权价格。股价下跌时管理层损失的只是一个机会而已，而与此形成鲜明对比的是，股东遭受的是现金的损失。上市公司推出的股票期权激励计划让管理层总能处于不败之地。

这里举一个典型案例，微软（Microsoft）公司向员工发放股票期权，以使他们免受股票下跌的损失。2000 年 4 月，首席执行官史蒂夫·鲍尔默（Steve Ballmer）面临的难题是员工士气低落，他们为美国司法部（Justice Department）对公司的反托拉斯诉讼带来的后果深感忧虑，在 4 个月内公司股价已经下跌 44%。为了鼓舞士气，鲍尔默向 34 000 多名微软员工以当时的市场价格派发了股票期权。在写给员工的一封邮件中，这位首席执行官说道，“我们都知道股票期权是薪酬的一个重要组成部分”。他宣布之前的期权“将会在长期内一直保有价值”，而且希望“这些派发的期权会让员工尽快从中获益”[②]。微软公司把期权的行权价格定在最近 52 周股价的最低值附近，从而让员工成功地躲过公司股价暴跌带来的负面影响。但是微软公司的股东并没能享受这种待遇。

20 世纪 90 年代末，滥用信托权利的案例数不胜数，于是许多公司开始反

---

① Gretchen Morgenson and Patrick McGeehan, “Wall St. and the Nursery School: A New York Story,” *New York Times*, 14 November 2002.

② Steve Lohr and Joel Brinkley, “Microsoft Management Tells Workers There Will Be No Breakup,” *New York Times*, 26 April 2000.

思这种基于期权的薪酬制度。其中一项非常引人注目的行动是，2003年7月，微软公司宣布放弃股票期权计划，转而选择通过限制性股票来激励员工。期权带来的收益是不对等的，与此不同，限制性股票给管理层和股东带来的结果是相同的，要么都获益，要么都受损。鲍尔默指出，“不管这算不算是一种股息政策，也不管它会带来多大风险，让员工的想法尽量贴近于股东，总归是一件好事”[①]。如果相当多的公司能效仿微软公司的做法，管理层在将来就可能会更好地为股东利益服务。

在这种情况下，尽管股东和管理层在利益上大体一致，但还是存在权力滥用。管理层拿到的薪酬过高，不管是直接来自工资的上调，还是间接来自公司赋予的不合理特权，其实他们都是从股东的钱包里中饱私囊。类似于基于股票期权的薪酬制度，管理层和股东之间有时也会出现分歧。要降低公司股东与管理层之间的利益冲突，一定要从管理层的股票持有权入手。通常，聪明的投资者都会选择内部人持股比率较高的公司。

市场特征

2003年12月，美国股票市值已超过13.1万亿美元，成为世界上流动性最高的资本市场。美国股市中的股票数量超过5 244只，威尔逊5000指数正是由此得名，当然这个名字并不完全恰当。典型的指数分类指标会纳入市值规模（大盘股、中盘股和小盘股）、证券性质（成长股票和价值股票），以及公司行业特点（比如公用事业股、科技股和医疗卫生股）。总体来看，这些公司的股息率达到1.5%，市盈率[②]达到25.5，而股票与账面价值比[③]为3.1。[④]

小结

美国的国内股票市场为长期投资者提供了投资选择。根据金融学理论的

---

① Jathon Sapsford and Ken Brown, "J. P. Morgan Rolls Dice on Microsoft Options," *Wall Street Journal*, 9 July 2003.

② 市盈率：一种股票估值方法，用公司的每股股价除以每股盈利。

③ 股票与账面价值比：一种股票估值方法，用公司的每股股价除以每股的账面价值（总资产减去总负债）。

④ 数据来自威尔逊协会（Wilshire Associates）。

预测，股票能在相当长的持有期内带来丰厚的收益，实际操盘经验也能证实这一点。股东和管理层之间的利益大体上保持一致，这使得股票往往能达成让公司外部所有者和内部管理层同时受益的双重目标。持有股票也能在中长期内抵御通货膨胀的风险。股票的这些特性对投资者非常具有吸引力，也使得在大多数的投资组合中股票都能发挥重要作用。

但是，投资者也必须注意到，不要指望股票在任何时候都能表现出这些一般性特征，也不能让股票在目标投资组合中所占比例过高。债券和现金的收益也可能会连续几年超过股票收益。例如，在 1929 年 10 月股市崩盘之后，股票投资者用了整整 21 年零 3 个月的时间才使自己的收益率水平追上债券投资者。[①] 在股东和管理层之间，频频出现的利益冲突也令人苦恼。股价常常反映不出潜在的通货膨胀水平，有时甚至在相当长的时间里都无法体现出来。

对投资者来说，防范股票投资缺陷的最佳方法就是把资金合理分配到多种资产类别上，在此基础上，持有一个类似股票市场的包含各类股票的投资组合。虽然股票市场不能始终以稳健、对冲通货膨胀风险的方式为投资者带来丰厚的收益，而且公司管理层有时也没有为股东利益服务，但是在一个经过周详分析而构建的长期投资组合中，股票投资仍然占据中心地位。

美国国债

美国国债持有人拥有美国政府的部分公共债务。在固定收益投资组合中，政府债券发挥着重要作用，它吸引投资者的特点是其拥有政府的完全信用担保，而且政府发行的债务凭证的数量非常庞大。

由于美国国债具有政府的完全信用担保，债券持有人不会面临违约风险。他们知道在到期日自己将会及时获得本金和利息，因此自然可以高枕无忧。但是，由于不用担心违约风险，债券持有者也就不会在意价格的波动。当利率上升时，债券价格就会下跌，因为现有资产的购买者需要做一个调整，从而反映出新发行的国债现在可以给出更高利率；当利率下降时，债券价格就

---

① Ibbotson Associates，*2004 Yearbook*，224，234.

会上涨，因为现有资产的出售方会要求获取更多补偿，而这些资产在未来将会带来更具有吸引力的固定水平收益。在所有的风险投资产品中，投资者对美国国债的预期收益率之所以最低，是因为在很大程度上他们完全相信美国政府会按期履约。

利率风险

债券经常会让投资者们感到困惑不解。事实证明，利率和债券的反向关系（即利率上升时债券价格下跌，利率下降时债券价格上涨）对人们认识固定收益产品在投资组合中的作用至关重要。但是，面向投资者的调查问卷显示，大多数个人投资者连最基本的债券数学分析都不会，甚至一些备受尊敬的市场评论家也会搞错。《更好地认识债券》(Better Understanding of Bonds)这篇报道宣称“债券的存续期[①]和价格、利率是同步变化的。对于某只存续期为7年的债券，当利率上升1个百分点时，其价格会上升7%。如果利率下降1个百分点，那么其价格会下降7%”[②]。很显然，《纽约时报》对债券价格和收益率关系的这种描述非常荒谬。利率上升会导致债券价格下跌，而不是上涨。这样一位颇受尊重并且精通金融知识的《纽约时报》财经记者都会出错，更何况那些普普通通的投资者呢？

在美国国债投资领域内，其风险主要与投资期限有关。如果某个投资者的投资期限为6个月，那么他会假定6个月期的短期国库券是无风险的，因为他确信这种债券到期时会得到及时兑付。同样，这位投资期限为6个月的投资者会觉得10年期的政府债券的风险很大。因为当利率发生变化时，即使其持有期只需要短短的6个月，该债券的价值也可能会发生根本性的变化。利率的上升会给投资者带来损失，而利率的下降会给投资者带来一笔意外之财。

同样地，对于某位投资期限为10年的投资者而言，他会觉得购买6个月期的短期国库券面临极大风险。因为他要在10年持有期后获得收益，即6个

---

① 债券的存续期：用来衡量债券的价格对利率的敏感度。它能比债券期限更好地衡量债券的存在期限，因为存续期包含对息票的支付，并且根据现金流的发生时间做适时调整。

② Carole Gould, “Better Understanding of Bonds,” *New York Times*, 27 August 1995.

月期的短期国库券必须要做19次展期交割。刚开始时，投资者只能知道第一次购买6个月期的短期国库券的时点利率，对投资者来说，未来19次展期交割时的市场利率存在着相当大的不确定性。除非投资者能很好地把控持有期和到期期限，否则由于债券价格和市场利率的变化，投资组合的价值可能偏离其预期水平。

多元化的威力

美国国债是让投资组合实现多元化的一种独特形式，它可以抵御金融危机和经济萧条带来的投资风险。在1987年10月股市崩盘发生时，仅仅一天内美国股市就暴跌了超过20%，投资者只好寄希望于美国财政部（U.S. Treasury）能按时履约。当时虽然股价一落千丈，但国债的止跌回升给投资者留下了深刻的印象。与此类似，1998年，在亚洲、俄罗斯和美国爆发资本市场危机而导致经济衰退时，进行“证券投资转移”的投资者都相信美国财政部会履行责任。一旦出现危机，政府债券总能确保投资组合在最大程度上做到保值。

在付出了沉重代价之后，投资者才认识到政府债券具有使投资组合实现保值的作用。与股票型投资工具的预期收益率相比，固定收益投资工具获得的预期收益率更低。有些投资者试图通过持有收益率更高的企业债券以降低持有政府债券带来的机会成本。但不幸的是，非政府债券具有信用风险大、流动性差和期权风险等特点，这会大幅降低其对冲金融危机的有效性。而国债由于具有不可回购性、期限较长、无违约风险等优势，为投资组合实现多元化提供了一种最具威力的投资工具。

截至2003年12月31日，在美国发行的政府债券中，大约34%由美国财政部之外的部门发行，其中包括很多政府支持企业（government sponsored enterprises，GSEs）。除美国财政部之外，前三大债务人分别是：美国政府国民抵押贷款协会［Government National Mortgage Corporation，简称吉利美（Ginnie Mae)］，它拥有美国财政部的完全信用担保；美国联邦住房贷款抵押公司［Federal National Mortgage Corporation，简称房地美（Freddie Mae)］，它仅享有美国财政部的部分信用担保；美国联邦国民抵押贷款协会［Federal National Mortgage Association，简称房利美（Fannie Mae）］，它也不拥有美国财政部的完全信用担保。很多投资者将政府支持企业发行的债券视为美国财政部发行的近似替代品。事实上，很多政府支持企业的运转介于政府保证兑付的确定性和公司不能保证兑付的不确定性之间。虽然大多数市场评论家都认为政府支持企业的违约率很低，但是在很多政府支持企业的责任中，可能存在一些特权，其会损害债券持有者的利益。

很多试图只购买美国国债的投资者面临着一项异常可怕的任务。很多政府债券型的共同基金向政府支持企业提供了大量贷款，因为基金经理执行的是一种由来已久的以"无"换"有"的投资操作，即不增加投资组合所面临的风险（"无"），而利用政府支持企业债券来提高收益（"有"）。但是，由于政府支持企业可能面临信用恶化的风险以及行使某些特权的可能性，这就有可能使债券持有人的利益受损。那些只想赚取固定收益的投资者一般都会对购买政府支持企业债券避而远之，而去选择美国国债，因为后者享有美国政府的完全信用担保。

债券价格与通货膨胀

传统的美国国债投资者只关注与名义收益率有关的信息，这就使得债券投资变得更为复杂。在某些情况下，投资者最关心的是名义收益率，例如，如果某个债务人希望只履行固定义务，那么他只需要偿付欠债的数额。国库券等投资产品的名义投资额与名义负债额非常一致。另外，如果某位退休人员想要维持一定的生活水平，那么他需要足够的资金来应对通货膨胀引致的物价上升。只有对通货膨胀敏感的投资产品才能够应对通货膨胀造成的影响，显然国库券这一产品并不敏感。对于国库券的传统持有者来说，通胀率的变动将会影响扣除通胀因素后的收益率，而且这种影响是人们难以预料的，这就可能导致投资的实际结果偏离预期结果。

为了在扣除通胀因素后能获取正的收益率，投资者会对比各种固定收益投资工具的价格。如果真实通胀率与持有期开始时的预测基本相同，那么债券持有者就可以获得预期的扣除通胀因素后的收益率。如果真实通胀率超出预期，预期之外的通货膨胀就会降低债券在定期、定额获得偿付后的购买力，扣除通胀因素后的投资收益率必然让持有人感到非常失望。如果真实通胀率低于预期通胀率，那么较低的通胀率会提高投资者的购买力。真实通胀率与预期通胀率之间的偏离，可能会导致固定收益投资者的真实收益水平发生显著变化。

当预期通胀率与真实通胀率不相符时，债券投资的业绩表现往往不同于其他类型的资产。发生预料之外的通货膨胀会使债券贬值，并最终使股票升值。而预料之外的通货紧缩则会使债券升值，并使股票贬值。当真实通胀率和预期水平相差甚远时，相较于股票，债券更能让投资组合得到最大程度的多元化。

利益一致性

事实证明，与公司债券持有人和发行人的利益一致性相比，国库券持有人和政府的利益更为一致，政府没有理由去得罪债券持有人（此处指国库券持有人）。从本质上讲，降低政府债券价值的行为只是将这部分价值从债券持有人转移给非债券持有人。事实上，如果政府的所有债务都在本国范围之内，那么改变债券价值给政府带来的好处和坏处将正好抵消它带给债券持有人的坏处和好处，只不过这部分价值从一个群体转移到另一个群体（即从纳税人转移给债券持有人，或从债券持有人转移给纳税人）。进一步来看，如果政府真的让债券持有人受损，那么以后它将很难进入信用市场。因此，对于国库券的持有人来说，他们不用担心在利益上与政府存在不一致。

通常，国库券持有人认为政府在债务管理过程中扮演的是中立者的角色。公司债券的持有人与发行人处于对立面，而政府债券的持有人希望得到公平对待。1975 年到 1984 年期间，美国政府累计发行了 12 次 30 年期的国库券，并附有到期前 5 年可回购的条款。回购条款允许债券发行人以某一固定价格买回其发行的债券。只有在这个固定回购价格低于不考虑回购条款的债券价值时，受经济利益驱动的债券发行人才会执行回购条款。执行回购条款就不用再支付高票面利息，这使得债券发行人受益，却损害了持有人的利益。

由于政府在债券市场中所扮演角色的特殊性，对于政府行使回购权是为了更好地管理债务，还是为了偿还债务，债券持有人持有不同看法。如果政府行使回购权只是出于管理债务的需要，那么债券持有人面临的特殊风险既可能带来收益，也可能带来损失；而如果政府行使回购权单纯就是为了偿还债务，那么债券持有人就会遭受经济损失。

政府债券持有人会猜测美国财政部在 2000 年 1 月 14 日将会采取什么举动，当美国财政部在那一天宣布“2000 年 5 月 15 日以票面价格回购 2000 年 5 月到期、票面利率为 8.25%的国库券”时，他们就知道了事实的真相。① 这次美国政府是出于经济动机，想要通过回购高息债券来降低财政负担。

在此后的偿付过程中，美国政府回购债券明显是出于经济利益的考虑。2004 年 1 月 15 日，《公共债务新闻》（*Public Debt News*）发表了一篇题目毫无新意的文章——《美国财政部将回购 2004 年 9 月到期、票面利率为 9.125%的国库券》（Treasury Calls 9-1/8 Percent Bonds of 2004-09），政府宣称，回购这些债券是为了降低债务融资成本。9.125%的利率远远高于在当前市场上筹集资金，然后等这些债券 5 年后到期时再进行偿付的融资成本。在当前的市场条件下，美国财政部预测，这次回购节省的利息支出和再融资费用将达到 5.44 亿美元。② 换句话说，政府以 3%～4%的利率成本来偿还利率为 9%的息票债券，这能为其大幅减少巨额的利息支出。

虽然政府回购 2004 年 9 月到期、票面利率为 9.125%的国库券是出于经济利益的考虑，但投资者就政府是否会执行回购条款以产生利息储蓄存在争议，这表明政府与其债券持有人之间存在非同寻常的关系。事实上，可回购类的国库券发行方案只实施了 10 年的时间，而且其在政府债券中的占比较小。此外，这种回购条款只对 30 年期债券的最后 5 年有影响，这与长期公司债券中那些更为激进的回购条款形成鲜明对比。美国财政部之所以停止发行

---

① Publicdebt. treas. gov，“Treasury Calls 8-1/4 Percent Bonds of 2000-05，” http：//www. publicdebt. treas. gov/com/com114cl. htm.

② Bureau of the Public Debt. Press Release of January 15，2004：“Treasury Calls 9-1/8 Percent Bonds of 2004－09.”

可回购的债券，也许是为了改善提供给政府债券市场投资者的债券的性质。不论如何，在所有的债券发行人中，政府与其债券持有人的利益一致性程度是最高的。

市场特征

截至 2003 年 12 月 31 日，美国发行的政府债券总市值达到 2.8 万亿美元，其中，1.8 万亿美元是拥有美国财政部完全信用担保的国债，1 万亿美元是政府支持企业发行的债券。美国国库券是世界上最具深度和效率的交易市场。

2003 年年底，美国国库券的到期收益率[①]为 3.4%，平均期限和平均存续期分别为 7.5 年和 5.2 年。其他政府机构发行的债券收益率为 3.4%，其平均期限和平均存续期分别为 6.2 年和 4.3 年。

小结

美国国库券是使投资者组合实现多元化的一种特殊形式，它能够抵消财政危机和预料之外的通货紧缩带来的损失。它拥有美国政府的完全信用担保，期限较长而且不可回购，其他任何一种资产的多元化能力都无法与之相媲美。

但是，投资者也为国库券的这种多元化威力付出了代价。由于它的安全性很高，投资者对它的预期收益（和实际应得）要低于其他风险性更高的资产。虽然在通胀率下降时国债的持有者能够受益，但是如果通货膨胀超出预期，那么他们就会遭受损失。国库券的预期收益率并不算太高，与通胀率之间存在反向作用关系，这就要求长期投资者对这种资产类别只做适量的配置。

通货膨胀保值债券

1997 年 1 月，美国财政部开始发行通货膨胀指数证券（又称通货膨胀保值债券，TIPS），为那些用美元交易的投资者提供了一个重要的新型投资工具。通货膨胀保值债券通过调整通胀相关债券的本金金额，可以帮助投资者避免物价

① 到期收益率：投资者买入并持有债券至到期日的预期收益率。

全面上涨造成的损失。由于通货膨胀保值债券的固定息票利率适于经通胀调整后的债券本金，因此，其支付的本金和利息能够反映出通胀率的变动。

当通货膨胀保值债券到期时，其投资者可以分得现金红利，因为债券偿还了经通胀调整后的本金或者原始面额的大部分。当出现通货紧缩时，投资者从债券的未贴现票面金额的支付中获益。若出现全面通货膨胀，通货膨胀保值债券在发行时所具备的最大价值就是到期时有权以票面价值获得偿付。当物价上涨时，以指数计算的债券本金价值也随之上升，这就使债券的票面价值产生盈余。如果接着发生通货紧缩，那么在保护票面价值之前就需要扣减这些积累起来的盈余。对于希望能最大程度保护债券票面价值的投资者来说，他们会不断地在新发行的证券中选择买入并持有通货膨胀保值债券。

普通的美国国债为希望获得特定名义收益率的投资者们提供了一种无风险的投资选择，而通货膨胀保值债券为希望获得特定真实收益率的投资者提供了一种无风险投资工具。由于发行人相同、无违约风险，以及偿付的利息和本金在结构组成上相似，许多市场评论家都将普通的美国国债与通货膨胀保值债券归为一类。事实上，在美国财政部开始发行通货膨胀保值债券时，最广泛使用的债券市场指数的设计者雷曼兄弟（Lehman Brothers）就将定期发行的美国国债归类为通货膨胀保值债券。

将定期发行的美国国债归类为通货膨胀保值债券是错误的，因为当物价突然发生变动时，这两种债券做出的反应是不同的。预料之外的通货膨胀不利于定期债券，因为它会降低定期债券所获固定偿付额的购买力。相比之下，预料之外的通货膨胀对通货膨胀保值债券没有任何不利影响，其持有人会获得更高的收益，因为偿付额会随物价水平的上升而相应调高。突然的通货紧缩有利于定期债券，因为它会提升定期债券所获固定偿付额的实际购买力。相反地，突然的通货紧缩会减少通货膨胀保值债券持有者所获得的定期利息收入，即使他们最后获得的本金并不会减少。可见，通货膨胀保值债券绝对不同于普通债券，应该把它们单独列为一个类别。

比较一下传统美国国债和通货膨胀保值债券就会发现它们之间的巨大差异，比如美国财政部发行的 2008 年 2 月 15 日到期、利率为 5.5%的国债，以及 2008 年 1 月 15 日到期、利率为 3.625％的通货膨胀保值债券。2003 年年底，普通债券和通货膨胀保值债券的到期收益率分别为 2.8％和 0.9％。由于这两种债券的信用特征相同，到期期限也差不多，所以两者的收益率差异完全是由它们的偿付特征不同导致的。普通债券和通货膨胀保值债券的收益率之差为 1.9％，这是从债券的视角算出的通货膨胀水平的最佳估计值。如果通胀率高于 1.9％，胜出者就是通货膨胀保值债券的持有人；如果通胀率低于 1.9％，胜出者就是普通债券的持有人。

也有一些外国政府会发行通货膨胀保值债券。与购买普通债券一样，美国国内的投资者在涉足非美国政府发行的债券时也会非常谨慎。英国、加拿大、澳大利亚、法国和瑞典都有大量通货膨胀保值债券的发行计划。由于外国发行的债券基本以本国货币进行偿付，所以美国人的投资将面临汇率风险。将来外国市场的通货膨胀率可能不同于美国，再加上未来的外汇汇率存在不确定性，这就使得非美国政府发行的通货膨胀保值债券无法抵御美国本土通货膨胀带来的风险。

由美国公司发行的通货膨胀保值债券引发了一系列不同的问题。与普通的公司债券一样，由公司发行的通货膨胀保值债券的缺点主要是：存在信用风险、流动性差、回购条款不够吸引人。另外，投资者可能会考虑，在高通胀的情况下持有公司发行的通货膨胀保值债券会造成什么样的影响。事实证明，最重要的是能够抵御物价上涨风险，但公司可能根本没有能力按期履行偿付责任。

通货膨胀保值债券的价格和通货膨胀

通货膨胀保值债券是抵御通货膨胀风险的最佳投资工具，因为它的债券偿付机制与通胀率的变动直接挂钩。美国政府的完全信用担保使它不存在任何违约风险，从数学意义上看，它也能够抵御通货膨胀带来的风险，因此，它为投资者提供了一种强大的投资组合工具。

利益一致性

与美国财政部发行的普通债券一样，通货膨胀保值债券的债权人和债务人在利益上具有一致性。不同于私人之间的借贷关系（借方在贷方受损的情况下获益），政府试图让借贷双方之间达成公平交易。

为了推广通货膨胀保值债券，美国政府重点强调它对借贷双方的好处。对债权人来说，通货膨胀保值债券为各种多元化的投资组合做出了特殊贡献。对债务人来说，通货膨胀保值债券扩大了美国财政部的投资标的范围，并分散了它的融资风险。[①] 美国政府对债权人和债务人态度的不偏不倚，使得美国政府有别于那些唯利是图的私营经济部门。

市场特征

截至 2003 年 12 月 31 日，美国财政部发行的通货膨胀保值债券总量仅为 2 010 亿美元。该计划最早于 1997 年 1 月由美国财政部推出，为投资者提供了一种有价值、多元化的投资选择。到 2003 年年底，通货膨胀保值债券的名义收益率为 3.4%，真实收益率（扣除通胀因素）为 1.7%，平均期限为 11.7 年，存续期为 5.9 年。

小结

虽然通货膨胀保值债券的市值仅约占普通国库券的 10%，但是对通胀敏感的通货膨胀保值债券让投资者多了一种不错的选择。而且由于通货膨胀保值债券不存在违约风险，并拥有美国政府的完全信用担保，因此其能成为其他通胀敏感型投资工具的比较基准。

国外发达市场股票

到国外发达国家的股市中去投资，也可能带来与投资美国国内股票相同的收益率。但是，与国内投资不同的是，海外投资的差异有两个主要特征。第一，美国以外的市场对于不同的经济力量会做出不同的反应，这样导致在

---

① Treas. gov, “Key Initiatives,” http://www.treas.gov/offices/domestic-finance/key-initiatives/tips.html.

世界上不同的地区，收益率有所不同。第二，当投资美国以外的市场时，投资者会受到汇率波动的影响，这就使投资模型又多了一个变量。

发达国家股票市场的预期收益率水平基本相似。长期以来，劳动力、商品和服务等都实现了跨国自由流动，这些因素的共同作用使得投资者有理由相信，投资不同的发达国家的股市能够获得相似的长期收益率。虽然投资者对某一个国家的投资热情会随其市场走势的强弱而变化，但是在相当长的一段时期内，投资者认为北美地区、欧洲和亚洲发达市场创造的预期收益率水平可能大致相当。

事实上，自 1970 年开始的 34 年中，若根据摩根士丹利资本国际（MSCI）公司编制的欧洲、大洋洲和远东指数（EAFE）来追踪美国以外市场的业绩表现，可得出欧洲、大洋洲和远东国家的股市平均收益率为 10.0%，而根据标准普尔 500 指数算出的美国股市平均收益率为 11.3%。虽然美国股市和国际股市的收益率平均值比较接近，但是美国股市还是具有显而易见的优势。在做股市业绩对比时，对起始日期的选择具有高度敏感性，因而最合理的结论是，历史证据并不能推翻美国国内股市和国际股市的预期收益率大体一致这个现行的假设。

由于国外股市和美国股市的相关性不强，这就为投资者提供了一个难得的投资机会。一些评论家预测，经济全球化进程的推进使全球股市的业绩表现越来越趋于一致，这会使人们逐渐丧失多元化投资的机会。当有证据表明不同股市的相关度变得越来越高时，对多元化投资持怀疑态度的人又强调在 1987 年股市崩盘和 1998 年金融危机时各个股票市场的表现。因为在这两次事件中，全球股市同时出现暴跌。但是，在 1987 年和 1998 年出现的股市暴跌中也出现了一些短期事件，即市场表现出对流动性和高品质标的的极度追捧。众多发达国家股市的走势趋同仅维持了较短时间，随后各国股市又恢复到只受本国股市业绩驱动因素影响的走势。

我们接下来比较美国股市和日本股市的收益率。20 世纪 80 年代，日本在全球股市占据着领头羊地位，其年化收益率达到 28.4%，同时期其他非美国股市的年化收益率为 16.5%，美国股市的年化收益率则为 17.4%。在此轮牛市接近尾声时，日本股市的总市值已经位列全球第一，甚至已经在规模上超越了市值庞大的美国股市。

20 世纪 90 年代，日本的命运发生了逆转。在 20 世纪最后 10 年里，由于日本经济崩溃，日本股市平均每年下跌 0.9%。相比之下，其他非美国股市的平均收益率达到 13.5%，美国股市的年化收益率更是达到令人咋舌的 18.2%。随着日本股市的不断下跌，日本逐渐丧失了全球股市的霸主地位，与美国的差距越拉越大，以致日本股市的全部市值跌至不足美国的 1/5。很显然，在不同股票市场上交易的投资标的表现各异，收益率水平也高低不同，这就使投资者持有的投资组合实现了多元化。

当投资组合中核心资产的收益率不佳时，投资者要么寻求绝对多元化，要么寻求相对多元化。例如，1993 年 1 月，美国国外股票市场已经历了相当长时间相对较差的表现，其中，对国外市场的投资份额仅占共同基金总持有量的 5%。到了 1993 年和 1994 年，国外发达国家的股市扭转了这一格局，其业绩比美国市场累计高出 29%。1994 年 10 月，共同基金的投资者被国外股市的强劲业绩表现吸引，把国外股票的持有占比提升至 14%这样一个前所未有的水平，在不到 2 年的时间里，这一占比增加了约 2 倍。与追逐业绩行为的预期类似，多元化策略的择时策略同样会造成损失。在接下来的 4 年里，国内股市的业绩表现再一次超越国外市场，相比于国内投资者的业绩，国外投资者的业绩表现要少 84 个百分点。截至 1991 年 1 月，共同基金的持有者早已不再钟爱业绩落后的国外市场，他们减持了超过 40%的国外股票，这使国外股票投资占共同基金的比例降至 8%的水平。①

相比之下，国外股票走势表现强劲，这使共同基金的持有人大量增持非美国股票，他们都认为多元化是将资金配置到国外股市的原因。如果多元化资产组合的业绩表现令人失望，就会使投资者在不合时宜的时候削减资产配置。理性的投资者之所以追求多元化，是把它当作一种降低风险的措施，而非追逐业绩的手段。不管市场如何起伏多变，如果投资者都能严格遵循多元

① 数据来自投资公司协会（Investment Company Institute）。外国股权类别包括国际股权、新兴市场股权和地区股权，但不包括全球股权。

化投资组合的原则，就会为取得长期的投资成功创造条件。事实上，在遭遇不佳的业绩表现之后，投资者可以通过增加资产的类别来提高成功概率。无论如何，国外股票都是在不降低预期收益率的前提下减少投资组合风险的一种重要工具。

国外股票的投资者认为汇率风险是投资国外股市不可避免的一部分。现实的投资者认为，在经过外汇兑换后不会增加或者减少自己的投资所得。即使市场的预言家们花费很多口舌、用长篇大论来预测市场未来的汇率水平，其实并没有谁真正知道汇率将如何变化，理性的投资者根本不会去预测汇率走势。

有些评论家建议持有国外股票的投资者定期对汇率风险进行对冲。但不幸的是，事实证明想做到这种对冲很难，因为持有国外股票的基金经理无法确定持有期的长短，也不知道将来持有的规模，这就带来了如何确定合适的对冲期限和对冲规模这一难题。因此，国外股票的投资者必然会认为这种资产类别至少存在特定的汇率风险。

幸运的是，金融学理论大师们得出的结论是，承担一定程度的汇率风险可以让投资组合更加多元化。除非以外币持有的投资占投资组合总资产的 1/4 以上，否则汇率风险能够降低投资组合的总体风险。对于超过 1/4 的投资组合资产，汇率将会带来额外的风险。

国外股票价格与通货膨胀

在通货膨胀面前，国内股票投资者处于矛盾处境，即股票似乎能在长期内抵消本国通货膨胀带来的损失，但它们在短期内与物价的上涨似乎又没有什么关系。而国外股票的投资者就不会遇到这个难题。国内的通货膨胀率和以美元计价的国外股票收益率之间的关联度非常微弱，这就使得国外股票无法作为抵御通货膨胀风险的对冲工具。

利益一致性

美国投资者与国外公司之间的利益一致性非常类似于美国投资者和美国公司之间的利益一致性，这是本书提到的第一种类似情形。大体而言，无论是在国内还是国外投资，股票投资者都希望上市公司管理层能够切实维护股东利益。

即使安然（Enron）和世通等公司的丑闻爆发放大了美国上市公司治理的缺陷，但真实情况是，美国的股东和管理层之间的利益依然存在极强的一致性。总体来看，在世界其他地方，公司管理层更没有专注于追求利润。在一些国家，文化规范使得管理层更关注其他群体的诉求，包括工人、债权人和更广泛意义上的社会群体。而且，不合理的公司治理结构使得控股股东能够侵占小股东的资产。虽然国外的公司管理层与股东之间的利益一致性较差，对持有国外股票的投资者非常不利，但国外股票还是能够增加投资机会，正是这种优势使得个人投资组合会把非美国证券纳入其中。

市场特征

根据摩根士丹利资本国际公司的统计，截至 2003 年 12 月 31 日，发达国家的海外市场总市值为 13.9 万亿美元。摩根士丹利资本国际公司将 22 个国家列为非美国资本市场，这些国家的股票市值总额与美国大致相当。2003 年年底，美国股票总市值为 13.1 万亿美元。尽管过去 10 多年来日本股市的收益率一直很低，但日本仍以 3.2 万亿美元的资产领先于美国以外的股市。其他大型市场包括英国（2.4 万亿美元）、法国（1.4 万亿美元）和德国（1.1 万亿美元）。欧洲市值在美国以外地区市值的占比为 62%，亚洲占比为 27%，加拿大占比为 6%，澳大利亚、新西兰的占比共计 4%。

总体上看，国外发达国家的股息收益率达到 2.4%，市盈率达到 23.5，市净率为 2.0。由于地区差异问题，2003 年年底，欧洲的股息收益率是 2.8%，日本则为 1.0%。欧洲的市盈率是 20.3，市净率是 2.1；而在日本，这两个比率分别为 66.0 和 1.7。

小结

国外股市的预期收益率与美国股市的预期收益率大致相同，投资者之所以持有国外发达国家股市的股票，首要目的是让投资组合实现多元化。它之所以能实现多元化，最重要的是因为在美国之外的股市中，股票投资收益的驱动力量不同于美国。汇率风险则进一步为投资组合的多元化增加了一个衡量标准。

在任何情形下，理性的投资者都会投资国外股市。他们并不在意它的近期业绩和历史业绩如何，但投资者通常都是在看到国外股市出现一段强劲业绩表现之后，才会寻求国外股票带来的“多元化”。如果这种“多元化”策略带来的收益没有超越本国股市，投资者就会放弃这种令人失望的“多元化”资产。这些追逐业绩的投资者用国外股票伤害了自己的投资组合，降低了投资收益率。

新兴市场股票

新兴市场投资代表高风险、高预期收益的一类有价证券投资。新兴市场是指经济水平处于中间阶段的经济体，既不是欠发达经济体，也不是发达经济体。在该类市场中，投资者面临一系列难以应对的重大风险。在宏观层面上，投资者关心的是经济的整体发展和证券市场的基础设施建设；在微观层面上，投资者担心的是新生企业的管理质量和盈利目标。

在经济发展史上，曾有很多新兴市场以没落告终。在一篇标题名为《生存》(Survival) 的文章中，斯蒂芬·布朗 (Stephen Brown)、威廉·格茨曼和斯蒂芬·罗斯 (Stephen Ross) 三位学者发现，20 世纪初，共有 36 家股票交易所在开业经营。在这 36 家交易所中，超半数以上的交易所都曾经历过至少一次交易中断，原因通常是国有化或战争。更让那些坚信这种历史宿命论的投资者感到痛苦的是：1900 年，已经有 36 家股票交易所在运行；100 多年以后，仍有 15 家股票交易所被定义在新兴市场上。更有甚者，塞尔维亚首都贝尔格莱德的股票交易所已经跌出 21 世纪新兴市场的名单。这些作者不动声色地指出，“事实上，‘新兴市场’这个名词本身就意味着这些市场可能会没落。”①

---

① Stephen J. Brown, William N. Goetzmann, and Stephen A. Ross, “Survival,” *The Journal of Finance* 50, no. 3 (1995).

近年来，投资者们抓住日益壮大的新兴市场的投资机会。摩根士丹利资本国际公司是美国以外股市指数的主要制定者，它从 1998 年开始用 8 个国家（其中包括墨西哥、约旦、泰国等）的股市指数来追踪新兴市场。5 年后，这些国家的数量迅速升至 19 个，其中重要的新加入者包括印度、韩国和葡萄牙。1998 年，这一数量又升至 28 个，南非、俄罗斯和众多中欧国家都被纳入摩根士丹利资本国际指数的追踪范围内。

偶尔也会有一些国家从新兴市场的队伍升级到发达国家行列。1997 年，葡萄牙完成了这一跨越；2001 年，希腊也成为发达国家。随着新兴市场取得进步，将会有越来越多的国家迈入发达国家行列。

市场评论家经常把经济的快速发展与强劲的股市前景相混淆。举个极端的例子，在完全实行计划经济的国家中，资源配置的各项原则都是不利于证券市场的。很显然，其经济发展对股票价格没有任何影响，因为在这种经济体制下根本就不存在股票。再举一个不是那么极端的例子，在一个实行市场经济但资源配置不合理的国家中，权益资本的提供者可能会连续遭遇糟糕的收益。公司收入的增长可能使公司管理层收入（薪酬）和政府部门收入（税收）的增长并不同步，这就出现资本获得的补偿不足的问题。在运行良好的经济体制下，股价和收益的调整能反映出金融市场的情况，并不是所有的新兴市场都能运行良好。要想从股市投资中获利，就应当要求发行股票的公司能够盈利，因为投资者最终分享的是公司的利润，而这恰恰是参与新兴市场的投资者在微观层面上面临的主要风险。与其他市场一样，新兴市场的经济发展并不一定带来股市的良好表现。

新兴市场中基础设施的发展时断时续，因为立法机构、监管机构和公司管理层才刚开始学习具体的游戏规则。那些习惯受到保护的投资者会觉得大多数新兴市场不够友好。在这些新兴市场上，证券立法的质量有优有劣，监管的执行从不充分到充分不等，管理层对股东利益的忠诚程度也大打折扣。股票一经售出，公司概不负责，投资者需要自己加倍小心。

政府的政策有时会以令人震惊的方式伤害投资者利益。1998 年亚洲金融危机时，马来西亚政府曾限制林吉特（马来西亚的货币）的可兑换性，从而有效地阻止了国外投资者的资金汇出。基于其在资本项目管理上的恶劣行径，摩根士丹利资本国际指数立刻把马来西亚从该公司的新兴市场指数上除名。直到1999年年底该国取消了资本项目汇兑管制，马来西亚才重新恢复了它作为摩根士丹利资本国际指数正式会员的地位。

在新兴市场上，公司行为有时就像淘金时代完全没有法制的美国西部。有位市场评论家曾建议，投资者要把钱投向俄罗斯公司——因为在这些公司中，管理层正企图大规模窃取公司资产——而不要把钱投入管理层仅涉嫌轻微盗窃罪的公司。这个建议表面上看是自相矛盾的，但是其理论依据在于，只有清楚公司价值的管理层才会试图侵吞整个公司，而那些认为公司价值不大的管理层只会干点小偷小摸的事情。

利益一致性

新兴市场中利益一致性不高是投资者面临的主要风险因素之一，这使他们对新兴市场的股票投资索求更高的收益率。在这种操作环境下，立法和监管问题的界定和解决机制不健全使投资结果具有不确定性，这就迫使理性的投资者追求额外的收益。

新兴市场的政府有时会让股东和管理层的利益出现不一致。对本土股票的所有权和投票权的控制有时会导致两种等级的股东产生，作为二等股东的外国投资者的问题便随之而来。资本管制政策虽然并不常用，但还是限制了外国投资者自由汇出资金的能力。新兴市场的政府监管活动可能会损害外国投资者的利益。

还有其他的例子，比如公司管理层不按股东利益行事。在亚洲很多国家中，这个现象极其普遍，很多家族企业以牺牲外部小股东的利益为代价来满足家族私欲。缺乏透明度会进一步恶化这个问题，因为外部投资者通常缺乏必要的信息来帮助自己去发现和解决内部人交易问题。

随着新兴市场的逐渐成熟以及全球资本市场的自由化，利益的结构性失衡问题已经有所缓解。但是，由于新兴市场的立法和监管体制的不完善，理性的投资者在向此类体制下运行的公司做出投资时，还是会索求一笔不菲的额外收益。

市场特征

根据摩根士丹利资本国际指数公司的统计，截至 2003 年 12 月 31 日，新兴市场的股票总市值达到 2.8 万亿美元。排名在前面的有台湾（3 640 亿美元）和韩国（2 940 亿美元），如果按照证券市值比较，它们可以位居发达经济体的中游。按照规模排序，相对较小的还有委内瑞拉（40 亿美元）和斯里兰卡（30 亿美元），新兴市场包括数目众多的经济体。亚洲经济体股票市值在其中的占比大约为 54%，拉丁美洲股票市值占比约为 19%，非洲和中东地区股票市值占比约为 18%，欧洲股票市值占比约为 9%。

截至 2003 年年底，新兴市场的市值已经超过美国（至少对于追求价值的投资者而言是这样的）。新兴市场的股息收益率为 2.3%；而美国股市的股息收益率为 1.5%，市盈率为 15，市净率为 1.9。相比而言，美国股市的指标水平都要大打折扣。

小结

新兴市场的股市投资者承受着较高的基本投资风险，因此，他们会索求高额的预期收益率以获得补偿。但从统计数据良好的一段时期来看，这些投资者几乎没有获得任何风险补偿。从 1985 年起，世界银行（World Bank）旗下的国际金融公司（International Finance Corporation，IFC）开始评估新兴市场的股票投资收益率，到 2003 年 12 月，新兴市场的年化收益率为 9.8%（按国际金融公司的全球综合指数计算），而根据标准普尔 500 指数计算得出的美国股市年化收益率为 13.3%，根据欧洲、大洋洲和远东指数计算的美国以外发达国家的股市年化收益率为 11.0%。新兴市场与发达市场的收益率差别表明，虽然新兴市场的投资者比发达市场的投资者承受了更高的风险，却没有获得额外收益。新兴市场的投资者希望在未来能够得到比过去更高的投资收益率。

由于宏观和微观经济层面上的原因，新兴市场的股票有望带来高预期收益，同时风险水平也相应较高。将资产适度配置到新兴市场的股票上，很有可能会改变大多数投资组合的风险和收益特征。

房地产

对于拥有商业写字楼、公寓大楼、工业仓储区和零售场地的投资者，房地产投资可以让他们赚取利润并承受风险。买入并把高质量的房地产长期租给合适的租客可以带来巨额的现金流入。持续不断的现金流使得资产估值具有稳定性，因为资产价值的很大一部分来自相对可以预见的现金流。相反地，当租约临近到期时，房东就会面临解约风险，这将导致投资者的剩余价值在短期内发生变化。在没有租客的极端情形下，房地产就具备了投机属性，因为对它的估值完全取决于对租赁业务的预期。

房地产投资兼具固定收益投资和股票投资的特征。其固定收益投资的特征体现为租客要履行他与房东在租房合同中约定的义务，定期缴纳房租。附带长期租约的房产主要表现为类似债券的特征；而它同样具有股票投资的特征，表现为把近期闲置或预计在未来会闲置的房产出租出去能带来剩余价值，没有租客或者租约很短的房产则表现出类似股票的特征。

典型的房地产投资是指地理位置好、出租情况好的高质量房产，投资者可以定期从已出租的房屋中收取租金，并期望在一段时间以后从现在闲置的房屋那里获得收入。含有炒作成分的房地产并不符合核心资产投资的这套标准，因为炒作的特征在很大程度上决定了投资结果，使得这项投资变得类似于股票。对原始土地、在建项目和酒店运营进行的投资也不属于投资核心房地产的范畴，主要原因是这些投资要特别依赖专业的操作知识才可能形成现金流入。

风险和收益特征

房地产投资的风险和收益介于债券和股票之间。房地产投资能带来类似债券的租金收入和类似股票的剩余价值，因此投资者希望他的投资业绩大体上能介于投资债券市场和股票市场之间。伊博森公司对过去 78 年的数据分析显示，股票的年化收益率为 10.4%，而政府债券的年化收益率为 5.4%。若进行折中计算，房地产投资者期望每年得到比债券投资高出大约 2.5%的收益率是贴合现实的。

短期市场收益的数据证实了房地产投资的风险和收益特征确实是介于股票和债券之间。1978—2003 年，按照房地产证券指数计算的房地产年化收益率为 12.0%，而根据标准普尔 500 指数计算得出的股票年化收益率为 13.5%，美国中期国债的年化收益率为 8.7%。[①] 资本市场的发展历史也证实了我们对房地产相对收益水平的预测。

与其他很多风险资产的估值相比，对房地产的估值要稍微容易一些。试想一下，如果市场处于均衡状态，那么对现有资产进行重置的成本就是市场价值的重要决定因素。事实上，房地产市场为托宾提出的“q”（指某项资产的重置成本与市值的比率）理论提供了一个强有力的证据。如果某项房地产的市值超过了重置成本，那么类似产品的房地产开发都将具有经济意义。在这种情况下，以新建筑成本的百分比表示的收益将超过价值较高的现有资产的收益，从而激励人们建造新的高收益建筑；相反地，如果重置成本超过市场价值，房地产开发就没有任何经济意义。在这种情况下，成本收益低于价值较低的现有资产收益。理性的市场参与者就不会选择建造新的房产，而是购买现成的房产，从而使市值上升并趋近于重置成本。

在房地产市场中，托宾提出的“q”尤为有用，因为其重置成本是一项容易确定和可观察的变量。虽然在股市上，托宾提出的“q”能够让我们了解各家公司、广大市场部门甚至整个股票市场的估值，但要确定当今错综复杂、分布广泛的每家公司实体的重置成本是一项艰巨的挑战。相比之下，在郊区新建一个购物中心或在城区新建一座写字楼的成本要容易评估得多。事实上，很多见多识广的投资者会评估一项资产的重置成本，并将重置成本折扣视为收购房地产的一项重要参考指标。

---

① 数据来自彭博（Bloomberg）、雷曼直播（LehmanLive）、全国房地产投资信托协会（National Association of Real Estate Investment Trusts）。

上市和私人持有

投资房地产的不同之处在于，在它提供的大量投资工具中，既可上市交易，又可由私人持有。上市交易的房地产和私人持有的房地产的区别只是形式上的，而非实质性的，它们都能给持有房地产的投资者带来收益和风险。

有一种特殊的投资工具——房地产投资信托基金使很多房地产投资者获益。房地产投资信托基金不同于一般的公司实体，只要它能分配应税收入的90%以上，并保证至少75%的收入来自房地产的出租、按揭和销售[①]，它就可以免缴所得税。房地产投资信托基金既可以上市，也可以由私人持有。

尽管对投资者而言，上市交易和私人持有的房地产投资工具都是房地产投资工具，但是公开上市的房地产股票经常以偏离公允价值的价格交易。绿色街道顾问（Green Street Advisors）公司是一家专门关注公开上市的房地产股票的研究公司，它通常会定期调查市场价格与公允价值之间的差异。调查结果让短期投资者心存顾虑。根据绿色街道顾问公司的估计，在1990年的某个时候，房地产股票的市场价格要比公允价值低36%以上；而在1993年，股市发生了逆转，房地产股票的市场价格要比公允价值高出28%；在1994年年底，市场价格又比公允价值低了9%；而在1997年，股票投资者需要付出高于公允价值33%的市场价格。对房地产证券来说，20世纪90年代末的行情很不景气（对其他大多数证券而言，行情却好很多），估值的差额超过20%，相当于2000年年初的水平。2004年年初，股市的非房地产板块进入熊市，而房地产股票呈现出牛市特征，市场价格高出公允价值22%以上。上市证券的市场价格和公允价值之间的波动较大，这使得上市交易和私人持有的房地产资产在收益上的关联度较低。[②]

市场价格和公允价值的差异困扰了短期投资者，令他们感到忧虑的是，买进时多付的价格和卖出时产生的亏损都会对持有期收益率造成重大影响。

---

① National Association of Real Estate Investment Trusts, "Forming and Operating a Real Estate Investment Trust," http://www.nareit.com/aboutreits/formingaREIT.cfm.

② Green Street Advisors, "REIT Share Price Premiums to Green Street NAV Estimates," http://www.greenstreetadvisors.com/premnav.html.

对于长期投资者而言，市场价格和公允价值之间的差异带来的影响要小很多，因为在较长的投资期限内，市场价格与公允价值关系中由短期噪音造成的差异较小。谨慎的投资者会使用定期定额投资策略来参与（入市与离场）市场价格明显偏离公允价值的股市。

我们再比较一下1978年到2003年间上市交易和私人持有的房地产的收益率差别。根据美国房地产投资信托基金协会（NAREIT）综合房地产投资信托指数基金的测算，在这段时间房地产有价证券的年化收益率为12.0%。而根据美国房地产投资信托评议委员会（NCREIF）全国地产指数的测算，私人持有的房地产的年化收益率为9.3%。由于全国地产指数下的私人资产没有考虑到杠杆作用，所以在扣除风险因素后，它的收益率与房地产投资信托基金的杠杆收益大致相当。在任何情形下，这两种房地产投资方式的结果都要好于美国中期国债8.7%的年化收益率，而低于根据标准普尔500指数计算的股票市场13.5%的年化收益率。上市交易和私人持有的房地产每天表现出较低的相关性，但在较长时间内，它们的投资结果非常类似，这也符合资本市场的预期。

虽然有时会出现例外，但对个人投资者而言，上市交易的房地产股票大体上都是质量相对较高而成本相对较低的房地产资产。不幸的是，除少数例外情况，私人提供的零售房地产合作企业却以高昂的成本提供房地产投资渠道，以致个人投资者都没有机会获得公平收益。

威尔斯房地产投资信托基金

威尔斯资产管理（Wells Capital）公司是最大的私人房地产投资公司之一，专门为个人投资者提供服务。2003年12月，这家公司已经有117 000多名投资者，其管理的投资组合总资产高达47亿美元，同时，该公司还在进一步筹集78亿美元用于新的投资。① 威尔斯资产管理公司投资的私人房地产投资信托基金（简称威尔斯房地产投资信托基金）在发行条款中承诺为这家公司及其经纪公司创造收益，但没有保证为个人投资者赚取高投资收益。

① PR Newswire, "Wells Real Estate Fund Launches New Wells REIT Ⅱ Offering of Up to ＄7.76 Billion," 2 December 2003.

这些问题的出现始于融资过程。在 2002 年 7 月 26 日的一次发行中，威尔斯投资服务（Wells Investment Services）公司试图为一只房地产投资信托基金融资 30 亿美元，用于投资质量高且出租情况好的写字楼和工业用房地产。尽管这项方案是投资房地产市场中较为成熟的市场，威尔斯资产管理公司还是制定了一个三级收费方案，这显示出其近乎疯狂的贪欲。一级费用发生在投资的组织和发行阶段，二级费用与收购和开发活动有关，三级费用则涉及资产的管理和处置。

对威尔斯资产管理公司收取的发行费用，最委婉的说法就是从“数额巨大”到“令人唾弃”。在发行总收益中，其中有 7.0%用于支付代销佣金，2.5%支付给经销商经理，3.0%用于支付组织和发行费用，这三者加起来就耗费了投资者 12.5%的资本金。在投资者的资产被拿去购买房地产之前，威尔斯投资证券（Wells Investment Securities）公司和威尔斯资产管理公司就已经花掉了 30 亿美元融资款项中的 3.75 亿美元。

威尔斯资产管理公司通过一套激进的措施销售它的房地产投资信托基金。很大一部分承销费用都流入了推销威尔斯资产管理公司产品的代理商的腰包。在威尔斯资产管理公司筹集到 1 亿美元资金的 1 个月之后，经理人向员工发放崭新的百元大钞。为了庆祝第一次在 1 个月之内筹集到 2 亿美元，该公司再次将 200 张（每张面值 1 美元）一沓的现金成捆发放给员工。威尔斯资产管理公司除了使用这些印着本杰明（Benjamins）和乔治（Georges）头像的美钞，还采取了其他激励措施。威尔斯投资服务公司为经纪人和经纪人的客人举办大规模派对，向他们提供食物、旅游和娱乐项目。在亚利桑那州的斯科茨代尔和佛罗里达州的阿米莉亚岛举行所谓的“教育和尽职调查会议”，最大的特色就是舞会和沙滩聚会，社交色彩稍微淡一点的活动就是免费打高尔夫球。在美国内战期间的一座城堡里，他们在聚餐中“装扮成内战时期的英雄、烟花表演者、小横笛和军鼓的演奏者、特技跳伞人员和仿制的大炮”。监管机构认为这些会议挥霍无度，违反了美国全国证券交易商协会（NASD）的有关规定。[①] 美国全国证券交易商协会公开谴责了威尔斯投资证券公司，并对

---

① Financial Advisor Magazine, “Frontline News,” http: //financialadvisormagazine. com/articles/nov _ 2003 _ frontline. html.

里奥·威尔斯（Leo Wells）本人进行了批评。但对投资者来说不幸的是，融资活动依然在继续。

一旦投资者本已大幅缩水的款项终于准备好要开展房地产投资，威尔斯资产管理公司又会接着收取收购和开发的费用，从而再薅一次羊毛。对“潜在的房地产收购进行审查和评估”的收购和咨询费用占发行本金的 3.0%，也就是 9 000 万美元。[①] 对收购费进行的补偿（对于占发行本金 3.0%的收购费用他们还嫌不够）又占了 0.5%，该项费用总额达到 1.05 亿美元。在收取最后一级费用之前，威尔斯资产管理公司和其附属机构就已经花掉了投资者总本金的 16%，剩余款项只有 84%。在 30 亿美元的融资总额中，足足有 4.8 亿美元从投资者的钱包流出，却还完全没有沾上房地产投资行业的边。

一旦威尔斯资产管理公司购买了房地产，收费的机会又来了，因为威尔斯资产管理公司收取的物业管理费和租赁费占总收入的 4.5%。另外，该公司还可以从新建房产的租赁活动中获得额外的收入。当然，出售房地产需要交纳更多的费用，出售合同金额的 3.0%要付给威尔斯资产管理公司。在最终退出这一投资组合时，通过私下出售和公开上市，在达到最低投资收益率的要求以后，威尔斯资产管理公司还可收取 10%的利润分成。

鉴于威尔斯资产管理公司收购的资产性质较为简单，它在操作阶段的费用似乎偏高。这家购买“高级商业写字楼和工业建筑”的公司瞄准的是“建成不到 5 年的房产，并且已出租或预租给一家或多家信用等级符合要求的大公司”。[②] 另外，威尔斯资产管理公司还倾向购买租赁期较长的房产。在 2002 年 7 月的募资说明书中，租金名册显示超过 84%的租约是在 2008 年及以后才到期。还有什么比管理新建的和带长期租约的优质租客的商业房产更为简单的呢？威尔斯资产管理公司这种常规的资产管理责任是否能证明投资者支付的费用是合理的？

威尔斯房地产投资信托基金的募资说明书指出，这家公司的目标是有

---

① Wells Investment Securities, Inc., *Prospectus for Wells Real Estate Investment Trust, Inc.*, 26 July 2002: 50.

② Wells Investment Securities, Inc., *Prospectus for Wells Real Estate Investment Trust, Inc.*, 26 July 2002: 59.

“三重净付”租约的房产，即出租人获得除去税收、本期费用和资本变动的净租金。换句话说，承租人要承担支付一切租赁成本的责任，而这样出租人除了兑现支票外就没有什么义务了。很多产业界的人士认为威尔斯资产管理公司收取4.5%的物业管理费和租赁费“完全是无厘头”。在威尔斯资产管理公司已经进球时，个人投资者却还没有上场！

很显然，名目繁多的费用并不能为员工、基金经理和经纪商带来足够的财富，却给投资者造成了伤害，并将这种伤害在投资者中做了平均分摊。除了分销、收购、管理和处置费用之外，威尔斯资产管理公司还以期权和权证的形式作为额外的激励。只要对这些衍生证券行权就会“稀释”投资者的持有量。经纪商带头参与了这场衍生品稀释运动，赎回了发行量的2.0%，即600万股。公司的员工享有购买750 000股“授权和保留”股的权利。独立董事则以拥有600 000股与认股权证和期权相关的股票位居最后。可以说威尔斯资产管理公司在房地产中处处都能获利，而投资者被反复压榨。

在开始投资前、进行收购、持有期间和退出交易的每一个环节，投资者都要交纳费用。为了明确这些巨额费用的受益人，募资说明书中放入了一张解释性的图表，它表明里奥·威尔斯是威尔斯私人房地产投资信托基金的100%拥有者，相应地，他100%拥有对威尔斯资产管理公司的管理权，100%持股威尔斯投资证券公司，100%拥有威尔斯资产管理公司。[①] 这么舒适的结构里包含了各种各样的利益冲突。

冲突首先始于证券发行环节。募资说明书建设性地指出，“由于威尔斯投资证券公司是威尔斯资产管理公司的附属公司，您将无法获得独立的尽职调查和审查，此类审查和调查通常由独立的与证券发行相关的承销商进行”[②]。还好，华尔街的尽职调查给了投资者一点安慰，依靠证券发行的承销商证实了发行文件是完整和准确的。由一个独立实体来做的尽职调查对投资者是有利的，而由一个关联人士所做的尽职调查对任何人都毫无益处。造成发行条款极其糟糕的首要原因就是没有独立的尽职调查。

---

① Wells Investment Securities，Inc.，*Prospectus for Wells Real Estate Investment Trust，Inc.*，26 July 2002：13.

② Ibid.，21.

在房地产的收购、管理和出售过程中，仍旧存在利益冲突。威尔斯资产管理公司对与购买和出售房地产有关的交易都要收取费用，而不管这些房地产的质量如何，也不管其提供的服务质量如何。募资说明书清楚地写明，“与威尔斯资产管理公司及其分公司进行的任何一笔交易都存在潜在的利益冲突”①。威尔斯资产管理公司和威尔斯投资证券公司都想要收取较高的费用，而投资者希望进行公平交易，两者之间便产生了正面冲突。而根据募资说明书，高额的收费设计妨碍了公平交易。

内部人员持股比例较高，这也许可以减轻威尔斯房地产投资信托基金管理过程中的大量冲突给投资者带来的忧虑。如果公司领导持有大量股票，他们往往会按股东的利益行事，原因很简单，因为他们自己也是股东。在 2002 年 7 月 26 日的募资说明书中，第 53 页的股东持股表显示：威尔斯房地产投资信托基金的主席兼威尔斯投资证券公司以及威尔斯资产管理公司的主席里奥·威尔斯一共持有 698 股，价值 6 980 美元。在里奥·威尔斯数以百万计的巨额财富中，这点钱几乎不值一提。

即使威尔斯投资证券公司发布的威尔斯房地产投资信托基金募资说明书直截了当地披露了众多无法调和的根本利益冲突，发行文件对收益用途的描述仍不坦诚。文件中表示，“我们打算把这次发行所得收益的至少 84%用于购买房地产，剩下的收益将用于支付各种费用和开支”，文件还明确地指出，“这些费用和开支不会减少您投入的资本。您投入的资本仍然是每股 10 美元，您的股息收益率将以每股 10 美元的投资为基数”②。投资者支付的总额和净股价之间的差距令人无法接受，威尔斯投资证券公司对这一差距的轻描淡写误导了除最谨慎的募资说明书读者之外的投资者。也许投资者应该更关注募资说明书封面上的黑体字忠告：“不论是美国证券交易委员会，还是纽约州司法部，抑或其他任何州的证券监管机构都没有批准或否决这些债券，它们也没有确定这个章程是否真实完整。如果有人告诉你不是这样，那他就是在从事

① Wells Investment Securities, Inc., *Prospectus for Wells Real Estate Investment Trust, Inc.*, 26 July 2002: 57.

② Ibid., 6.

刑事犯罪。”[1]

如果说在房地产市场上，威尔斯房地产投资信托基金扮演了一个小角色，那么评论家可能得出如下结论：危害很小，轻微犯规。事实上，在2003年，威尔斯房地产投资信托基金购买的房地产价值26亿美元，比房地产市场上任何其他一家投资机构都要多。如果只有威尔斯房地产投资信托基金是唯一的“坏苹果”，那么评论家可能就会总结出“例外能反证规则的存在”。事实上，在收费方面，西部内陆零售房地产投资信托基金成功跑赢了威尔斯房地产投资信托基金，其以16.5%的前端费用居于第一位（相比之下，威尔斯房地产投资信托基金的前端费用为16.0%）。[2] 虽然西部内陆零售房地产投资信托基金所收取的费用是最高的，但在2003年，在收购方面它只位列第二名，其购买了价值25亿美元的房地产，比威尔斯资产管理公司要少1亿美元。[3] 在房地产行业，高收费的私人房地产投资信托基金占据着举足轻重的地位。

胃口极大的私人房地产投资信托基金通过大笔支出美元得到了满足。在房地产投标时，威尔斯资产管理公司总是志在必得，其他的潜在购买者一旦意识到威尔斯想要哪块地产，都会知趣地离开。威尔斯资产管理公司情愿为产品多花钱，在这方面没有哪个理性的购买人能够与其争锋。结果，投资者遭受了高额收费和投资前景不佳的双重打击。商业房地产的主角其实是有权有势的反面人物。

美国教师保险和年金协会的私人房地产账户

下面我们将威尔斯资产管理公司的私人房地产投资信托基金与美国教师保险和年金协会（TIAA）提供的私人房地产投资工具做比较。截至2002年12月31日，美国教师保险和年金协会的私人房地产账户持有37亿美元的资产，这使其成为向个人直接提供房地产所有权的主力军。美国教师保险和年金协会的房地产投资组合奉行的投资策略与威尔斯资产管理公司类似，但它

---

① Wells Investment Securities, Inc., *Prospectus for Wells Real Estate Investment Trust, Inc.*, 26 July 2002: 6.

② Inland Western Retail Real Estate Trust, Inc., *Prospectus*, 15 September 2003, 46.

③ Terry Pristin, “Commercial Real Estate; So-Called Private REIT's Are Gaining Ground, and Their Share of Critics,” *New York Times*, 4 August 2004.

更加多元化，流动性更高，而收费要低很多，并且大大降低了利益冲突。①

美国教师保险和年金协会投资于办公、工业、居住和零售业房地产。美国教师保险和年金协会不像威尔斯资产管理公司那样购买集约化管理程度很低的写字楼，它购买的房地产种类更多。美国教师保险和年金协会的私人房地产账户在一天之内即可变现，与此形成鲜明对比的是，威尔斯房地产投资信托基金的赎回方案限制条件极高，最终可能还要依靠公开发行或者在未来对资产进行处置。

最重要的是，美国教师保险和年金协会在收费方面轻而易举地胜出。美国教师保险和年金协会的直接投资者可以完全免于负担威尔斯房地产投资信托基金数额惊人的组织和发行费用。在美国教师保险和年金协会投资者的每 1 美元中，有足足 100 美分能用到房地产的投资项目。与威尔斯房地产投资信托基金 3.5%的收购和开发费用相比，2004 年，美国教师保险和年金协会只收取了 0.6%的投资管理费、手续费及其他费用。在物业管理和租赁的方式上，威尔斯房地产投资信托基金与美国教师保险和年金协会也截然不同。威尔斯房地产投资信托基金聘请了一家全资子公司来打理日常管理事务，这就形成了巨大的利益冲突；而美国教师保险和年金协会聘请了当地的物业管理公司来提供物业服务，这是在竞争环境中达成的公平合同。实际上，这个过程确保了美国教师保险和年金协会能以略低的成本获得更优质的服务。美国教师保险和年金协会不收取任何处置费用，也不分享任何利润提成。而且，美国教师保险和年金协会不会通过发行认股权证或期权来损害投资者的利益。与威尔斯房地产投资信托基金的交易结构不同，美国教师保险和年金协会的投资者获得了一个平等的机会。

上市交易的房地产证券

私人提供的房地产合作的透明度很低，相比之下，上市交易的证券要透明很多。由于投资者最后能够获得以上市交易或私人持有证券为基础的房地产，因此投资者必须找到令人信服的理由，才会放弃证券在上市交易时更高

---

① TIAA-CREF，*College Retirement Equities Fund Prospectus*，1 May 2003：27.

的透明度和流动性。

有意参与房地产证券的投资者首先要运用市场来模拟指数管理。构建投资组合的被动型方法保证了投资者能够获取近似市场水平的收益，从而消除了主动管理造成的跳空（可能是正面影响，也可能是负面影响）。不过，即便是指数化基金具有的约束力相对较强，不同管理者的投资业绩表现也不尽相同。

先锋（Vanguard）集团是为个人投资者进行指数化投资的杰出实践者，它因能够成功跟踪各类市场而在这一行业独占鳌头。它在跟踪产品时极少出错，并如实记录市场，它的低收费也是名声在外。类似于先锋集团的指数化产品，先锋房地产投资信托指数基金也为目标市场提供了高质量、低成本的标的。

先锋房地产投资信托指数基金不收取任何销售费用、购买费用和分销费用。为了避免市场投机交易，先锋集团对持有期不到 1 年的基金收取 1.0%的赎回手续费。2003 年，该基金的运营费用包括 0.25%的管理费和 0.02%的其他费用，总费用合计 0.27%，这表明投资者高质量地完成了一项理性投资方案。[①]

并不是所有的公司都能像先锋集团那样为投资者提供质量高、成本低的服务。在里奥·威尔斯的带领下，威尔斯房地产系列基金设计了三种等级的威尔斯标准普尔房地产投资信托指数基金。其 A、B、C 级基金份额的收费名目多到令人难以置信，投资者面临的选择要么是交纳简单的前端销售费用，要么是更为复杂的、可能发生递延的销售费用，存续期内的费用包括管理费、分销费和其他费用。[②]

对于威尔斯标准普尔房地产投资信托指数基金的投资者而言，要么选择一开始支付大量前端费用，之后再交更多费用；要么选择前期不支付任何前端费用，在后期却要交纳更多。例如，A 级基金份额的最高费率为 4%，其中存续期的费用为每年 1.38%。B 级基金份额的最高递延销售费用是 5.0%，其

---

① The Vangard Group, *Vanguard REIT Index Fund Investor Shares Prospectus*, 25 November 2003：3.

② Wells Real Estate Funds, *Wells STP REIT Index Fund Prospectus*, 25 November 2003：3.

中存续期的费用为每年 2.17%。

威尔斯资产管理公司收取了 0.5%的管理费，但它根本没有对其资产做任何管理，如果考虑到这一因素，付给该公司的费用就显得高得离谱。威尔斯资产管理公司直接把这项工作转包给 Rydex 全球顾问（Rydex Global Advisors）公司，该公司按照投资组合的规模收取占总资产 0.1%～0.2%的费用。威尔斯资产管理公司把“空手套白狼”这句老话提升到极高的艺术水准。

我们假设某人分别购买威尔斯资产管理公司和先锋集团 10 000 美元的房地产投资信托指数基金，对比一下两者费用支出的差异。3 年以后，威尔斯资产管理公司 A 级基金份额持有人要支付 819 美元，B 级基金份额持有人要支付 979 美元，C 级基金份额持有人也不得不支付 685 美元；与此形成鲜明对比的是，先锋集团的房地产投资信托基金持有人累计只须支付 87 美元。在这 3 年中，威尔斯资产管理公司投资者所购买的基金中有 6.9%～9.8%花在了各种费用开支上；相比之下，先锋基金投资者的费用支出占比还不到 0.9%。

对于希望获得标准普尔房地产投资信托指数基金收益率的投资者来说，威尔斯家族的房地产投资信托基金给他们带来了难以承受的费用负担。里奥·威尔斯和他的亲信成功推销了这种有价证券，同声名狼藉的威尔斯房地产投资信托基金一样，这种证券非常有损投资者利益。谨慎的投资者要想取得成功，除了机智应对理财顾问的甜言蜜语，还应采取其他防范措施。

房地产价格和通货膨胀

房地产投资最具吸引力的特性之一就是其重置成本与市场价值的关系密切，这导致房地产价格与通货膨胀的相关性很高。用来建造房地产的劳动力价格和原材料成本会随通货膨胀而上升，因而房地产的重置成本与通货膨胀走势密切相关。然而，即使重置成本能灵活应对总体物价水平的变动，资产租赁结构的性质还是会影响市场价值在通胀压力下的反应速度。例如，如果某处房地产的租约期限足够长且费率固定，那么它与通货膨胀在短期内完全不相关。只有当租约临近到期时，通货膨胀才会影响它的资产估值，因而那些租约较短的房地产对通货膨胀的反应灵敏度就要高得多。另外，一些租约清楚地写明在通货膨胀时房东可以调高租金，如果是零售行业性质的房地产，则会以合同的形式赋予房东抽取销售额一定百分比的权利。这种应对通货膨胀的租约结构使得房地产价值跟随通货膨胀而上涨。

重置成本对估值分析和通货膨胀敏感度的重要性取决于市场能否合理反映供需平衡。如果房地产的供给和需求不匹配，价格就会对这种供需失衡做出反应，而不是像人们期望的对重置成本或通货膨胀做出反应。20 世纪 80 年代末，投资者持有商业房地产的热情高涨，再加上美国联邦政府对房地产开发的税收优惠，造成了商业写字楼供应过剩。房地产市场的过剩导致了信贷危机，因为许多储蓄机构承受着房地产不良贷款的负担。质量很高但出租情况不好的房地产往往被人们以大大低于重置成本的价格交易。房地产价格对供求关系的脱节做出了回应，而与通货膨胀无关。除非市场能够表现出合理的均衡，否则投资者很难评价房地产价格对通货膨胀的反应速度。但当市场出现均衡时，房地产能够对物价总水平的变动迅速做出反应，这正是房地产最具吸引力的一个特性。

利益一致性

对于上市交易的房地产投资信托基金，投资者在利益一致性上面临一系列与其他上市交易证券相同的问题。类似于更广泛意义上的有价证券，该领域股东和管理层的利益大体一致。

在私人房地产投资工具领域，投资者面临一系列非同寻常的投资结构。美国教师保险和年金协会的私人房地产账户给投资者提供了一笔难以想象的公平交易。威尔斯房地产投资信托基金则恰恰相反，它的交易条款实际上注定了投资者会亏损。除非投资者能够找到一种与众不同且公平的私人交易结构，否则通过公开上市的证券来投资房地产才是最明智的选择。

市场特征

在公开市场和私人市场上，房地产投资者都存在着大量的投资机会。2003 年 12 月 31 日，据美国房地产投资信托基金协会的测算，房地产证券的总市值达 2 302 亿美元。房地产投资信托基金的股息收益率达 5.7%，市场价格在其公允价值上溢价 17.5%。

2003 年 12 月 31 日，美国房地产投资信托评估委员会（NCREIT）测算的全国地产指数显示，无负债的房地产资产的总价值为 1 324 亿美元。私人持有的房地产证券支付给投资者的股息收益率为 8.0%，比 10 年期美国国库券高出 3.8%。

小结

就风险和收益而言，房地产介于高风险的股票和低风险的债券之间。预期投资特征的综合性与房地产投资基本特点的综合性是一致的。对通货膨胀变化敏感的房地产投资组合提供了一种有力的多元化选择工具。

房地产投资者可以自主选择上市交易类型，也可以选择私人持有的投资工具。两者可能都是明智的投资选择，但谨慎的投资者会密切关注费用的结构设计情况，将被动管理且上市交易的房地产投资信托基金作为业绩比较基准，以衡量这些选择的优劣。

本章小结

投资者会发现对于构建一个多元化、股票型的投资组合，所有的投资工具都是必需的，这种投资组合的核心资产包括国内股票、国外发达市场股票、新兴市场股票、美国国债、通货膨胀保值债券以及房地产。国内股票是投资收益的主要推动因素，房地产也起了辅助作用。传统债券和与通货膨胀相关的债券让投资组合变得多元化，房地产也起了推动作用。通过将各种核心资产类别放到一个多元化的投资组合中，并且采取有广泛代表性的指数化方法来持有这些核心资产，就为投资者取得投资成功奠定了牢固的基础。

在赋予投资组合基本的、重要的且不同于其他投资组合的特性时，核心资产依靠的是市场带来的收益。通过投资由市场力量驱动收益的资产类别，投资者会有很强的信心，认为持有多种大类资产可以创造出预期中的长期收益。通过避免依赖更高一筹的主动管理来产生收益的资产，投资者就能明显降低某一资产类别实际表现与预期表现发生偏离所带来的风险。

核心资产类别在有广度、有深度、有投资价值的市场上进行交易，保证了华尔街公司都能合理地参与其中。由此产生的竞争会让市场变得更加透明和高效，投资者就更有可能以公平的条款进行交易。

在确定了关键的核心资产类别之后，投资者可以把它们放在一个旨在满足财务目标的投资组合框架中。通过构建一种低风险、高预期收益的投资组合，投资者为实现投资成功创造了机会。

第3章

构建投资组合

构建金融资产的投资组合，需要有完美的科学性及艺术性。科学性包含对基本投资准则的应用，能够用一种高效的、符合成本效益原则的方式把核心资产类别完美组合起来；艺术性是指在把证券的个体特征融入资产配置组合的挑战中，需要用常识进行判断。即使证券市场处于动荡的时期，只要能在决定长期投资组合目标的科学性及艺术性两方面投入大量时间及精力，投资者就会更具有坚定的信念来坚守既定的长期稳定的投资策略。

对于长期投资者而言，多元化投资与权益（即股票）投资导向是重要的基本原则。多元化投资为投资者提供了改善风险和收益特征的免费午餐，而注重权益投资为我们提供了积累更多财富的可能性。

在制定投资组合时，投资者的个人偏好发挥着关键性作用。投资者必须心无旁骛地投资于特定的投资组合结构，否则其最终将面临失败。贸然调整持仓结构，会加大在行情随时出现反转时的风险，这会导致摇摆不定的投资者在市场洗盘时付出惨痛的代价。通过设定与个人风险承受程度相匹配的资产配置目标，投资者能够大大地提高自己成功投资的概率。

在构建投资组合的过程中，最需要重点考虑的是资产个体的情况。非金融资产比如房地产和私营企业会影响投资者构造自己理想的投资组合。金融债务比如抵押贷款及个人贷款是投资者进行资产配置决策，尤其在确定固定收益类资产的持有数量时需要考量的因素。在制定金融资产配置时，聪明的投资者会尽可能考虑到个人自身的资产和负债情况。

投资者个人具备的独特专长会使其拥有主动管理中利用自己的特殊技巧获取卓越收益表现从而打败市场的可能性。如果投资者确实在选择优质投资标的方面具有显著优势，那么对于拥有特殊技能的投资者而言，其理应在竞争激烈的舞台上获得掌管更大份额投资组合资产的机会。然而，在个人投资者中真正拥有高超投资技巧的人是非常少见的，以至于几乎不可能发生因为拥有足够专业的知识而专注投资某一类资产的情况。

在投资组合构建中，投资期限是最有影响力的变量之一。由于需要拿资金来偿还短期借款，投资者对价值的确定性和流动性存在一定的时效性要求，因此，投资者会持有高质量的货币市场工具。当投资者拥有的资金超过短期所需时，自身对价值波动及流动性短缺的接受程度有所提高，这时就可以持有高收益的股票型投资产品。

幸运的是，面对投资期限的约束，投资者还是可以找到最有效的方式，即在不改变最优的多元化股票型长期投资组合特征的前提下达成目标。投资期限较长的投资者大多会持有长期投资组合。当投资期限缩短时，投资者则会减少长期投资组合的持仓，转而选择持有现金。投资期限较短的投资者大多配置货币市场产品。在这种情形下，投资者只需要改变高风险的长期投资组合与低风险的货币市场投资组合两者间的配置比例，就可以解决调整投资期限的难题。

在金融投资中，最关键的在于制定一套前后连贯的投资组合目标，以体现应用基本投资准则的科学性，并综合考虑满足投资者需求及偏好的艺术性。精心构建的组合以及单独筛选并经过深思熟虑而确定的资产配置目标能够为投资者确立成功的投资方案打下最坚实的基础。

投资组合结构的科学性

基本的金融投资准则要求长期投资组合呈现多元化及侧重权益投资的特征。多元化要求每类资产类别的份额在不过度产生影响的前提下，必须保有充分的份额来发挥作用。权益投资导向则要求在投资组合的构建中让收益率高的资产类别占据主体。

投资组合的构建过程通常是从思考如何多元化开始的，并通过对六种核心资产类别的配置实现多元化。为了保证每种资产类别都能够发挥作用，投资组合中的每种资产类别最少需要占有5%～10%的配置比例。为了避免单一资产类别造成过大的影响，每种资产类别的配置上限最好为25%～30%。对于每种资产配置比例的要求，多元化原则为投资组合的构建过程设定了基本框架。

投资者若以权益投资为导向，则必须以投资高收益资产类别为主。高收益资产主要包含国内股票、国外发达市场股票、新兴市场股票以及房地产。组合中持有的股票的获利能力最终决定了长期投资组合的投资业绩。

为了使投资组合不受预料之外的通货膨胀或通货紧缩的冲击，投资者会放弃对预期收益率的部分追求。基于自身价值的稳定性，通货膨胀保值债券实现了对抗通货膨胀的功效，房地产则是利用自身合理的担保物特性来对抗通货膨胀。长期来看（正如约翰·梅纳德·凯恩斯说的一句著名而正确的话——“长期来看，我们都已经死了”①），持有国内股票可以使投资组合形成对抗通货膨胀的特性，然而在短期内，试图依靠持有国内股票来对抗通货膨胀风险则是完全不现实的。

持有长期、不可赎回且有美国政府完全信用担保的投资产品是投资者让投资组合得以避免通货紧缩及金融危机的方法。虽然标准的美国国债提供了最有力的对冲通货紧缩的能力，但是能够保证本金收益安全的通货膨胀保值债券为投资者提供了能够负担得起的通货膨胀保护措施。投资者如果亲身经历过金融危机，则会过分保守地偏好低风险投资。在追求低风险投资期间，受益于投资者因为恐惧而产生的大量需求，当其他类型的证券大幅下跌时，美国国债反而会出现上涨趋势。

许多投资组合的配置都能满足多元化及以权益投资为导向的要求。表3.1列出了一个资产类别的组合，投资者可以此为参考。这一投资组合符合以权益投资为导向的要求，它包含70%的国内股票、国外股票及房地产等高预期收益资产。此外，该投资组合也满足多元化的统计性要求，在所有资产类别中，单一资产所占的比例不低于5%，且不超过30%。

---

① John Maynard Keynes, *Monetary Reform* (New York: Harcourt, Brace, 1924): 88.

表 3.1　完美多元化、权益导向型的组合为成功投资提供了框架

资产类别	政策目标比例
国内股票	30%
国外发达市场股票	15%
新兴市场股票	5%
房地产	20%
美国国债	15%
通货膨胀保值债券	15%

包含 15%的通货膨胀保值债券及 20%的房地产的投资组合体现了配置比例的多元化及功能的多元化，为投资者带来了显著的通货膨胀对冲效果。而占比 30%的美国政府担保债券，则表明投资组合在高品质证券上有着大量投入，这在金融危机时能够为投资者的资产提供保护。在投资组合中，有 15%的资金投于美国国债（另外 15%的资金被投于保证名义本金收益的通货膨胀保值债券），使得投资者的资产能够对抗通货膨胀的侵蚀。总之，这个参考性的投资组合达到了以股票投资为导向的要求，同时满足了实现配置比例多元化和功能多元化的要求。

个性化的艺术

个人偏好、经济条件和投资能力深刻地影响着投资组合的构建。理性的投资者会依据风险偏好来选择投资组合，当处于无法避免的艰难时刻时，这能够提高他们继续维持原来配置情况的可能性，并使他们最终从投资组合的预期风险及收益特征中获益。投资者的情况各不相同，会使得非金融资产以及各种形式的负债最终影响投资组合的持仓，在进行投资组合决策时必须尽可能考虑会造成影响的所有因素。有时候，个人能力也会对投资组合的确定性造成影响，这就使得极小一部分拥有特殊投资专长的投资者在构建投资组合上占有优势。

在建立有效且长期的投资组合时，我们必须充分考虑个人偏好因素，其在当中的作用不容忽视。如果投资者不坚信目标投资组合能带来理想的业绩，因此在过程中随意调整配置，那么其投资业绩的最终结果通常不会太好。想要通过投资组合获得预期效果，就必须对自己制定的投资组合保持坚定的信心，即使短期内遭遇挫折，也不能轻易改弦更张，而这种信心源自投资者对投资组合的深刻理解，这是在对个人风险偏好的清晰认识下，与基本投资准则相互协调、共同作用的结果。

个人偏好从多个重要方面影响着资产配置。比如，投资者如果想要获得对通货膨胀的更多保障，那么他就会增持通货膨胀保值债券。而如果投资者希望避免股灾对资产的侵蚀，那么他会选择增加对美国国债的持有数量。如果投资者并不看好新兴市场，那么他就会减少对新兴市场的投资。因此，合理的投资组合必须能够反映投资者的个人偏好。

将个人偏好融入投资组合可以使投资者通过限制自己不是很感兴趣的资产类别的头寸，避免其遭遇不利结果。并不看好新兴市场的投资者可能还是会勉为其难地将新兴市场股票纳入配置，因为他们明白，要让投资组合达到充分多元化，则无法绕开对新兴市场的投资。尽管这些投资者已经将新兴市场纳入投资组合，但是他们对于新兴市场的看法并没有因此改变。一旦察觉市场即将出现麻烦的征兆，即新兴市场的证券价格开始下跌，那么这些本来就不情不愿的投资者会很快恢复原先的做法，对发达程度较低的经济体做出过度反应，并且会立马削减相关资产的头寸。由于缺乏信心和感到不安，这些投资者在高点买入，并在低点卖出，从而损害了投资组合的业绩表现。

个人的经济状况同样影响投资组合的资产配置。在制定金融资产配置决策时，聪明的投资者会考虑非金融资产的规模及特征。通常，非金融资产和金融资产对影响资产价值的市场力量会做出类似的反应。如果一个投资者拥有与金融资产相同特征的非金融资产，那么理性的资产配置者会选择削减该金融资产的头寸，以避免受到共同风险因素的过度影响。

在许多个人的资产负债表里，自己名下的住宅及私人企业是极为重要的非金融资产。拥有住宅能够使投资者不用考虑房租成本的变动。由于房租成本构成大多数家庭预算的重要部分，而且它对通货膨胀的反应相当敏感，因此，名下有个人住宅的投资者对投资组合配置中通胀对冲资产的需求就会相应减少。如果某人开设了一家小公司，那么私人公司的股权型特征就会使该投资者在金融资产中减少对股票的持仓。只有全面审视自身的经济状况，才能够让投资者从中受益良多。

相对于资产端的影响，负债端（包括金融负债和非金融负债）对投资组合决策的影响要更明显。房屋贷款和个人贷款在大多数个人金融负债中占据绝大比例。从投资组合的观点来看，负债端的表现如同用负值表示的资产。换句话说，一个人向他人借入的款项抵消了他借出的款项（持有债券或货币基金）。事实上，追求财富最大化的人会将扣税后借款成本与持有债券的税后收益进行比较。当扣税后借款成本大于持有债券的税后收益时，他们会卖出债券来偿还借款。在进行资产配置时，聪明的投资者把自己的债务头寸一并纳入考虑。

在制定投资组合决策时，我们应该考虑运用真正卓越的专业知识。如果投资者真的拥有能够打败市场的技能，那么这种能够赚取超额收益的能力将会进一步获得特别投资工具的青睐。成功的主动管理可以创造超额收益，而这就需要投资者增加能够让自己发挥独特天赋的资产类别的配置比例。

我们可以把特殊的投资技巧看作某种极其罕见且价值极高的商品。共同基金行业的惨痛发展历史恰好给我们提供了一个生动的例子。成千上万只由专业人员打理的基金都没能创造与市场相当的业绩表现。如果说连薪酬优渥、接受过专业训练且有着丰富资源支持的专业投资者都失败了，那么那些半路出家、未受过金融教育且资源匮乏的投资者又有什么理由相信自己能够打败市场呢？

这种对投资成功的不现实想法其实源自投资者对自我投资限制性的认知不足。耶鲁大学经济学家罗伯特·希勒（Robert Shiller）指出，“人类过于自信的倾向会导致投资者过度地坚持己见，且急于做出决断。”[①] 过度自信导致投资者会采取一连串的失误决策，包括未能进行充分多元化、过度热衷于证券选择，市场择时行为总是适得其反。在绝大多数情况中，投资者对各种资

① Robert J. Shiller, *Irrational Exuberance* (Princeton: Princeton University Press, 2000): 142.

产类别和不同证券的预期收益率抱有错误的信心，这使得他们错误地配置资产，并频繁地做证券交易，从而产生更高的成本、更大的风险以及较低的收益率。只有具备真才实学的投资技能，才能够创造出经风险调整后的超额收益，但这样的案例屈指可数。

在制定资产配置决策时，那些富有远见的投资者会提前考虑自身可能的经济收入变动情况。例如，当一个人可能会继承一个股票导向型的投资组合时，因为这个人认识到这份遗产将包含股票，所以在对现有投资组合进行配置时，他会偏向其他资产类别。如果预期自己将收到一定数额的人寿保险收益，那么实际上可以把这个看作持有了一笔固定收益资产，也就意味着在该投资组合中，如果投资者还是继续增持债券，其所能发挥的作用将会减弱。即使在未来充满不确定的情况下，投资者在制定决策时只要考虑了预期自身经济收入的变动情况，就能做出更优的决策。

充分考虑到个人偏好、个人经济收入变动情况及个人的投资技巧，就能够制定出更好的金融资产配置决策。按照个人偏好调整投资组合的资产配置会让投资者在艰辛时刻提高其继续保住自己的资产配置的可能性。在考虑个人经济状况后对金融资产进行的配置可以使投资者的资产与负债情况总体相匹配。对自己的投资水平做出客观评价和认识可以使投资者采用朴实无华的方法来构建投资组合。与千篇一律的投资组合相比，一个量身定做的投资组合会为投资者带来更大的满足感。

投资期限的影响

在制定投资方案时，成功的投资者会特别关注投资期限。投资者在意持有投资组合的时间，并会审视投资成果的期限，这两点决定了投资组合的风险承受程度，也是评估投资策略能否成功实施的关键。投资期限对资产配置决策的影响尤其重大！

资产配置决策取决于何时使用所投入的资金。比如，大学的储蓄计划会因为距离预期即将入学时间的远近而不同。一个两岁孩子的大学储蓄计划应当配置高风险、高预期收益的投资组合；一位高中生的大学储蓄计划则应该配置波动小、流动性高的资产。究其原因，年幼孩子的投资期限相对较长，可以承受较高程度的投资风险，以达到获取长期更高收益的可能。而较为年长的青少年很快要交学费，因此需要保持一定数量的银行存款以确保届时有钱可以拿来交学费。

通常，相对于为供孩子读书所做的储蓄，资产配置者通过投资积攒购房首付款的目标要模糊许多。比如，退休人士可能希望能够有稳定的资金流来支付当期消费，同时基础资产能够不断地增值以应对自己在未来的消费需求。此外，大多数投资者都试图用自己投入的资金来满足他们的多个目标。年轻的投资者可能同时为购房、孩子的教育以及退休后的生活做储蓄。为了满足多个目标，投资者会为未来期望的现金流制订一个计划，从而确定与需求相匹配的投资期限。通过将不同的需求及愿望清单进行汇总，一个关于投资期限的完整蓝图会不断呈现。

可承受的投资风险大小取决于该笔资金将于何时被拿来使用。对于在未来 1～2 年甚至更短时间内就需要使用的资金，投资者应将其投入银行存款、货币市场基金或者短期债券基金。通过避免客观存在的信贷风险及寻求低廉的管理费用，投资者解决了短线投资这一简单问题。

对于使用资金的时间距离很远，比如长达 8～10 年或者更长期的资金，投资者面临的是更有趣、更艰巨及更有可能获得高额收益的投资选择。一个权益投资导向、多元化的资产配置决策为投资者奠定了最有可能获得长期成功的基础。只有通过承担投资组合中更高的基本风险及金融风险，进行长期投资的投资者才有可能抓住赚取更高收益的机会。

对于投资期限相对居中的投资者，例如介于 2～8 年，则应该把高风险的长期资产及较低风险的短期投资工具相结合。刚开始时，投资者的长期限投资组合都由风险资产组成。而随着投资时间的推移，投资者将逐渐减少高风险资产的配置，同时增加低风险资产的头寸。最终，在投资期限到期前的 1～2 年中，投资组合将完全由低风险资产组成。在此过程中，并不需要改变投资组合的风险特征，唯一需要调整的是各种风险资产的配置比例。

在将资产由高风险的长期投资组合转向低风险的短期投资组合时，聪明的投资者会尽可能考虑降低税负造成的影响。税法的规定显著提高了制定投资决策的复杂程度，将应税长期资产转向低风险投资组合使得原本享受递延税收优势的资产可以继续得到税收保护。对于各类投资账户上所做的变现，其需要缴纳的税款在不断变化，而追求财富最大化的投资者会深入研究这些变化，试图尽可能将当前及未来要缴纳的税收降至最低。

就常理而言，将无风险资产与风险投资组合（也称为风险资产）进行组合能够有效控制整体风险，金融学理论也证实了这一观点。图 3.1 描述了预期投资风险与投资收益空间。下凹的曲线代表有效边界，位于边界上的一系列风险投资组合能够在给定风险水平上创造最高的收益，及在给定收益水平上对应着最低的风险水平。图中的直线则是资本市场线，该线上的一系列点正是无风险资产（点 E）和高风险投资组合（点 A）的组合。聪明的投资者会沿着资本市场线进行操作。

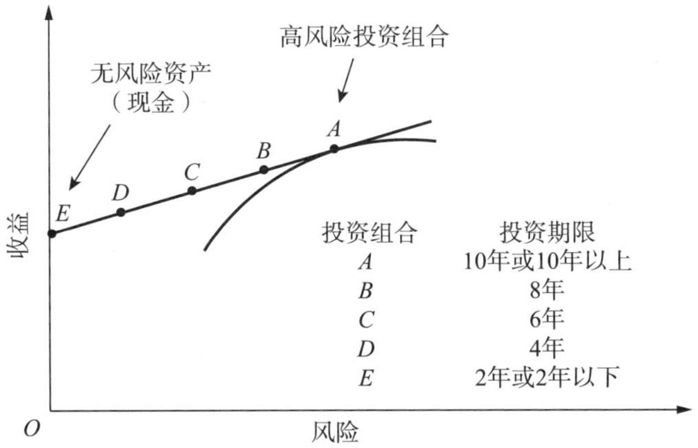

图 3.1　投资者面临的风险随着投资期限的缩短而降低

长期投资者可能持有由高风险投资组成的多元化投资组合，如图 3.1 点 A 所示。当投资者的投资期限由 10 年缩短至 8 年时，那么投资者会卖出 25%的风险投资组合转而持有现金。当投资期限由 8 年缩短至 6 年时，投资者会再将另外 25%的风险投资组合变现。当投资期限缩短至 4 年时，投资者的投资组合将由 75%的现金及 25%的风险投资组合构成。当投资期限只剩下 2 年时，短期投资者的资产则100%由现金构成。值得注意的是，当投资期限缩短时，投资者持仓中的风险特征会逐渐减少。此外，我们还注意到高风险投资组合的特征是固定的，发生变化的只是风险投资组合和无风险资产的组合比例而已。金融学理论为投资期限的缩短提供了一个合适的解决方法。

很显然，图3.1中风险可以调整的投资组合变动仅仅是一个例子。在现实生活中，并不存在所谓的资产配置的标准化公式，这要依据个人的投资偏好及风险承受程度来制定。但可以肯定的是，无论投资者之间存在怎样的差别，在制定资产配置决策中，投资期限都同样发挥着关键作用。

本章小结

在构建投资组合时，掌握了正确方法的投资者会同时兼顾艺术性及科学性，这么做可以提高实现长期投资愿景的可能性。客观的因素包括遵循多元化及以股票（权益）为导向的原则。多元化要求投资组合中各类资产的配置比例既不能过大也不能过小，同时要求投资组合必须具备应对非预期经济状况变动的功能。以权益为导向的投资则要求投资组合中绝大多数的资产能够创造较高水平的预期收益。而在个人情况的考虑上，则要求投资组合的配置情况符合个人的经济状况、投资偏好及投资技巧，让包含风险资产的投资组合与投资者特征相匹配是成功投资不可或缺的一环。

当投资期限缩短时，通过提高风险投资组合中无风险的现金配置比例，投资者依然能够维持由风险投资组合配置的资产种类。随着现金头寸的增加，投资者既降低了投资组合的风险，也提高了流动性，使得投资者可以应对即将来临的支付需求。

资产配置是理性投资者的投资方法中效果最好的工具。如果投资者将多元化及以权益为导向的原则作为投资组合的构建框架，并结合个人特征及风险偏好，那么这个投资者就具备了获得优异投资收益率的基本功了。

第4章

非核心资产类别

非核心资产无法同时满足核心资产具备的三条标准，这三条标准包括：(1) 能够使投资组合具备基础的、有价值的、可辨识的特征；(2) 依靠市场创造收益，而非借助主动管理；(3) 其市场具备一定的广度和深度。投资者对不满足第（1）条和第（2）条标准的投资工具的研究有助于降低其持有头寸的投资组合遭受损失的风险。若投资者持有的投资工具不满足第三条标准，即投资到流动性极差的市场，其后果可想而知。

由于固定收益投资工具在明确界定的市场中占据主导地位，而这些市场没有任何有价值的投资组合作用，因此，在投资组合中，固定收益投资工具所起的作用往往有限。在一个投资组合中，美国国债没有违约风险、不可赎回而且具有完美信用特征，因此能够扮演基础的、有价值的、可辨识的角色；投资级的公司债券、高收益债券、国外债券及资产支持证券却缺乏吸引力。投资者需要掌握可用于替代固定收益投资的工具的缺点，特别是它们与固定收益投资管理目标的相关性，以便更好地做出投资组合决策。

对于那些对主动管理能力要求较高的资产，只有少数具备丰富市场资源和坚韧毅力的投资者才能通过构造高质量的投资组合，来最终获得可承受的经风险调整后的收益。如果我们深刻知晓识别出优秀的对冲基金、风险投资或杠杆收购投资这件事有多难，就会理解普通投资者面临的困难有多大。即便是经验很丰富的投资者，也很难持续获得超越市场基准的收益水平。在对主动管理能力要求非常高的市场中，任何不明智的决策都会给投资组合带来极大风险。

当投资者投资基金中的基金（FOF），或者雇用专业投资顾问时，表面上这种采取专业筛选投资经理的策略很有吸引力，实际上却经不起推敲。事实上，正是这些专业人士构成了投资者与投资活动之间的障碍，如果投资者不能完全理解专业人士采取的投资策略，那么他们也无法客观评估专业人士或者其投资过程的成败，因此，成功的投资者必须充分理解投资组合中的每项投资决策。

非核心资产占据投资工具池的很大一部分，而且可能在投资相关的媒体报道中占据更大的比例。普通投资者往往把资金广泛地投资于各种工具，而根本不去考虑其底层资产或策略的特点。有些投资者会轻易相信主动管理计划所承诺的诱人收益，但事实上最终它们几乎很少能够兑现。聪明的投资者往往会主动远离非核心资产。

国内公司债券

公司债券的持有人出借资金给公司债券的发行公司。在公司资本结构中，债务偿还义务优先于股东权益，这导致公司债券的基本风险低于股票，进而导致债券投资者的预期收益率低于股票投资者的预期收益率。但是对于投资者而言，公司债券也存在一些缺点，包括具有信用风险、流动性较差和可赎回条款。即使投资者因为这些缺点获得了公允的收益补偿，精明的持有人也会发现公司债券的信用风险及可赎回条款会影响固定收益资产头寸发挥其在资产多元化（投资组合）中的功能。

信用风险

信用风险是指公司无法按时足额偿付其债务的可能性。评级机构比如标准普尔（Standard & Poor's，简称标普）公司和穆迪投资者服务（Moody's Investors Service，简称穆迪）公司会发布对债券发行人的各类评级结果，旨在对发行人的信用风险进行分级评价。信用风险评估最关注的因素包括支撑债务的股票规模和用于偿还债务的现金流规模。信用风险低的发行人可归类为投资级，评级为AAA（最高）级至BBB级。信用风险高的发行人归于投机级，其发行的债券被称为高收益债券或垃圾债券，评级为 BB 级或者 BB 级以下。评级债券的等级越低，表明其信用风险越大，同时会表现出更多类似股票的特性。

穆迪公司将 AAA 级债券描述为“质量最好”并承担“最低程度的投资风险”的债券，其利息“受保护”且本金“安全”。AA 级债券是指“各方面都表现优异”的债券。A 级债券是指“拥有许多有利的投资属性”的债券。投资级债券的最低级别（BBB 级）表明其“暂时”足够安全，但“缺乏明显的投资价值”[①]。尽管对于 BBB 级债券的定义略微偏负面，但是穆迪公司对投资级债券还是很看好的。

不幸的是，对于公司债券的投资者而言，AAA 级债券的信用资质往往会下降。公司债券的信用评级有时会被下调，即使它仍然是投资级债券。在其他时候，公司债券则会面临持续的信贷恶化，从而导致评级下调，甚至可能被下调至垃圾级债券。只有在极少数的情况下，AAA 级债券能够维持原有评级，因为 AAA 级债券的评级是永远不可能再被上调的。

我们举一个 IBM 公司的例子，它能够说明公司债券投资者面临的问题。直到 20 世纪 70 年代末，IBM 公司才开始发行长期债券，在此之前它一直有充裕的现金流。1979 年秋季，基于外部融资需求，IBM 公司发行了 10 亿美元的债券，当时这是有史以来最大规模的债券融资。IBM 公司评级获得了 AAA 级，并且在债券定价上非常强势，这导致公司债券相对美国国债的信用溢价过低，且公司债券的看涨期权及偿债基金期权定价也同样被低估了（从投资者角度来看）。债券投资者发现，如果考虑期权的影响，IBM 公司债券的收益率甚至要低于美国国债，因而具备了“稀缺价值”。从信用风险的角度来看，未来 IBM 公司的信用资质只会下降不会上升。14 年后，IBM 公司发行的优先票据评级只有 A 级，与其一开始的 AAA 级和 IBM 公司债券早期投资的高涨热情形成强烈反差。

20 世纪 60—70 年代，IBM 公司扩张快速、现金流充裕，但债券投资者没有机会借钱给它。到了 20 世纪 80—90 年代，IBM 公司的融资需求开始增

① Marie Nelson, “Debt Ratings,” *Moody’s Investors Service*, 23 July 2003.

长，债券投资者拥有了是否借钱给它的选择权利。但问题随之而来，随着IBM公司业务的日益成熟和融资需求的不断增长，其信用资质也相应受到负面影响。

与IBM公司信用资质的缓慢恶化相比，有些公司的信用资质是在短时间内急剧恶化的。2002年4月初，穆迪公司把世通公司的优先级债券评为A级，使得其牢牢地立于投资级债券的行列中。2002年4月23日，由于该公司业务面临客户需求减少以及会计瑕疵，穆迪公司把世通公司评级降为BBB级，仅比垃圾债券评级高出一个等级。又过了两周多，2002年5月9日，世通公司首席执行官伯纳德·埃伯斯（Bernard Ebbers）离职，穆迪公司把世通公司评级再次下调到垃圾债券等级（BB级）。彭博社报道称，世通公司由此获得了“有史以来体量最大的被降为垃圾债券的债务人”的称号。①

让世通公司的债权人懊恼的是，评级下调仍在继续中。2002年6月20日，世通公司被降为B级，理由是其延期兑付了部分公司债务。一周后，世通公司被降为C级，此信用评级表明该公司债券为“高度投机”。2002年7月15日，世通公司爆出了价值230亿美元的债券违约事件。最终，2002年7月21日，世通公司申请破产，其向法院提交的资产清单总金额超过1 000亿美元，规模创下历史纪录。

在不到3个月的时间里，世通公司评级从A级（具备充分的偿还本金及利息的能力）快速下滑至破产清算。在这场被穆迪公司描述为“破纪录的违约”案例中，大量的债券持有人只能眼睁睁地看着世通公司在破产中遭受几十亿美元的损失。②

在该公司破产的最后阶段，世通公司发行的票面利率为6.75%、于2008年5月到期的高级债券的净价从穆迪公司对其下调评级前的82.34美元，跌至公司破产后的12.50美元。公司股票持有人的遭遇则更凄惨，从评级首次下调的前一周至破产日，世通公司的股价从5.98美元跌至14美分。从各自的最高价格来测算，显然股票持有人遭受的损失更大。2002年1月8日，世

---

① “WorldCom's Credit Rating Sliced to Junk by Moody's,” *Bloomberg*, 9 May 2002.

② Sharon Ou and David T. Hamilton, “Moody's Dollar Volume-Weighted Default Rates,” *Moody's Investors Service*, March 2003.

通公司的高等级债券净价高达 104.07 美元，至其破产日共亏损 88%；而 1999 年 6 月 21 日，该公司股价最高涨至每股 61.99 美元，至破产日该公司的股票持有人亏损达 99.8%。

很显然，在世通公司的案例中，相比债权人而言，公司破产对股票持有人造成了更大损失，这与股票资产风险高于债券资产的特性一致。但有趣的是，股票持有人很可能发现自己比债权人能更快地从公司破产中恢复，其关键在于，股票持有人能够通过多元化的投资组合大大缓解单只股票的负面冲击。单只股票的价格可能翻倍甚至更多，股票投资组合通过持有各类股票头寸能够抵消单只股票的亏损，但高评级债券的价格无法像股票那样大幅上涨，债券的收益率分布呈现负偏态，其左侧尾部事件的发生常常导致债券持有人产生巨幅亏损。

在 20 年的时间中，IBM 公司偿债能力的恶化以及世通公司信用资质的快速崩塌反映了公司债券市场的一个普遍趋势。近几年，公司债券评级的下调次数远多于上调次数，使得债券投资者面临各种困境。在截至 2003 年 6 月 30 日的 20 年间，穆迪公司下调了 5 955 只债券的评级，却只上调了3 412 只债券的评级。在过去的 10 年里，4.5 万亿美元债券的信用资质在恶化，而只有 3.4 万亿美元债券的信用资质有所改善。①

美国国内公司的信用质量之所以全面恶化，一部分原因是过去 20 年财务杠杆在持续攀升。1983 年 6 月 30 日，标准普尔 500 指数成分股公司的债务股本比为 0.46，表明这些公司每 1 美元的股份里有 46 美分的债务。随着财务杠杆率的普遍攀升，到了 1993 年 6 月 30 日，这个数值上升到 0.94。2003 年 6 月 30 日，数值进一步上升到 1.37，表明公司债务相对其股本高出近 40%。随着公司负债率的上升，债权人承担的风险也在不断上升。

为了对冲财务杠杆率高企的负面影响，过去 20 年美国利率持续下行，这也使得公司能够承担更多的债务。10 年期美国国债利率从 1983 年的 10.9% 下跌至 1993 年的 6.0%，再下跌至 2003 年的 3.3%，这使得公司的债务负担明显减少。我们可以观察一个指标——公司现金流/利息成本。1983 年 6 月

① 数据来自穆迪投资者服务（Moody's Investors Service）公司。

30 日，标准普尔 500 指数成分股公司的这个指标值为 3.90，表示每 1 美元的利息支出覆盖了 3.90 美元的现金流；10 年后，这个指标仍然是 3.90，表明利率下行的正面影响抵消了财务杠杆上升的负面影响；而到了 2003 年 6 月 30 日，该指标上升至 6.25，这是一个巨大的改善。显然，随着现金流相对利息成本的持续上升，债券持有人的资金安全性也得以增加。

资产负债表则讲述了与损益表不同的故事。在过去的 20 年里，债务股本比的急剧上升表明了公司信用资质的恶化。同期现金流保障倍数在显著上升，表明公司财务质量有所改善，但在此期间，评级公司下调评级的数量远高于上调评级的数量的原因仍有待探究。

公司债券发行人主体的特殊性可能导致评级下调数量多于上调数量。因为一般来说，公司债券的发行人大多为成熟型企业，相对年轻的、快速成长的企业占少数，多数情况下年轻公司并不需要外部融资。债券投资者买不到微软公司发行的债券，因为微软公司根本不需要去债券市场融资；而债券投资者能买到福特汽车（Ford Motor）公司发行的债券，因为该公司存在大量的外部融资需求。如果公司债券的发行主体把快速成长、现金流充裕的年轻公司排除在外，而囊括更加成熟、现金流消耗型的公司，那么债券投资者就会发现公司信用资质恶化的数量要多于改善的数量。无论如何，从历史可以指引未来的角度来看，债券投资者可以预料到未来的公司信用状况并不乐观。

流动性

与美国国债的流动性相比，公司债券的流动性相形见绌。美国国债是世界上流动性最强、市场参与度最高的品种，而大多数公司债券的交易并不频繁，因此许多债券投资者在一级市场买入公司债券后就一直持有，即买入持有策略。

然而债券投资者一般很重视流动性。我们把美国国债与私人出口融资公司（Private Export Funding Corporation，PEFCO）债券做对比，尽管两只债券都有美国政府的完全增信，但流动性较差的私人出口融资公司债券的收益率比相同期限的美国国债高出 0.6%，这个收益率的差异就是市场对两只债券流动性差异的定价。大多数公司债券的流动性更接近私人出口融资公司债券而非美国国债，这就是由于债券流动性，公司债券发行人向债券投资者所支付的流动性溢价。

在流动性充裕的市场里，投资者可以执行频率较高的交易型策略；而在流动性较差的市场里，长期投资者很乐意接受流动性较差的债券，因为流动性溢价可以带来更高的收益率。虽然长期投资者对债券流动性没有过高的要求，但是投资者可能会在意公司债券与国债的利差能否覆盖其信用风险、流动性风险和赎回风险。

赎回

对公司债券投资者来说，赎回是一个特别棘手的问题。很多公司经常发行带有各种赎回条款的债券，允许发行人在特定日期之后以固定价格赎回（或回购）债券。如果市场利率水平在下降，公司觉得债券利率已经高于市场利率，如能够以更低的利率重新融资，就可以节约利息成本。

公司债券持有人则面临着“你赢定了，我必输”的局面。如果市场利率下降，公司则以固定价格赎回，投资者将失去手中的高票息债券；如果市场利率上升，投资者拿着低票息债券，则会产生盯市亏损（以市场价格为参照进行估值）。这种由赎回条款导致的不对称性始终有利于债券发行人，不利于债券投资者。

公司债券赎回条款中隐含的不对称性引发了如下疑问：为什么很多债券都设置了赎回条款却不包含回售条款?① 如果市场利率上行带动债券净价下跌，投资者当然希望以固定价格将债券回售给发行人，这种不对称性无疑说明了公司债券的发行人比见识有限的债券投资者更加精明。

事实上，尽管固定收益分析师的工作比股票分析师更为复杂，但固定收益市场的吸引力比股票市场还是要低几个等级。公司债券投资者不但要了解市场的复杂性，而且要熟悉股票定价所需的知识。因为公司股权能够为其偿

① 看跌期权允许看跌期权持有者在特定时间内以固定价格出售证券。如果债券发行中包含看跌期权，买方将有权在债券契约规定的期限内以固定价格向发行人出售债券（或看跌债券）。

债能力背书，因此，固定收益分析师需要对公司股票价格做全面评估。具有讽刺意味的是，由于成功的股票分析师的收入远高于固定收益分析师，因此很多人才更倾向于相对简单的股票分析工作。

收益率呈现负偏态分布

公司债券投资者还面临一个障碍，即债券预期收益率呈负偏态分布。买入债券并持有到期的最好结果就是收到定期支付的利息以及到期偿还的本金，最坏结局就是遇到债券违约无法收回本金，这种收益有限、损失无限的非对称性直接导致了收益率分布的负偏态，非常不利于持有人。

如果投资者的债券持有期较短，那么也会呈现负偏态分布问题。债券的到期收益率（或者债券因为行使赎回权提前到期）限制了价格上行的空间，特别是越接近到期日，阻尼效应越明显。但是当公司信用资质恶化时，阻尼效应消失了，因为当公司发展前景恶化时，由于害怕风险进一步恶化，债券持有人会索求更高的收益。在债券违约最糟糕的情况下，债券持有人将血本无本。因此，不论债券投资者是持有到期还是短期持有，都要面临负偏态分布的收益率分布问题，即上行空间有限，下跌空间无限。

通常，投资者更喜欢收益率呈现正态分布的资产。对于主动管理型的股票投资者，他们偏爱价值亏损有限（资产价值易于评估）、上涨潜力大（预期主营业务会改善）的股票资产，这样投资者会觉得获得较高收益具有极大可能。预期收益率呈现正态分布的资产最终会战胜预期收益率呈现负偏态分布的资产，这给固定收益投资者造成了另一个投资障碍。

利益一致性

股票持有人和债券持有人的利益完全不同。股票持有人会从下降的公司债务价值中获益。随着债务融资成本的上升，股票持有人的利益会受损。由于公司管理层为股票持有人的利益服务，因此债券持有人应当加倍小心。

要确定企业实体的企业价值，分析师可通过资产负债表的左侧或右侧来评估公司价值。资产负债表的左侧包含难以估值的实物资产。什么价格才能体现福特汽车公司拥有的各种设备的公允价值呢？福特汽车公司从其全球驰名商标中获得了什么价值？因为要算出公司资产负债表左侧所列的资产清单价值，所以即便最勤奋的分析师也会畏首畏尾。

资产负债表的右侧则包含相对容易估值的负债。将公司总债务的市场价值和公司股权的市场价值相加可以得出公司的企业价值。企业价值反映了投资者为购买整个公司而支付的价格。如果所有股权均以市场价格收购，所有债务都能使用市场价格购买，那么购买者将拥有整个公司（没有任何债务）。

这种对公司债务和股权头寸的描述遵循公司的基本原理，即公司价值独立于公司的资本结构。因为投资者拥有取消公司对其资本结构进行调整，以及开展公司自身未对其资本结构所做的调整的权利，因而公司的企业价值必须独立于其融资。例如，投资者可能通过购买该公司的债券来抵消公司的财务杠杆，从而降低公司杠杆对估值的影响。投资者也可以通过借款购买公司股票来创建公司的杠杆头寸，从而达到直接创建杠杆的目的。由于投资者能够通过独立于公司的行为来去除或创建杠杆，因此企业价值必然独立于公司的资本结构。①

对企业价值的描述强调了股票持有人和债券持有人之间具有可直接度量的确切数额的利益。企业价值等于债务价值与权益价值之和。如果债券持有人被削减了头寸，股票持有人就会从中受益。股票持有人（其从债券持有人的损失中获益）通过向债券持有人转嫁损失而获益。

由于公司管理层的利益通常与股票持有人保持一致，因此债券持有人会发现自己处于公司管理层的敌对面。由于意识到依靠公司管理层来保护贷方（贷款人）利益的脆弱性，债券持有人采用复杂合约（又称为契约）试图让企业债券发行人服务于债券持有人的需求。不幸的是，对于债券持有人而言，合同通常不会以他们所期望的方式来影响公司行为，特别是当他们希望公司行为违背管理层个人的经济利益时。

有时，从债券持有人到股票持有人的财富转移会以戏剧性的方式发生。

① 如果公司具有更好的债务融资渠道，那么无论是因为信用还是税收优惠，都可通过增加资产负债表杠杆来提振公司价值。

当公司参与杠杆投资或杠杆资本重组时，公司的负债水平会大幅攀升。债务的上升加剧了现有贷方（持有债券的贷款人）的风险，直接导致现有债务头寸的价值下降。1989 年，科尔伯格·克莱维斯·罗伯特（KKR）公司对美国雷诺公司纳贝斯克（RJR Nabisco）的收购案表明了债务水平膨胀时债券持有人所遭受的痛苦。在美国雷诺公司纳贝斯克被收购期间，公司的股价上涨到越来越荒谬的水平，预期的债务负担也是如此。在收购之前，美国雷诺公司纳贝斯克的负债总额不到 120 亿美元。收购后该公司的固定债务达到惊人的 350 亿美元。由于公司资本结构发生巨大变化，在收购前该公司的债券持有人损失了大约 10 亿美元，而股票持有人获得了 100 亿美元的意外之财。债券持有人的损失被直接装进了股票持有人的口袋。

在其他情况下，管理层采用更隐晦的方式来侵害债券持有人的利益。只需寻求尽可能低的成本和最灵活的借款条款，管理层就能削弱债券持有人的地位。除了努力压低借款利率之外，债券发行人可能还对有利的看涨期权定价，或将债券中具有吸引力的结构性偿债基金条款纳入合约。在行使股票看涨期权后，债券持有人会遭受损失，股票持有人获利。公司可以协商为管理层提供具有广泛经营自由度的契约条款，包括采取损害债券持有人利益的行动。

对管理层有损债券持有人利益行为的最终检讨来自其仍然保有进入债务融资市场的意愿。让债券持有人遭受重复伤害的令人震惊的行为，可能导致公司暂时丧失以优惠条件借款的能力。然而，极少发生最有可能引发债券持有人愤怒的收购和杠杆资本重组的交易，在公司重新入市融资之前就必须抹除人们的不快记忆。外界很少关注管理层采取更微妙的举动来挑选债券持有人的方式。通过在公司管理层中占据一席之地，债券持有人将其头寸暴露在潜在的减值状态中。

市场特征

2003 年 12 月 31 日，投资级的企业债券市值总计 1.8 万亿美元，到期收益率为 4.5%，前提是未来公司信用质量的变化包含增加或减少到期收益率的可能性，平均到期期限和平均久期分别为9.7年和5.9年。[①]

小结

许多投资者购买公司债券是希望获得比美国国债更高的收益。如果投资者能获得足以弥补信用风险、非流动性和可赎回性的高于无违约风险的美国国债利率之外的溢价，那么公司债券就可能会在其投资组合中获得一席之地。但在正常情况下，投资者购买公司债券的弊端在于很少得到补偿。事实证明，获取超额收益往往很不切实际，因为对公司债券持有人来说，信用风险、非流动性和期权特征会发挥作用，流向公司债券持有人的资金往往为负。

由于公司管理层利益与股票持有人——而不是与债券持有人——的利益更紧密地联系在一起，因此公司债券持有人会发现持有这些债券的结果并不理想。妨碍债券持有人的另一个问题为，潜在的收益分布呈现负偏态限制了债券价格的上行潜力，却不会抑制其下跌。

风险规避策略有充足理由把固定收益纳入多元化的投资组合。不幸的是，在危机时期，信用风险和期权特点会削弱公司债券保护投资组合免受金融危机或通货紧缩影响的能力。在经济萧条时期，公司履行合同义务的能力下降，这会导致债券价格下跌。在由债券质量下降或通货紧缩导致衰退的环境下，债券的看涨期权的价值上升，增加了公司从债券持有人处赎回高息债务证券的可能性。聪明的投资者会避免购买公司债券，因为其信用风险和可赎回性会削弱持有固定收益证券在金融或经济崩溃时所能提供的保护投资组合的能力。

历史收益率数据表明，投资者对企业债务固有的一系列风险获得的补偿不足。截至2003年12月31日的10年间，雷曼兄弟公布的美国国债年化收益率为6.7%，投资级公司债券年化收益率为7.4%。虽然市场指数的特定差异和特定时期都会对收益率产生影响，导致二者无法达到完美匹配的标准，但国债和公司债券之间每年0.7%的收益率差异不能补偿公司债券持有人承担的违约风险、流动性缺乏和可赎回性。毫无疑问，美国国债是更优的选择。

---

① 数据来自雷曼兄弟（Lehman Brothers）。

高收益债券

高收益债券包含未达到蓝筹标准的公司债券，它们无法被归入投资级债券这一类别。最高等级的垃圾债券评级为BB级，穆迪公司认为这种债券具有投机因素，导致未来不能被视为有保障。再来关注更低的评级，B级债券不具备理想的投资特性，CCC级债券的地位较差，CC级债券则具有高度投机性，最低等级的债券（C级）具有极其糟糕的前景，根本不具备真实投资价值。①

高收益债券被普遍认为拥有高等级公司债券缺乏吸引力的特征。垃圾债券市场的信用风险远远高于投资级市场的风险水平。流动性很差、评级最差的债券只能通过协议方式进行转让。可赎回性使垃圾债券持有人处于大家熟知的“你赢定了，我必输”的境地，还带来了额外的扭曲。

在利率持续下行的环境中，投资级债券和垃圾债券的持有人面临着可赎回性问题。较低利率会诱发债券赎回风险，发行人向债券持有人按固定价格付款，并以较低成本重新发行债券。高质量债券和垃圾债券的持有人都面临着由利率变动导致的类似的赎回风险。

对于垃圾债券的持有人来说，除了在利率下行环境中可能失去债券，可赎回性还会阻碍垃圾债券持有人从信贷改善中获益。垃圾债券购买者的目标之一为试图找到未来更光明的公司，这类公司能够提升偿还债务的能力，从而提高评级机构的评级，并提振市场价格。内含固定价格的看涨期权有助于限制垃圾债券持有人从信贷基本面改善中受益的能力，这是股票持有人以债券持有人利益为代价而获利的另一种方式。

美国包装公司案例

我们来分析购买了美国包装公司（Packaging Corporation of America，PCA）于2009年4月1日到期、票面利率为9.625%的B级高级附属债券持

---

① Nelson，“Debt Ratings.”

有人的案例。此债券由高度负债的箱板纸和瓦楞纸箱制造商发行，在 1999 年 4 月的首次发行中，债券的票面利率比同样期限国库券高出约 500 个基点，并且获得了单一 B 级的负面评级。根据穆迪公司的定义，单一 B 级评级表明“在很长一段时间内保证利息和本金支付或维持合同中其他条款保证的可能性很小”[①]。债券持有人期望更好的前景，维持合同条款的可能性会变得更大而不是更小。也许是投资者已经预见未来公司基本面将会改善，或者债券市场出现牛市，抑或两者兼而有之。

通过发行 2009 年 4 月到期、票面利率为 9.625％的债券，美国包装公司总计融入超过 5.3 亿美元的资金，用于资助私募股权公司麦迪逊·迪尔伯恩（Madison Dearborn）对天纳克（Tenneco）公司包装业务的杠杆收购。单一 B 级评级显然是由于并购交易的高杠杆性质。在 1999 年第二季度发行债券时，美国包装公司的净债务为 16 亿美元，负债水平相当于公司股本价值的 4.9 倍。

2000 年 1 月，在一个长达 20 年的牛市高点附近，美国包装公司开展了首次公开募股，股票成功挂牌。高盛（Goldman Sachs）公司承销的 4 625 万股股票以每股 12 美元销售，为该公司总计募资 5.55 亿美元。2009 年 4 月到期、票面利率为 9.625％的债券则仍保持着单一 B 级评级和接近债券面值的价格。

在公司首次公开募股后不久，美国包装公司所期待的信贷环境的改善开始了。2000 年第二季度，净债务下降至 13 亿美元，债务股本比提高至 2.2。2000 年 4 月，穆迪公司将该公司高等级次级票据评级从 B3 级（B 类债券的最低评级）上调至 B2 级（中等评级）。2000 年 9 月，当穆迪公司将美国包装公司于 2009 年 4 月到期、票面利率为 9.625％的债券的评级提升至 B 类债券的最高级 B1 级时，更多利好消息纷至沓来。仅仅 18 个月后，高等级次级债证券的质量就得到显著提高。

美国包装公司财务状况改善的势头仍在继续。截至 2001 年第三季度，该公司偿还了足够的债务以使未偿还借款降至 7.51 亿美元，从而债务股本比下降为 1.1。穆迪公司通过将美国包装公司的高等级次级债券的信用评级调为中档 BB 级，即从单一 B 级债券的“小幅保证”提升到更高的 BB 级债券的“不

---

① Nelson，“Debt Ratings.”

确定性”，来认可这一改善。

截至 2003 年第二季度，债券持有人面临的情况远比他们在 2000 年 1 月遇到的情况好得多。在此期间，净债务从 12.92 亿美元下降到 6.07 亿美元。债务股本比从 2.4 下降到 0.9。信贷基本面的大幅改变无疑有利于美国包装公司的垃圾债券投资者。

美国包装公司于 2009 年 4 月到期、票面利率为 9.625%的债券不仅受益于公司自身偿还债务的能力，提高了剩余债务的信用，而且该债券从市场利率大幅下行中获利颇多。2000 年 1 月，10 年期美国国债利率为 6.7%。到 2003 年 6 月，10 年期国债利率减半，持有人的基础收益仅为 3.3%。债券市场的强劲反弹和巨大的信贷改善共同推动债券价格上涨。美国包装公司 2009 年 4 月到期、票面利率为 9.625%的债券的价格从 2000 年年初的账面价格上涨至 2003 年 6 月的 108 美元左右。

不幸的是，对于债券持有人而言，美国包装公司于 2009 年 4 月到期、票面利率为 9.625%的债券的看涨期权削弱了债券的升值潜力。2004 年 4 月 1 日，公司享有以 104.81 美元固定价格赎回未偿还债券的权利。由于信用状况的改善和较低的利率，美国包装公司几乎肯定会以较低的利率行使赎回和再融资的权利。在 2003 年的中期评估中，债券持有人料到他们几乎肯定会在 2004 年愚人节以 104.81 美元的价格失去手中的债券，这限制了他们本想在这个债券上投资的金额。

事实上，债券持有人根本不用等到 2004 年 4 月才卖掉他们的债券。2003 年 6 月 23 日，该公司就宣布了要以 110.24 美元的价格对该债券进行回购，该价格比投标前的市场价格高出 2 个基点。该公司选择在 2003 年 7 月 21 日以 110.24 美元赎回债券，而不是等到 2004 年 4 月 1 日支付 104.81 美元，因为公司信贷环境的改善和市场利率的降低作用叠加在一起，美国包装公司将债券留在市场上的成本过高。事实证明，回购要约取得了极大成功，因为 99.3%的债券持有人放弃了对公司的债权要求。

美国包装公司发行了新债券，用来偿还 2009 年 4 月到期、票面利率为 9.625%的债券，5 年期和 10 年期的债券利率分别为 4.5%和 5.9%。在最初的融资剩余期限内，债务的大幅减少为美国包装公司节约了数千万美元的利息。由于垃圾债券持有人坚决要求该公司在销售后不要设置后门，因此两轮新的债券融资发行都放弃使用固定利率的看涨期权。

从投资者角度来看，接受该公司的要约能够最大化他们的收益。根据债券的息票、投标价格和赎回价格，如果投资者持有证券直至到期日，他们可得的仅比同期限国债的收益率高 60 至 65 个基点。对于理性投资者来说，他们最好的选择就是接受公司赎回他们的债券。

对于美国包装公司的高等级次级债券持有人而言，看涨期权的成本高昂。2003 年 6 月，债券价格波动范围（从 108.2 美元的低点到 108.6 美元的高点）很窄，平均约为 108.4 美元。由于较低的外部利率和美国包装公司信用状况的改善，如果不对 2009 年 4 月到期、票面利率为 9.625％的债券行权，债券价格应该可以涨至 125 美元。可见，公司的固定价格看涨期权大大降低了垃圾债券持有人获利的可能性。

尽管美国包装公司于 2009 年 4 月到期、票面利率为 9.625％的债券的看涨期权具有抑制作用，但债券持有人依然获得了良好的持有期收益。受到信贷基本面改善和利率下行的刺激，从 2000 年 1 月 28 日（公司首次公开募股之日）到 2003 年 7 月 21 日（收购要约完成日期），垃圾债券持有人还是获得了 49.2％的收益率。垃圾债券持有人无法达到更好的境况，或得到更高的收益了。

与高度相关的可替代投资的收益率相比，美国包装公司垃圾债券的收益率如何呢？由于国债的不可赎回性使投资者能够从债券市场反弹中充分受益，因此，美国国债创造了 45.8％的持有期收益率。在三年半的时间内，美国包装公司债券持有人实现了持有期收益率 3.4％的增长，其承担的极高信用风险几乎没有得到任何补偿。投资于美国国债获得的风险调整后收益率显著高于美国包装公司于 2009 年 4 月到期、票面利率为 9.625％的债券持有人的收益率。

美国包装公司的股票持有人则面临着一系列艰难情形。与债券持有人享有的强劲市场形成鲜明对比的是，股票所有人面临着惨淡的市场环境。自美国包装公司首次公开募股（IPO）发布之日至债券收购要约日，标准普尔 500 指数累计下跌 24.3%。然而，即使市场趋势明显不利，美国包装公司股价仍从 2000 年 1 月的 12.00 美元的初始发行价上涨到 2003 年 7 月 21 日的 18.05 美元，相当于 50.4%的持有期收益率。即使考虑到股票持有人最坏的情形和债券持有人最好的情形，美国包装公司的股票持有人也取得了不错的收益。

仔细思考一下，其实可以预料美国包装公司股票持有人能够获得可观的收益。垃圾债券头寸信贷基本面的改善，必然与支持公司固定负债的股权缓冲作用的提升相适应。该公司股价的上涨为公司债务负担提供了更强有力的潜在支撑。由于信贷基本面的改善经常与股价上涨同步，投资者更希望握有无限上涨可能的股票，而不是收益受限制的债券。

在信贷基本面恶化的情况下，相对于股票持有人，这时的垃圾债券持有人几乎没有任何优势。回想一下，美国包装公司于 2009 年 4 月到期、票面利率为 9.625%的债券在 1999 年进入市场，处于单一 B 级的最底部，地位岌岌可危，被认为“持有此合约仅能小幅获得保证”。信贷恶化可能会损害债券持有人和股票持有人的投资。

此时垃圾债券持有人无法获得胜利。当基本面改善时，股票收益优于债券收益。当利率下行时，不可赎回债券则提供更高的风险调整后收益。当基本面恶化时，垃圾债券持有人与股票持有人会一起承担损失。信息充分的投资者会尽力避免高收益固定收益投资不能获利的结果。

利益一致性

垃圾债券持有人面临的利益不一致性问题甚至比投资级债券持有人面临的问题更严重。在垃圾债券的例子中，问题始于高质量债券，并且由于受到优惠的影响，信贷质量的下降与股权价值的下降对应。在困境中，企业管理人员辛勤工作，以防止公司的股权基础遭到进一步侵害，可用方法包括增加收入和降低成本。显然，减少利息支出和降低债务总额是管理层改善股权的一个重要手段。垃圾债券（“堕落天使”债券）的持有人会发现自己的利益与公司管理层的利益并不一致。

对于新发行的垃圾债券，特别是那些用于融资杠杆收购交易或杠杆资本重组交易的债券，债券持有人面对的是更主动的对抗性的管理层。成熟的以股票为导向的金融工程师为快速大幅提升股权价值的问题建立了许多模型。随着金融运营商努力降低债务成本，债券持有人以降低收益的形式近似实现了成本最小化。

市场特征

2003 年 12 月 31 日，高收益公司债券的市值达到 5 500 亿美元，到期收益率为 7.9%，平均到期期限为 8.2 年，平均久期为 4.8 年。

小结

垃圾债券持有人面临着一系列影响因素，这些因素使得高等级公司债券成为投资者的不良（糟糕）选择。放大的信贷风险、更差的流动性以及更有价值的看涨期权对寻求高风险调整后收益的债券持有人构成三重威胁。垃圾债券相对较高的融资成本为股票价格驱动型公司的管理层提供了降低债券头寸价值的激励，从而提高了股票持有人的地位。

在防范金融危机或通货紧缩中，垃圾债券不如投资级债券有效。影响增量收益的因素——信用风险、非流动性和可赎回性——在危机时期对垃圾债券持有只起到反作用，破坏了垃圾债券为投资组合提供保护的能力。

垃圾债券投资者的最近历史教训表明，持有高杠杆公司的债务头寸极不可取。截至 2003 年 12 月 31 日的 10 年间，雷曼兄弟的美国企业高收益债券指数的年收益率为 5.9%，而美国国债和投资级企业的年收益率分别为 6.7%和 7.4%。虽然指数的结构差异（最明显的是久期的差异）使得这种对比还不够完美，但是垃圾债券持有人承担了更大风险，却获得更少收益的事实是清晰而确定的。

免税债券

符合条件的政府实体享有发行免税债券的权利，允许债券持有人赚取利息，而这种利息不用承担联邦纳税义务。某些情况下，允许符合条件的居民获得州和地方税的免税。例如，纽约市浮动债券为纽约市居民提供三重免税，使持有人免于交纳纽约市、纽约州和美国联邦政府征收的所得税。若康涅狄格州居民买入纽约市债券，那么只能获得联邦政府税免除。尽管在美国，发行人可发行的债券种类远超出市政级债券，市场参与者有时还是会把免税债券称为市政债券。

从表面上看，免税债券似乎为投资者提供了将固定收益资产置于应税账户（其应税的特性表现为可以减少或免于交税）的机会，从而释放了高税负资产的税收递延能力。遗憾的是，信用风险和可赎回性问题降低了免税债券对投资者的吸引力。

类似于公司债券市场，免税债券市场同样存在发行人和债券购买者之间的权利不平衡。当老练的融资方与稚嫩的贷款方打交道时，结果更有利于融资方。华尔街一直渴望支持胜出的银行家，随潮流而行更有利于市场参与者中更强大的一方。融资方以特定利率水平发行债券，是为未能及时足额偿付利息和本金的风险提供补偿。融资方使用廉价的看涨期权发行债券，从而为自己创造以较低利率赎回债券的机会。由于没有对等条款，贷款方只能寻求高利率的保护。在构建交易条款时，华尔街总有办法让债务发行人满意，这带来了一系列可预见的新商机。

大量个人投资者会直接购买和出售免税债券。由于免税债券的二级市场普遍缺乏透明度，在免税债券交易中，华尔街交易所占据了极其不公平的优势。在大量直接交易债券的一次性成本与共同基金投资的高额持续成本之间，审慎的免税证券投资者会进行权衡，试图在两者中选择成本更小的一种。

税前和税后收益率

市场机制导致应税和免税债券的税后收益率大致相同。当市场运作有效时，在确定应税和免税收益率的差异上，最高一档的边际税率起了重要作用。

通常来说，短期债券对平衡机制最为有效。因为若不久就要到期，它面临的不确定性就会最小。这里考察 2004 年 9 月初的 3 个月利率，如表 4.1 所示，投资者可以通过买入高质量的公司债券，在应税基础上获得 1.9%的收益率；或通过持有高质量的免税公司债券获得 1.2%的收益率，请注意，拥有应税短期票据（并以 35%的最高一档的边际税率缴税）的投资者的税后收益率为 1.2%。[①] 应税投资者的税后收益率为 1.2%，免税投资者的收益率与其相等，也为 1.2%，表明在这种情况下，短期货币市场的运作良好。

表 4.1　长期免税投资者赚取的溢价（%）

到期期限	应税收益率	等价免税收益率	免税收益率	实际免税优惠
3 个月	1.9	1.2	1.2	0
1 年	2.5	1.6	1.5	−0.1
5 年	3.8	2.5	2.7	0.2
10 年	4.7	3.1	3.6	0.6
30 年	5.5	3.6	4.6	1.1

资料来源：彭博（Bloomberg），2004 年 9 月 6 日。

说明：应税收益率反映了 AAA 级工业公司证券的交易水平。等价免税收益率反映了应税收益率为 35%的边际税率。免税收益率表示 AAA 级一般公司债券的交易水平。

在更长的时间中，平衡机制开始变得不是那么有效。请注意，30 年期债券的免税收益率比等价免税收益率高 1 个百分点。各种因素使得应税收益率和免税收益率之间的关系更加复杂，包括信贷问题和流动性问题。表 4.1 给出了 AAA 级债券的收益率水平，无论是免税还是应税，市场都可以计算 AAA 级市政债券和 AAA 级公司债券的违约概率差别。可以肯定的是，免税债券在流动性很差的市场上买卖会导致投资者索取更高的收益率以弥补流动性的不足。违约风险和可交易性的差异掩盖了长期应税收益率和免税收益率之间所预期的收益。

对于期限较长的免税债券，最重要的问题可能包括未来税率水平的不确定性和免税政策的长期持续性。如果税率发生变化，那么市政债券的免税价值也会发生变化。税率下降会降低债券的免税价值，反之亦然。如果国会限制或取消了免税政策，市政债券的价值也将会下降。法规的不确定性导致长期的免税收益率高于预期。

① 将应税利率 1.9%乘以 1.0 与税率的差（=1.0−0.35），即得到扣税后收益率为 1.2%。

在一般情形中也有例外情况。在收益率曲线的短端上，有时市场力量也无法发挥作用。这里我们考察先锋基金公司货币市场金融产品的收益率，如表 4.2 所示。2004 年 9 月，免税货币基金收益率与应税基金收益率相同。通过买入免税基金，某最高限额的纳税人在扣税后基础上获益 0.4%。2004 年 9 月初的收益率不仅仅是一次巧合。在 2004 年 8 月 31 日之前的一年里，先锋基金公司的免税基金创造了 0.9%的收益率，实际上高于应税基金 0.8%的收益率。当然，在考虑免税的优惠之前，投资者将获得更高的免税收益率。在极少数情况下，市场迷惑了有效市场假说的支持者，并且提供了轻松赚钱的机会。

表 4.2　先锋基金公司的应税货币基金让投资者错失良机

基金	状态	截至 2004 年 9 月 3 日的收益率（%）	2004 年 8 月 31 日的年化收益率（%）
先锋基础货币市场基金	应税	1.2	0.8
先锋免税货币市场基金	免税	1.2	0.9

资料来源：先锋基金公司。

由于应税债券和免税债券的税后收益率水平往往很接近，因此，持有免税债券的主要优势在于给投资者提供了对非固定收益资产使用税收递延账户的机会。虽然投资者可以通过对非固定收益资产使用税收递延账户获得明显的短期经济利益，但这种短期收益是以牺牲长期投资组合的收益率为代价的。投资者把免税债券替换为国债，通过向债券投资组合引入赎回风险和信用风险，以稀释固定收益证券的多元化权利价值。

看涨期权

缺乏经验的市政债券购买者索取的弥补固定价格看涨期权的价值收益溢价太小。虽然没有关于看涨期权的全面分析，但从 AAA 级免税债券发行人处可获得的看涨期权价格中大抵可以看出市政债券持有人面对的不利因素。

2004 年 7 月下旬，30 年期债券 AAA 级免税且不可赎回的借款利率总计为 4.8%。对于不可赎回的债券，无论未来的利率走向如何，发行人都有责任在到期期限中支付规定的持续 30 年的利率。如果发行人在 5 年后能够以平价方式赎回债券，则借贷成本将增至 5.0%。看涨期权的成本相当于不可赎回时的收益率与可赎回时的收益率之间的差异（0.2%）。通过支付 1/5 的收益率溢价，债券发行人获得了以固定价格回购债券的权利，允许其在利率下行时开展有利可图的赎回活动。

虽然成交价格为 0.2%的看涨期权看起来像小菜一碟，但在 30 年的债券存续期内，即便很小的收益也会逐渐累积。将收益率差异转换为以美元计价的价格差异后得出的结论是，市场将看涨期权定价为债券发行价格的 3.6%。

有各种各样的模型都为看涨期权估值提供了方法。与许多包含现实观点的学术论文不同，在证券市场中，期权定价模型每天都扮演着重要角色。市场评论家和市场参与者借助期权定价模型来确定期权相关头寸的公允价值，采用模型衍生的公允价值来做买入和卖出决策。

通过将看涨期权的市场价值与理论价值进行比较，可以发现借款人从贷款人的利益中获益。根据彭博计算的 5 年期债券的期权价值为发行价的 5.0%，在发行人估计的成本上溢价 1.4%。换句话说，根据彭博的算法，债券持有人向债券发行人提供了相当于债券价格 1.4%的补贴。雷曼兄弟开发的替代模型将 5 年期票面价值定为 6.3%，这比最初的借款成本高出 2.7%。如表 4.3 所示，对于 5 年期和 10 年期的看涨期权，期权的价值超过了发行人的真实成本。因此对债券发行人来说，理论价值与市场价值（发行人的成本）之间的差异很明显是一个福利。

表 4.3　市政债券看涨期权的市场价值低于理论价值：AAA 级 30 年期债券（%）

无赎回期限	市场价值	布莱克-德曼-托耶估值	雷曼兄弟估值
5 年	3.6	5.0	6.3
10 年	2.2	3.9	4.3

说明：数据来源于雷曼兄弟。布莱克-德曼-托耶（Black-Derman-Toy）估值由彭博软件计算。雷曼兄弟的估值来自该公司的专有估值模型。数据截至 2004 年 7 月。

在特定时点计算期权价值只能为期权定价误差提供有限证据。然而，估值差异证明这与证券卖家和证券买家之间的权力不平衡是一致的。在看涨期权的博弈中，市政债券的投资者处于下风。

交易成本

当个人投资者试图直接买入和卖出免税债券时，市政债券投资的问题就会加剧。个人投资者直接持有 1.9 万亿美元（占比约为 1/3）的市政债券，这表明市场结构问题影响着为数众多的参与者。① 考虑到这可能损害广大个人投资者的利益，美国政府对免税债券市场制定了相应的监管框架。

1975 年，市政证券规则制定委员会（MSRB）被国会法案授权“保护投资者和公共利益”，监督市政债券的发行和交易。② 具有讽刺意味的是，市政证券规则制定委员会是在监督一个对承销商友好但对投资者充满敌意的平台。在评估市政证券规则制定委员会的成员资格时，对华尔街的偏向性开始变得明朗。《华尔街日报》报道，2004 年年初，市政证券规则制定委员会的 15 名成员中，有 10 名在银行或经纪公司工作。就像负责看守鸡舍的狐狸，市政债券的投资者在黑暗中艰难前行也就不足为奇了。

信息不对称是免税债券领域最重要的问题之一。与华尔街的机构参与者相比，大部分个人投资者在信息方面都处于劣势。截至 2004 年年底，投资者收到的债券交易数据都有一天的滞后期。③ 缺乏实时公开信息会伤害个人市场参与者，因为机构参与者掌握了相关的及当下的信息，而小型交易者获知的只是滞后的信息。

市场缺乏透明度会增大投资者成本，增加承销商的利润。美国证券交易委员会（SEC）的两位经济学家做过一项研究并得出结论，个人投资者交易享有交易税收优惠的市政债券须支付占证券价格 2% 的“有效利差”。④ 市政

---

① Aaron Lucchetti, “Bond Investors May Unlock More Information: Rule-Making Group is Expected to Require Price Reporting of Munis 15 Minutes After Trade,” *Wall Street Journal*, 11 February 2004.

② Lawrence Harris and Michael S. Piwowar, “Municipal Bond Liquidity” (13 February 2004). http://ssrn.com/abstract=503062, 6.

③ Ibid., 53. MSRB 目前正在实施一个实时交易报告和发布系统。计划于 2005 年 1 月投入运行。对个人投资者的好处仍不明朗。首先，个人投资者可能在获取信息方面遇到困难，特别是目前可用的日常数据似乎只有一小部分受众；其次，经销商可能会找到方法来阻止数据的传播，他们仍对运营不透明的市场怀有浓厚兴趣，因为这种市场可以维持大范围的价差。

④ Aaron Lucchetti, “Muni Bonds Can Cost More to Trade than Stocks,” *Wall Street Journal*, 12 February 2004.

债券的利差高于股市的平均利差——这是一个令人吃惊的结论！因为风险较高的股票资产的交易成本理论上应该高于低风险的债券头寸。市政债券承销商的贪婪导致小单的交易成本比大单的交易成本更高，从而改变了人们对规模和成本之间的预期联系。在一个非常简单的总结中，作者表示“我们将这些结果归因于债券市场普遍缺乏价格透明度。通常，大型机构的交易员对市政债券的价值有很好的认识，小型交易商则不一定有这种认识”①。市政债券做市商会“捕食”脆弱的小投资者。聪明的投资者通常会避免与这样的华尔街“大鲨鱼”打交道。

利益一致性

免税债券投资者同样面临着困扰，因为其存在类似于所有非国债债券持有人的利益不一致问题。若对借款人实施了有利的激进定价，此类债券则无法补偿债权人的利益。在首次发行和后续交易中，华尔街的股票都参考了主流评论家的意见。细心的投资者会非常谨慎地参与市政债券投资。

市场特征

2003 年 12 月 31 日，市政债券的市值总计 9 230 亿美元，到期收益率为 4.1%，平均到期期限为 13.8 年，平均久期为 8.1 年。

小结

对应税投资者而言，免税债券具有强大的吸引力，因为其能免于交纳联邦政府征收的利息收入税，在某些情况下还可以免于交纳国家税收。但税率的不确定性、信用风险、看涨期权和交易成本等问题都会极大削减免税债券的这一优势。

对于短期内就要到期的债券，投资者极少会关注其负面影响。在免税货币市场基金中，相关证券的到期日消除了人们对税收政策变更的担忧，也缓解了人们对信用风险的担忧。货币市场工具没有附带看涨期权，而且在相对有效的透明市

① Harris and Piwowar, “Municipal Bond Liquidity,” 1.

场中交易。因而，短期免税货币市场基金投资值得人们认真考虑。

随着到期期限的临近，免税债券中令人担忧的因素会在进程中增加。边际税率和信用质量的变化具有改变长期免税债券价值上下波动的能力。通常看涨期权和不透明的交易制度会压低预期收益率。以某些投资组合中不可赎回无违约风险的美国国债为代价，投资长期免税债券的投资者获得了宝贵的税收优惠。

资产支持证券

资产支持证券包括固定收益工具，这些工具依赖众多的相关资产（基础资产的支持）为债券持有人提供现金流和担保。虽然资产支持证券中最常见的资产包括住房抵押贷款，但银行家也会将信用卡应收账款、商业地产租金，以及汽车金融贷款的资产等作为资产支持证券的抵押品。

资产支持证券交易的金融结构具有高度复杂性。在证券发行人希望从资产负债表中剥离资产并获得低融资成本的激励下，资产支持证券的购买者面对的将是强有力的对手。

对于抵押贷款支持证券（一种通过按揭付款向抵押人支付抵押金的金融工具），投资者在面对利率变化时无法做出相应的反应。如果利率下降，按揭付款有机会预付利息和再融资抵押贷款。就像放弃高利率抵押贷款而让借款人受益一样，抵押贷款支持证券通过避免有吸引力的高额利息支付而损害了持有人的利益；同样，如果利率上升，抵押贷款倾向于只支付最低要求的本金和利息。抵押贷款支持证券的持有人在低利率环境中丧失了高收益资产，并在高利率环境中保有了低收益资产。

当短期投资者更喜欢延长投资期限，长期投资者更喜欢缩短投资期限时，为了确保安全起见，抵押贷款支持证券的持有人将获得超额收益。超额收益能否对抵押证券中的复杂期权做出合理补偿是一个极其困难的问题。华尔街的科学家使用复杂的计算机模型来确定抵押贷款支持证券的公允价值。模型有时有效，有时则无效。如果在获得期权定价方面金融工程师尚且面临挑战，那么对于个人投资者来说能有什么胜算?

事实证明，期权比信用风险更难以估值。对于具有信用风险的固定收益工具，理性投资者会对债券收益率持怀疑态度，因为他们知道部分收益率可能因公司评级下调或违约而下降。对于附有灵活选择性的固定收益工具，普通投资者没有足够的知识根据期权的可能成本来修正当前描述的收益率。事实上，连众多专业人士都无法解决对固定收益产品的期权做动态定价的困难。

派珀资本管理公司的沃斯・布鲁顿

20 世纪 90 年代早期，在抵押贷款支持证券投资组合的众多管理人中，明尼阿波利斯的派珀资本管理（Piper Capital）公司的固定收益专家沃斯・布鲁顿（Worth Bruntjen）建立了良好声誉。基于以往 10 年中债券投资的优异表现，布鲁顿从个人投资者和机构投资者处募集了大量资金。

布鲁顿负责打理派珀杰弗里美国政府证券基金（AGF），该基金是散户投资者投资的抵押债券工具之一。在强大的债券牛市和对利率高度敏感的投资组合的推动下，截至 1993 年 12 月 31 日的 5 年中，该基金每年收益率达到 19.3%，这比所罗门兄弟抵押贷款指数（Salomon Brothers Mortgage Index）的收益率还要高 11.2%。布鲁顿管理的投资组合收益率位居榜首，在年度投资组合经理排名中，晨星（Morningstar）公司把亚军称号颁给了这位富有远见和指导力量的人。[①]

公开记录显示，布鲁顿将佛罗里达州发展成为其机构的独立管理账户客户。事实上，佛罗里达州在其保守运营的基金中采取了一种反常的投资策略，它们从表现不佳的经理人那里获取资产，并将资产增持到超越市场水平的账户。由于布鲁顿的业绩表现出色，截至 1994 年 1 月，由布鲁顿负责的佛罗里达州账户总额超过 4.3 亿美元，是其竞争对手的两倍多。[②]

布鲁顿解释了自己的交易策略，“我们买入利率高于 30 年期债券的政府机构债券，但平均持有年限只有 3～5 年”[③]。基金经理手中的债券包括抵押贷

① Andrew Bary, “Paying the Piper,” *Barron's Chicopee* 74, no. 15 (1994).

② Bary, “Paying the Piper,” *Barron's Chicopee*.

③ Jeffrey M. Laderman and Gary Weiss, “The Yield Game,” *Business Week*, 6 December 1993.

款和抵押贷款衍生品，具有牛市倾向性。尽管如此，认可布鲁顿对自己的投资方法的这种解释的人仍然为数众多。布鲁顿管理的基金募集到的资金迅速增加，这种情况一直持续到1994年年初。

不幸的是，对于固定收益投资者而言，1993年的下跌标志着债券市场的反弹高点，10年期美国国债收益率触及26年来的新低点5.3%。在短短几个月内，到1994年5月，债券价格的急剧下跌使得收益率升至7.4%。《华尔街日报》这样描述春季大跌，“抵押贷款衍生品的‘大屠杀’正在寻找新的受害者，因为投资者和承销商继续急于出货，导致了价格下跌和需求蒸发的恶性循环。”[①] 债券投资组合的熊市使得布鲁顿的方法失灵且不再有用武之地。

1994年，美国政府证券基金的投资者遭受了近29%的投资损失。相比之下，所罗门兄弟抵押贷款指数的亏损幅度仅为1.4%。1994年1月至9月期间，佛罗里达州的投资亏损达9 000万美元，对于稳健投资的运营资金来说，这是完全不可接受的结果。被巨额损失挫败后，佛罗里达州宣布，它将从布鲁顿的账户中收回1.2亿美元。零售客户和机构投资者一损俱损。

债券市场的“大屠杀”让布鲁顿不得不面对现实。当利率上升时，这位抵押贷款专家大量投资反向利率浮动债券和本金债券等相关波动性衍生品，使他的业绩表现更加类似持有30年期债券，而不像他在策略描述中所说的持有短期债券。[②] 面对不断上升的利率，对利率敏感度的提高使布鲁顿的投资人感到愤怒。

沃斯·布鲁顿被晨星公司评价为富有远见和指导力量的人，但他并不像他在派珀资本管理公司的上司那样了解策略风险。佛罗里达州的复杂机构投资者不能理解其策略风险。共同基金咨询公司——晨星公司也未能理解其战略的风险。认识和评估抵押贷款相关证券固有的复杂性使我们避免接触抵押贷款工具中可能存在的有害期权。

从更广泛的投资组合角度来看，抵押贷款支持证券的可选性适用于希望使用债券来对冲通货紧缩或财务困境的投资者。预付款选项就像公司债券的

① Laura Jereski, “Mortgage Derivatives Claim Victims Big and Small,” *Wall Street Journal*, 20 April 1994.

② Bary, “Paying the Piper.”

看涨期权一样。如果由于通货紧缩或财务困境导致利率下降，抵押贷款支持证券持有人的投资则可能会亏损，同时失去对防止借款人有利可图而行使期权的环境的保护。

利益一致性

在资产支持证券持有人的对面坐着的是一群来自世界著名证券机构的最狡猾的金融工程师。最好的情况是，从发行人使用复杂结构以进一步实现低债务成本的企业目标中，购买新发行证券的资产支持证券持有人可以预见发行人提供的低收益。在最坏的情况下，资产支持证券的复杂性导致不透明，阻止投资者了解投资头寸的内在特征。在极端情况下，资产支持证券的鲁布·戈德堡（Rube Goldberg）性质可能会严重损害投资组合。

市场特征

2003 年 12 月 31 日，资产支持证券的市值总计 1 380 亿美元，到期收益率为 3.2%，平均到期期限为 3.1 年，平均久期为 2.7 年。[①]

小结

资产支持证券涵盖了高度专业的金融工程知识。作为一般经验法则，华尔街创建的金融产品复杂程度越高，投资者就越应该快速远离。有时候，连复杂证券的创建人和发行人自己都无法预见证券在各种场景中的表现，非专业投资者还能有机会吗？

许多抵押贷款支持证券得到了政府支持企业的支持，导致投资者误以为该类证券的风险水平较低。投资者的这一假设在两个方面被证明是错误的。首先，信用风险可能最终证明其比市场参与者所假设的更大。其次，由政府支持企业引发的投资者自满情绪可能掩盖了晦涩难懂的期权风险。投资者应加倍小心。

与其他形式的固定收益证券类似，资产支持证券的发行人寻求廉价的融

① 数据来自雷曼兄弟。

资。发行人的廉价融资转化为投资者的低收益。将低预期收益与高复杂性综合起来看，投资者的利益将受到影响。

与固定收益市场的许多其他部分一样，资产支持证券的投资者似乎没有因承担信贷和期权风险而获得收益。截至2003年12月31日的10年间，雷曼兄弟资产支持证券指数年收益率为7.2%，比雷曼兄弟美国国债指数7.5%的年收益率还要低。与其他债券指数收益率的比较结果类似，这些数字并未考虑指数构成的差异。尽管如此，在过去10年中，在寻求风险调整后的超额收益上，资产支持证券的持有人并没有得到应有收益。

外国债券

按资产规模计算，以外币计价的债券代表着一个令人生畏的市场，仅略低于以美元计价的债券市场总市值。然而，尽管外国债券市场规模庞大，其对美国投资者的价值却很有限。

考虑具有相同期限和相同信用等级的债券，其中一种以美元计价，另一种以外币计价。由于不同国家的货币环境不同，这两种债券可能会承诺不同的利率。投资者可能会预期，不同国家的不同利率和不同的经济条件会带来不同的投资结果。但是，如果投资者通过在远期市场出售足够的外币来匹配预期的利息收入和本金支付，以对冲外国债券的现金流，那么美元计价债券的美元现金流恰好与对冲的外币计价债券的美元现金流相等。换句话说，没有做对冲的外币债券包含了美元债券和外汇风险。

外币本身并不能创造出预期收益。一些市场参与者采取所谓的宏观对冲策略预测外汇汇率的变动方向。有时外国债券共同基金为投资经理提供了采取投机性头寸的工具。对外汇进行自上而下的投资无法创造可靠的超额收益，因为影响经济状况、利率等的因素通常过于复杂，无法让现实与预测保持一致。聪明的投资者会避免开展外汇货币投机。

在投资组合的背景下，外汇风险可能带来额外的多元化好处。即使没有预期收益，货币变动与其他资产类别波动之间完全没有相关性，也会降低投资组合风险。但是，投资者不应该借助投资外国债券头寸来获得外汇敞口，而应更多去关注预期会带来高额收益的资产类别（即外国股票）。

由于外汇头寸本身承诺的预期收益率为零，外国债券投资者的预期收益与美元债券的收益相似。然而，未对冲的外国债券无法像持有美国国债那样在金融危机或通货紧缩中受到保护。在市场形势不好的情况下，美国投资者并不知道外汇汇率变化会对外国债券头寸的价值造成什么影响。外币转换的未知影响迫使投资者希望从固定收益的特殊多元化特征中受益，以避免未对冲的外国债券的风险敞口。

利益一致性

国债的国内持有人希望从政府那里得到公平对待。不同于公司债券发行人和债权人之间的天然对立关系，政府没有理由损害自己国民的利益。如果投资者购买的是发行国公民为主要持有人的外币债券，投资者则可能从利益一致性中受益。

然而，如果外国政府债券主要在外部持有人手中，那么这种利益一致性就会消失。事实上，如果政治上的考量超越了合同约定义务，政府债券的外部持有人则可能遭受比陷入困境的公司债券持有人更糟糕的局面。当国际政治关系因素被引入这个市场时，外国债券持有人会受到影响。

市场特征

2003 年 12 月 31 日，以外币计价的债券市场总额达 9.1 万亿美元，其中，6.1 万亿美元是由外国政府发行的，1.3 万亿美元是公司发行的投资级债券。以外币计价的高收益公司债券总额仅为 740 亿美元，这表明外国债券市场相对来说还不够成熟。

以外币计价的政府债券的到期收益率为 2.5%，平均到期期限为 7.3 年，平均久期为 5.6 年。以外币计价的投资级公司债券的到期收益率为 3.5%，平均到期期限为 6.0 年，平均久期为 3.8 年。

小结

在不具备国内固定收益特殊多元化优势的情况下，外币计价债券化解了国内债券低预期收益率的担忧。完全对冲的外国债券类似于美国债券（缺点是套期保值操作会增加复杂度和成本），未对冲的外国债券为持有人带来美元债券风险以及（可能本不必要的）外汇风险。对于精心构建的投资组合，外币计价债券没有发挥任何作用。

对冲基金

对冲基金采取包括一系列多样的投资方法，以排除单一类别中的同质资产。从事件驱动到相对价值，从宏观对冲策略到固定收益套利策略——对冲基金投资者面临一系列选择。尽管资产管理策略存在显著差别，但通常对冲基金具有相同的法律结构，比如有限合伙制、可比的费用结构（基本管理费加超额提成），以及对主动管理的高度依赖。

在不采用与传统可交易股票和债券的收益相关的投资方法的情况下，投资者只能依靠主动管理技能来创造投资收益。无论市场走势如何，这种绝对收益策略都试图创造正收益。在没有市场风险且缺乏投资技巧的情况下，投资者只能获得与货币市场利率相似的收益率水平。显然，在交纳了高额管理费和付出大量实际利润的代价之后，投资者所期望的收益必远远高于货币市场。如果确实能找到具有优秀主动管理技能的基金经理，那么在这种绝对收益水平下，对冲基金投资对于投资者来说才有价值。

相比之下，投资传统有价资产类别的投资者期望从标的资产类别中获得收益，借助证券选择策略形成的增量或减量收益主动调整他们所管理的资产组合。例如，对国内有价证券来说，即使在管理人缺乏必备技能的情况下，简单的市场风险也会让投资者的预期收益率与大盘相近。然而市场缺乏这种普遍的动力去推动绝对收益投资策略形成收益。

为了在对冲基金领域取得成功，投资者必须找到高水平的主动管理者，以获得超出基金经理通常设定的高额收费标准的收益。在传统的资产类别中，金融理论和现实经验都表明，大多数主动管理的投资未能战胜市场收益。一般来说，投资者损失了交易成本以及支付的管理费用。虽然对冲基金经理采用的多种策略避免了直接应用传统有价证券主动管理负和、封闭的系统模型，但事实上，在缺乏优质投资标的的情况下，避免市场风险敞口的经理人应该获得与货币市场相同的收益。在对冲基金领域，与整个资产管理行业相似，持续而卓越的主动管理能力同样是稀缺的商品。假设对冲基金的主动管理者能够与传统有价证券的主动管理者一样成功，由于其收费水平更高，对冲基金持有者就会遭遇更大幅度的预期损失。

幸存者偏差

对冲基金历史业绩表现的统计数据并不能帮助我们深入了解这个相对较新的投资领域。幸存者偏差是历史回归数据收集者普遍存在的问题。表现不佳的公司比表现良好的公司消失得更快，这一事实导致基金经理的收益率数据会自然夸大历史收益，因为基金经理经常缺乏每个时间点的数据汇编，也缺少失败公司历史业绩的完整数据。在被完善记录的传统有价证券世界中，幸存者偏差是一个重要而且可量化的问题。在对冲基金投资行业中，记录不太完善，也不太全面，幸存者偏差带来了更为严重的信息挑战。

即使管理数据库的人试图把失败公司的收益率数据统计在内，历史收益数据也是不完整的。由于大多数数据编制者依赖于对冲基金公司对业绩的内部报告，因此，数据的完整性取决于对冲基金自身数据的真实性。由于陷入困境的对冲基金还要争取继续开展业务，向第三方数据库提供业绩报告，因此将加剧自身危机管理这一日常挑战。

考察一下长期资本管理（Long Term Capital Management，LTCM）公司的记录，这是一只臭名昭著的对冲基金，它几乎摧毁了全球金融体系。《纽约时报》称，在特里蒙特资本管理（Tremont Capital Management）公司的数据库中，该公司是对冲基金数据的主要供应商，其数据库中只有公司截至 1997 年 10 月的表现，即该公司破产前一年的业绩。

1994年3月至1997年10月期间，长期资本管理公司给投资者的净值为每年32.4%，这意味着高额的资金收益令人记忆深刻。很显然，长期资本管理公司的早期记录夸大了对冲基金行业的总体业绩。从1997年10月到1998年10月破产时点，长期资本管理公司的收益率达到－91.8%。但在特里蒙特资本管理公司的数据库中，根本就没有放入这些令人震惊的亏损记录。

特里蒙特资本管理公司对外披露的投资者账户每年有32.4%的收益率，而长期资本管理公司真实的记录为每年亏损27.0%，这给人们造成了认知和现实之间的惊人差距。长期资本管理公司的内部统计遗漏通过某种方式从根本上误导了投资者，掩盖了公司旗下对冲基金的真实投资业绩表现，而且夸大了其历史收益率。

对冲基金收益率的统计描述受到一种与幸存者偏差相关但有所不同的包容性偏差的影响。随着20世纪90年代对冲基金开始流行，只有那些成功跟踪记录的基金超越了竞争对手，吸引了市场观察者和投资者的注意力。业绩表现平庸的基金则在默默无闻中萎靡不振。具有优异业绩的基金赢得了资产和赞誉，并进入投资顾问的视野中，为报告的业绩带来了实质性的正面影响。在某些情况下，这些数字的跟踪者会把涌现出来的优秀表现者的历史业绩表现添加到报告管理者的行列中，从而给予历史业绩数据另一个完全不具代表性的助推。对冲基金业绩的公开披露系统性地夸大了对冲基金市场的真实情况。

早期对冲基金胜利者的优异而广为人知的业绩记录使得许多投资者轻率地得出结论：对冲基金通常每年都能创造20%的收益率。这一结论源自随意提及的高收益率和对构建不良的数据库的肤浅分析，而不是通过仔细分析那些很难收集的综合数据得出的结论。

长/短期纪律投资

试图创造真正独立收益的对冲基金经理通常会设定合理的目标。比如，某位基金经理的投资组合包括相同的多头头寸和空头头寸的指标。从市场角度来看，多头抵消了空头。在上涨的市场行情中，空头的亏损抵消了多头的收益。在下跌的市场中，多头的亏损抵消了空头的收益。平衡的多头/空头投资策略可以把市场因素排除在外。

有纪律的长/短期投资者的主要收益来源于证券选择。如果管理者能够识别出被低估的多头头寸，并抓住被高估的空头头寸，那么投资组合会从长期管理者的证券选择中放大收益。

有纪律的长/短期投资者的收益还来源于通过建立空头头寸赚取的收益。卖空所得现金的收益率接近于货币市场利率。虽然短期收益提高了多头/空头投资者的收益，但短期收益的存在并不足以证明使用多头/空头投资策略的合理性。如果投资者希望获得货币市场水平的收益，那么直接购买货币市场基金可以提供更直接、成本更低廉、风险也更低的方法来创造现金水平的收益。

假设多头/空头基金经理在长期表现出与前 1/4 国内股票经理相同的证券选择能力。截至 2003 年 12 月 31 日的 10 年中，一个广泛应用的主动管理策略可以创造每年高于市场 2.3%的最高收益率。[①] 如果在多头/空头经理投资组合的每个长边和短边都产生最高四分位数的结果，则证券选择会创造 4.6%的收益。精明的证券选择策略的预期收益增长幅度要远远低于两位数。

将短期利率（代表了短期收益率）与证券选择的增加值相加，就可以得出长/短投资的总收益。截至 2003 年 12 月 31 日的 10 年间，短期利率每年平均为 4.1%。将最高四分位数的证券选择收益率 4.6%与货币市场收益率相加之后，可以得出扣除费用前的总收益率为 8.7%。

高昂的收费给对冲基金投资者造成了沉重负担。1%的管理费用和总利润 20%的提成相当于从总的收益率中拿走 2.5%，只给投资者留下 6.2%的净收益率。[②] 即使主动管理取得极大成功（用最高四分位数结果来定义），与货币市场利率相比，长/短期对冲基金投资者的净收益率也只是表现出适度（微弱）提高而已。

考察基金经理的业绩中位数时，如果多头/空头经理的选股技巧表现平

---

① 拉塞尔/米伦分析服务（Russell/Mellon Analytical Services）公司提供本节中使用的经理数据。拉塞尔 3 000 提供了用于衡量相对性能的被动基准。

② 将 8.7%的总收益率减去 1.0%的管理费用，剩下 7.7%的收益率。从剩余的收益中扣除 20%的利润率（20%×7.7%≈1.5%），净结果为 6.2%（=7.7%−1.5%）。

庸，那么业绩会令人失望。截至2003年12月31日的10年中，主动管理型的国内股票投资经理的年收益率中位数高出市场收益率约1.2%。将中位数的主动管理收益加倍可获得2.4%的证券选择收益率，再加上4.1%的现金收益率便可获得6.5%的总收益率。费用支出会把净收益率削减至4.4%，这一结果接近单纯持有现金的收益率！很显然，这无法让人满意。

最后，这里分析一个业绩表现不佳的基金经理的情形。截至2003年12月31日的10年间，扣除收费后排在第三四分位数的主动管理者的收益与市场收益持平。由于没有主动管理形成的收益部分，多头/空头投资者只能获得4.1%的现金收益率。扣除费用后的总收益率即净收益率为2.5%，给投资者带来了低于现金收益的痛苦，这些投资者遭受了主动管理能力不佳的损失。

尽管平均投资和低于平均水平的投资都对投资者造成了影响，但在任何情况下基金经理都能拿到不菲收入。无论业绩如何，基金经理都会收取1%的费用，用于支付传统的长期资金管理的标准薪酬。还要考虑基于资产规模计数的费用，位于第一四分位数基金经理的提成为2.5%，这使得保持个位数收益率的支出很大。选择中位数管理者的总费用为2.1%，在投资者净收益没达到持有现金收益的情况下，基金经理仍会获利丰厚。而选择第三四分位数管理者的费用总计1.6%，加上过高收费导致的损失，其最终业绩表现令人不齿。

平衡多头/空头股票管理的例子充分表明在绝对收益投资中主动管理能力的核心作用。事实上，在缺乏出色的主动收益的情况下，投资者会在一定程度上失望。多头/空头的股票经理必须始终如一地创造出大于最高四分位数的收益，才能证明对冲基金投资者所收的费用结构是合理的。不幸的是，识别和吸引高水平投资经理所需的资源远远超过了普通个人投资者所能动用的资源。由于需要高度依赖主动管理技能，加之收取的费用高昂，因此大多数投资者的投资组合都不适宜采取多头/空头投资策略。

与市场风险相关的对冲基金

除了常规多头/空头投资策略之外，事实证明对冲基金采取的其他策略更为复杂。为了评估其他类型的对冲基金，我们考察两类基金——避免市场相关风险的基金和接受市场相关风险的基金。如果基金能成功规避市场风险，那么投资者应该只能赚到货币市场的收益水平。投资者乐于看到现金收益，而不去承受市场风险，其根本的观点取决于支撑多/空收益分析的逻辑基础，即那些不让资产暴露于市场系统性风险的对冲基金策略只有依靠非凡的主动管理能力，才能创造出高于现金收益的总收益。

对冲基金的大多策略都需要把资产暴露于各种类型的系统性风险中。也许经常暴露于市场风险的最糟糕的例子就是长期投资经理本人，他只是设立了私人合伙企业，并把它称为对冲基金，同时收取20%的超额收益提成。在这种情况下，基金经理拿走了市场收益的20%，这是基金经理针对非可控因素的一种奇高收费。

公平的费用结构在基金经理的控制下，通过操纵变量来增加管理市值，以奖励基金经理。对于长期只投资国内股票的基金，基金经理则可以通过选择适当的市场基准指数来获得20%的超额收益提成，例如，大型国内股票经理经常采用标准普尔500指数，而外国股票分析师经常使用欧洲、大洋洲和远东指数。在有纪律的多头/空头股票基金中，基金经理可能会在短期货币市场利率上获得20%的超额提成。管理者在拿走超过公平基准的部分收益的情况下，会获得额外的奖励。但不幸的是，在返还资本后，对冲基金结构几乎普遍向基金经理支付了一部分利润，这代表百分之百的收益提成（最低要求收益率为0）。如果没有与市场挂钩的障碍（最低要求收益率不具有市场敏感性），管理者将获得由一定比例的市场风险形成的收益。对冲基金费用结构带来的巨额花费使得追求与市场挂钩的对冲基金投资变得不切实际。

评估市场敏感型对冲基金的收益会遭遇几乎无法克服的问题，即便是最有经验的投资者也面临挑战。人们不容易从证券选择技能中（或缺乏技能）分辨出哪些是市场力量的顺势影响（或逆市影响），特别是在基金经理经常调整市场风险的情况下。无论投资者是否通过对市场敏感型对冲基金的调查洞悉这一点，具有行业标准交易结构的基金经理都会从一部分市场运行中分享其带来的收益，这部分收益表示的是基金经理对无法控制的风险带来的收益的不合理补偿。

利益一致性

通常，在对冲基金结构中投资者所支付的利润反而为基金经理创造了一种伤害投资者利益的选择。在对冲基金创造了收益的情况下，基金经理分享了大部分利润；在对冲基金出现亏损的情况下，是投资者在独自承担一切。利润-收益结构的不对称性显然更加有利于基金经理。

要求基金经理参与共同投资，目的在于缓解（如果不能完全消除）激励补偿方案在功能设计上的缺失。在对冲基金业绩良好的情况下，基金经理从共同投资和超额收益提成中获得收益；在基金遭遇亏损的情况下，基金经理与共同投资者一同承担痛苦。基金经理参与共同投资所做出的意义重大的承诺，可以大大降低基金经理和投资者利益的不一致。

市场特征

2003 年 12 月 31 日，对冲基金行业估计有 6 000 家公司控制着超过 8 000 亿美元的股本。[①] 此外，由于许多对冲基金会大量使用杠杆，其实际资金运用能力远超过其股本。请注意，在所有大类资产中，对冲基金并不代表某一类独立的证券。对冲基金的资金会投资于其他资产类别的证券，最常见的是可出售的股票和债券。

小结

对冲基金吸引着投资者，他们认为无论传统有价证券是上涨还是下跌，只要向高级基金管理人员提供不受约束的资金，他们就总能给自己创造出收益颇丰的投资收益。实际上，许多成熟的机构投资者的经验表明，一些对冲基金策略表现出不受市场影响的高收益、低风险特征，这为投资者的投资组合带来了极其宝贵的多元化收益。当然，对冲基金的成功投资者也会投入大

---

① Kevin Mirabile and Rosemarie Lakeman，*Observations on the Rapid Growth of the Hedge Fund Industry*（Barclays Capital，2004）：2.

量精力，去识别并吸引高水平的基金经理。

在找到一群真正有经验的基金经理，并且克服极其高昂的费用设计的障碍之外，投资者还面临着一种根本性的利益失衡，这种失衡源自大多数对冲基金的收费安排中都嵌入了期权式的收益。只有当基金经理与投资者同时投入大量的个人资金的时候，投资者才会找到利益一致性。

在选择投资标的上，对冲基金的随意性非常令人失望。对冲基金投资属于成熟投资者涉足的投资领地，他们在基金经理评价上投入了大量精力。对许多市场参与者来说，虽然对冲基金的承诺极具吸引力，但未能找到真正优秀的主动管理者的投资者可能面临着令人沮丧的现实。在缺乏更为优秀的证券选择策略的情况下，规避市场风险的投资策略可以创造出类似货币市场的预期收益水平。常见的对冲基金高额费用结构将本已很低的现金收益率压低到让人无法接受的水平，尤其是在经过风险调整之后。这时对冲基金的投资者会发现，想要获取风险调整后的超额收益几乎是不可能的事情。

杠杆收购

杠杆收购交易包括收购资产负债表上具有超高负债水平的成熟企业私有股权。高杠杆水平相应会导致未来收入的高度可变性，既包括好的变化，也包括坏的变化。如果没有交易发起人的投资增值活动，那么杠杆收购只会放大公司的风险水平。

在风险变大的背后通常伴随着高昂代价。并购合伙人企业会收取大量管理费用（通常介于承诺资金的 1.5％和 2.5％之间）、高额的超额收益提成（通常为 20％）以及各种交易和监督费用。并购基金的许多普通合伙人吹嘘，他们从事的不仅仅是简单的金融工程的工作，他们自认为自己掌握了特殊的财富创造技能。虽然在某些情况下，以运营为导向的并购合伙企业新带来的价值增加部分可能会被典型收购基金的常规收费设计带来的负担抵消，但总的来说，杠杆投资并不能匹配公共市场的替代品。在考虑风险的加大和杠杆交易时更低的流动性之后，我们会发现，公开市场挂牌交易的股票类证券的优势会变得更加明朗。

主动管理能力与并购基金

在私募股权领域，主动管理的成功与投资的成功相得益彰。在包含被动投资选择的国内股票和固定收益等资产类别中，投资者能够入市参与。通过持有可交易的证券指数基金，投资者以经济高效、可靠的方式赚取市场的平均收益。在效率低下的私募股权领域，投资者无法进入这一市场，因为根本没有可供投资的市场指数。即使有杠杆收购指数，基于其历史表现，类似指数的收益率也不能满足投资者对风险调整后高收益率的渴望。事实上，只有最高四分位数或最高十分位数的基金才能创造足以弥补私募股权更差流动性和更高风险的收益。如果没有真正高水平的基金挑选技能（或非凡的运气），投资者应该远离私募股权投资基金。

并购行业的历史也证实了这一点。截至 2003 年 6 月 30 日的 20 年里，由投资顾问康桥汇世（Cambridge Associates）跟踪的 304 组并购基金创造了 11.5%的平均收益率[①]，而同期标准普尔 500 指数的收益率为 12.2%。并购基金的持有人承担了更高风险，并支付更高的费用，结局却很糟糕，这根本算不上是成功的投资。

在过去 20 年中，并购合伙企业的投资者只赚到少得可怜的风险调整后收益。私人股权并购和上市公司之间的根本差异在于所有权的性质（私人股权与公开市场）和资本结构的特征（高杠杆率与低杠杆率），在某个起点上，对并购后收益率与公开市场的收益率进行比较是有理可循的。但是，由于承受的风险较高，更多的是杠杆收购创造了更高收益，在有公开证券市场作为投资备选的情况下，聪明的投资者会对并购交易产生的亏损（即负收益）表示深恶痛绝。在考虑风险调整因素之后，有价证券的投资收益会以压倒性优势胜出。

耶鲁大学投资办公室做过一项研究，提供了有关补偿杠杆收购交易风险所需的额外收益率的看法。仔细审视 1987—1998 年期间发起和结束的 542 笔

---

① 数据来自康桥汇世（Cambridge Associates）专有的在线基准计算器®。

并购交易，可以发现其每年的收益率为 48%，大大高于标准普尔 500 指数中相同时期和同等规模投资所带来的 17%的收益率。[①] 从表面上看，并购基金的收益率大幅超越股票收益率。扣除管理费用和一般合伙人的超额收益提成后，经调整得出的并购收益率达到每年 36%，仍然比市场证券选择策略挣得更加轻松。

由于并购交易本质上涉足杠杆率水平较高的市场，基本的并购基金市场与有价证券没有达到旗鼓相当的标准。为了做一个公平比较，我们要将杠杆应用于假设的公开市场投资上。在标准普尔 500 指数中，具有类似期限时间、规模和杠杆的投资创造了惊人的 86%的年化收益率。风险调整后的有价证券收益率比并购投资收益率每年高出 50 个百分点。

近年来，并购公司倾向于使用较低的杠杆水平，因此，如果重复这一做法，并且并购基金能够维持其历史业绩记录，那么经调整后的可交易股票的收益与并购收益之间的差距可能会缩小。然而，并购投资必须在股票市场收益之外创造出更高收益，才能证明承诺的合理性。

并购投资经理未能创造经风险调整后收益，一部分原因是收费结构的不合理。并购投资者通常向投资公司的合伙人支付 20%的利润提成。由于激励薪酬未能考虑投资者的资金成本，因此在长期股权投资者的支持下，并购的合伙人自然而然地拿走 20%的收益。当然，对于采用高于市场杠杆水平的交易，投资者的资金成本会随着杠杆程度的增加而提高。纯粹的金融工程代表了一种商品，很容易通过保证金账户和期货市场提供给有价证券投资者。对于公司资产负债表中的债务增加，并购投资经理应当拿到很少的增量补偿。通过向并购合伙人支付总收益的 20%，基金投资者向并购投资经理补偿了杠杆市场收益的很大一部分，而并购投资经理不会对此进行控制，因此并购投资经理不应该获得信用。绝大多数并购基金没能创造足够多的价值，无法战胜严重不合理的收费结构。

全行业范围内的低收益率问题还归因于大型基金中的激励措施错位。并购

---

① 并购投资研究的样本包含巨大的幸存者偏差。样本数据来自希望吸引耶鲁大学作为投资者的公司向耶鲁大学投资办公室提供的备忘录。毋庸置疑，只有拥有成功投资记录的公司才能引起耶鲁大学的注意，从而吸引到资金。

公司通常以适中的资产管理规模开始，总规模达到数千万或数亿美元。管理费用包括间接费用以及奖励超额业绩的提成。成功的并购基金几乎总会不断扩大基金管理规模，例如，基金Ⅰ的2.5亿美元，基金Ⅱ的5亿美元，基金Ⅲ的10亿美元，基金Ⅳ的20亿美元，以及更多的资金。随着基金规模的扩大，管理费用占资产规模的百分比相对稳定，但是以美元计价的手续费收入总额在急剧上升。薪酬结构的变化会使普通合伙人的行为动机发生变化。

新设的小型基金的合伙人专注于创造投资收益。由于适度的费用包括合理的运营费用，极高的投资收益率是通往财富积累的唯一路径。卓越的收益不仅可以带来丰厚的超额收益提成，而且强劲的业绩表现也可以帮助普通合伙人后续募集到更多资金。

最终，随着基金资产管理规模的增大，手续费收入越来越成为主要的利润中心。随着手续费收入的增加，普通合伙人的行为会发生变化，重点变为保护公司的特许经营权并保持费用收入的年金特征。大型并购基金喜欢风险较低的并购，采用较低的杠杆水平。大型合伙人投入更多时间来培养和维护有限合伙人关系，即募集资金的来源（和费用）。这使得投资活动的期限更短且收益受损。

通常，历史收益数据都能显著支持大型基金收益率较低的观点。截至2003年6月30日的20年间，康桥汇世的数据显示，规模超过10亿美元资本的并购基金的年收益率为6.0%，低于并购行业整体11.5%的年收益率，也低于标准普尔500指数12.2%的年收益率。相比之下，10亿美元以下资金的年收益率为17.8%，这是一个非常突出的业绩。①

随意的观察者可能会得出肤浅的结论，即并购投资成功的关键在于集中于小型并购基金。虽然较小的基金无疑会在普通合伙人和被动的基金提供者之间提供更大的利益一致性，但仅仅选择投资小型基金的政策可能无法取得令人满意的结果。

首先，在以更高风险水平调整较小的并购基金的收益后，超额收益可能会消失。小型并购基金收购较小的公司，这些公司必然会产生更高的运营风

---

① 数据来自康桥汇世专有的在线基准计算器®。

险。在更高的财务风险上增加更大的运营风险，给小公司收购投资者带来了巨大的风险调整难度。投资者必须获得实际补偿，来应对小公司收购投资中的高风险和额外的非流动性。

其次，对于只是根据历史业绩就力挺小规模并购基金的投资者，当他们回顾时会发现自己犯下的投资错误。如果不考虑风险调整，绝对优越的收益则会吸引资金流动。由于市场参与者得出结论，小单并购的业绩会优于大单并购，因此市场上成立了大量合伙人企业作为中间市场并购交易的回应。任何可能存在的超额收益都将受到新资本和新参与者涌入的威胁。我们务必要警惕市场抹杀高额收益来源的能力。

利益一致性

并购基金的投资者会从结构性力量的推动中受益，这些力量有助于调整公司管理层和资金提供方的利益。资产负债表的高杠杆率会迫使公司管理层有效地管理资产，把资源集中在创造现金流上以满足其偿债义务。相比对违约的担忧和创造利润的重要性，对股票持有人不友好的公司的诱惑就相形见绌了。并购交易有助于协调公司管理层和投资者之间的利益。

不幸的是，收购合伙企业的投资者也会遭遇其他投资规划中遇到的诸如保荐人获取过多利润提成的一系列相似问题。利润提成安排创造了可能有利于基金运营商的行为，并让资金提供者处于不利地位。为了抵消超额收益提成的可选性，在收益和损失方面，在并购合伙人中加入保荐人的大量联合投资与此匹配，这对保持利益一致性大有帮助。

管理费用过高是大型并购基金存在的一个特别严重的问题，它使得普通合伙人与有限合伙人的利益出现偏离。在并购成功完成时，许多基金采取了一种令人震惊的方式，即另外收取交易费用。通过这种手段，基金经理以牺牲提供资本的合作伙伴的利益为代价来提高自身收益。聪明的投资者会对收交易费用的理由感到困惑。如果管理费用中已经包含了合理的公司管理费用，以及提供有吸引力的激励补偿的超额收益提成，那么交易费用会起什么作用呢？事实上，并购基金行业特别是收取数亿美元费用的大型基金，就是基金经理和投资者之间利益错位的典型例子。

市场特征

2003 年 12 月 31 日，美国杠杆收购行业掌控了大约 2 300 亿美元资本，其中约 60%投资于企业，其余部分由投资者承担，但未对外公布。截至 2003 年年底，美国已有 400 多家活跃的并购合伙企业。[①]

小结

对于短期投资者来说，并购基金是一项糟糕的投资。对于收购基金的投资，潜在的公司与公开市场对手在资产负债表风险程度和流动性程度上存在差异。较高的债务和较差的并购交易流动性会要求以较高的投资收益形式获得更高的报酬。不幸的是，对于私募股权投资者而言，近几十年来，即使在调整风险之前，并购基金的收益也低于可比的有价证券交易。

费用成本给并购投资者设置了难以逾越的障碍。除大笔的年度管理费用外，并购基金还拿走了并购利润的很大一部分，通常相当于总利润额的五分之一。除管理费用和激励薪酬外，并购经理通常还会收取交易费用。丰厚的补偿确保了并购经理的收益，而并购基金的投资者只能祈祷最好能获得丰盛晚餐后的残羹冷炙。

与依赖于优秀主动管理能力的其他形式投资一样，明智的投资者会以高度怀疑的眼光看待并购合伙人企业。除非投资者掌握了必要的资源来识别最高四分位数甚至是最高十分位数的经理人，否则几乎可以肯定所获收益是不能补偿所承受的风险的。

风险投资

风险投资合伙企业为初创公司提供了融资，也培养公司运营技能，并致

---

① 估算数值基于康桥汇世收集的数据。受控资本被定义为总合伙企业的当期资产净值加总未提取资本，所有数据仅指美国市场。

力于将公司打造成为有实质性盈利的企业。风险投资合伙企业的资金提供方会应对各种诱惑，包括支持资本主义制度的重要推动力，享受围绕风险投资行业名人的浮华，并获得创业投资活动所产生的收益。

风险投资的部分吸引力在于其个人投资的期权特征。损失下限不会超过投资的本金，收益却可以使原始股权倍增。有限的损失和无限的收益空间的结合形成了对投资者友好的正偏态收益分布。

对投资者来说，不幸的是，风险资本的承诺超出了实际。在相当长一段时间内，总风险收益可大致匹配有价证券的收益，这表明资本提供方未能获得对创业投资固有的重大风险的补偿。

历史经验告诉我们，除风险投资合伙企业中的最长期投资者之外，其他所有人都面临着逆向选择问题。通常最高水平的顶级风险投资公司会拒绝接受新投资方和资金供应，即使是当前的资金提供方，它们同样会拒绝。如果风险投资公司愿意并且能够接受新的资金来源，那么可能意味着它们眼下面临的是相对缺乏吸引力的次等投资机会。

在20世纪90年代末科技股泡沫之前，风险投资合伙企业的投资者获得的收益并不足以弥补所承担的风险。在这段辉煌岁月里，互联网狂热让风险投资者赚得了惊人财富。然而，泡沫引发的私人科技公司投资热潮为风险投资者带来了意想不到的问题。不加区别的需求使得风险投资基金的管理者能够增加管理费用收入，并获得更多的利润提成。在科技股泡沫破灭之后，风险投资合伙企业对它们的新进投资者仍设置不友好条款，甚至为合伙企业成功投资设置了更大的障碍。

虽然投资于风险投资合伙企业具有参与支持初创企业的实力和吸引力，但为风险投资行业提供资金的投资者获得的收益还不足以弥补其高风险。只有当投资者产生最高四分位数，甚至是最高十分位数的收益时，收益才足以弥补所承担的风险。

风险投资的独特诉求

1995年9月，出生于法国的伊朗移民皮埃尔·奥米迪亚（Pierre Omidyar）

开通了一个在线拍卖网站，从外部来看这是为了帮助他女朋友销售佩斯厨柜。尽管到1996年年底，业务发展得很好，并且形成了可观利润，但该公司的创始人依然决定寻求外部援助。该公司在简单运营两年后更名为易趣（eBay），奥米迪亚邀请风险投资公司——基准资本（Benchmark Capital）公司进行投资并加入董事会。一家新设立的硅谷风险投资公司向奥米迪亚的eBay投资了670万美元，估值为2 000万美元。

在获得基准资本公司的投资之后，eBay继续快速增长，这得益于由能力超凡的梅格·怀特曼（Meg Whitman）领导的全新管理团队的加盟。该公司很快就做好了拥抱黄金时代的准备。1998年9月，eBay的首次公开募股（IPO）使该公司的估值达到7亿美元。这次IPO定价后来被证实是稍纵即逝的机会。由于投资者的狂热追捧，该公司第一天的价格从每股18美元升至每股47美元，它是“有史以来上市首日涨幅排序位于第五的公司”①。到1998年9月23日收盘时，市场对eBay的估值已经超过20亿美元。基准资本公司的670万美元投资增值到4亿多美元，在一年多的时间内惊人地增长了60倍。

eBay只是刚刚开始它的火箭旅程。1999年4月，股票交易价格为每股175美元，该公司总市值突破210亿美元。为了锁定公司超额收益的一部分，基准资本公司将其部分股票派发给公司的有限合伙人。凭借最初670万美元的投资，基准资本公司的市值达到67亿美元，它对eBay的投资乘数为1 000倍，从而成为“硅谷有史以来表现最佳的风险投资公司”②。

eBay的成功远未止步，它还在继续壮大，并成为互联网公司的旗手。2002年7月22日，eBay市值达到157亿美元，并被纳入标准普尔500指数成分股，排名第104位，领先于著名的BB&T公司。BB&T公司是一家总部位于北卡罗来纳州的金融服务公司，历史悠久到可以追溯到内战时期。在2003年12月最后一个交易日，eBay的估值达到了超过410亿美元的历史最高水

① Randall E. Stross，*eBoys：The First Inside Account of Venture Capitalists at Work*（New York：Ballantine Publishing Group，2000）：182.

② Randall E. Stross，*eBoys：The First Inside Account of Venture Capitalists at Work*（New York：Ballantine Publishing Group，2000）：xv.

平，相当于基准资本公司给该公司原始投资本金的 2 000 倍以上。

每个人都赚到很多钱。eBay 创始人皮埃尔·奥米迪亚获得了无法想象的财富。梅格·怀特曼与 eBay 其他管理层和员工一起拿到天价薪酬。风险资本家和资金提供者获得了惊人的投资收益率。甚至股票持有人也获得了可观的持有收益。这就是风险资本的力量。

虽然 eBay 与风险投资世界的其他成功不同，但思科、基因泰克、亚马逊（Amazon）、星巴克（Starbucks）和英特尔（Intel）等公司都为企业家和投资者创造了巨大收益。即使是最终失败的创业公司，如@home 和 Excite. com，也曾为其财务投资者提供了获利机会，公司估值一度飙升至数十亿美元的水平，然后回落。

风险投资业绩的残酷现实

不幸的是，对于投资者而言，即便赚取了高额的风险投资收益，也并不代表在整个行业范围内都能获得可以接受的收益。在很长一段时期里，风险投资者仅能获得市场水平的收益，而其承担的风险水平明显要高得多。风险投资的承诺往往都没有兑现。

对投资者来说，风险资本的收益令人失望，即使在最狂热投机的某一高峰时期也是如此。风险经济学（Venture Economics）在其权威的《2001 年投资基准》（2001 Investment Benchmarks）报告中表示，截至 2000 年 12 月 31 日的 20 年期间，近 950 家风险投资基金创造了 19.6％的绝对收益率，每年近 20％的年化收益率确实看起来很不错。

但是，仔细考虑一下，如果没有选择进行风险资本投资，投资者在相同期限和相同规模上买入标准普尔 500 指数，那么每年 20.2％的有价证券收益率已经跑赢风险资本的复合收益率。传统的大盘普通股的投资者获得较高的收益，且风险更低。

风险投资行业的辩护者可能希望研究更短期的样本区间，这样可以让科技股泡沫爆发时段对结果形成更大影响。风险经济学所选的样本在接下来 10 年中每年的投资收益率为 29.4％，而同时期普通股的业绩为每年 23.0％。也许增量的6.4个百分点收益可以为投资初创企业的特殊风险提供足够的补偿。即便如此，增量收益其实也只是因为互联网泡沫而存在。

现在考察1996年泡沫结束期之前10年的收益。风险经济学中近600只基金的样本创造了每年15.2%的10年期收益率，这与公众市场每年14.9%的收益率形成了对照。截至1996年12月31日的10年里，对风险资本相对收益创造能力的评估要比截至2000年12月31日的10年更为合理。在所有受20世纪90年代末特殊投机性过剩影响的投资领域中，风险投资行业位居受影响最严重的名单之列。如果合伙企业的收益仅仅能达到公众市场的收益，同时考虑风险调整，那么风险投资者的损失相当惨重。

除了直观结论外，私营初创公司的投资者面临的风险要大大高于公开市场交易的大型公司的投资者。事实证明，想要更严格地定义两者的风险差异非常困难。可以这么说，风险投资者必须拿到最高四分位数或最高十分位数的收益，才能向市场证明自己取得了优异的风险调整后收益。

特许经营公司

在风险投资行业的层次结构中，只有相对较少的风险投资合伙企业占据有利地形。这个由8～10家公司组成的集团比不那么崇高的从业者更具优势。顶级风险资本家受益于特殊的交易流程、更强的谈判地位以及优越的资本市场准入。简而言之，风险资本流程的参与者——从企业家到投资银行家——都更愿意与这一小部分“特许经营公司”打交道。

在资本市场的其他任何领域，确认资金来源与其在风险投资领域的方式同等重要。考察一下债券市场，政府或公司债务的发行人是否在意其债券持有人的身份？再考虑股票市场，上市公司的管理层是否关心股票持有人的身份？在某些特殊情况下，例如在公司控制权的有争议的变更中，证券发行人可能会关心其持有人的身份。通常来说，证券发行人没有任何兴趣关心证券持有人的名称、级别和序列号。再考察一下实物资产市场。办公楼的经理、油井的经营者或林地的看护员是否关心业主的身份？在绝大多数情况下，投资者的购买资金来源对负责管理资产的个人影响很小或根本没有影响。

相比之下，风险投资支持企业的管理层非常关注资金来源。在寻求启动融资的企业家中，有一小部分人会寻求拥有强大特许经营权的风险投资公司，因为他们认为来自顶级公司的资金能提高最终成功的概率。特许经营风险投资公司的普通合伙人构成了一个真正非凡的群体，他们为董事会提供了卓越的判断力以及优秀的公司营运技能。初创公司会受益于特许经营风险资本家的智慧积累、良好的关系以及来之不易的投资见解。虑事周详的企业家通常心甘情愿并且有意识地接受对公司估值的打折，以便与选定的风险资本家达成协议。风险投资精英的声誉带来了良性循环，过往的成功投资会促成新的投资成功。

最近新进入风险投资领域的人以及拥有普通投资组合的长期投资者面临着风险投资行业独有的挑战。所有顶级风险投资合伙企业都在限制资产管理规模，目前没有顶级合伙企业愿意接受新的投资者。因此，局外人仍然在门外，这限制了新进入者和投资者希望升级投资组合的可能性。

风险投资市场的新参与者必须要考虑可用来投资新资金的风险投资公司的收益前景。显然，全行业的收益将受一些相对长期、相对较大、业绩相对较好的基金的影响。由于绝大多数投资者可利用的机会并不包括顶级风险投资公司，因此需要相应地下调预期收益水平。这个行业曾在历史上创造出类似股票投资的可观收益，即使是收益率的微小下调，也会带来很大的麻烦。无法接触到风险投资精英，使得未来风险投资者徒有抱负，含恨而终。

利益一致性

风险资本与并购基金和对冲基金之间会共享激励补偿计划，为普通合伙人创造类似期权的收益。普通合伙人深度参与共同投资是一种调节投资者利益的可靠方式，其在普通合伙人对收益和亏损的态度上创造了有益的对称性。不幸的是，在更广泛的风险投资领域，重要的普通合伙人参与共同投资只是个案情形，并不是通用规则。然而，非常有趣的是，相当数量的风险投资精英会与其有限合伙人一起，共同投入自己的大量资金。

投资成功使基金发起人能够促成普通合伙人青睐的交易条款。20 世纪 90

年代后期的科技股泡沫就是一个很好的例证。受投资者巨大需求的激发，风险投资公司用所筹集到的10倍于10年前的资金规模设立了泡沫时代的基金，从20世纪90年代通常1亿美元到1.5亿美元的规模，发展为20世纪前10年10亿美元至15亿美元的规模。随着基金管理规模的膨胀，费用收入的增加远远超过了专业人员数量的增长。伴随管理规模的大幅提高，人们开始从以间接方式收费转向创新花样来进行增收。

让有限合伙人感到更加痛苦的是，风险投资合伙企业利用投资者对所有科技领域的兴趣来收取更大份额的基金超额提成。在科技股狂热之前，风险投资公司运作在一个界限清晰的层级中，大多数公司收取20%的超额利润分成，少数有明显优势的公司可以提取25%的利润分成，而凯鹏华盈（Kleiner Perkins Caufield & Byers）作为行业翘楚，可以收取30%的利润分成。通过创造更高的利润和保有更多的份额，精英公司可以获得倍数级成长。

然而到了互联网泡沫期间，贪婪占了上风。对风险资本投资的无限需求使得普通股的利润分成比例从20%上升到25%，而优秀公司的利润提成从25%上升到30%。在一种极度无私和慷慨的行为中，凯鹏华盈原本可以把其利润分成提高到40%甚至50%，但它仍将利润分成保持在30%。凯鹏华盈的普通合伙人虽然敏锐地意识到自身的市场力量，但他们最终决定将公司利润分成保持在30%，这样才有利于公司的捐赠基金和基金会等机构投资者客户。

尽管该行业在价值增值方面的表现平庸，但在普通合伙人的支持下，面对扭曲交易条款的机会，风险投资家们仍旧泰然自若。在泡沫破灭之后，一些公司将基金规模削减到更合理的水平，这减少了过高收费的负面影响，但没有出现基金降低利润分成的情况。虽然风险投资业绩令人沮丧，但利润分配似乎只能向一个方向发展。

市场特征

2003年12月31日，美国风险投资行业掌握了约1 350亿美元的资本，其中约50%投资于公司，其余部分由投资者认筹但未使用。截至2003年年底，美国有 1 300 多家风险投资合伙企业。[①]

小结

风险投资资本吸引了众多的市场参与者，他们被投资前景驱动，沉醉于高调的创业成功的魅力，并从超高的投资收益中获益。正如 eBay 的案例所示，风险投资有时会产生令人叹为观止的结果。

不幸的是，eBay 的企业成就和股票市场的成功与常见的风险投资结果相去甚远。总体而言，风险投资者与其余市场的股票投资同行一样。从风险调整后看，绝大多数风险投资未能创造让人可以接受的风险调整后收益。

除了妨碍其他资产类别投资成功的困难外，新进入私人企业融资领域的公司还面临一个障碍。顶级风险投资合伙企业基本上不接受新资金，它们享有优惠的交易、企业家和资本市场。除了做得最久的、最成功的有限合伙人，其他人都被风险投资精英排除在外，很难获得成功。

通常风险投资行业的资金提供者会发现风险调整后收益率较低。明智的个人投资者会到其他地方寻找投资。

本章小结

非核心资产类别为投资者提供了诸多表面吸引，最终却是具有破坏性的投资选择。许多固定收益市场不具备美国政府债券无违约、完全信用和信贷义务所固有的多元化分散能力。包括信用风险、看涨期权、非流动性和外汇风险在内的因素降低了投资级公司债券、高收益债券、外国债券和资产支持证券的吸引力。其他投资选择基本上依赖主动管理能力来创造收益。只有在非常有才能（或运气极佳）的个人管理背景下，对冲基金、杠杆购买合伙企业和风险投资参与者才能成功。由于识别和聘请优秀的主动管理者存在巨大困难，谨慎的投资者会尽量避免投资于主要依赖从超越市场策略中获得收益

① 估算数值基于康桥汇世收集的数据。受控资本被定义为总合伙企业的当前资产净值加总未提取资本，所有数据仅指美国市场。

的资产类别。

非核心资产类别占投资选择范围的比重很大。经纪人积极推销固定收益基金，这些固定收益基金的收费要高于普通的政府债券。在谈论其他资产类别的吸引力时，他们会喋喋不休。华尔街推销的金融工具也允许投资者进入非有效市场。投资者需要获得绝不从众的信心，能主动无视被广泛宣传的非核心资产投资，并接受平淡但有效的核心资产投资。

第二部分

市场择时策略

市场择时交易是对明确的长期资产配置目标的短期押注行为。择时交易的投机者希望减持预期表现不佳的资产类别，增持预期表现强劲的资产类别，采取战术性的手段来提高投资组合收益。

主动管理型的市场投机者通常会遭遇失败。市场择时行为需要买卖相对较少的、通常无法分散化的头寸。时机决策关系到对大类资产估值的重大问题，迫使短期资产配置者对一系列广泛到难以想象的因素形成自己的观点。即便市场投机者通过正确的判断战胜了这种可能性，众所周知，市场的反复无常在短期内可能根本无法纠正估值偏离问题。因而严谨的投资者会避免踏入择时交易的陷阱。

有关市场时机活动的证据很少，机构投资者似乎把市场时机放在不重要的位置上。机构投资者通常在一个界定明确的投资环境中运作。个人投资者在一个定义不那么明确的环境中运作，甚至通常都无法明确表达投资组合资产配置目标。如果没有明确的目标，那么市场时机的概念也就随之失去了意义。

一些证据阐释了个人投资者对被动管理型市场择时安排的接受度，这种择时会放任资产配置随着市场涨跌而波动。更令人担忧的是，相当数量的个人投资者获得的是适得其反的业绩，结果是高买低卖。买进昨天的赢家，卖出昨天的输家，必然会损害未来的业绩表现。

避免牛市买入和熊市卖出是合理实施投资计划的第一步。第 5 章描述了一些环境因素，正是这些因素鼓励投资者以共识为导向（尽管最终会适得其反）行事。极度理性的投资者会采取进一步的行动，违背市场共识，借助买入冷门的股票、卖出热门股票的操作对投资组合实施再平衡，以达成长期投资组合目标。第 6 章为坚守资产配置目标提供了条件，同时该章提供的证据也表明似乎没有投资者会采取组合再平衡活动。

第5章

业绩追逐

人们总会选择业绩卓越的主动管理人，在制定投资决策时，深谙市场的投资者都是将市场的基本要素作为选择依据，比如基金管理人的投资能力与诚信度、公司所尊崇的投资哲学，以及公司负责人在制定决策时表现出来的认真细致和严谨的态度。然而，即便是见多识广的投资者，他们也经常会寻求持有超越市场平均表现的基金带来的愉悦感。在满足了基金管理人筛选的上述理性标准之后，大多数投资者都会格外关注其最近几年产品的业绩表现是否足够抢眼。

缺少经验的投资者并不会考察投资组合的内在特征和投资管理方式，因为这种考虑必然既复杂又花费时间，他们往往只是关注基金的历史业绩。如果投资者追逐的只是被强劲业绩伪装起来的基金，却放弃那些虽然多年来业绩并不突出但运作良好的基金，那么在未来的某一天，他们会对所选基金的表现感到非常失望。

如果掌控某个投资环境的管理人的能力并不足以战胜影响市场效率的强大力量，那么偶然因素就会在区分赢家组合和输家组合方面发挥关键作用。如果暂时忽略主动管理的高昂成本，那么等这场战斗结束以后，管理人手中所管理的资产应该有一半是可以超越市场平均收益的，另一半则会低于市场平均收益。因为特定管理人对特定股票所下的赌注会正好抵消其他主动管理人对这些股票所下的赌注，所以最后的结局要么是赢，要么是输。事实上，赢家赚得的资产数量正好等于输家损失的资产数量。投资者的基本工作开始转变为识别运气好的共同基金管理人与投资技能过硬的管理人。

有利的投资结果通常有赖于强劲的顺势而为，而不利的投资结果则是源于猛烈的逆市操作，同时期投资市场的大气候往往会盖过基金管理人的投资技能，并成为投资业绩的决定因素。如果只是通过考察历史业绩来预测未来，投资者就会追随市场热门领域里投资技术不佳的管理人，而忽视冷门领域里投资技术过硬的管理人。只有经验丰富的投资者才会找到真正具有才能的管理人，并在他管理的投资组合遭受由市场导致的短暂挫败时向其提供新的资金，这也就提高了他在长期内成功的可能性。反过来说，投资失利则成为共同基金持有人再寻常不过的经历，这是因为他们热衷于追逐热门的幸运管理人所带来的收益，并在市场到达顶峰时进行投资，这样必然会遭遇非常糟糕的相对业绩表现（可能还会有绝对业绩表现）。

均值回归是金融领域最有影响力的基本要素之一，它指出了市场具有反转的倾向。热门的股票和基金总会吸引投资者等人的眼球。投资者、基金经理、研究分析师、投资银行家、财经记者和电视界权威人士都要在这些眼下最受追捧的投资产品上花费时间、精力和注意力。利润和名声来源于市场趋势所驱动的巨大成功。价格的上涨会吸引更多的资金涌入，而这又会造成价格进一步上涨。

这种自我强化的过程使得短线投机者能够因追随潮流而短暂获利。追随潮流的人，即市场趋势的跟随者，无视基本面因素而只关注证券的市值上涨。当投机性资金流入市场时，价格的回应便是上涨，这随之会引发另一轮资金流的涌入。因此，投机者也就可以轻而易举地赚得收益。

越来越多的资金涌入快速上涨的板块，随之而来的价格上涨也为这股潮流的最终失败埋下了伏笔。市值被严重高估的证券的供应量会被放大，追随潮流的投机者提供的资金也会被消耗殆尽，这两者叠加在一起，共同为投机泡沫写好了墓志铭。在很大程度上，这与证券供应量的增加有关。公司应对股票价格过度上涨所采取的行动往往会限制投资者从股价上涨中赚取可观的收益。当股票的市场交易价格超出公司资产的公允价值时，公司的财务主管就会通过发行股票来提高公司的财务价值。由于疯狂的投机者会以超出理性水平的价格购买股票，聪明的上市公司财务主管就会积极发行新股。从全市场的角度来看，公司股票发行带来了证券供应量的增加，迎合了当时的市场需求，但也可能会引发股价的进一步上涨。

由于股票价格行情看涨会使公司的市场价值超过资产的重置成本，投资银行家会鼓动同一行业内的新公司加紧上市发行股份。企业家看到股市给予公司资产的估值高于这些资产的重置成本，也会非常乐意与华尔街合作组建新的公司。与热门股票极为接近的替代品的出现会再次分流原本用于购买热门股票的资金，这会降低人们对整个行业板块未来收益的预期。

追随潮流的问题在于，只有在它能起作用的时候它才有意义。当不可阻挡的市场力量最终逆转了这个潮流时，投机者便争相退出，除了身手最灵活的人以外，其他人的投资结局都十分令人沮丧。跟随趋势的投资者根本没有做可信的基本面分析就冲进市场，这些追随潮流的人手中没有任何信息可以帮助自己，他们无法识别出价格从下跌转为上涨这个极为重要的拐点。

互联网泡沫时期的共同基金流向

经历了一开始时的收益和随之而来的亏损，追逐业绩的投资者就像结束了一场过山车之旅，互联网泡沫正是这样的一个例子。回头来看，围绕互联网公司的股市活动很少（如果有）是由对经济前景的基本面评价驱动的。事实上，它是与价格趋势息息相关的，而主导价格走势的正是那些缺乏经验的市场参与者和愤世嫉俗的华尔街银行家。

网景（Netscape）公司的首次公开募股标志着互联网热潮的开始。在这家公司即将上市的同时，华尔街对股价和发行份额的谈判也在稳步进行中。1995年8月8日，这家公司首次发行500万股股票，幸运的投资者以每股28美元的初始发行价格成功认筹，这个价格几乎是认购人最初预测价格上限的两倍。网景公司的股票在上市首日以71美元开盘，以58.25美元收盘。华尔街公司从中赚取的费用非常可观，公开市场对内部人持有股份的估值高达数亿美元，投资者也轻而易举地赚到了钱，泡沫由此登场了。

到1997年年初，科技公司股票激发了众多市场参与者的想象力，也吸引了媒体的注意力和投资者的资金。考察泡沫期间公认的业绩最好的基金，可以帮助我们理解投资者行为。在股价疯狂上涨时期，通过对资金流向业绩好的热门基金进行评估而算得的净收益和净亏损可以让我们认识到人们追逐业绩行为带来的鲜为人知的后果。非常不幸的是，最终的结局是估值泡沫突然破裂，很多冷门基金同时遭遇撤资。事实表明，跟随潮流会对财富造成毁灭性的打击。

根据共同基金资产规模的年度资料和其业绩的年度数据分析 1999 年 12 月 31 日的前 3 年和后 3 年，我们可以看出科技公司股票的涨跌走势呈现对称性。在 1999 年 12 月 31 日之前的 3 年中，市场中的赢家创造了夺人眼球的收益。Kinetics 互联网基金以高达 119.4%的年均收益率高居榜首，上榜基金还包括名不见经传的 Munder NetNet 基金和万维网基金，以及著名的摩根士丹利科技基金和瑞士信贷全球科技基金等。如表 5.1 所示，排名在前 10 位的基金增值令人咋舌。即使是排名第 10 位的共同基金巨头——富达精选科技基金——在这 3 年内的年收益率也达到 64.6%，足足是投资者原始投入本金的 4.5 倍。

表 5.1　业绩最好的 10 只共同基金让投资者坐了过山车

基金名称	年收益率（%）			收益乘数		
	1997—1999 年	2000—2002 年	1997—2002 年	1997—1999 年	2000—2002 年	1997—2002 年
Kinetics 互联网基金	119.4	−30.5	23.5	10.56	0.34	3.55
Munder NetNet 基金	92.3	−49.1	−1.1	7.11	0.13	0.94
太平洋投资管理公司 RCM 科技基金	79.6	−32.3	10.3	5.79	0.31	1.80
瑞士信贷全球科技基金	78.3	−35.4	7.3	5.67	0.27	1.53
摩根士丹利科技基金	76.6	−40.5	2.5	5.50	0.21	1.16
Amerindo 科技基金	74.1	−50.7	−7.4	5.28	0.12	0.63

续表

基金名称	年收益率（%）			收益乘数		
	1997—1999年	2000—2002年	1997—2002年	1997—1999年	2000—2002年	1997—2002年
太平洋投资管理公司PEA创新基金	66.5	−43.2	−2.8	4.61	0.18	0.85
万维网基金	66.1	−52.8	−11.4	4.58	0.11	0.48
PBHG科技与通信基金	64.8	−50.4	−9.6	4.48	0.12	0.55
富达精选科技基金	64.6	−34.1	4.2	4.46	0.29	1.28
算术平均值	78.2	−41.9	1.5	5.80	0.21	1.27

说明：年收益率和收益乘数的算术平均值并不一致。例如，1997—2002年年均1.5%的收益率明显与1.27倍的收益乘数不对应。相比之下，各只基金以百分比计算的收益率和收益乘数则是一致的。

1997年，科技基金的开局平淡，业绩表现只能算是一般水平，恰好处于1997年晨星数据库中近9 000只基金的中游。1998—1999年，这些基金中领先者的业绩水平开始加速提升，并在业绩排位表上占据了显眼位置。1998年，它们的平均排名在全体基金中为前2%；1999年，它们的平均排名是全体基金的前1%。当然，基于它们在业绩排名表中的领先地位，这个基金组合在前3年中的百分位排名也是前1%。

3年后的形势发生了巨大变化。1999年时胜出的所有基金在业绩排名中跌至最后1/4。原本在科技基金背后的气流已经转向并变成迎面吹来的大风。2000年，先前的热门基金排名已跌至第96个百分位，这确实令人感到寒心。然而，接下来的一年也没有给投资者任何喘息的机会，它们的排名跌至第94个百分位。到2002年年底，它们的排名跌至第95个百分位。在经历了3年的幸福时光之后，随之而来的却是另外3年的灾难。

那些在1997年年初就买入一只科技基金的投资者是极其幸运的，起初他们所获得的收益简直可以说是振奋人心。截至1999年12月31日的3年间，10大科技基金的平均收益乘数足足是原始投资金额的5.8倍，复合年化收益率超过78%！

然而接下来的3年展示出来的则是悲惨的经历。截至2002年12月31日的3年间，持有业绩曾经领先的科技基金的投资者损失了原始本金的79%，年化收益率为−42%。在1997年1月1日到2002年12月31日的整整6年里，其复合年化收益率只有1.5%。

如果最终的结局是投资者冒了极大风险之后只能得到几乎可以忽略的个位数年均收益率，那么评论家们的结论可能就是，“没有危险，没有违规”。但如果仔细考察这一时期投资者的进进出出，我们就会发现事实并非如此。①

这里我们观察一下业绩领先的Kinetics互联网基金的现金流情况。1997年年初，这只基金管理的资产规模约为100 000美元。当年13%的收益率并不算高，因而它也就没有吸引到什么资金。1998年，其收益水平极为丰厚，高达196%，原因之一就是互联网热潮的兴起吸引了投资者的资金注入，其资产规模猛增到2 200万美元。投资者对科技基金的热情高涨，再加上1999年取得了216%的收益率，这些都刺激了巨额资金开始流向Kinetics互联网基金。截至1999年12月31日，在其管理下的资产规模达到惊人的12亿美元，是前一年的50倍以上。追逐业绩的行为使最大数量的资产承担了极高程度的风险。

事实证明，其他基金的发展历程与这只基金非常相似。投资者在不透明“水晶球”的引导下交易，日后业绩领先的科技基金在1997年年初的资产总规模仅为13亿美元。即使科技基金浪潮已经开始吸引市场参与者的注意力，1997年年末，排在前10名的科技基金的资产总规模也只是略微抬升到15亿美元。1998年，这些基金的平均收益率高达81%，这使得它们的资产总规模在这一年迅速膨胀至25亿美元。直到这股浪潮快结束时，投资者的行为才出现巨大的变化。在这一泡沫破裂之前，1999年182%的收益率使得投资者向其疯狂投入资金。1999年年底，前10名科技基金的资产总规模已经达到惊人的206亿美元。

在资金积累的前几年，资产管理规模增加的最主要原因在于投资业绩。如表5.2所示，1997年，资产管理规模增加了1.14亿美元，其中84%来自

---

① 有关衡量投资收益和损失的讨论，请参见附录1。

投资收益。1998 年，资产管理规模增加了 11 亿美元，其中 89%来自投资收益。只有在 1999 年，投资者的新资金注入才开始对资产的增加形成重要影响，占总体增加额的 43%，在投资大众的刺激下，资产规模总量也扩张到原来的 8 倍多。

表 5.2　投资者在互联网泡沫中追逐业绩前 10 名科技基金的资金流及投资业绩

年份	平均收益率（%）	期初资产（A，百万美元）	投资者投入资金（B，百万美元）	投资业绩（C，百万美元）	期末资产（A+B+C，百万美元）
1997	14.4	1 343	18	96	1 457
1998	81.0	1 457	116	954	2 527
1999	182.3	2 527	7 740	10 284	20 552
2000	−40.8	20 552	6 263	−11 497	15 318
2001	−40.6	15 318	−1 134	−6 378	7 805
2002	−42.0	7 805	−669	−3 330	3 807
平均值		1 343	12 334	−9 870	3 807

说明：数据来源于业绩处于前 10 名的科技基金，基金依据对 1999 年 12 月 31 日之前 3 年的业绩跟踪而确定。附录 1 描述了投资者投入资金和投资业绩的计算方法。

然而，接下来的 3 年使那些后来加入的投资者悲恸欲绝。2000 年 3 月，这一市场到达顶点，自此互联网公司投资者的悲剧便上演了。投资业绩突然变为负数，平均收益率为−41%，据估计，这使投资者资金蒸发了 115 亿美元，比前 3 年所获的累计收益还要多。值得注意的是，习惯了买跌的投资者还在继续向这些科技基金追加资金，尽管市场行情暴跌，然而还有 63 亿美元的资金在流入。

2001 年，情况发生了变化。投资者厌倦了不断下跌的股价，开始从基金中撤资。资产管理规模累计下降了 75 亿美元，其中 64 亿美元是由糟糕的业绩导致的，投资者撤出资金总量达到 11 亿美元，也就是说减少了约 15%。

2002 年，当这场灾难落幕时，投资者从基金中撤出 6.69 亿美元，投资业绩不佳又导致另外 33 亿美元资金蒸发。前 10 名科技基金的资产管理规模仅剩下 38 亿美元，还不到 2000 年春季时最高规模 266 亿美元的 15%!

投资者资金从一开始涌入业绩表现优秀的科技基金到后来撤出，表现出进场晚、离场也晚的特点，这都是非常不合时宜的。1997 年 1 月 1 日，投资者投入的初始资金金额为 13 亿美元，在接下来的 6 年中，这些基金的净投资金额总计达到 123 亿美元，累计投资高达 137 亿美元。投资净亏损消耗了投资者资产中的 99 亿美元，占投资者所投本金的 72%以上。前 10 名科技基金持有人的财富遭遇大幅缩水。

由热门转为冷门的科技基金因其一塌糊涂的投资业绩给投资者带来了巨大痛苦。基金经理对投资组合做了巨大调整，从而兑现了巨额的资本利得收益。总体来看，在这 6 年中，前 10 名科技基金所分配到的总收益高达 33 亿美元，投资者也因此交纳了巨额税款。除了投资亏损，很多投资者还要向美国政府交纳税款，因而其遭受的实际损失要更多。

收益分配的下降主要发生在 1999 年和 2000 年，即科技公司股票到达牛市顶峰的时候。资本利得收益在 2001 年蒸发了一半，并在 2002 年几乎全部消失也就不足为奇了。尽管在这场泡沫破裂之后，科技基金投资组合遭受巨大缩水，却没有一只基金宣布对资本损失进行分配。共同基金的税负在税法规定上存在的不对称性对基金投资者非常不利。基金经理所实现的收益必须分配给股东，这可能会给他们造成税收负担；相比之下，基金经理所造成的亏损则可能只够用于抵消当前或未来的收益，却不能向持有人分摊。对收益和亏损在税收政策上的不对称处理极大地伤害了投资者，因为这会迫使他们立即兑现资本利得收益，并推迟或放弃可以利用资本亏损的机会。

如果投资者观察业绩领先的科技基金对外披露的收益率，就会发现在 1997—2002 年间，它们的平均年化收益率仅为 1.5%。从表面上看，这些与时间相关的结果掩盖了投资者的严重亏损。由于追逐业绩的投资者喜欢高买低卖，据估计，在这场泡沫破裂之后，他们投入资产的 72%已经消失无踪。主动管理型的基金经理又使得投资者资产的另外 24%可能要承担税收负担。事实证明，互联网泡沫给投资者造成了巨大伤害。

业绩最好的基金吸引了最热的钱，同样又造成了最多的亏损，如表 5.3 所示。排名前 10（相对于业绩最好的 10 只）的科技基金的情况是不是有所不同呢？1997 年年初，那些注定要创造最佳业绩的基金没有一只出现在按规模排名的前 10 大基金的名单上。在这段时间，规模最大的科技基金旗下所管理的资产初始金额为 159 亿美元，在 3 年的牛市中平均年化收益率达到 47%。

现在我们都熟知的情况是，在接下来的3年熊市中这些基金的年化收益率是−33%。在这6年期间，这些基金的平均年化收益率仅为0.1%。

对资金流的分析又会让人感到无比沮丧。在投资者投入的293亿美元资金中，其中累计亏损高达114亿美元，占总本金的39%。虽然10大科技基金由于投资业绩不佳而遭受的缩水并没有像业绩最好的10只基金那么多，但由于这些基金的管理规模更大，投资者要交纳的税负也就更多。在这6年间，资本利得收益的分配已经占投资者所投本金的73%。

规模最大的基金比业绩最好的10只基金更早进入疯狂的牛市。由于已经在股票持续看涨的投资环境下操作了很多年，这些资产规模庞大的科技基金可能隐含很大的纳税义务。1997年年初，这10大基金的未实现收益为32亿美元，占其管理资产的20%以上。持有人买入这10大科技基金的同时还须纳税。毫无疑问，这会影响基金未来财富创造的前景。

对于业绩最好的前10只科技基金而言，情况只是在程度上有所不同而已。尽管在这些业绩好的基金中，有3只是没有隐含资本收益的基金，但由于它们在1996年年底就开始运作，其账面未分配利润总额仍然高达1.9亿美元，占资产规模的14%以上。

几乎所有在20世纪90年代末买入科技基金的投资者都承担了隐藏的纳税义务，这给他们带来了痛苦。接着它们在共同基金业基金经理特有的疯狂交易中兑现了隐含利润和其他随之而来的收益。大型基金投资者的投资亏损程度虽然比不上“热钱”投资者经受的痛苦，但是大型基金投资者的税收负担更重，这使两者的亏损水平相当。

表5.3　科技基金吞噬了投资者的财富（1997—2002年）

	投入资金（百万美元）	投资亏损（百万美元）	损失占比（%）	收益分配（百万美元）	分配占比（%）
业绩最好的10只基金（从1999年12月31日起）	13 677	9 870	72	3 331	24
规模最大的10只基金（从1996年12月31日起）	29 287	11 383	39	21 339	73

说明：一年的前1/3时间内的收益分配适用于前一年年底的未流通股票；一年的中间1/3时间内的收益分配适用于前一年年底和当年年底已发行股票的平均值；一年的最后1/3时间内的收益分配适用于当年年底的已发行股票。

在共同基金行业里，昨天的赢家往往会变成明日的输家。粗略考察科技类基金与时间相关的收益率情况，就可以看出这场泡沫的崩溃简直彻底吞没了之前所有的收益，而对投资者现金流的考察则能得到完全不同的结果。由于追逐以往业绩表现良好的基金，并回避今天业绩表现不佳的基金，投资者在科技基金上总共损失了数十亿美元。显然，高买低卖并不是取得投资成功的好方法。

美林证券互联网战略投资基金

在业绩追逐行为的一系列故事中包含很多个案——会由一位投资者传播给另一位投资者，由一家公司传递给另一家公司，由一只基金传导给另一只基金。在这场互联网泡沫中，最大的灾难发源于美林证券（Merrill Lynch）的内部。美林证券是一家美国中产阶级极其钟爱的最大证券经纪公司。

在看到其他投资银行都从互联网股票上赚到巨额利润，并经过一段时间的外围观察后，1999 年 2 月，美林证券聘请了备受瞩目的网络分析师亨利·布罗杰特（Henry Blodget），并决定正式加入这场角逐。布罗杰特原本希望成为一名作家，但“那个愿望只持续到我还没完成我的第一部短篇小说时”。在来美林证券工作之前，他效力于加拿大帝国商业银行/奥本海默公司（CIBC/Oppenheimer），他在那里的一项突出成就是准确预测了亚马逊公司的目标股价。① 布罗杰特这样解释他对亚马逊公司 400 美元股价的预测：“我一直在说，‘请不要再问我目标价格是多少，反正还有巨大的上涨空间’。但我这句话好像是在不停地火上浇油。”② 连布罗杰特自己都承认，他提出的这一目标价格有些离谱，但仅仅在 3 个星期后，亚马逊公司的股价就突破了 400 美元。③

---

① Thomas E. Weber, “All Star Analysts 1999 Survey: Internet,” *Wall Street Journal*, 29 June 1999.

② David Streltfield, “Analyst With A Knack for Shaking Up Net Stocks,” *Washington Post*, 2 April 2000.

③ Rabin, Murray & Frank LLP, New York: *Class Action Complaint for Violations of Federal Securities Law*, April 2003, http://securities.stanford.edu/1027/DCLK03-01/20030425_f01c_032927.pdf. 布罗杰特在加拿大帝国商业银行/奥本海默公司明确提出了亚马逊每股 400 美元的目标价，美林证券首席互联网分析师乔纳森·科恩（Jonathan Cohen）则提出了每股 50 美元的目标价。1999 年 1 月，科恩离开了美林证券。一个月后，布罗杰特接替了科恩。

布罗杰特使用的证券分析方法遵循的是一种新时代的标准。布罗杰特指出："有时候，粗略地判断估值才是对的。让视线变模糊并告诉自己，我仿佛看到了这些股票的美好未来。"①美林证券（一家向大众提供股票咨询的公司）在美国财经新闻频道（CNBC）上投放广告以争取播出时间，同时加快了买进科技公司股票的行动。

根据《华尔街日报》的报道，美林证券的资产管理部门"迟到地介入了这场网络股盛会"，因为一开始该公司保守的领导层把科技股热潮当成暂时的现象。②事实上，美林证券遭遇的尴尬是，2000 年 1 月，该公司的价值型股票和债券型共同基金中共有 12 亿美元净外流，当时正值狂热的牛市高点，公司却遭遇如此惨重的失败简直让人难以想象。③由于忽视投机性的宣传，这家经纪公司内部形成了巨大压力。在这个问题上，美林证券的经纪人与保守的领导层产生了分歧，经纪人要求公司发行一只富有活力的互联网基金。当市场处于最高点的时候，高级管理层最终在经纪人的这一要求面前做出让步。

2000 年 3 月，美林证券互联网战略投资基金开始发售，这一投资工具"主要通过投资股票来实现资本的长期增值，投资顾问认为本次发售的产品会将互联网作为其商业策略的一部分"。虽然这个投资委托范围很广，几乎没有将哪家公司排除在外，但潜在投资者清楚地看出这只基金的投资重点是在风险极高的纯互联网公司领域。为了帮助初涉技术领域的投资者，发行文件中除了定义基金持有人费用、基金年度运营费用、管理费用、分销费用和服务（账户管理）费用等基础金融术语之外，还对互联网、万维网和内联网等术语做出了定义，这些对于投资者来说都是很有帮助的。

美林证券希望在互联网概念大行其道的时候推出这只基金，于是设法在 2 周内完成了通常需要 5 周时间的发行周期。④周期缩短丝毫没有削弱该基金上

---

① Jeanne Lee, "Net Stock Frenzy," *Fortune*, 1 February 1999.

② Tom Lauricella, "Merrill's Web Fund to Log Off after Brief Life," *Wall Street Journal*, 4 May 2001.

③ "Merrill Internet Fund Attracts $1.1 Bln, Closes Mutual Funds," *Bloomberg*, 27 March 2000.

④ Patrick McGeehan, "Investing: Funds Watch; Trying to Energize an Internet Portfolio," *New York Times*, 5 March 2000.

市时的光芒。2000 年 3 月初，美林证券向 14 000 多名经纪人直播了一场视频会议，会议上的亮点是畅销书作者迈克尔·路易斯（Michael Lewis）、美林证券的亨利·布罗杰特和该公司的全球资产管理领导人杰弗里·匹克（Jeffery Peak）。在旧金山现场，基金经理保罗·米克斯（Paul Meeks）抓起麦克风大声疾呼："我们一起大干一场吧！"[①]《纽约时报》对此的评论是："这次宣传表明，新基金对美林证券是一个新起点，该公司的基金经理正在试着摆脱价值投资理念顽固派的形象。"[②]

美林证券向投资者提供了 4 种类型的份额，分别对应 4 种不同的收费方案。不同类型的基金允许投资者当期支付更多或者以后支付更多，同时每年都要支付大量费用。事实上，通过使用一系列合理假设，这只基金的募集说明书告诉人们，3 年的费用负担为总资产的 7.7%～10.4%，对于普通共同基金的运营，这种收费是非常高的。[③]

美林证券互联网战略投资基金的快速上市使该公司经纪人得以赚取丰厚的费用，再加上大众对科技类股票难以满足的极大需求，共同刺激这只基金发行时的巨大需求。2000 年 3 月 22 日，该基金以 10 亿多美元的初始资产管理规模开始操作，庞大的发行规模让美林证券赚到了数千万美元的前端费用，并很可能带来大量的经常性费用。

基金管理费用反倒成了投资者最不担忧的地方。几乎就在互联网战略基金开始入市的同时，科技类股票的泡沫宣告破裂。纵然这只互联网基金因持有超额现金（这是基金发行之初的自然结果）而受益，它的业绩仍非常糟糕。

在进行了一年多的操作后，2001 年 3 月 31 日，互联网基金的亏损已经占到资产规模的 76%，这还没算上销售费用对它的影响。而前端销售费用的负担最高达到 5.25%，这对原本就已很糟糕的基金业绩而言，简直就是雪上

① Lauricella，"Brief Life."

② Patrick McGeehan，"Trying to Energize an Internet Portfolio."

③ Merrill Lynch，*Prospectus for Merrill Lynch Internet Strategies Fund*，14 March 2000. 该费用假设投资额为 10 000 美元，年收益率为 5%。A 类和 D 类份额的最高销售费用为 5.25%。B 类和 C 类份额的最大递延销售费用分别为 4.0%和 1.0%。所有类别的份额均收取 1.0%的管理费用。B 类和 C 类份额收取 1.0%的分销费用（12b－1 费用），而 D 类份额收取 0.25%的 12b－1 费用。所有类别的份额收取 0.27%的其他费用。美林证券指出，377 家净战略基金投资者面临着不合理的组合式超高收费和不合理的经常性费用。

加霜。

除了糟糕透顶的绝对收益率，投资者的相对业绩水平也同样不佳。美林证券互联网战略投资基金的业绩比纳斯达克（NASDAQ）指数还要低14%，比美林证券自己确定的业绩基准低9%。

在对第一年的失败进行反思之后，2001年4月30日，董事会决定停止这只基金，并通过一项决议把美林证券互联网战略投资基金并入美林证券旗下另外一只业绩稍强一点的全球技术基金。董事会声称，这项合并的原因有：实现规模经济效益、增强投资组合管理的灵活性，以及使投资组合多元化。董事会没有提及的动机则包括：维持美林证券旗下的资产规模、保证公司继续有费用入账，以及抹掉美林证券互联网战略投资基金令人难堪的业绩记录追踪。

2001年10月5日，美林证券互联网战略投资基金正式消失。从它2000年春季大张旗鼓地上市到2001年秋季悄然落幕，基金持有人的损失占比高达81%，总计9亿美元。给投资者造成了损失的同时，美林证券却向客户收取了大约4 500万美元费用。

让持有人更为不幸的是，全球技术基金的规模经济效应和更强的灵活性丝毫没有改变投资者的投资结局。从合并之日起到2002年年底，持有人再次损失了32%，这就使那些坚守下来的投资者的初期收益减少了87%，真可谓损失惨重！

美林证券不合时宜地发行了这只专门投资互联网证券的共同基金，这给投资者敲响了警钟。过度投机的性质决定了投资者在估值绝对水平达到最高峰时投入最大的资金量。当然，牛市顶点的出现是由于先前持怀疑态度的投资者认输并随之加入，保守的美林证券正是作为最后一个屈服者加入的。正如一位著名的硅谷风险资本家所说，“美林证券就像一个不怀好意、无法共患难的投机者，它总是在某一趋势达到顶峰时新设立一家办事处，然后开足马力逃离”。不论极力鼓吹的是野心勃勃、态度偏激的经营者，还是像美林证券一样持中性立场的公司，理性的投资者都会避开一时的投机机会。

共同基金的广告宣传

对于风行一时的投资产品，投资者会看到一大堆宣传。在牛市行情中，到处都是广播和电视界权威人士宣扬股票投资好处的话语，报纸报道的也是在快速上涨的股市中出现的英雄人物。除了偶尔会被受公众喜爱并看涨股市的评论员拿来当作笑料，没人会关注那些措辞谨慎的言论，牛市中的怀疑论者绝对是会遭人鄙夷的。

共同基金的广告让牛市变得更加热闹。每个季度《纽约时报》都会出版一期特刊，专门刊登与基金行业相关的文章、业绩统计和广告。仔细观察在股市由牛市转熊市这一过程中《华尔街日报共同基金季度报告》（*Wall Street Journal's Mutual Funds Quarterly Review*）的内容变化，可以帮助我们了解促使投资环境形成的微妙力量，而正是这种投资环境影响了投资者的决策行为。

当股价达到高点的时候，广告的宣传力度也达到顶峰。我们来看一下2000年3月第一周出版的《华尔街日报》上所打出的广告吧！一幅牛的图片占据了整整一个版面，另一版上则是美林证券吹嘘如何对互联网题材的证券做投机交易。联合资产（Alliance Capital）建议人们“看看为什么我们是专业的选择”。德盛环球投资（Dresdner RCM）力劝人们“在这场技术革命中要及早入市以占据有利地形”。范·卡姆朋（Van Kampen）的广告则用一个历史性隐喻来推销该公司的成长型股票基金：“很久以前，人们用星星来指引方向，现在有些人仍然在这么做。”美国世纪（American Century）投资集团在宣传旗下的系列进取型股票基金时简洁地说：“如果您已拥有，那就微笑吧！如果您还没有，那就给我们打电话吧！”

两年以后，投资者的笑容早已在记忆中褪色，那些广告的语气也发生了巨大变化。洛德·阿贝特（Lord Abbett）打着“稳健”的旗帜，宁愿重复宣传一句“有约束的估值和坚守纪律的投资过程”。在被问及“股市震荡的对策”时，美国教师保险和年金协会–大学退休股票基金（TIAA-CREF）开出的药方是“夯实基础”。广告力推的产品也变了。以往的进取成长型股票型基金被市政债券基金、养老金和政府固定收益型基金所取代。

事实证明，就共同基金广告对投资者决策的影响程度而言，牛市中的广告词非常不合时宜。当股票估值达到最高点的时候，基金公司推销的是最具进取性的股票和基金。即使基金公司没能卖出在广告中大力宣传的那些基金，对牛市连篇累牍的宣传也制造了一种疯狂情绪的大环境。当投资者刚意识到逆风而行能带来特别丰厚的利润时，在广告的刺激下，他们开始将越来越多的资产投入风暴中心。

系统地分析《华尔街日报共同基金季度报告》，它表现出的特点就是来自共同基金业给出的不合时宜的投资建议。当牛市趋势变强时，这份日报的共同基金行业专版就会增加页数，也就不足为奇了。1997年第一季度，《华尔街日报共同基金季度报告》只有38页，而到了1998年、1999年和2000年的第一季度，页数已经增加到46～48页。在这场泡沫破裂后，随着股价下跌，《华尔街日报共同基金季度报告》的页数也变少了，在2001年年初下降至40页，在2002年和2003年分别降至36页和34页。

伴随股价的起伏涨跌，《华尔街日报共同基金季度报告》的特点也随市场而变化。在牛市期间，共同基金投放的广告所占版面占全部版面的40％～45％。随着股价快速下跌，2001年，这一比例下降到29％，2002年降至22％，2003年则仅为16％。在最不适宜做投资的时候，该报的发行数量也达到了最高峰值；而当股市估值朝更具吸引力的方向发展时，人们的投资金额出现显著下降。

伴随共同基金宣传力度的变化，广告词的构成也在变化。在那些突出强调某些特定大类资产的广告中，股价上涨时股票型基金的广告获得了很高的市场占有率，如表5.4所示。1997年年初，在《华尔街日报共同基金季度报告》的特定资产分类广告中，股票占比达86％；债券所占比例较少，仅为14％。股票类的广告在1997年占《华尔街日报共同基金季度报告》的86％，而在1998年和1999年分别上升至92％和97％，在2000年年初这场泡沫达到高潮时更是达到了100％。在2000年4月出版的《华尔街日报共同基金季度报告》中，甚至没有任何一则共同基金的广告提到债券型基金的投资机会。

表 5.4　基金公司将股市推向最高点：在《华尔街日报共同基金季度报告》上投放的广告

	1997 年	1998 年	1999 年	2000 年	2001 年	2002 年	2003 年
总页数（页）	38	48	46	48	40	36	34
广告占总版面的百分比（%）	45	44	43	40	29	22	16
股票占证券类广告的百分比（%）	86	92	97	100	79	79	50
公司形象广告占所有广告的百分比（%）	42	36	26	34	25	61	64
业绩广告占所有广告的百分比（%）	44	44	61	56	28	26	36

资料来源：每年 4 月第一周出版的《华尔街日报共同基金季度报告》第一季度专刊。

随着股票投资业绩下降、债券投资业绩上升，共同基金公司又忽悠着让客户采取相反的策略。2001—2002 年，股票型基金的广告减少，在特定资产分类广告中占比为 79%；2003 年，占比又减少为 50%。随着股票变得更便宜，债券变得更昂贵，共同基金行业不但没有劝投资者按兵不动，反而事后诸葛亮式地越来越多地关注固定收益市场的投资机会。

虽然共同基金公司一般通过介绍历史业绩来推销产品，但在充满活力的市场上，基金的近期业绩表现才是焦点。在 1999 年和 2000 年十分活跃的投资环境下，超过一半的共同基金广告引用了业绩的历史统计数据。而到了 2001 年和 2002 年，投资行情清淡很多，只有不到 30%的广告提到历史投资业绩。

随着熊市中不再突出强调业绩，这时公司品牌形象类的广告开始有所增加。在 2002 年年初和 2003 年年初，投资者几乎对什么投资都提不起兴趣，这时基金公司便将广告版面的 60%用于夸赞和宣传公司形象。我们可以看一下 2003 年 4 月奥本海默公司在基金发行时所打的广告：

> 今天的投资者还能够相信什么呢？有很多时刻都可以考验一位投资者的耐心和信念。在这样一个充满了不确定性的世界，大家都在极力寻

> 找某种确定性。我们无法提供所有问题的答案，任何人都不能。但我们的一些信念确实已经经受住了时间的考验，并且至今仍在指引我们。我们相信这些信念非常值得与大家共享。我们看好美国，相信我国人民的力量，相信我们的制度和美国的思想。我们相信历史，在过去100年内发生的战争、衰退和熊市之后，最终随之而来的是经济复苏和增长。我们也相信基本的投资准则：长期目标、多元化和专业投资建议。这些朴素的理念建立在极为重要的真理之上。不管我们所处的时代是最美好的还是最糟糕的，这些信念都是我们始终如一应该坚持的。①

当然，在1999年4月的牛市期，奥本海默公司将整版广告都用于宣传其主打产品成长收益型基金，广告图片上是一只带有标准普尔500指数标识的拳击手套。由于没有一只基金有拿得出手的骄人业绩供其吹嘘，奥本海默公司便故意放低姿态，泛泛地说些措辞含糊而令人愉悦的话。

《华尔街日报共同基金季度报告》的每一个观点都误导了投资大众。当某一类投资机会的吸引力下降时，相应广告语的分量反而在增加。当股价到达顶峰时，对股票的关注也登峰造极。当债券被证明对投资者的投资组合最有利的时候，报告中没有一则广告提到固定收益性质的投资。用共同基金业所打的广告作为反向指标，那简直再完美不过了。

嘉信理财公司牛市期间的投资建议

2000年4月，嘉信理财（Charles Schwab）公司耗巨资买下整版广告，用来宣传其共同基金精选目录中的基金，人们可以在嘉信理财公司的共同基金板块上购得这些基金。这些广告的主角包括一位惹人喜爱的客户莱拉尼（Leilani）以及一位魅力十足的嘉信理财公司投资专家保罗（Paul）。在《华尔街日报》的一页页广告上，莱拉尼口若悬河地说道，那些经纪商“让我觉得很容易就能掌控自己的投资”“根据我的需要为我设计了一个共同基金投资

---

① Oppenheimer Funds advertisement, *Wall Street Journal*, 7 April 2003.

组合”，并且“帮助我摸索出一套对我而言最为精妙的方法”。这则宣传分布在8页报纸上，其结论就是，“嘉信理财公司帮助莱拉尼树立了投资信心，我们也能同样帮助到您”①。

这则广告和表5.5中所列出的14只基金可能就是为组建莱拉尼的“稳健型投资组合”所挑选的一系列“业绩领先的共同基金”。为了吸引敏感的投资者，这些基金的名字中包括“创业基金”、“新兴领袖基金”、“年轻投资者基金”和“千禧年基金”的字眼。负责资产管理的基金管理公司构成了共同基金业的“名人录”，入选的有美国世纪投资集团、达运（Dreyfus）集团、华平（Warburg Pincus）投资集团、斯库德（Scudder）投资公司和联合（Federated）投资公司。

表5.5 莱拉尼“稳健型投资组合”的投资结局并不稳健

共同基金	类型	2000年3月31日之前一年的业绩（%）	2000年3月31日之后一年的业绩（%）
美国世纪国际基金	国外股票型	69.7	−32.8
马里斯科精选基金	大盘成长型	38.2	−33.3
景顺成长收益型基金	大盘成长型	42.7	−43.5
达孚新兴领袖基金	小盘成长型	54.0	−15.8
萨福科西北基金	小盘成长型	69.2	−35.4
蒙哥马利全球多空基金	国际型	125.7	−41.6
卢米斯-塞勒斯国际股票型基金	国外股票型	104.4	−42.1
史壮创业基金	中盘成长型	178.9	−51.3
伯杰信息技术基金	专业型	173.5	−63.6
瑞士信贷全球电信基金	专业型	138.3	−54.9
斯库德国际基金	国外股票型	51.6	−31.2
联合国际小企业基金	国外股票型	123.4	−48.3
自由年轻投资者基金	大盘成长型	32.8	−28.8
纽伯格伯曼千禧年基金	中盘成长型	161.9	−55.9
莱拉尼投资组合算术平均数		97.5	−41.3
标准普尔500指数		17.8	−21.7

资料来源：晨星公司；根据2000年4月10日《华尔街日报》上刊登的嘉信理财公司的广告改编。

① Charles Schwab advertisements, *Wall Street Journal*, 10 April 2000.

这14只基金的历史业绩令人赞叹。领衔的是史壮创业基金，其年化收益率为178.9%，与伯杰信息技术基金173.5%的年化收益率不相上下。在排名靠后的基金中，马里斯科精选基金以38.2%的年化收益位居倒数第二位，自由年轻投资者基金则以32.8%的年化收益率垫底。

在前文介绍的这些基金中，每只基金的历史业绩都超过了依据标准普尔500指数算得的17.8%的市场指数收益率。事实上，这组基金的平均收益率达到97.5%，高出整个市场指数收益率近80个百分点，优势极其明显。如果在1999年年初保罗就建议莱拉尼买入这组基金，那么她能够赚取丰厚利润。

但不幸的是，对受人喜爱的莱拉尼来说，保罗的大胆建议迟了一步。在嘉信理财公司打出这则广告之后的一年中，这14只基金都出现了不同程度的大幅亏损，其中达孚新兴领袖基金的持有人亏损了15.8%，这还算是亏得相对较少的。伯杰信息技术基金的持有人亏损率达到63.6%，这只基金的亏损程度要严重得多。事实上，除了达孚新兴领袖基金外，其他每只基金的下跌幅度都超过了整个市场的下跌幅度。这些基金的平均亏损率达到41.3%，大大超过了基于标准普尔500指数计算得出的21.7%的市场指数亏损率。

莱拉尼的信心和智慧早就已经被证实只是暂时性的。在保罗向她提供"在多只业绩领先的共同基金中去做挑选"的机会时，该公司就犯了一种典型错误，那就是过于强调历史业绩。[①] 嘉信理财公司并没有使用分析和决策工具来发掘未来可能胜出的基金，而只是简单地使用了吹嘘过往成功业绩的方法。结果，嘉信理财公司推荐的投资机会给投资者的投资组合造成了严重损失。

嘉信理财公司强力推荐的基金遭遇了比市场指数更为严重的亏损，这表明嘉信理财公司的投资专家虽然尽心竭力，却未能成功构建一个稳健型的投资组合。该公司认为在这14只基金中，其中有3只风险较低，3只风险适中，2只风险较高（其余6只基金的风险等级并未得到确定）。依据这种分类，这些基金的再组合理应带来波动性适中的总体收益，因为其中3只低风险基金应该可以拉低2只高风险基金造成的波动性。事实上，只有达孚新兴领袖基金的业绩在其预料之内，其亏损低于市场平均水平。其他13只基金都出现高

① Charles Schwab advertisements, *Wall Street Journal*, 10 April 2000.

于市场平均水平的风险，亏损也远远超过市场平均水平，这就表明嘉信理财公司的基金风险评估方法存在严重缺陷。嘉信理财公司显然也意识到了自己犯的错误，并最终放弃了 2000 年 4 月广告中重点宣传的基金。如果翻看一下 2003 年 4 月该公司共同基金的精选目录，就会发现 3 年前在《华尔街日报》上红极一时的基金竟然一只也没剩下。

大致考察一下美国股票型基金的管理方式，我们就可以证实嘉信理财公司是偏爱牛市的。在美国的基金中，8 只中有 5 只是成长型的，有 1 只是偏重科技股的，只有 2 只是混合型的。没有一只基金采用价值管理的方式。嘉信理财公司使得莱拉尼的稳健型投资组合变得非常激进，完全忘记了要降低对越来越高的股市估值的过度依赖。

莱拉尼虽然聘任了多位美国的股票型基金经理，但获益甚少。因为在她的投资组合中，有一些成长型基金被证实其风格是非常相似的。3 只大盘成长型基金（即马里斯科精选基金、景顺成长收益型基金和自由年轻投资者基金）及 1 只专业型科技基金（即伯杰信息技术基金）同时位居众多公司的前十大股东之列，其中有 3 只基金同时持有思科公司股份，并有 2 只基金同时持有微软（Microsoft）、甲骨文（Oracle）、易安信（EMC）、维尔软件（Veritas Software）和家得宝（The Home Depot）的股份。国内的中小盘基金更是在微软、英特尔和实用微电路（Applied Micro Circuits）公司中重复持股。在被推荐的多只基金中，持有共同的优先股份只会导致不必要的复杂性和毫无用处的重复。

考察国外大盘股票型基金（美国世纪国际基金、卢米斯-塞勒斯国际股票型基金和斯库德国际基金）可以发现，它们和国内大盘股票型基金一样缺乏多元化。互联网泡沫时期的宠儿——沃达丰（Vodaphone）和诺基亚（Nokia）都是这些基金的较大投资标的，而这 3 只基金中的 2 只早已成为北电网络（Nortel）、爱立信（Ericsson）、三星（Samsung）、西门子（Siemens）和威望迪（Vivendi）的前 10 大股东。

国外股票型基金偏爱专业通信领域。瑞士信贷全球电信基金是沃达丰和爱立信的前 10 大股东之一，这更增加了原本就已经持有该公司的国外基金数，该基金与斯库德国际基金都是 NTT 移动通信（NTT Mobile）公司的最大股东。另外，美国国内的景顺成长收益型基金也持有诺基亚的股份，这就使这些基金在诺基亚前 10 大股东的数目变为 4 只，与沃达丰的总数相同。简单看一下这些基金大量持有的股份，就会让人对挑选这些特定国际共同基金背后的理由产生怀疑。由于它们持有的是比较类似的投资组合，国外大盘股票型基金一跌再跌，最终在这场泡沫破裂时销声匿迹了。

除了存在风险评价和重复投资方面的问题之外，在资产类别多元化上嘉信理财公司也做得很差。对于应积极持有哪只基金，该公司强烈推荐了 5 只非美国的股票型基金，这些投资产生的收益可能互不相关。唉！保罗不但没有找出一组互不相同的国外基金来证明莱拉尼的投资组合中的基金是正确的选择，而且没能找到与她持有的国内基金大不相同的国外基金。成长型的国内投资组合从思科、微软和甲骨文中有所收获。莱拉尼将美国的热门股票和欧洲牛市的宠儿——沃达丰、诺基亚和爱立信组合在一起，实质上并没有达到分散风险的目的。

莱拉尼在《华尔街日报》首次亮相之后的一年里，美国国内证券的下跌幅度为：思科（79.6%），微软（48.6%），甲骨文（61.7%）；外国股票的下跌幅度为：沃达丰（44.4%），诺基亚（50.3%），爱立信（70.0%），两者看起来很相似，这令投资者非常苦恼。投资操作的雷同使这些牛股同时遭殃，也粉碎了借助外国基金使莱拉尼的投资组合达到多元化的可能。

从一个更广义的角度来看，保罗在更大程度上辜负了莱拉尼。嘉信理财公司的投资专家构建的投资组合全部由股票型基金构成，他们忘了使用将资产类别多元化的投资方法。广告忽略了固定收益类投资、房地产投资信托基金、通胀指数证券以及新兴市场股票等多元化的资产类别。任何一种投资组合，尤其是以风险中性为特点的投资组合绝对不应该只持有成长型股票。

从选择特定的某只基金到构建整个投资组合，保罗都对莱拉尼犯下了错误。一开始，保罗对每只基金的风险特征所做的评估就出了问题，而为莱拉尼的投资组合选择的投资标的也不合适。接下来，莱拉尼购买的国内和国外基金呈现出相同的成长特点，使这些投资标的过于雷同，没能使投资有效地实现多元化。最后，保罗根本就没有关注资产类别的多元化，因此，他所构建的投资组合结构也就无法抵御各种不同的市场力量。

嘉信理财公司没有给莱拉尼提供构建有效的投资组合所必需的工具。该公司非但没有“让她放下思想包袱”[①]，反而给她的钱包造成了负担。该公司推荐的基金精选名单与客户的选择范围或风险特征不匹配，导致针对特定客户的投资目标出现明显失误。

2000 年 4 月，当市场热情达到最高点时，嘉信理财公司在其发表的一篇与此相关的报道的脚注上特别标明，到 2003 年年中时，该公司改变了让投资者掏钱的方法。帕特（Pat）——一位戴着眼镜、笑容可掬、50 岁左右的嘉信理财公司的投资者——取代了招人喜爱的莱拉尼。保罗这位魅力十足的嘉信理财公司投资专家完全消失了，也许他在这家公司的某一次裁员中被炒了鱿鱼。

2003 年 6 月 6 日，《华尔街日报》的一则广告声称，“在嘉信理财公司，我们能够帮助您构建一个非常平衡的投资组合，它不仅包含股票，而且会纳入固定收益类投资产品。”[②] 这家公司为什么要改变说法呢？2000 年 3 月到 2003 年 5 月，债券的收益率为 36.0%，而股票的收益率为－32.7%。嘉信理财公司能够认识到债券的收益率比股市的收益率高出 68.7%吗？嘉信理财公司能够意识到 2002 年投资者在股票型共同基金上撤资 270 多亿美元，而在债券型共同基金上投入 1 400 多亿美元吗？嘉信理财公司也想分得一杯羹吗？

嘉信理财公司宣称自己的“建议是为了您的需要，而非获得佣金”，这话说得多少有些不厚道。[③] 这家经纪公司不但没有为大众提供服务，而且利用共同基金市场获取了丰厚利润。嘉信理财公司平时喜欢将它的共同基金——全一精选基金定位为免佣金基金。2003 年 6 月，《福布斯》（*Forbes*）杂志的一篇文章写道：“这是真的，因为有人通过嘉信理财公司购买杰纳斯（Janus）20 基金，他们与直接从杰纳斯基金公司购买的人所付的费率都是每年 0.83%。但是嘉信理财公司作为中间人，将从基金卖出方那里抽取数额不详

---

① Charles Schwab advertisements, *Wall Street Journal*, 10 April 2000.

② Charles Schwab advertisement, *Wall Street Journal*, 6 June 2003.

③ Charles Schwab advertisement, *Wall Street Journal*, 6 June 2003.

的费用，而这些费用必然会增加基金的费率。”[①] 2003 年 5 月 5 日，《华尔街日报》的一篇文章预测，嘉信理财公司的费用是资产管理规模的 0.40%，同时对每个基金账户每年还要收取 20 美元。

嘉信理财公司的收费标准让投资者望而却步。这里我们考察一下 2003 年年初该公司对除规模最大的共同基金公司之外的公司提高收费标准的后果。提高收费使一家国内最好的共同基金管理公司——东南资产管理（Southeastern Asset Management）公司被迫脱离了嘉信理财公司的业务体系。东南资产管理公司认为嘉信理财公司提高的收费是“重复且过分的”[②]。嘉信理财公司将少有的一家业绩好的主动管理公司排除在销售名单之外，它将自身的经济利益置于客户的需求之上。

嘉信理财公司给外表靓丽的莱拉尼和身材圆胖的帕特所提的建议只是鼓励读者将资产配置到历史业绩好的证券类型上。在嘉信理财公司 2000 年 4 月选用莱拉尼开展广告宣传之前，成长型股票基金的业绩使投资者跃跃欲试。而在嘉信理财公司 2003 年 6 月介绍帕特的那则广告之前，不管在其绝对收益上还是与股票相比，债券的业绩都为投资者提供了一个前景光明的投资选择。这家经纪公司“后视镜”式的投资导向在它夸耀自己提供“大多数被晨星评为四星和五星的债券型基金”[③] 之后变得更为鲜明，它吹捧的这个评级体系只使用回溯性的分析方法。嘉信理财公司强力推荐历史业绩好的资产类型和共同基金，它是在鼓励投资者追涨杀跌，但这显然不是积累财富的好方法。

业绩的表现形式

共同基金公司会使用各种伎俩来掩饰糟糕的业绩，最为极端的方式是将业绩不佳的基金合并到其他基金而让它消失无踪，还有一些更不易察觉的操纵手段。当大型共同基金公司要突出强调某些基金时，它们总会选择业绩最

---

① Neil Weinberg，“Holier than Whom?” *Forbes*，23 June 2003.

② Karen Damato，“Longleaf Leaves Schwab，” *Wall Street Journal*，2 May 2003.

③ Schwab advertisement，6 June 2003.

好的基金，而绝口不提业绩不佳的基金。如果某只基金拥有5年的出色业绩和10年的中等水平业绩，那么基金公司会采用声势浩大的广告活动来大肆宣扬这些表现强劲的基金，而弱势基金只能被遮掩在小号字体的募集说明书上。这些展示出来的数据都是经过层层筛选的，这就更增加了正在发行的共同基金的表面的诱惑力，给经验欠缺的投资者造成了一种假象。

杰纳斯用它著名的双面性在投资大众面前把自己塑造成全知全能的形象。在经济繁荣的20世纪90年代，杰纳斯拥有一系列积极成长型的共同基金，其投资策略是无懈可击的。由于持股思科、微软和诺基亚，该公司的业绩每年都高出市场平均水平很多。耀眼的投资业绩吸引了大量的资本流入，该公司的资产管理规模从1995年年底的310亿美元增至1999年年底的2 500亿美元。媒体报道指出，2000年年初，杰纳斯旗下的基金规模超过3 000亿美元并到达顶峰。

尽管杰纳斯具有双面性，但该公司显然也只能抓住牛市的收益。2000年年初，当股市开始崩溃时，杰纳斯仍集中投资大盘成长型股票，并且遭遇大量的上市公司欺诈，事实证明这对投资者而言是极其危险的。太阳微系统（Sun Microsystems）和通用电气（General Electric）由市场引发的亏损，再加上由于泰科和安然管理层渎职而导致的股价下跌，在特定的持仓亏损和公司信誉方面都给杰纳斯带来了伤害。现在我们都熟知的情形是，业绩不佳和投资者撤资导致杰纳斯的资产管理规模从顶峰时的3 000多亿美元跌至2002年年底的1 220亿美元。

在杰纳斯《1999年度公司年终报告》（Year-End Report for 1999）中，该公司披露了关于业绩的一系列数字，重点强调了3年来的收益和费用。例如，在1999年12月31日之前的3年中，该公司业绩最好的积极成长型基金年化收益率极高，达到54.5%。

尽管在2000年杰纳斯的积极成长型基金的业绩不怎么样——下跌了24.6%，但对前3年的数据追踪发现其业绩仍然为正数。让投资者感到欣慰的是，杰纳斯报告3年来的收益率为每年28.7%。

2001年，杰纳斯的麻烦在继续，其积极成长型基金亏损了29.0%，远远超过了依据标准普尔500指数计算的11.9%的市场平均亏损率。在这只基金的历史上，首次出现了过去3年期收益率为负的情况，每年的收益率为-1.7%。在该公司的《2001年度公司年终报告》(Year-End Report for 2001)中，负的3年期收益率还是占据了以往的位置。

在快进入熊市第3年的时候，杰纳斯的糟糕业绩仍在延续。2002年，它旗下的积极成长型基金又亏损了26.8%，再次超过根据标准普尔500指数算得的22.1%的亏损率。3年期年均收益率真的到了凄惨的地步——每年高达-26.8%(3年内每年26.8%的亏损相当于使1美元亏至29美分)。

面对差劲的投资结果，该公司发明了一种极富创造力的方法来解决这3年来糟糕业绩的相关数据所带来的问题。在《2002年度公司年终报告》(Year-End Report for 2002)中，原本用于报告3年期收益率的篇幅都转而变为强调5年期收益率。积极成长型基金5年期收益率是每年2.1%，这要比3年熊市期每年-26.8%的收益率看起来好很多。

意识到投资者往往追逐业绩良好的基金，而远离业绩不佳的基金，杰纳斯面临的困境就是如何描述糟糕的熊市期收益。通过将注意力从3年期的数据转到5年期的数据，该公司用正收益代替了负收益，并用良好的相对收益取代了原本不佳的相对收益。但是，发布5年期的业绩使杰纳斯的公司业绩变得模糊化，而非透明化。该公司没有向投资者展示一组连贯的数据，却只选择发布那些对自己有利的数据，企图掩饰那些糟糕的业绩。

晨星评级

大多数投资者很难有机会获得真正中立并且客观的投资建议。经纪人推荐的都是高佣金的投资产品，投资公司吹捧的是当下流行的共同基金。即使是最具职业道德的金融产品提供商，有时也会让人搞不清楚他们提供的产品哪个是对客户最有利的，哪个是为服务提供商自己创造最大利润的。而对于经常见到的骗子，他们从来不会为选择哪条路而感到困惑。

在这个充满利益冲突的荒漠上，有一家看上去独立的公司——晨星公司。

从 1985 年起，这家总部设在芝加哥的咨询公司开始为四大类资产——国内股票、国外股票、应纳税债券和市政债券提供五个等级的评级方案。该公司会给每只基金打出不同的星级，其中一颗星代表最低等级，五颗星则为最高等级。

这些年来，资产类别在不断增多，分级方法也有所改变，但五个星级的分类结构仍保持至今。1996 年，晨星公司将它评价的资产等级从原来的 4 个级别拓展到 44 个级别，分类标准也增加了，包括投资规模（大盘、中盘和小盘证券）、投资风格（价值型和成长型）、投资领域（技术和自然资源）、地理位置（欧洲、日本和拉丁美洲）以及证券类型（可转换、国际和高收益证券）。2002 年 7 月，该公司又将资产种类进一步扩展到 48 类，并改进了基金评级的计算方法。2003 年 5 月，晨星公司又新增加了 11 类资产，使资产类别总数达到 59 类。

晨星公司的评级受到投资者的关注。1999—2003 年，由它评出的四星基金和五星基金平均为共同基金带来了 106%的现金净流入。假定未参与评级的基金只有 44%的现金净流入，用简单的数学运算就可以推断出评级最高和未评级基金一共得到 150%的现金净流入。三星、两星和一星基金遭遇净赎回，净赎回资金量占现金净流入量的 50%。①

晨星公司影响力的一致性表明，迷信星级的投资者十分信任晨星公司的评级体系。如表 5.6 所示，投资者大量增持星级最高的两类基金，并大量减持三类评级较低的基金。值得注意的是，1999—2003 年，四星和五星的基金每年都有资金流入，而一星、两星和三星的基金每年都有资金流出。对于那些认为希望比经验更重要的投资者，他们把大笔资金投入零星级的基金中，结果他们购买了一些收益期限不到 3 年的基金。晨星评级对投资者的资金投向产生了极大影响，这使得四星和五星基金这些胜出者的前景被加倍看好，而其他较低星级基金的未来更加渺茫。

很显然，晨星评级体系的威力在于它能够成为投资大众做投资决策时的指南针。但不幸的是，投资者并没有从晨星公司那里获得有价值的帮助，因

① 数据来自金融研究公司（Financial Research Corporation）。

为该公司的评级体系被证明是极其可笑的。历史业绩以及对风险的衡量为晨星评级提供了便利。最初该公司对风险的定义是“收益率低于90天期的短期国库券”。根据晨星公司的定义，“如果一只基金每个月的收益率都超过这一基准水平，那么它就可以被视为无风险”①。即使是最没经验的金融学专业的新生，也不会贸然把哪只股票型基金称为无风险的。晨星公司的这一体系存在明显缺陷，其败笔就在于它只关注历史数据，只考虑定量测度，并且只使用在基本面上折中的方法来衡量风险。

表5.6 根据净流入排名：晨星的四星和五星基金控制着共同基金的资金流

（单位：10亿美元）

星级	1999年	2000年	2001年	2002年	2003年	5年平均值
0	50	134	97	74	58	83
1	−25	−8	−13	−16	−13	−15
2	−30	−32	−36	−40	−37	−35
3	−46	−95	−34	−45	−1	−44
4	11	55	27	43	85	44
5	281	158	86	115	129	154
总计	241	211	127	130	223	186

资料来源：美国金融研究公司（Financial Research Corporation）。
说明：晨星公司没有对零星级的基金进行评级，因为它们上市还不到3年。

我们可以考察一下在互联网泡沫时代晨星公司对科技基金的评级情况。1997年，科技基金的平均评级是2.1星，比倒数第三个等级的基金稍高一点。当然，依靠评级来筛选共同基金的投资者是不会被等级较低的基金所吸引的。1999年，由于科技股的业绩表现极佳，科技基金的平均星级也骤增到4.7级，距离最高等级只有一步之遥。事实上，1999年年底，在参与评级的科技基金中，有90%已达到五星，如此高的评级又将投资者的资金吸引到这些原本就已经定价过高的股票上。② 2001年，在这场泡沫崩溃之初，科技基金的平均

① Morningstar.com，“General FAQ，” 7 November 2004. http://www.morningstar.com/Help/DataFAQ.html.

② Ian McDonald，“Mutual-Fund Ratings Come Under Fire：Those Five-Star Funds Don't Necessarily Outperform their Lower-Ranking Peers，” *Wall Street Journal*，15 January 2003.

等级降至 2.4 星，再一次略低于基金市场的平均等级水平。[①] 事实证明，晨星公司对科技基金的评级是非常荒诞的。

对此，晨星公司表现出的坦率也令人侧目，它指出："收益变化无常的基金很可能会带来亏损，即便它们近期获得了一系列的成功，互联网基金便是一个很好的例子。1999 年，由于连续数月互联网基金的业绩都超过短期国库券的业绩，它们几乎没有表现出任何下跌风险，但在接下来的几年遭受了巨大损失。"[②] 晨星意识到自己的评级体系给希望低买高卖的投资者提供了错误的指导。

2002 年 7 月，晨星公司对自身的评级体系做了两处修改，以解决在科技基金的痛苦经历中暴露出来的问题。首先，该公司开始只公布对小类基金的评级结果，并使个别业绩较好的基金不再主宰某一大类基金（因为大类基金的评级已不复存在）。在新体系下，五星科技基金占专业科技基金的比重被限制在 10%，五星地产基金占专业地产类基金的比重也被限制在 10%。当然，对近 60 类基金进行评级大大降低了此评级体系对于一般使用者的排名价值。其次，晨星公司改变了衡量风险因素的方法，转而使用"基金业绩的波动，并且更加突出下跌时的业绩变化"。虽然新的风险衡量方法可能比该公司在前 17 年所使用的幼稚方法有所改进，但我们也无法评价这个改良版本，因为晨星公司认为这种风险损失的衡量方法是其"专利"。

晨星公司没能意识到过往业绩对寻找更好未来业绩的指示作用不大，该公司虽然经常尝试调整其评级体系，却没能让人们看到任何成功的希望。不断地从投资管理产品的大家庭中挑出某些小类的基金是于事无补的。当一组新的基金上升至新创立的小类基金的榜首，就会迫使星级评价体系剔除多余的、业绩好得出人意料的基金。这种星级评价体系只关注历史数据，因而只能发现在过去起作用的因素，却不能发现在未来起作用的因素。在这个拥有持续热情，但一次次遭受长久绝望的市场上，对前瞻性的投资者而言，晨星公司回溯性的业绩衡量方法毫无用处。

---

① Council of Economic Advisers, *Economic Report of the President*, 102.

② Morningstar.com, 7 November 2004.

但晨星公司至少为投资者提供了一项服务。通过计算去除前端费用和其他费用后的净收益，这种评级方式往往倾向于支持管理高效、有利于股东、免佣或者低佣的基金。晨星公司把投资者的注意力转移到成本的重要性上，即使是通过间接的方式，这也算是帮助了客户。但不幸的是，宣传眼前的低成本基金并不足以弥补推荐历史业绩好的基金带来的损害。

对晨星评级体系大张旗鼓的宣传加深了投资大众关注历史业绩的倾向，这是非常不幸的。这种纯粹的统计性和回溯性的计算对找出技高一筹的管理公司毫无帮助。但晨星公司的四星和五星评级吸引了投资者，他们将资金投向被神话了的基金。面对 20 世纪 90 年代末股市的强劲上涨势头，星级评价简直就是火上浇油，却没能使投资者免受随后的下跌带来的痛楚。理性的投资者是不会相信晨星公司这种一无是处的评级体系的。

本章小结

投资者总是受投资环境的影响，从而走上一条失败的投资之路。在股票市场到达牛市巅峰时，广告上兜售的都是股票，却只字不提可以让投资实现多元化的固定收益资产；当遭遇熊市股票下跌后，媒体大肆宣扬将持有债券作为平衡型投资组合重要组成的好处。铺天盖地的广告词都是建议投资者持有昨天的市场宠儿，而避开昨天的牺牲者。

即使是备受尊重的市场评论家，他们也过于关注投资的历史业绩。晨星公司自吹自擂的五星评级体系建立在过往的业绩数据这样一个不稳定的基土之上。但是，如果对某只共同基金的评级是四星或五星，那么这将大大影响投资者持有的共同基金的资金流向——如同《绿野仙踪》（*The Wizard of Oz*）中，一个可怜的小矮人躲在窗帘后面。

追逐业绩会给投资者带来灾难性的后果。2000 年 3 月，互联网泡沫到达顶点，在前后的 6 年时间里，很多大规模并且取得成功的科技基金基本上没有带来任何投资收益。在泡沫时期，数额惊人的收益也随着这场泡沫的破裂而烟消云散。

收益与时间的简单联系并不意味着全部情况。由于在股市的高峰期，投资者将大量资金投入科技基金，以美元计价的巨额资金消失了。不合时宜的投资导致了亏损，再加上对资本收益分配所征收的税款，科技基金的投资者遭受了巨大亏损。

理性的投资者不会随波逐流，而是以严谨的态度独立行事。这种严谨表现为：开始时，认真制定合理的投资组合目标，接着严格买卖选定的投资组合。若忠实于资产配置目标，投资者就可能经常买进已经过时的投资产品，并卖掉正在流行的投资产品，因而投资者就做出了有悖于大众做法的举动。

第6章

组合再平衡

组合再平衡是指采取切实可行的行动，确保当前所持投资组合的特征能尽量与既定资产配置目标一致。由于各类资产的市场价格会受到多种市场力量的影响而上下波动，投资组合中各种资产所占的比例也会随着市场价格的改变而波动。为了维持预设的配置目标，投资者须卖出相对增值的资产，并买入相对贬值的资产。除非投资者对投资组合进行系统性的再平衡，否则投资组合的实际风险与报酬将无法等同于理想中的投资组合。

再平衡要求投资者采取有别于世俗常规观点的操作。在正常的市场情况下，系统性的再平衡会减持表现好的资产而增持表现差的资产，这与世俗观念是相抵触的。在极端市场行情下，进行再平衡将考验投资者的勇气。突如其来的熊市行情意味着基金经理需要大量买入表现差的资产，而轰轰烈烈的牛市行情则要求管理人大量卖出表现好的资产。市场发生的剧烈变化将凸显投资者坚持信念的勇气，或者放弃信念的怯懦。

在需要进一步追加或撤出资金时，聪明的投资者会事先预见其对资产配置的影响。将新投入的资金配置到持有占比较少的资产类别，可以使投资组合趋向于预设配置，并且不用承受税务负担。与此相似，在需要将资金从超额持有的资产类别中撤出来时，投资组合也会趋向于目标配置水平。然而，对于撤出资金的投资者来说，其必须预见交易引发的税务支出问题。事实上，超额持有的资产类别通常包含已经升值的证券，由于在卖出时可能造成税务负担，因而这会使投资者心存疑虑。

在再平衡操作中，应纳税的投资者会想尽各种方法避免产生应税收益，细心的投资者会将新增的现金流配置到持有占比不足的大类资产，使投资组合的实际配置能够趋向目标水准。根据实际情况，卖出证券的损失可能抵消来自其他方面的收益，从而达到没有税负的再平衡。投资者也可能采用递延纳税账户来进行再平衡，从而消除在投资组合调整过程中产生当期纳税义务的担忧。在组合再平衡中，对税负的敏感程度发挥了重要作用。

对于维持合适的资产配置目标来说，尽管再平衡很重要，实际上却极少有投资者进行系统性的组合再平衡。近期，针对 TIAA-CREF 的基金投资者所做的一项研究表明，该基金会中的学院及大学投资者并不关心投资组合的资产配置情况。如果考虑到上述投资者的特征，我们会发现再平衡操作的欠缺程度似乎更令人感到震惊。如果连受过良好教育且经验丰富的投资者都不愿对投资组合进行系统性的再平衡，那么更不用奢望为数众多的普通投资者会去关注投资组合的资产配置了。

再平衡的心理学分析

反向操作是绝大多数投资策略成功的核心所在，然而不幸的是，对于投资者而言，人性总是渴望跟随大众来获得正向强化。“每个人都喜欢胜利者，所以没有人喜欢我”，电影《酒店》（*Cabaret*）中萨莉·鲍尔斯（Sally Bowles）所说的这一句话正是对这种世俗态度所做的最好诠释。反向投资操作要求投资者主动回避大家都在追捧的产品，接受被冷落的产品。然而现实中大多数人的做法都是截然相反的。

实际上，商业世界（相对于投资行业而言）通常是奖励主流的跟随者，执行成功的策略和抛弃失败的开局将会带来商业上的成功，向市场中的胜利者投入更多资源将为管理者创造引人注目的成果，而减少对失败者的投资则能为管理者节约更多的稀缺资源。在达尔文式的商业世界中，只有胜利才能孕育出下一个成功。

而在投资者的世界中，当下的失败会为未来的成功埋下种子。选择投资价格具有吸引力、不为人关注的产品，通常会比选择高价、受追捧的产品更能带来高额预期收益率。不受关注的资产所享有的折价会提升预期收益率水平，大家都追捧的资产则会被赋予溢价，因而也会导致预期收益率下降。

大多数投资者会因为跟随主流进行持仓而感到心安，某种程度上是因为人数众多会为自己带来安全感，可以根据大多数人的态度和行为形成某种共识。很显然，仅有少数投资者会在感到不安的情况下选择不追随主流人群来持仓。一旦绝大多数的投资者转为持有与先前相反的头寸，原来少数投资者的观点将会变成主流观点，仅有极少数的人能够一直坚持自我、不追随世俗的观点。

接受并拿住非主流的头寸，这需要坚定的信念与极大的毅力，因为朋友与熟人所谈论的投资方案与你的截然相反，媒体所推崇的世界观也与你大相径庭，经纪人也会不断地怂恿你卖掉昨天表现差的产品，并买入当下的热门产品，广告商所宣传的也是一种新的投资产品。面对这样一个看似压倒性的共识，对于众人的花言巧语，成功的反向投资者依然能够做到置若罔闻。

相反头寸的建仓仅仅是成功了一半，投资者随时会因为丧失坚守的勇气而遭遇投资失败。假设某位投资者最初避开了最热门的投资观点，然而在经过了几个月、几个季度甚至是几年之后，这位投资者因为缺乏坚定信念而向主流观点屈服了。毫无疑问，当这位投资者转向主流观点进行持仓的同时，市场的疯狂行情也将到达顶点，使其付出了代价却一无所获。因此，即使采取了反向投资策略，若无法坚持到底，依然会导致糟糕的投资结局。

再平衡是一种要求极度理性的行为。当市场发生波动时，为了维持投资组合的目标，需要卖出表现相对强劲的产品，而代之以买入表现相对弱势的产品。换句话说，自律的再平衡操作者会卖出当前热门的产品并买入冷门的产品。在市场处于常规情况时，进行再平衡仅需要适度的勇气，然而当市场发生重大变化时，想要持之以恒地做再平衡就需要极大的勇气。

1987 年股灾后的投资者行为

事实证明，当市场承受强烈压力时，想要对投资组合进行再平衡是最困难的。对于投资者而言，买入暴跌的资产或卖出暴涨的资产既是机会，也有风险。从机会的角度来看，他们能够借机实现低买高卖。从风险的角度来看，在强者恒强、弱者恒弱时，他们会无法坚持自己的信念。

1987年10月的股灾是阐释市场压力的经典案例。1987年10月19日，美国股市发生了前所未有的暴跌，用以衡量股市行情的标准普尔500指数重挫了23%，这种情况发生的概率小到几乎可以让人忽略。根据波动率的每日历史观测值，当天的下跌意味着偏离均值整整25倍标准差。直白一点地说，偏离均值25倍标准差几乎是完全不可能发生的事。[①]

这场前所未有的全球股市崩盘动摇了大众投资者对市场的信心。市场专家并不看好后市行情，并预测股票投资前景惨淡。报纸上也不断地刊载出各种坏消息（《纽约时报》的专栏将1987年10月后的股价走势图叠加在1929年10月后的股价走势图上进行对比）。在全球普遍看跌的背景下，为了使投资组合维持目标配置，做再平衡操作的投资者需要继续吃进股票。毫无疑问，在大众眼中，在此刻操作的调仓是相当鲁莽的不理智行为，事实上仅有极少数的投资者表现出开展再平衡所需要的勇气。

1987年股灾前后，各种共同基金的资产配置数据为解读个人投资者的行为提供了一些线索。值得注意的是，共同基金的总体资产配置无法完全反映家庭资产负债表的真实情况。除了持有基金，投资者还会持有其他资产，因此共同基金配置情况的变化可能会因其他资产配置渠道的变化而相互抵消或放大。尽管共同基金体系具有开放性，但是共同基金的配置变化依然可以为我们解读个人投资者的行为提供重要信息。

这里我们考察一下1987年9月底的情形，也就是股价崩盘3周前共同基金的资产配置结构。由于投资者对股票的追捧，股票型共同基金的仓位达到总资产的28%，这是多年以来的最高水平。在股票牛市的情况下，无人问津的债券仅占总资产的30%，达到1987年的最低水平。货币市场基金受冷落的程度更甚于债券，在总资产中的占比从几年前的60%下降至37%。

---

① 在正态分布下，偏离均值1倍标准差的事件发生概率为1/3，偏离均值2倍标准差的事件发生概率为1/20，偏离均值3倍标准差的事件发生概率为1/100。以1年250个交易日计算，偏离均值8倍标准差的事件要每3万亿年才会出现1次。而偏离均值25倍标准差的情形理论上是不会发生的。

如果投资者遵循的是严格自律的再平衡策略，则股市崩盘后的资产配置应与崩盘前相似。即便将1987年9月和11月的资产配置情况做一个最粗略的对比，我们也没有找到任何调仓操作的迹象。权益类资产的配置比例由28%下降至22%，几乎比2个月前下降了1/4。股市的崩盘使得人们开始转而持有债券，债券配置比例由30%上升到32%。货币市场基金被视作安全的避风港，其在共同基金资产中所占的比例由37%上升到42%。如表6.1所示，在短短两个月内，共同基金管理人大幅降低了权益类资产的配置比例，开始转战投资债券和货币市场。

表6.1　1987年股灾中共同基金管理人的应对表现糟糕：共同基金资产配置结构

	权益类资产	债券	货币市场	其他
1987年9月	28.4%	30.4%	37.1%	4.1%
1987年11月	21.9%	32.3%	42.1%	3.8%
至1987年9月*	50	18	57	

资料来源：投资公司协会（Investment Company Institute）。

说明：至1987年9月的配置反映了投资者保持股票（权益）类资产的低配以及债券和货币市场的超额配置相对于1987年9月的配置所花费的时间。

*原书数据如此，疑为50%、18%、57%。——译者注

考察共同基金资金的流入及流出情况，我们也可以找到类似线索。1987年7月，股市迎来了牛市的第5年，5年中股市上涨了将近4倍，股市的强劲表现助涨了投资者内心的贪婪之火，如同表6.2中资金流动的数据所示。在股市崩盘的前6个月中，投资者的贪婪促使股票型共同基金获得170多亿美元的资金净流入，而债券及货币市场的资金分别有约60亿美元和70多亿美元的资金净流出。然而当股市崩盘后，局势发生了变化，人们的贪婪演变为恐惧，投资者从股票型基金及债券型基金中分别抽回100多亿美元和30多亿美元。货币市场基金由于避险需求转而成为唯一的受益者，吸纳了多达290多亿美元的资金。按照在股灾前高价买入、在股灾后低价卖出的这种操作方式，投资者是无法获得令人满意的投资结果的。实际上，这些数据表明了共同基金持有人在牛市买入并在熊市卖出的行为加剧了股市崩盘带来的负面效应。

表 6.2 1987 年股灾中共同基金持有人的高买低卖操作

（单位：百万美元）

	权益类资产	债券	货币市场
股灾前 6 个月的资金流向	17 274	−5 916	−7 269
股灾后 6 个月的资金流向	−10 379	−3 029	29 025

股灾的影响使得投资者由于恐惧而过度地规避风险，并在未来几年中持续地影响了投资组合的正常运营。股灾之后，投资者踏着极为缓慢的步伐重返股市，一直到股灾发生 4 年后，共同基金资产中的股票份额才回升至股灾前的水平。而货币市场中的资产也一直到股灾发生近 5 年之后才下降至股灾前的水平。基于上述原因，在有史以来表现最强劲的一段牛市期，共同基金持有人所持有的投资组合竟然是重仓现金而轻仓股票！

投资者对互联网泡沫的反应

20 世纪 90 年代的股市泡沫导致通货膨胀和通货紧缩，在此期间，投资者在共同基金上的资产配置情况不理想。在牛市期间，共同基金投资者持续撤出配置于债券及货币市场上的资金，不断提升股票仓位。以 1993—2000 年为例，投资者的股票配置比例在 1993—1994 年约为 30%，在 1995—1997 年约为 40%，在 1998—1999 年约为 50%，在 2000 年股市达到最高点时占比超过 60%。而股票头寸的增加对应着债券头寸的减少，固定收益类资产的配置比例在 1993 年约为 30%，在 1994—1995 年下降至约 20%，在 1996—1999 年下降至约 10%，在 2000 年 3 月股市达到最高点时，债券配置比例下降至最低点，仅剩下两位数。共同基金的债券配置比例由 1993 年的 30%跌至 2000 年的 20%以下，货币市场配置比例的减少反映了债券市场的前景愈发暗淡。

1993—2000 年，伴随着共同基金的股票头寸翻了几乎一倍，债券和货币市场的头寸几乎同时下降了一半。在牛市后期，投资者以两种方式拥抱高涨的风险。第一，从基础的资产配置观点来看，股票份额的上升趋势导致了风险水平的提高。第二，从估值角度来看，股价上涨使得安全水平更加脆弱。

在2000年3月股市达到最高点时，上述活动使投资者将自己最大数量的资产置于最高风险水平之中。

当股价从高点跌落时，人们的股票持有量也在急剧减少。股票配置比例从2000年3月的60%以上逐渐减少至2003年3月的40%多。债券配置比例则逐渐好转，从2000年3月的11%上升至2003年3月的19%。而货币市场的配置比例也从2000年3月的23%上升至2003年3月的35%，达到了10年来的最高水平。面对股价下跌，即使此时股价已经便宜到格外诱人，投资者还是做出了减持股票这种有悖常理的反应。图6.1为我们描绘了这样一个悲伤的故事。

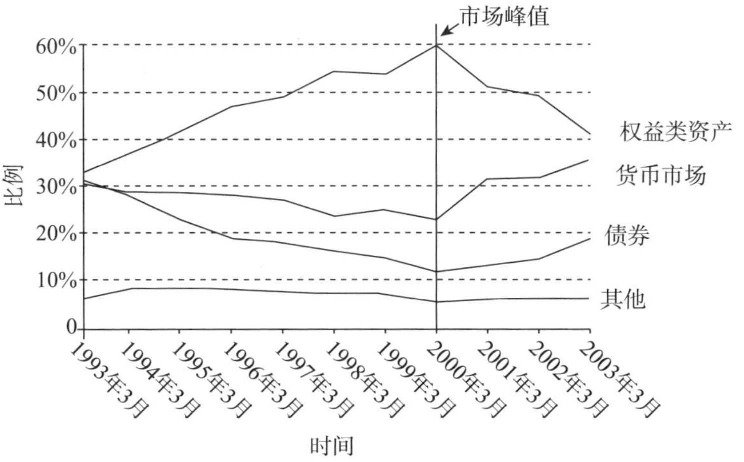

图6.1　共同基金投资者被基金资产配置泡沫所戏弄

资料来源：投资公司协会。

这里我们考察2000年3月股市达到最高点的前后3年里市场上资金流的情形。首先应该注意到的是，共同基金的资金净流入在股市达到最高点的前3年里为1.6万亿美元，而在此之后的3年里下降至1.1万亿美元。由此可见，在泡沫发生后，投资者对持有共同基金份额的兴趣明显下降。其次，值得注意的是，在这段时间，投资者的风险偏好已发生了急剧变化。在牛市的最后3年中，如表6.3所示，股票的资金流入额占共同基金资金总流入额的46%，而债券仅占10%。在接下来的3年熊市中，权益类资产与债券两者间的主次地位完全对调，债券占资金总流入额的32%，而权益类资产仅占21%。在互联网泡沫发生之前，共同基金投资者积极地以高价买入股票，在泡沫发生后他们却骤然减少购买。

表 6.3　互联网泡沫期间按资产类别划分的共同基金资金投向表明投资者并未做组合调仓

	权益类资产	债券	货币市场	其他	合计
2000 年 3 月 31 日前 3 年的资金流	729 158 百万美元	158 000 百万美元	695 080 百万美元	21 519 百万美元	1 603 756 百万美元
	45%	10%	43%	1%	
2000 年 3 月 31 日后 3 年的资金流	225 859 百万美元	351 156 百万美元	484 380 百万美元	33 083 百万美元	1 094 479 百万美元
	21%	32%	44%	3%	

资料来源：投资公司协会。

考察共同基金的现金流入情况也能印证出类似情形。相比股东对 1987 年股市崩盘的反应，投资者对 20 世纪 90 年代末股市狂热的反应要更持久和更温和。在经历了 5 年多的牛市后，1987 年 10 月，股价出现连续暴跌，投资者极度恐慌并迅速对此做出反应。与此相反，2000 年后的股价暴跌程度虽然较为缓和，随后却用了更久的时间才使股票的配置比例重返 20 世纪 80 年代和 90 年代的水平。这轮牛市的持续时间特别长，使得投资者坚信股价将会持续上涨，并且投资者发现股价在上涨之后总是会下跌，而每次逢低买入的行为总能有利可图。在 2000 年 3 月股价达到最高点位后的一段时间里，投资者仍在继续把资金投向股市，期望通过增持股票头寸来实现短期获利。然而 2002 年股票型共同基金出现的大额资金净流出数据显示，在历经几个月的失望之后，投资者最终选择了认输出局。综上所述，在出现股市泡沫和崩盘时，不论是表现如 1987 年的迅速，还是像 20 世纪初的缓慢，投资者的反应都会损害投资组合的收益水平。

个人投资者漠视投资组合的资产配置

由于难以发掘有关个人投资者资产配置的准确数据，我们很难对个人的组合再平衡行为形成更深层次的理解。2001年，在投资巨头TIAA-CREF的投资者中，约翰·阿莫里克斯（John Ameriks）及斯蒂芬·泽尔德兹（Stephen Zeldes）曾随机挑选了其中16 000位展开了一项研究，这为资产配置和再平衡策略提供了宝贵素材。① 他们使用独特的面板数据集来跟踪投资者的长期资产配置决策。TIAA-CREF主要面向教育系统的教职员工和管理人员，为他们打理固定缴款型养老金计划的一系列资产。

TIAA-CREF的投资者是受过良好教育、见多识广且有着丰富金融知识的群体。然而，即便如此，这项研究发现仅有少数投资者会对资产配置进行定期调整。在10年的观察期中，有47%的人从未对各种资产的配置做过调整，另外有21%的人仅做过一次调整。换而言之，近10年来，约70%的投资者未对新增投资资金的配置做过任何调整，即便有，也只是一些微小的变动。

事实证明，对于现有资产的配置也存在类似情况。近10年来，大约73%的投资者从未做过调仓，而有14%的人仅调整过一次。换而言之，约90%的投资者未对现有资产配置做过任何调整，即便有，也只是一些微小的变动。

很显然，TIAA-CREF管理的资产只是投资者自有投资组合的一部分。再平衡的行为可能发生在TIAA-CREF投资组合以外的资产上，而这恰好被阿莫里克斯和泽尔德兹的研究忽略了。然而，由于TIAA-CREF管理下的资产能够递延纳税，这一特点能够为调仓提供理想的操作环境，这意味着如果投资者想要进行调仓，他们必然会使用自己的TIAA-CREF账户，因此，根据阿莫里克斯及泽尔德兹提供的证据，人们不禁强烈怀疑绝大多数的投资者并未进行再平衡。

缺少调仓操作说明投资者任由市场波动决定自己的投资组合。投资专家马丁·莱博维兹（Marty Leibowitz）和布莱特·哈蒙德（Brett Hammond）发表的一篇论文中的数据，如图6.2所示，展示了TIAA-CREF投资者的资

---

① John Ameriks and Stephen Zeldes, "How Do Household Portfolio Shares Vary with Age?" Working Paper (New York: TIAA-CREF Institute).

产配置变化情况。[1] 20 世纪 90 年代初，TIAA-CREF 的投资者刚开始投资时分配到股票和固定收益产品上的资金数额大致持平。20 世纪 90 年代，股票的牛市提高了股票份额在投资组合中的比例。1999 年，固定收益产品在总资产中的占比下降至约 30%的最低点，而股票占比达到约 65%的最高点。很显然，TIAA-CREF 的投资者任由市场波动决定其资产配置。结果在股票头寸市值随着市场到达最高点时，投资者也恰好在最敏感的时期将自己置身于最大的危险之中。

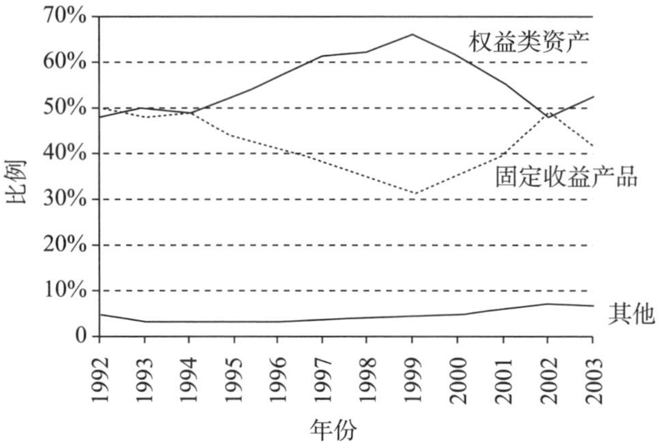

图 6.2　投资者任由市场波动决定其资产配置

资料来源：Martin L. Leibowitz and P. Brett Hammond，"The Changing Mosaic of Investment Patterns，" *Journal of Portfolio Management* 30，no. 3 (Spring 2004).

说明：数据反映截至 12 月 31 日的分配。

随着股市风光不再，紧随而来的熊市对股票头寸造成了沉重打击，TIAA-CREF 的投资者也因此承受了巨大痛苦。然而在 1999—2002 年，在整体配置中，股票的占比由债券的两倍以上逐渐回到与 20 世纪 90 年代初大致相同的水平。由此可见，在股市高点过后，投资者依旧任由市场支配其资产配置。TIAA-CREF 的投资者并没有从 20 世纪 90 年代的经历中吸取任何教训，在 2003 年股市复苏之后，他们再次增持了自己的股票头寸，而这又为下一次的过山车之旅奠定了基础。市场力量使 TIAA-CREF 的投资者始终处在风口浪尖上。

---

① Martin L. Leibowitz and P. Brett Hammond，"The Changing Mosaic of Investment Patterns，" *Journal of Portfolio Management* 30，no. 3 (Spring 2004).

再平衡对收益与风险的好处

当市场出现过度波动时，执行再平衡操作能够提高投资组合的收益。根据耶鲁大学经济学家罗伯特·希勒的定义，市场价格的波动能够反映公司利润和利率等证券价值基本面驱动因素的变化，而过度波动这种现象是指市场价格波动过大，超出了合理水平。由于股价往往围绕着真实价值上下波动，过度波动使得进行系统性调仓的投资者可以实现低买（在股价相对下跌时）和高卖（在股价相对上涨时）。

这里我们考察1992年年底到2002年年底TIAA-CREF投资者的情况。在这段时期中，一开始配置在固定收益产品和股票上的资金大抵相当，当出现股票牛市后，差异出现了，而到2002年年底，两者的配置比例又恢复到大致相同的水平。为了证实TIAA-CREF的投资者任由市场波动决定其资产配置，我们将他们每年股票及债券的真实组合情况与未采取再平衡的投资组合中股票及债券的组合情况做比较。未采取再平衡的投资组合于1992年年底建立，在TIAA-CREF最初的资产配置中，股票占比为49%，固定收益产品占比为51%。在研究的这10年期间，未采取再平衡的投资组合的操作是完全任其发展的，即每种资产类别的增减完全取决于各自的业绩。表6.4显示，TIAA-CREF真实的资产配置能反映出未采取再平衡的资产配置情况。在这10年中，这两种投资组合的资产配置有3年是相同的。其中，有3年只有1个百分点的差异，另外有3年出现了2个百分点的差异，剩下的1年则有3个百分点的差异。TIAA-CREF投资者的资产配置情况与未采取再平衡的投资组合极为类似，这充分说明了TIAA-CREF的投资者并未对投资组合做调仓。

假设这些参与者转而决定要做调仓操作，而不是放任市场决定资产配置。对一个由51%的固定收益产品和49%的股票组成的投资组合每年进行再平衡，将会得到很有意思的结果。首先，也是最重要的一点，做了调仓的投资组合能降低资产配置的逐年变化，也因此减少了风险特征的变化。其次，采取再平衡的投资组合能够创造更多财富。对于任由市场波动改变资产配置的投资者及主动采取再平衡的投资者而言，虽然在 1992 年 12 月两者的资产配置结构大致相同，到 2002 年 12 月结束时配置格局也相差无几，然而主动进行调仓的投资者实现了低买高卖，赚取了高收益的同时降低了组合风险。

采取再平衡最主要的目的是获取期望的投资组合特征。与未采取再平衡投资组合出现的大幅波动相反，采取再平衡的投资组合能够形成一个更稳定的结果。如表 6.4 所示，未采取再平衡的投资组合如同兔子一样快速增长，其财富乘数在 1999 年达到最大值 2.59；与此同时，采取再平衡的投资组合的增速如同乌龟一样，财富乘数仅为 2.4。然而，未采取再平衡的投资组合在财富快速膨胀的同时形成了更高的风险。1999 年年底，未采取再平衡的投资组合中持有占比高达 70%的股票份额，因此，受到股票熊市打击的痛苦更为严重，2002 年年底，其财富乘数由原先的 2.59 降到 2.19；而采取再平衡的投资组合所承受的伤害相对较小，财富乘数仅由 1999 年年底的 2.4 降至 2002 年年底的 2.29。

表 6.4 再平衡策略平滑了市场周期

	投资组合的资产配置结构			未采取再平衡的投资组合			采取再平衡的投资组合		
	权益类资产	固定收益产品	财富乘数	权益类资产	固定收益产品	财富乘数	权益类资产	固定收益产品	财富乘数
1992	49%	51%	1.00	49%	51%	1.00	49%	51%	1.00
1993	51%	49%	1.11	49%	51%	1.11	49%	51%	1.11
1994	50%	50%	1.09	50%	50%	1.09	49%	51%	1.09
1995	55%	45%	1.39	54%	46%	1.39	49%	51%	1.39
1996	58%	42%	1.57	58%	42%	1.57	49%	51%	1.55
1997	62%	38%	1.92	62%	38%	1.91	49%	51%	1.87
1998	64%	36%	2.27	65%	35%	2.26	49%	51%	2.18
1999	68%	32%	2.60	70%	30%	2.59	49%	51%	2.40
2000	64%	36%	2.52	65%	35%	2.50	49%	51%	2.44
2001	58%	42%	2.41	60%	40%	2.39	49%	51%	2.40
2002	49%	51%	2.23	52%	48%	2.19	49%	51%	2.29

资料来源：TIAA-CREF。

说明：未采取再平衡的投资组合与采取再平衡的投资组合由作者计算而得。

最终，采取再平衡的投资组合获得了更高而且更稳定的收益。在这10年中，采取再平衡的投资组合获得了8.6%的年化收益率和2.29的财富乘数；而未采取再平衡的投资组合获得了8.2%的年化收益率和2.19的财富乘数。TIAA-CREF投资者的资产配置则获得了8.4%的年化收益率和2.23的财富乘数。采取再平衡使投资者能够以较低风险赚取较高收益，如同《伊索寓言》（*Aesop's Fables*）里的故事，再平衡这只“乌龟”战胜了不遵守纪律的“兔子”。

当证券价格出现过度波动时，即使是被动地对投资组合进行再平衡，只要在开始和结束时投资组合的配置情况能够恰好相等，那么就能明显体现出再平衡对收益的好处。在TIAA-CREF的案例中，由于在开始及结束时的资产配置比例完全相同，再平衡策略对风险控制和提高收益率的效力得以彰显。

与TIAA-CREF的案例不同，未采取再平衡的投资组合通常取得比采取再平衡投资组合更高的收益。假设高预期收益率的资产确实能够带来高收益，那么我们来评估一下以市场力量决定资产组合配置的意义。随着时间的推移，未采取再平衡的投资组合中高收益资产类别的份额会逐渐增加，并带来更高的投资组合收益以及更多的财富。如果高预期收益率资产确实能够创造更高收益，那么尽管需要承受更高的风险水平，未采取再平衡的投资组合依然能达成卓越的投资收益。

对于投资组合的管理而言，接受风险水平不断变化的未采取再平衡的投资组合其实是完全不理性的做法。如果投资者对投资组合中包含68%的股票所带来的风险感到合理——如同1999年TIAA-CREF投资者的资产配置情况，那么他们早就应该将股票头寸提高至这个水平，并在股票上获得更高的收益。如果在整段期间，投资者能够维持高比例的股票份额且持续调仓，那么即使在这之后承受了熊市带来的不幸后果，他们依然会获得2.33的财富乘数。任由投资组合的风险状况跟随市场的涨停起伏而变化是毫无意义的。如果投资者选择维持固定的风险水平，那么系统性地卖出股票及自律性地买入股票均可以使其分别在1994—1999年的牛市高点及2000—2002年的熊市低估值中获益，因此，理性的投资者会选择采取再平衡。

调仓行为可以平滑投资组合因股票市场波动造成的变化。在股票相对债券升值时，认真执行调仓的投资者会卖出股票，并买入债券来使资产配置恢复至目标水平；相反地，当债券相对股票升值时，采取再平衡的投资者会卖出债券并买入股票。在 20 世纪 90 年代牛市期间，再平衡投资者必须卖出快速上涨的股票，并买入上涨相对缓慢的债券。从 2000 年的股市高点来看，由于必须按部就班地卖出股票，因此，在 20 世纪 90 年代进行再平衡会拉低收益水平。

然而从 2002 年泡沫破灭后的情况看，当初对风险的控制反而被证明是有利可图的。由于股票熊市无情地打压了股票投资组合的市值，因此，采取再平衡的投资组合的表现还是要远优于任由市场决定资产配置的投资组合。尽管调仓行为在短期内可能需要付出不菲的代价，然而通过维持目标资产配置结构，投资者在获得期望风险水平的同时也为长期的成功奠定了基础。

实时再平衡

经常性的再平衡操作能使投资者在特定的水平上维持风险程度，并从证券价格过度波动所创造的机会中获益。此外，由于再平衡的交易操作通常顺应了市场需求，因此，实时再平衡的成本往往更低。常规性开展调仓的投资者会在下跌时立刻买进，并在上涨时立刻卖出，这两种操作都为奉行与此相反且采取主流投资方法的交易者提供流动性。虽然只有很少的投资者会投入时间和资源进行实时再平衡，但是，如果能看到坚决执行再平衡带来的好处，也就不难理解这一策略的价值所在。

这里我们介绍一下耶鲁大学的再平衡操作。耶鲁大学具有大多数投资者不具备的优势，其名下的捐赠基金是享有免税资格的，因此，即使交易再怎么频繁，也不会因为实现资本利得而造成不利的税收支出。此外，每天都有一支由经验丰富的投资专家组成的团队在管理这些资金，为进行集约化管理的职员提供支持。耶鲁大学具有的特殊税收政策和专业投资团队使其可以实时地进行再平衡活动。

截至 2003 年 6 月 30 日的会计年度中，耶鲁大学的交易活动为我们了解再平衡收益的潜在规模提供了进一步的信息。在这一年中，美国股市的威尔逊5000指数的总收益率为1.3%，对资产配置进行年度审视的投资者可能不大会对国内股票头寸进行再平衡（除非其他资产类别的收益使得国内股票的配置比例发生显著变化）。实际上，在该会计年度中，耶鲁大学总体投资组合的收益率约为8.8%，这表明投资组合配置需要合理的稳定性，并且最好每年都适度地进行再平衡。

从耶鲁大学2003会计年度来看，股市表面看似波澜不惊，真实情形却是暗流涌动。2003会计年度的年初出现股灾；7月威尔逊5000指数跌幅超过18%；随后股市反弹，8月下旬行情几乎收复至7月的峰值，收益率大于19%；股市在达到8月的高点后再次回落，到10月9日时下跌已经超过19%，达到本会计年度的最低点。这些隐藏的暗流持续地搅动股市，在11月股市上涨了21%，随后的3月下跌了14%，而6月中旬的一股强劲力量将市场拉升了近27%，达到了本会计年度的最高点，接下来在这一会计年度的年底，股市回落至年初的水平。

股市的起起伏伏为投资者提供了许多执行再平衡交易的机会。每一次的大幅下跌和大幅上涨都使投资者得以在低点买入和高点卖出。从耶鲁大学2003会计年度中可以看出，其再平衡操作创造了大量能够获利的交易。

当然，在每个交易日，耶鲁大学都会核算捐赠基金中每个组成部分的市值。当有价证券（国内股票、国外发达市场股票、新兴市场股票及固定收益产品）偏离了资产配置的目标水准时，耶鲁大学的投资部门就会采取行动将资产配置恢复至目标水平。在2003会计年度中，耶鲁大学操作了总成交金额约38亿美元的调仓交易，其中买入及卖出的金额大致相等。由于调仓操作所获得的净利润约有2 600万美元，这意味着比总价16亿美元的国内股票投资组合所创造的收益要多出1.6%。

即使对于投资者个人，再平衡收益也是一笔不错的额外收入，然而采取再平衡的根本动机是使投资者坚持长期政策目标。在某些经过精心设计的基准投资组合中，再平衡能够使投资组合维持在预期的风险水平。在创造收益的同时控制风险水平，因此，也意味着这是一个无懈可击的投资组合。

只有少数机构投资者和为数更少的个人投资者会每天对投资组合进行再平衡。然而，无论再平衡的频率如何，坚持资产配置目标既是风险控制的重要手段，也是提振收益率的有效工具。思虑缜密的投资者会选择使用再平衡策略来追求达成资产配置的政策目标。

本章小结

在管理投资组合的过程中，根据投资政策长远目标来实施再平衡发挥着核心作用。除非投资者愿意采取行动增持持有不足的资产及减持过度持有的资产，否则实际投资组合的特征必将偏离设定的目标投资组合，并且投资者得到的将是偏离预期的风险和收益曲线。因此，稳健的投资者会实施再平衡。

当把再平衡视为管理投资组合的重要手段时，聪明的投资者会密切关注再平衡中涉及的税负影响。利用延税账户进行再平衡，或者将新增的现金流配置于持有较少的资产类别可以帮助投资者达成投资组合预设目标，而且不用承担纳税义务。如果调仓操作会带来不利的税负影响，那么投资者必须在确定的税收支出成本和不确定的投资组合收益两者之间进行权衡。通常，为了避免实现利得而产生税负，投资者会允许投资组合适度偏离最初的配置目标。

再平衡迫使投资者采取与大多数人背道而驰的行动。当某一种资产类别的表现相对不佳时，再平衡要求对其进行修正性买入；而当某一种资产类别的表现相对较好时，再平衡要求对其进行修正性卖出。在常态的市场中，进行再平衡的投资者显得有些特立独行，与世俗观点稍微有些不同。

在严峻的市场压力下，进行再平衡毫无疑问是相当引人注目的。当市场崩盘时，投资者要在弥漫看空情绪的环境下大举买入；当市场充满泡沫时，投资者要在充斥狂热看涨情绪的氛围中大量卖出。在极端的市场行情里，开展调仓的投资者必须表现出异于常人的决心和坚毅！

尽管再平衡是有效管理投资组合的核心，但是大多数投资者对这一过程表现出的依然是无动于衷。有证据表明，最好的情况是，投资者放任投资组合市值随市场起伏涨跌而变化，当某类资产的表现抢眼时予以减仓，同时对表现弱势的资产进行加仓；而最糟的情况则是投资者任性而为，跑去追逐业绩突出的产品，并抛掉当期业绩不佳的产品。高买低卖绝对不是成功投资的良策。

再平衡的主要目的是使投资者坚持长期的政策性资产配置目标，它还拥有当市场出现过度波动时提振收益率的能力。如果证券价格波动远超过市场基本面变动所能支持的价格水平的变动，那么投资者可以利用这个机会实现低买高卖，借此提高投资组合的整体收益。

在对投资组合进行季度、半年度或年度分析时，聪明的投资者会考虑采取再平衡时所需的条件及机会。条件源自因市场诱导而形成的资产配置变化。机会则源自税负的形成、采用延税账户进行交易及对现金流的配置。利用一切可用的机会向目标资产配置靠拢，投资者就能让投资组合实现长期投资目标。

第三部分

证券选择策略

在有价证券投资组合的主动管理上，个人投资者既没有时间也没有资源，因此他们很难成功。而富有经验的机构投资者则主宰着有价证券市场，它们积极竞争，试图发掘出一种稀缺的证券，这种证券经风险调整后有望获得超额收益。试图与资源丰富的投资机构竞争的个人投资者最后只是为大型机构的大炮充当了炮灰。

当个人参与证券选择博弈时，他们会意识到，个人投资者其实是在参加一场毫无希望的不公平竞争。“如果你不能打败他们，那就加入他们吧”——这句话代表着一种传统的反应模式。中等规模的投资者则希望共同基金投资能够收费合理、提供机构级别水平的专业投资管理服务，从而达到公平竞争。遗憾的是，个人投资者的愿望仍无法实现。

共同基金公司行业始终未能达到提供高于市场收益水平这一主动管理的基本目标。一项结构严谨的学术研究曾做出保守估计，10～20 年期的税前失败率为 78%～95%，税后失败率为 86%～96%。① 这还没有考虑已清盘公司的影响，也就是所谓的幸存者偏差，这给结论蒙上了另一层悲观色彩。华尔街收取的销售费用进一步降低了成功的机会。投资者对共同基金持仓的频繁交易为方程式增加了一个额外的赔率放大因素。最后，正如第 7 章“营利性共同基金的业绩亏损”所述，投资者不可能战胜主动管理。

共同基金行业无法创造具有吸引力的投资业绩的原因是受托人和投资者之间存在内在冲突。服务于投资者利益和自己赚钱之间的竞争甚至都没开始，基金公司的盈利冲动便如脱缰之马，势不可当。

冲突的关键在于共同基金投资者作为委托人与共同基金管理人作为代理人的目标之间的分歧。投资者受益于低费用、低税收（与投资组合低换手率相关），以及公平、透明的安排。基金管理人则从高费用、高投资组合换手率（与高税收有关），以及不公平、不透明的安排中获利。

费用的存在拉大了投资者期望收益率与现实业绩之间的差距。共同基金行业按照分类收取费用，包括前端收费、或有递延销售费用、常规的管理费、

---

① Robert D. Arnott, Andrew L. Berkin, and Jia Ye, “How Well Have Taxable Investors Been Served in the 1980s and 1990s?” *Journal of Portfolio Management* 26, no. 4 (Summer 2000).

分销费和市场营销评估费以及激励性奖金。实际上，支付给共同基金经理的佣金总额就注定了投资者无法取得高于市场水平的业绩。

投资组合换手率是伤害业绩的一个重要原因。换手率的直接成本来自所支付的佣金和形成的市场冲击，间接成本则与实现的资本利得所应付的税金有关。在一个以应税账户为主的行业中，投资组合经理完全无视共同基金投资组合高换手率所导致的税负后果，这造成一个鲜为人知的丑闻。

即便是指数基金的投资者也需要关注投资组合换手率的影响。构建合理的指数，比如标准普尔500指数和威尔逊5000指数，表现出较低的执行成本和较高的节税效率。结构不合理的指数，如罗素1000指数和罗素2000指数，则表现出较高的执行成本和较低的节税效率。

2002年，主动管理成本占资产管理规模的2.35%（取中位数数值），其中包括1.5%的管理费用和0.85%的交易成本。2002年，共同基金的成本高于2%，这与一项已经完成的极为扎实的学术研究中所描述的20年样本期、每年2%以上的业绩亏损比较吻合。第8章“共同基金失败的外在原因”总结了在非常高效的证券市场中，共同基金经理的亏损金额取决于参与博弈所花费的成本。

并不是共同基金投资失败的所有原因都直接摆在投资者眼前。虽然一些暗箱操作有助于提升共同基金行业的收益率，却会直接伤害投资者的利益。

付费才能入围的游戏规则引发了超出普通投资者视线范围的滥用策略。为了巩固这样一个邪恶联盟，在知道自己只要支付费用就可以让自身产品在推销中获得优先地位时，共同基金管理公司就开始向金融服务中介机构支付费用。结果，投资者最终买到的只是对经纪人有好处的基金，而不是适合自己的基金。

滞后价格交易通过吸引经验丰富的参与者（尽管其在道德上会受人质疑）投入大笔资金，给共同基金行业带来了好处。滞后价格交易者也称为市场定时器，通过将产生费用的资产带到明面上，提升了共同基金管理公司的底线，来争取共同基金经理的合作。择时交易者的获利则是以小规模投资者的直接成本为代价的。

随着21世纪初共同基金行业丑闻的曝光，行业利益代言人竭力把铺天盖地报道的现象描述为个案，坚称共同基金行业的历史是清白无瑕的。真相并非如此。事实上，滞后定价的问题从行业早期就开始困扰着共同基金。问题识别滞后和无效的监管应对反复出现，整个行业从20世纪20年代开始适应，并一直持续到今天。事实证明，监管机构无法对抗那些唯利是图的江湖骗子。

软美元交易是投资界的邪恶力量，我们应该找到一个更加严厉的词，来描述其吃回扣的可憎、可耻的面目。在最简单的形式中，软美元交易包括为证券交易付出了高于单纯执行交易的行业佣金水平，交易方收到购买投资相关商品和服务的软美元费用资金。最初，软美元被设计为规避华尔街1975年5月前一直存在的固定交易佣金制度的方式，后来逐渐变成将成本从投资基金经理转嫁到客户身上的罪恶手段。具有讽刺意味的是，美国证券交易委员会不但没有打击软美元，反而创建了一个安全的机制，去保护奉行这种对投资者充满敌意做法的投资公司。

共同基金行业采用各种不透明的做法来限制投资者的选择，并减少投资者的收益。第9章“共同基金业绩不佳的深层原因”描述了盈利能力的提高、投资者的损失行为、固定价格的市场时机选择和软美元交易。

尽管做到成功拒绝主动管理的可能性非常大，但只有少数的几家共同基金公司已经做好了创造高于市场收益的准备。基金经理最需要具备的品质是严格忠实于投资者利益，这甚至需要以牺牲投资管理公司的利润为代价。事实证明，在识别一流的高质量基金经理时，定性特征远远比定量特征更重要。

选择一个超越代理人角色的基金经理作为委托人，是赢得主动管理游戏的最基本要求。由于以这个准则为导向会要求共同基金经理放弃利润形式的投资收益，因此符合要求的人相对较少。在以盈利为目的的投资管理行业，能忠实于受托责任是一种稀缺的品质。

几乎没有哪个个人投资者能掌握必要的资源并享有获得必要信息的途径，来对共同基金投资组合管理人员的素质和品格做出批判性判断。具有讽刺意味的是，投资者可能会找到某只有吸引力的共同基金，结果却发现，基金管理人已经采取了某项投资者的资产规模限制措施，对新投资者关闭了该基金的申请。第 10 章“决胜主动管理”讲述了市场上流行的筛选能够战胜市场的基金经理活动中，只存在昙花一现的机会。

交易所交易基金（ETF），即在证券交易所交易的开放式共同基金，为希望实施被动管理投资计划的投资者提供了一个非常具有吸引力的选择。交易所交易基金承诺可以实时定价，享有优越的节税效率，但必须与经纪行业打交道才能购买和销售。在指数型相关产品占据主流的情况下，交易所交易基金市场中包含的理性投资工具取得成功的概率要远远高于传统型的共同基金市场。随着交易所交易基金越来越受欢迎，华尔街通过创造更多功能变异的、收费高昂的产品来迎合市场需求。第 11 章“另类选择——交易所交易基金”描绘了交易所交易基金的前景，概述了其潜在投资组合的应用价值。

第7章

营利性共同基金的业绩亏损

作为不断增加个人投资者储蓄的投资工具，共同基金发挥着重要作用。近几十年来，居民家庭资产购买共同基金的份额已从很少的一部分，发展到了相当庞大的程度。在提供退休收入方面，共同基金发挥了关键作用，从原来由公司主导投资的固定收益型养老金计划，开始转向由个人主导的固定缴款型养老金计划，共同基金在投资领域已经占据了空前重要的地位。

传统观念认为，散户最成功的做法就是把资金委托给对共同基金进行主动管理的专业投资人士，而不要试图靠自己挑选证券构造投资组合与经验更为丰富的市场专业人士竞争。共同基金投资的倡导者则认为，共同基金的持有人如果与志趣相投的投资者共同购买基金，将有机会拿到超越市场平均水平的投资收益，而这是中小投资者个人所无法得到的。将成千上万的个人账户组合起来，可以实现规模经济，并使每个参与者从中受益。

事实证明，传统观念并不正确，主动管理型共同基金从始至终未能为持有人带来更高的收益，其税前收益率水平比跟踪市场的被动管理型的基金要少很多。税收支出的存在使得主动管理型投资组合产生了更严重的亏损。如果加上销售费用，主动管理型共同基金的失败将会达到令人震惊的程度。归根到底，主动管理型基金只会给基金管理公司带来好处，并没有给持有人带来好处，在基金管理公司获利的同时，持有人却遭受了损失。

总体背景

共同基金控制着美国金融资产的很大一部分。投资公司协会（Investment

Company Institute）是管理共同基金行业基金交易的组织，根据该协会的估计，2003 年共同基金将大约 22%的资产投资于国内股票，剩下的 78%则投资于退休基金、保险公司、捐赠基金和家庭中。股票以 50%的份额主导着共同基金投资组合，紧随其后的是货币市场基金（28%）、债券型基金（17%）和混合型基金（6%）。总体看来，8 126 只共同基金下有 2.61 亿个账户，总资产大约价值 7.4 万亿美元。[1] 核心指数基金的份额增加情况如图 7.1 所示。

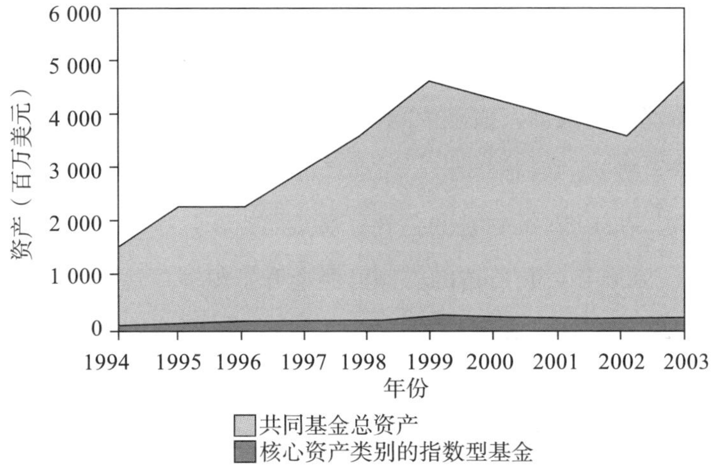

图 7.1　核心指数基金的份额增加

资料来源：理柏公司。

开展主动管理的基金公司管理着共同基金行业的绝大部分资产，根据理柏（Lipper）公司的分类，2003 年年底，超过 90%的共同基金试图获得超过市场平均水平的收益率。如果再将定义限制为扣除只做被动管理、只投资核心资产类别的基金，那么执行主动管理策略的基金总数就超过了 93%。

在过去 10 年里，被动管理型基金所占比例出现大幅增长。1993 年，被理柏公司明确划分为跟踪市场型基金的仅有 2.3%。如果从更严格、更被动管理的核心资产类别定义来看，1993 年其在全部基金中的占比仅为 1.6%。尽管近年来出现了显著增长，但指数基金只占全部基金的一小部分，对投资者友好的指数基金所占比例更小。

① Investment Company Institute，*2004 Mutual Fund Fact Book*：1，59，105.

2003年，5 300万家庭中有9 100万人持有共同基金，这几乎占全国家庭总数的一半。与之相对应的是，1990年约有25%的家庭持有共同基金，而1980年仅有6%的家庭持有共同基金，这表明在过去的20多年里，共同基金市场得到了很大发展。[①] 投资公司协会认为，共同基金的日渐盛行是由其“集多元化、专业管理、流动性等于一身，既方便，人们又能买得起”的特点带动的。[②] 不管共同基金旗下资产规模增长的真实原因是什么，总之持有基金突然变得非常普遍，家庭金融资产增加了对共同基金的持有份额。

根据美国联邦储备委员会（Federal Reserve Board，简称美联储委员会）提供的资金流动统计数据，截至2000年12月31日的20年间，美国的家庭金融资产规模升至最初的5倍以上。在家庭资产负债表中，共同基金占据越来越重要的地位，在1980年时它的占比仅为1.6%，几乎不会引起人们的任何注意，而到了2000年，它所占的份额已经上升了很多，达到11.8%。共同基金业的市场份额相对有了大幅增长，同期直接持有股票和债券吸引了更多资金涌入（增加8.6万亿美元以上，而共同基金仅增长4.0万亿美元），而且在家庭资产中占据了更大的份额（其占比为29.3%，而共同基金占比为11.8%）。共同基金在家庭金融资产中的占比情况如表7.1所示。

表7.1　共同基金在家庭金融资产中的占比不断增加

	1980年	1990年	2000年
总金融资产（10亿美元）	6 638	14 861	33 950
存款（不含货币市场基金）（10亿美元）	1 459	2 891	3 384
占总金融资产的百分比（%）	22.0	19.5	10.0
直接持有债券和股票（10亿美元）	1 301	3 338	9 947
占总金融资产的百分比（%）	19.6	22.5	29.3
共同基金和货币市场基金（10亿美元）	108	825	4 004

① Investment Company Institute, *2004 Mutual Fund Fact Book*: 79 – 80.

② Terry K. Glenn, Investment Company Institute, “ICI Chairman's Report at the 2001 ICI General Membership Meeting,” 17 May 2001.

续表

	1980 年	1990 年	2000 年
占总金融资产的百分比（%）	1.6	5.6	11.8
其他金融资产（10 亿美元）	3 771	7 808	16 616
占总金融资产的百分比（%）	56.8	52.5	48.9

资料来源：美联储。

说明："其他金融资产"包括信用保证金、人寿保险责任准备金、退休储备金、个人在银行的信托投资、非公司股票和其他各类资产。

养老金计划也是推动共同基金业发展的一个重要因素。2003 年，在约 12.0 万亿美元的养老金市场中，共同基金占据 22.5%，剩余部分则由养老金基金、保险公司、银行和经纪公司掌控。共同基金管理着超过 1/5 的养老基金，这反映出由公司主导的固定收益型养老金计划向由个人主导的固定缴款型养老金计划［即 401（k）和 403（b）账户］转变的趋势。养老金占共同基金资产的 36.4%，对应的金额为 2.7 万亿美元。[①]

近几十年来，越来越多的雇主不再向员工提供固定收益型养老金计划，而是提供固定缴款型养老金计划。在传统的固定收益型养老金计划中，雇主承诺当员工退休后将会获得固定金额的养老金。支撑起这些承诺的力量有养老金资产支付义务单位（公司、非营利性机构或者政府）和非政府领域的养老金收益担保公司。养老金资产基本得到了专业管理，这有助于为美国工人提供保障。

当投入的养老金资产不足以履行支付固定养老金的义务时，不管是现在还是将来，要领取养老金的人都可以依靠支付义务单位的信用来履行支付承诺。当支付义务单位无力偿付时，他们还可以依靠养老金收益担保公司。这样，固定收益型养老金计划可以为参与者提供三层保护网，分别是养老金资产、资产管理机构（即支付义务单位）的信用和养老金收益担保公司。

从固定收益型养老金计划向固定缴款型养老金计划的转变，对美国工人的退休保障产生了重大影响。在某种程度上，公司希望避免固定收益型养老金计划造成的未来义务的不确定性，于是越来越倾向于向员工提供固定缴款

① Arnott et al.，"How Well Have Taxable Investors Been Served?" 85－86.

型养老金计划来满足自身的需要。在固定缴款型养老金计划中，公司和员工都会将一定量的资金存入某个指定账户中，这个账户必须由员工本人管理。员工不能再指望上文中所说的一系列的安全网来保证自己能够拿到确定收益，通常，他们自主选择的储蓄水平都不周密，而且时常在信息不充分的情况下做出投资决策，而正是这些行为在决定着他们的未来。不管在决策过程中多么费尽心思，固定缴款投资者的退休保障情况都将跟随变幻莫测的市场而不断变化。

从固定收益型养老金计划向固定缴款型养老金计划的转变比较迅速。1981 年，在养老金计划所惠及的工薪阶层中，大约有 90%的人群可以享受固定收益型养老金计划带来的保障。而到了 2001 年，能够享受固定收益型养老金计划的人群占比已下降至 40%略高一点。与之相对应的是，固定缴款型养老金计划的覆盖面占比已从 1981 年的约 40%增长到 2001 年的近 90%。① 很显然，美国的工人已经发现自己退休后的命运越来越多地掌握在自己手中。

强迫个人承担退休储蓄的责任引发了很多严重问题。首先面临的问题就是，他们并没有全员参与固定缴款型养老金计划中。根据 2001 年美联储所做的消费者财务状况调查，在有资格参加 401（k）计划的工人中，超过 1/4 的工人选择不参加。而真正参与进来的员工，只有不到 10%的人选择缴纳最高数额的款项。当他们换了新工作时，在前期积累的养老金计划资金中，将有极大一部分被提取成现金。缺少了资产积累过程中的种子资金，这些员工所面对的退休前景将非常暗淡。

一旦投资者预留出未来所需的一笔资金，该如何投资运用这笔资金的挑战又开始了。在向个人提供投资管理服务方面，共同基金发挥着越来越重要的作用，对此投资者应该特别予以关注。尤其是随着公司和政府决定将退休保障的责任从雇主转移到员工身上，共同基金的资产能否得到高效、合乎职业道德的管理，就与整个社会有着越来越重要的利害关系了。不管投资者储备这笔钱的最终用途是什么，稳健的投资者都会特别关注其中的矛盾和分歧，

---

① Alicia H. Munnell, Kevin E. Cahill, and Natalia A. Jivan. "How Has the Shift to 401(k)s Affected The Retirement Age?" *Center for Retirement Research*, no. 13, September 2003.

正是它们才导致投资者的预期与基金管理人的愿望出现背离。

共同基金的业绩表现

主动管理是一场"负和博弈"，近几十年来股票型共同基金的收益率表现就是一个典型例子。回想一下，主动管理人创造了低于市场平均收益率水平的业绩，两者的差额等于交易成本（市场冲击和佣金）加上费用负担。理论上存在一种可能性，即共同基金作为一类产品，可能会获得比市场更胜一筹的业绩。但不幸的是，对于美国的共同基金持有人而言，美国的股市中并没有足够的猎物供基金管理人从主动管理中获利。事实上，共同基金管理人和其他经验丰富的市场参与者掌控着很大一部分市值，以至于他们可以操纵证券交易和定价机制。由于是信息充分的机构在控制着市场，想要获得超越市场平均收益的投资者作为一个群体，面对的可能是对自己极为不利的市场前景，而亏损的金额正是他们进行主动管理的代价。

仔细考察股票型共同基金的收益，从中得出的经验同样适用于其他有价证券。例如，对外国股票和固定收益资产进行主动管理的公司和美国股票投资管理公司同样面对"负和"的投资环境。每种资产类别的影响因素不同，不同资产类别的业绩不佳程度也有差异，但主动管理下令人失望的投资结果已经成为既定的历史，在未来也仍将如此。

罗伯特·阿诺特（Robert Arnott）、安德鲁·伯金（Andrew Berkin）和叶甲（Jia Ye）认真开展了一项研究，他们考察了 1998 年之前 20 年共同基金的业绩情况。表 7.2 的分析结果表明，在这项研究所囊括的 20 年中，一般共同基金的业绩比市场的平均水平（将先锋 500 指数基金作为参考）每年低出 2.1%。其中有 15 年的年平均差额为 4.2%，有 10 年的年平均差额为 3.5%，这让人更加失望，也使投资者的希望更加渺茫。①

---

① Arnott et al.,"Taxable Investors," 89.

表 7.2　与先锋 500 指数基金相比共同基金的糟糕业绩

时间段	每年税前收益率的差额（%）
10 年	3.5
15 年	4.2
20 年	2.1

资料来源：Arnott et al.，*Journal of Portfolio Management* 26，no. 4（2000）.
说明：这些收益率没有反映幸存者偏差，数据截至 1998 年 12 月 31 日。

阿诺特团队的研究成果为我们避免对共同基金进行主动管理提供了初步证据。不同于其他研究，阿诺特的这项成果使用的是来自投资者的结果，以此作为衡量主动管理型基金成功和失败的基准。由于先锋 500 指数基金的收益率同样受到所有费用和开支的影响，其业绩表现可以作为衡量其他基金业绩的合理标准。相比之下，在进行业绩比较时，许多研究论文都只是使用理论上的计算基准，而这种方法忽视了现实社会中的管理费用和交易成本等因素。

20 年间每年 2.1%的收益率差额的很大一部分是由支付管理费用导致的。2000 年，股票型共同基金的平均费率达到 1.35%，而先锋 500 指数基金的费率还不到 0.2%。[①] 假定它们在这 20 年间的费用负担相对不变，那么仅费用差异一项就可以解释一半以上的收益率差异；剩下的收益率差异则源自多种因素的共同作用，包括证券选择不当、管理人盲目交易导致的成本（他们试图获得超越市场平均水平的业绩，但最后只是徒劳无功），以及共同基金投资者不幸遭受各种骗局。

对于并没有因为共同基金平均业绩不佳而退缩的投资者，表 7.3 概括了基金持有人挑到一个市场赢家的可能性和平均胜率。在这 20 年的样本期内，只有 22%的共同基金创造出高于先锋 500 指数基金的收益。让主动管理人更沮丧的是，每年只有 1.4%的概率能挑选到市场赢家。共同基金中的绝大多数（78%）并没有获得超越市场平均水平的收益，市场输家落败的劣势（每年−2.6%）超过了市场赢家胜出的优势（每年 1.4%）。

---

① Investment Company Institute，*2004 Mutual Fund Fact Book*，25.

表 7.3　共同基金投资者面临很低的获胜机会：
相对于先锋 500 指数基金的税前收益（%）

时间段	获胜的可能性	平均胜出优势	平均落败劣势
10 年	14.0	1.9	−3.9
15 年	5.0	1.1	−3.8
20 年	22.0	1.4	−2.6

资料来源：Arnott et al.，*Journal of Portfolio Management* 26，no. 4 (2000).
说明：这些收益率没有反映幸存者偏差，数据截至 1998 年 12 月 31 日。

选择 15 年样本期间的研究结果表明，投资者能挑到一个市场赢家的概率只有微不足道的 5%，这使得选择主动管理人的行为更加类似于将赌注下在一个完全没有获胜希望的选手身上。在命运的残酷安排下，对于有足够技巧（或者是靠运气）识别出共同基金中的市场赢家的投资者来说，他们的收益率比起跑道上没有胜出可能的选手要逊色得多，因为他们每年的平均胜率只有 1.1%。足足有 95%的主动投资者输给了被动投资者，每年的收益率比先锋 500 指数基金要少 3.8%。样本周期为 10 年期的数据所表现出的情况也类似，获胜的机会很低，赢家带来的收益并不高，输家造成的亏损却非常大。就像在赛道上一样，绝大多数选手都是失败者。

税负与基金收益率

共同基金管理人操作的拙劣交易会使应纳税的投资者的境遇变得更糟糕。对税负敏感的理性投资者会对投资组合的交易设置很高的前置条件，因为他们意识到了交纳税款对已实现的资本收益存在不利影响。即便如此，如表 7.4 所示，在过去的 20 年里，有 2/3 至 3/4 的共同基金资产被放在应纳税账户中。很显然，在管理这些钱的时候，共同基金管理人是完全把它们当成不用交税的钱在管理。在对投资组合操盘的过程中，管理人自己获利的同时却强迫基金持有人交纳税款。与此相反，被动管理下的指数基金则表现出税负较低的特点。最终结果是，主动管理型基金税后收益率的差额普遍好于税前收益率的差额。

表 7.4　大多数共同基金资产都被放置于应纳税账户中

年份	应纳税账户中的资产（%）
1992	73
1997	65
2002	67

资料来源：投资公司协会。

如表 7.5 所示，阿诺特等的研究发现，在截至 1998 年 12 月 31 日的 20 年中，税后收益率的差额为每年 2.8%，而税前收益率的差额为每年 2.1%。在 15 年中，共同基金的表现令人非常失望，在税后收益率上的差额为每年 4.2%。对其中 10 年的研究结果表明，税前收益率和税后收益率的差额分别为每年 3.5%和 4.5%。不管以哪个时间段来衡量，共同基金行业都没能较好地服务于应纳税的投资者。

表 7.5　与先锋 500 指数基金的业绩相比，共同基金的税后收益率令人失望

时间段	每年税后收益率的差额（%）
10 年	4.5
15 年	5.1
20 年	2.8

资料来源：Arnott et al.，*Journal of Portfolio Management* 26，no. 4（2000）.
说明：这些收益率没有反映幸存者偏差，数据截至 1998 年 12 月 31 日。

先锋 500 指数基金的投资组合不会去做税收敏感型投资，这使共同基金的情况雪上加霜。先锋 500 指数基金投资组合的成交量一般较小，这使它具备了吸引人的税收特点，而关注税收问题可以进一步提高税后收益率。例如，应纳税的投资者在投资达到临界规模而出现亏损时，可以用已获得的收益买进另一种近似产品来取代赔钱的产品。虽然这一策略不属于管理指数基金的硬性规则，但对于一个基本实行被动式管理的投资组合，利用一些可以节约税负的交易规则可能会提高税后收益率。

尽管作为一种投资工具，先锋 500 指数基金在节税方面有一定的局限性，但是根据阿诺特的研究，它在 20 年里的年税后收益率要比普通的共同基金高 2.8%。如表 7.6 所示，只有 14%的基金税后收益率较高，而胜出的优势仅为每年平均收益率 1.3%。市场上输家的数量要远远多于赢家，而它们投资失利的程度更为严重，两者在税后收益率上的差额每年达到 3.2%。

表 7.6　与先锋 500 指数基金的税后收益率相比，其税后的获胜机会降低（%）

时间段	获胜的可能性	平均胜出优势	平均落败劣势
10 年	9.0	1.8	－4.8
15 年	4.0	0.6	－4.8
20 年	14.0	1.3	－3.2

资料来源：Arnott et al., *Journal of Portfolio Management* 26, no. 4 (2000).
说明：这些收益率没有反映幸存者偏差，数据截至 1998 年 12 月 31 日。

15 年的税后收益率为反对主动管理型的共同基金提供了最为有利的证据。仅有 4%的基金创造出超越市场平均水平的税后收益率，而它们的领先优势也仅有 0.6%。其余 96%的基金都没能达到或超过先锋 500 指数基金的收益率水平，而落败的劣势则达到了每年 4.8%，这对财富造成了毁灭性的影响。阿诺特指出："如果从 1984 年开始以相同数额的资金开始投资，那么 15 年以后，投资者投资在一只失败的普通基金上的财富将会缩水一半，而这些钱如果投资在先锋 500 指数基金上，将会积累一笔可观的财富。"[①] 可见，极少数赢家只是以微弱的优势获胜，而大部分输家则以很大的劣势落败。

完全不去想交易行为引致的税收支出后果，而去管理应纳税的共同基金资产是一个可耻的举动。虽然这是显而易见的问题，但是很少有投资者认真考虑过。一位严谨认真的受托人对应纳税资产负有责任，并认同只有在极端特殊的情况下，违背"卖出输家持有赢家"这一简单策略才是正确的。在谈到选择投资顾问时，投资专家菲利普·费雪（Philip Fisher）这样说道："当出现亏损时，即使亏损很小，他们也会快速抽身，而放手让利润去奔跑，那就可以给他们打个高分；如果他们在获利时快速抽身，却任由亏损加剧，那就要对他们敬而远之。"[②] 在共同基金行业中，应纳税资产占压倒性的大多数，却很少有迹象显示基金管理人会谨慎对待交易行为的税收后果，就更别提忠实于投资者的利益了。

---

① Arnott et al., "Taxable Investors," 86.

② Warren Buffett and Thomas Jaffe, "What We Can Learn from Phil Fisher: A Talk with Philip Fisher," *New York Times*, 19 April 2004.

本章小结

在普通美国人的理财规划中，共同基金起着越来越重要的作用。有史以来最大部分的家庭资产都被托付给了基金管理人，因此，全社会对共同基金行业的组织架构和投资结果更为关注了。

拿养老资金来说，社会问题已成为中心议题。在积累和管理养老金资产方面，个人会发现强加在自己身上的责任越来越大，很多重大的挑战便随之产生。这些问题涉及提高员工对固定缴款型养老金计划的参与程度，以及提高员工的投资管理技巧，从而为固定缴款型养老金计划提供一套富有活力的投资选择。有证据表明，由于储蓄率低、投资选择不理想及投资组合的执行情况较差，个人退休后的收入很有可能令人大失所望。

金融学理论告诉我们，对有价证券实行主动管理是一场“负和博弈”，因为在费用、佣金和市场冲击方面，主动进行证券选择的花费肯定高于被动选择的花费。个别结构严谨的学术研究也证实了这一理论假设。2000 年，罗伯特·阿诺特对美国股票型共同基金的收益进行了研究，结果显示，在 20 年的时间段内，它们的税前收益率要比先锋 500 指数基金的收益率每年低 2.1%。有接近 80%的主动管理型基金未能达到先锋 500 指数基金的市场跟踪收益率水平。信息灵敏并且可以享受递延税的投资者得出一个明显结论，即不要只观望低成本、被动管理的指数基金。

由于共同基金管理人很少或者从不注意自身举动的税收后果，所以投资者的税后收益率更加惨淡。阿诺特的研究显示，在 20 年里共同基金的税后收益率比先锋 500 指数基金每年低 2.8%，更不用说先锋 500 指数基金本身就不太注重节约税负。超过 85%的共同基金没有达到先锋 500 指数基金的税后收益率水平。事实证明，税后收益率的差距让人非常震惊，不仅因为数额大，而且因为它展示了大多数共同基金投资者的经历。由此来看，理性的应纳税投资者显然会得出如下结论，即要买入成交量大、被动管理的指数基金。

虽然阿诺特的研究结论向我们展示了令人沮丧的景象，然而事实证明，投资者的亲身经历比这更糟糕。阿诺特只是研究了共同基金行业造成的损失，他没有考虑由经纪行业和投资者本身带来的损失。华尔街的经纪人收取前端费用或者递延销售费用，这会使已实现的收益率水平降到阿诺特的研究所报告的水平之下。很多共同基金的投资者卖出表现令人失望的基金，转而买进更有前景的基金，这带来了相反的税收后果，超过了共同基金交易过于频繁所造成的税收负担。在买进基金支付销售费用和频繁交易带来税收负担的共同作用下，投资收益更加少得可怜。因此，主动管理型共同基金的投资者几乎总会遭遇投资失利。

绝大多数共同基金投资者都受尽了共同基金行业带来的痛苦。其中一些原因——高额收费、过度交易和资产管理规模膨胀——是造成业绩差的外在原因。其他深层原因——不道德的佣金和不公平的分配制度——基本上没有引起人们的关注。仔细考察造成共同基金业绩亏损的原因，有助于形成支持人们选择被动管理的支撑论据。

第8章

共同基金失败的外在原因

几乎每位基金经理都会遭遇根本性冲突，这直接关系到基金管理公司为投资者的利益服务。一方面，基金经理承担受托责任，应为投资者提供高品质的投资管理服务；另一方面，大量的共同基金管理公司为了自身获利，可能与公众股东、私人投资者或者母公司形成无处不在的利益冲突。投资者渴望支付更低的费用，营利性机构则想要收取更高的费用。负有纳税义务的投资者倾向于换手率低的投资策略，以推迟应纳税收益；基金经理喜欢高成交量带来的金钱和产生的影响力。投资者更能从较小的资产管理规模中受益，而基金更能从较大的资产管理规模中受益。投资者寻求公平、透明的费率设计，基金经理则利用复杂、不透明的交易结构获取蓬勃发展。总之，共同基金管理公司的利润是以牺牲投资者利益为代价的。

共同基金投资者面临的问题主要是，共同基金经理作为代理人和共同基金投资者群体之间的利益不一致。如果收费的资产管理公司以牺牲寻求收益的投资者的利益为代价而获利，就会出现委托代理问题。简而言之，委托人是资产的所有人，而代理人在宣称代表委托人开展工作时却收取费用。资产所有人总是聘请各种代理人从多方面来协助投资管理，包括需要股票经纪人来执行交易，让研究分析师为证券选择提供建议，聘请金融顾问制订投资计划，以及让共同基金管理公司来操作管理投资组合。

在目标上，委托人和代理人之间也存在冲突。委托人希望为金融服务支付公平的、由市场竞争决定的费用。代理人则寻求收费更高、更不透明的补偿手段。聪明的资产所有人会选择以委托人利益为导向的代理人，以减少冲突的影响，增加双方的利益一致性。

就投资管理费而言，代理人和委托人的主要目标明显不同。因为高昂的费用会增加代理人的收入，却耗尽委托人的资产。在投资业绩表现强劲的情况下，代理人和委托人的目标似乎是一致的，因为优异的收益率不仅给代理人带来收益，而且为委托人创造收益。但是，当共同基金经理宣扬出众的投资业绩，并用它来吸引新的投资资金时，这种外在的一致性就会崩溃。因为基金管理规模是业绩的天敌，资金流入会不可避免地降低未来的收益前景。共同基金投资者失败时，募集资金的基金经理则会从中获利。过于庞大的投资组合和过度收费是共同基金经理从共同基金持有人群体中获取租金的最明显手段。

代理人承担委托人的角色有两种：一是把满足客户利益看得比业绩更重要，二是通过采用联合投资技术来改变激励结构的基本特征。在让利润最大化服务于客户收益的情况下，代理人就会做出不同寻常的选择，即把客户利益看得比个人利润更重要。不幸的是，金融服务行业的代理人从不否认经济学原理中利润最大化行为的概念。当代理人与委托人的资产一起做联合投资时，代理人也会化身为委托人。随着共同出资程度的提高，代理人也越倾向于委托人。极少的代理人有办法（或者说有意愿）创造出高于所收取费用的收益。除了代理人表现出类似于委托人行为的少见情况之外，投资者面临的代理人从本质上还是处于对手方的，这些代理人是以牺牲投资者为代价获利的。

如同享受服务支付费用一样，市场机制不可避免地会把一些代理成本强加于投资者身上。尽管共同基金的显性收费明显削减了投资者的收益，但至少其中的一部分费用是补偿基金经理的必要支出。虽然竞争和规模经济的市场力量应该起到抑制金融服务高额收费的作用，但是共同基金行业似乎完全无视经济学定律，每年都有大量基金公司以牺牲客户为代价来收取过高的管理费用收入。除了显性收费之外，投资者还须应对资产管理规模增长和投资组合换手带来的成本。聪明的投资者会研究整个行业的代理成本，以最低的现行成本找出高质量的投资管理机构。

共同基金的收费

为了购买共同基金，共同基金持有人支付了各种费用。在初始投资时，投资者经常支付佣金或者申购费以获取份额。有时佣金高达 8.5%，有时佣金会根据资金规模和持有期而有所不同。我们将不收取销售费用的基金称为免佣金基金。无论投资者是否选择前端付费，共同基金持有人总是要支付管理费用，以补偿投资顾问的投资管理服务。除必要的管理费外，许多基金会收取更多的费用，如 12b－1 费用，以补偿基金顾问的营销和分销费用。总的费用负担会降低投资者的收益率。谨慎的投资者会仔细审视共同基金收费结构的设计。

申购费

共同基金在营销和分销过程中，出现了一个特别明显的委托代理冲突的例子。共同基金有两个基本形式，即有佣基金和免佣基金。除了有佣基金要支付销售费用外，有佣基金和免佣基金没有任何根本上的差异。事实上，一项逻辑严谨的研究表明，有佣基金的业绩表现要低于免佣基金，表现不佳的原因恰恰在于这部分额外的收费。[①] 为了收取高额前端费用，经纪人明显偏好有佣基金。消息灵通的投资者会购买免佣基金，以避免花费无法带来收益却被经纪人侵吞的费用，以获得更高的预期收益率。

申购费给投资者收益造成了极大负担。1979 年，在 12b－1 年度营销费用取代前端费用之前，申购费率的中位数达到了惊人的 8.5%。1999 年，申购费率虽然下降了，但仍高达 4.75%。前端费用的减少可能会导致共同基金行业的观察家得出这样的结论：随着前端费用的下降，基金持有人的收益会有所改善。但是两个因素否定了这个让人愉悦的结论。首先，年度12b－1 费用取代了前端费用，长期投资者的年度费用在逐年增加，甚至比最恶劣的一次

① Mark Hulbert, “Do Funds Charge Investors for Negative Value Added?” *New York Times*, 8 July 2001.

性收费最终造成的负担还大。其次，许多共同基金公司采取了基金持有人在短期内赎回基金时需要付一笔额外的递延销售费用的措施，即短期投资者要为自己的撤资再付一笔费用。共同基金管理公司收取的申购费用和营销费用给短期基金持有人和长期基金持有人造成了负担。

在调查了一大批有佣基金和免佣基金后，佩斯大学鲁宾商学院（Lubin School of Business at Pace University）的马修·莫里（Matthew Morey）得出结论：免佣基金带来了实质性的更优的收益。莫里的研究报告对 1993—1997 年的 635 只基金的收益情况进行了分析，客观描绘了有佣基金面临的尴尬境地，即“有佣基金的平均前端费率为 5.14%，其中平均费率收取最高的是股权收益基金，其最高费率为 8.5%，最低费率为 1.5%，大部分有佣基金费率为 4.50%～6.49%”。样本包括 334 只免佣基金和 301 只有佣基金。[①]

不同于之前许多关于有佣基金和免佣基金的研究结论，莫里的工作纠正了业绩极差基金的存活率结论。当基金业绩表现令人失望时，基金将失去现有客户，并且无法吸引新客户。共同基金公司会通过清算或兼并，让业绩表现不佳的基金从此消失。毫无疑问，对市场敏感度较高的有佣基金会比免佣基金消失得更快。在莫里的研究过程中，19%的有佣基金消失，而免佣基金的比例则为 12%。通过调整幸存者偏差——在投资收益上持续存活的基金要优于被注销的基金——莫里的研究得出了结论。每年免佣基金的数量要比有佣基金高出 10.5%～11.8%，有佣基金的业绩表现不佳（年收益率比免佣基金低 1.3%），几乎与 5 年持有期的（年收益率比免佣基金低 1.0%）前端费率水平相当。换句话说，如果不是因为有佣基金收费偏高，那么有佣基金的业绩表现会与免佣基金水平相当。

管理费用

尽管聪明的共同基金投资者可以成功避开佣金支出，但共同基金的全体持有人都必须支付管理费用。理柏公司数据显示，在为投资者投资组合提供

---

① Matthew Morey, “Should You Carry the Load? A Comprehensive Analysis of Load and No-Load Mutual Fund Out-of-Sample Performance,” *Journal of Banking and Finance* 27, no. 7 (2003): 1245-1271.

基本构架的资产类别中，2003 年，以美元计价的年度费率介于货币市场基金的 0.60%和全球股票基金的 1.15%之间，而重要的普通股票型基金的费率高达 0.91%。[①] 共同基金所收取的费用消耗了大类资产投资收益率的绝大部分。

理柏公司统计的费用项目中包括管理费用、非管理费用和 12b－1 费用。对一般基金来说，为“投资组合管理与经营”支付的管理费占总金额的 58%；“过户代理人、托管人和法人”等后台职能机构的非管理费用占总金额的 20%；“促销”的 12b－1 费用占总金额的 21%。

理柏公司的数据显示，近年来普通股票型基金的费率为 0.86%～0.93%，目前是 0.91%。全球股票型基金的费率一直领先，在 1.12%和 1.15%之间波动。1999—2003 年，货币市场基金收取的费率变化不大，在 0.60%左右徘徊。应纳税的固定收益型基金的费率呈现下降趋势，从 0.81%降至 0.75%。理柏公司的调查结果给出一个让人苦恼且难以解释的现象，共同基金持有人承担了巨额的费用支出。以美元计价的共同基金费率水平如表 8.1 所示。

表 8.1　以美元计价的共同基金费率水平保持了稳定性（占资产的百分比，%）

年份	普通股票型基金	全球股票型基金	应纳税固定收益型基金	货币市场基金	加权平均成本
1999	0.86	1.15	0.81	0.60	0.69
2000	0.89	1.12	0.78	0.60	0.71
2001	0.92	1.13	0.76	0.61	0.70
2002	0.93	1.15	0.75	0.60	0.67
2003	0.91	1.15	0.75	0.60	0.66

资料来源：Lipper，Inc.“Global Themes in the Mutual Fund Industry—2003.”
说明：2003 年对初版报告所发布的数据做了更新。

虽然以美元计价的费率显示，投资于核心资产类别的共同基金的费率水平相对稳定，但平均费率并非如此。平均费率是衡量基金所承担的一般性费率，而不论其资产管理规模的大小。如表 8.2 所示，所有资产类别收费的费率中位数都在上升，包括应纳税固定收益基金。不幸的是，总费率的稳定与中位数费用水平的升高是由于投资者更多投向收费较低、资产管理规模较大的基金。这种情况对试图打败市场的投资者非常不利，因为较大体量的基金

① 数据来自理柏公司。

会利用其资产管理规模开展主动管理竞赛。理柏公司使用以美元计价和平均加权数据的研究表明，近年来，投资者不得不在两种"毒药"之间做选择，或者是高昂的收费，或者是较大体量的投资组合。

表 8.2　核心资产类别的平均费率在上升（占资产的百分比，%）

年份	普通股票型基金	全球股票型基金	应纳税固定收益型基金	货币市场基金
1999	1.32	1.75	0.93	0.67
2000	1.33	1.70	0.95	0.68
2001	1.36	1.75	0.97	0.70
2002	1.42	1.80	0.97	0.70
2003	1.45	1.80	1.00	0.70

资料来源：Lipper，Inc. "Global Themes in the Mutual Fund Industry—2003."
说明：2003 年对初版报告所发布的数据做了更新。

如果将行业平均费用水平与先锋集团的被动管理产品进行比较，就会发现主动管理型基金的成本过高问题会变得更为突出。先锋集团具有年度成本优势，其普通股票型基金和全球股票型基金可节约 0.8%，市政债券可节约 0.6%，应纳税固定收益型基金可节约 0.5%，货币市场基金可节约 0.3%。先锋集团的旗舰基金主要面向投资金额较大、持有期较长的客户，表现出更加显著的成本优势，如表 8.3 所示。较低的费用为投资者带来了可以量化的好处。

表 8.3　以 2003 年总费率为比较基准，先锋基金确实可节约成本（占资产的百分比，%）

	普通股票型基金	全球股票型基金	应纳税固定收益型基金	货币市场基金
理柏	0.91	1.15	0.75	0.60
	整体股市基金	整体国际股市基金	整体债市基金	主要货币市场基金
先锋投资基金	0.20	0.36	0.22	0.32
先锋旗舰基金	0.15	0.36	0.15	0.14

资料来源：Lipper，Inc. "Global Themes in the Mutual Fund Industry—2003"；先锋集团。
说明：2003 年对初版报告所发布的数据做了更新。

有句老话是"付出总有收获"，但这显然不适用于共同基金行业。根据标准普尔公司的研究，低收费的基金能始终如一地创造出好业绩。[①] 在对该公司

① Standard and Poor's，"S&P Research on Fees Shows Cheaper Funds Continuing to Outperform Their More Expensive Peers，" Press Release，29 June 2004.

数据库 17 000 多只基金的调查中，研究人员将股票型基金做了三种规模的分类（小盘基金、中盘基金和大盘基金），并将股票型基金的三种风格（价值、混合和成长）做了以下划分：高于平均费用和低于平均费用，共 18 个类别。在 9 类国内股票型基金中，有 8 类低收费基金战胜了高收费基金，前者的 10 年累计收益率比后者高出 0.8%～3.8%。只有在中盘混合型基金的情况下，高收费管理才与低收费管理水平相当。标准普尔的数据表明，较低的收费和较高的业绩表现之间存在着极强的相关性。

高收费和低收费基金之间的费用差额水平显得相对集中，每年为 0.9%～1.2%。有趣的是，在 9 个类别中，有 7 类低收费基金的业绩优势都战胜了费用优势。换句话说，低收费基金的优异业绩表现通常能超过低收费基金本应表现出来的业绩，如表 8.4 所示。高收费基金经理表现出高于平均收费水平的贪婪，与之相伴的可能是其远低于平均水平的投资能力。

表 8.4　低收费基金的业绩优势

	高于平均费用的基金业绩	低于平均费用的基金业绩	低收费基金的业绩优势	高收费基金的业绩优势
大盘成长型	7.2	8.9	1.7	1.1
大盘混合型	7.9	10.0	2.1	1.1
大盘价值型	9.2	10.5	1.3	0.9
中盘成长型	6.6	9.5	2.9	1.2
中盘混合型	12.1	12.1	0.0	1.0
中盘价值型	11.0	12.2	1.2	0.9
小盘成长型	6.5	10.3	3.8	1.0
小盘混合型	10.7	11.5	0.8	1.1
小盘价值型	11.4	13.4	2.0	1.0

资料来源：Standard and Poor's，"S&P Research on Fees Show Cheaper Funds Continuing to Outperform Their More Expensive Peers." Press Release，29 June 2004.

在主动管理型的证券投资领域，投资者集中于收费较高、收益较低的反常世界；在包括主动管理和被动管理在内的更广泛的领域中，相对于主动管理者的同行而言，指数基金表现出明显的成本优势。信息充分的投资者会发现基金收取的费用高低至关重要。

分销费用

1980 年，美国证券交易委员会（Securities and Exchange Commission，SEC）开始准许共同基金管理公司直接从基金资产中扣收营销和分销费用，这对共同基金持有人利益造成了相当大的伤害。根据 12b－1 规则，共同基金管理公司之所以直接向基金持有人收取分销费用，目的在于开展增加资产管理规模的营销活动。考虑到资产规模与投资业绩之间的制衡关系，较大的资产管理规模使投资顾问能够收取更多的管理费用，而规模过大的投资组合会妨碍投资顾问在资产主动管理上的业绩表现。受到 12b－1 费用的影响，持有人收益率会遭受两面夹击的伤害，这是由收费的直接影响和投资组合规模变大的间接影响共同造成的。

具有讽刺意味的是，2000 年 12 月，美国证券交易委员会对共同基金费用和支出的一项研究表明，实质上 12b－1 费用只是款项从基金持有人向基金管理公司的净转移。[①] 该委员会的报告得出如下结论：收取 12b－1 费用的基金的总收费要高于其他基金的收费，大约相当于允许基金收取的最高限 12b－1 费用的 93%。[②] 换句话说，收取 12b－1 费用的共同基金顾问几乎将 12b－1 的全部费用交给了银行。

即使在真实意识到“基金与其投资顾问之间存在内在利益冲突”的情况下，美国证券交易委员会仍然允许其扣减 12b－1 费用。该委员会将冲突归因于基金董事会（通常最初由顾问选定）批准基金收取一定数额的费用。[③] 如果没有美国证券交易委员会的支持，基金董事会几乎不会批准对投资者造成损害的事情，比如 12b－1 费用。监管部门明确许可了 12b－1 费用，为基金董事会提供了一个安全港，它们希望在直接和间接损害投资者利益的情况下，提高共同基金管理公司的利润。

即使在一个对基金管理公司监管有力的既定框架体系下，基金董事会也

① Securities and Exchange Commission，Division of Investment Management，*Report on Mutual Fund Fees and Expenses* (Washington，DC.：GPO，2000)，59－60.

② 根据美国证券交易委员会的规定，投资顾问可以收取占资产高达 1%的 12b－1 费用。

③ 同①15.

会采用奇怪的理由来批准 12b－1 计划。根据美国证券交易委员会的说法，该基金的独立董事必须要能推断出“12b－1 计划有可能对基金公司及其持有人都有益处”，基金公司才能实施 12b－1 计划。[①] 即几乎在任何情况下，基金公司股东都不可能凭借基金收取高于基本管理费的费用而获益，从而吸引更多资金投入基金。[②] 美国证券交易委员会应该为许可 12b－1 费用而感到羞耻，董事会应对其批准收费感到可耻，并且共同基金收取12b－1 费用这一做法也很无耻。

虽然在任何情况下，都难以证明向共同基金持有人收取营销活动费用的合理性和公平性，但在市场营销活动终止后依然向基金持有人收费是绝对没有道理的。然而一些共同基金公司仍会采取这种令人恶心的收费策略，甚至当基金公司停止向投资者开放后，还在继续收取 12b－1 费用。根据 2003 年 12 月《华尔街日报》的报道，由全美最知名的基金管理机构设立的 100 多只共同基金对已停止申赎的基金仍然收取营销和分销费用。[③] 做出这样可恶行为的公司包括德雷福斯（Dreyfus）、阿贝特勋爵（Lord Abbett）、普特南（Putnam）和伊顿·万斯（Eaton Vance）。法规上针对 12b－1 的收费标准给出的理由是完全站不住脚的，共同基金行业需要特别的支持来募集资产以达到合理规模。然而，没有任何理由支持它们对已停止申赎的基金收取 12b－1 费用。

美国证券交易委员会注意到基金公司对已封闭基金收取营销费用的做法，并致信给“多家公司来汇集相关信息”[④]。先不考虑美国证券交易委员会是否采取进一步措施，如下发罚单，或让公司既不承认也不否认自身的不法行为，按常识它们也应该规定 12b－1 费用仅适用于正在发行募集资金阶段的基金。在对已封闭基金收取营销费用时，基金管理公司是在进一步侮辱投资者的智

---

① Securities and Exchange Commission, Division of Investment Management, *Report on Mutual Fund Fees and Expenses* (Washington, DC.: GPO, 2000), 18.

② 小规模基金的资产管理规模不足，投资者将受益于资金净流入。这种非同寻常的情况当然不能证明广泛收取 12b－1 费用是合理的，因为这些基金都是在合理规模或超过合理规模的水平上运行。

③ Kara Scannell, “Closed, but Open for Business; Mutual Funds That Prohibit New Customers Still Can Charge Fees to Cover Advertising Costs,” *Wall Street Journal*, 16 December 2003.

④ Ibid.

商，并设法掏空投资者的钱包。

设立 12b－1 规则并明确可用于支付营销和分销费用表明委托代理人问题十分明显。营销和分销费用的存在只是让基金管理公司单方面受益。在市场营销和分销取得成功的情况下，公司管理的资产规模会增加，导致基金经理的收费增加。如果规模妨碍了业绩，资产规模增加则会导致基金持有人的收益下降。可见，共同基金持有人支付了 12b－1 费用，并承担了不利后果。

激励费用

以委托人利益为导向的基金经理致力于在投资组合所承担的风险水平下赚取更高的投资收益。毕竟，较高的风险调整后收益率代表了共同基金投资者的投资目标和共同基金经理的信托责任。然而，以资产管理规模为基数的标准费率设计结构会导致基金投资者和基金经理之间的利益出现分歧。

如果基金经理只能从资产管理规模的收费中获得激励，那么基金经理更希望收取这些费用的规模基数能够稳步增长。随着资产管理规模的增长，共同基金的手续费收入数目也在增大，这为代理人扩大资产管理规模提供了激励。不幸的是，随着资产管理规模的扩大，主动型投资组合的管理也会变得越来越困难，因此，也就降低了为基金持有人创造具有吸引力的收益的可能性。

基金经理意识到强劲的业绩会吸引新的资金流入，糟糕的业绩会让资金流出。一旦基金经理积累了大量的资产，他们的行为就会发生明显变化。风险中性的基金经理会重视保持现有资产，减少通过主动管理获取成功投资的可能性，并倾向于与市场的业绩持平。通过使创建的投资组合不与市场结果出现实质偏差，基金经理可以保住自己的长期饭碗（以及给予持有人平庸的投资收益）。寻求稳定和大量收入资金流的代理人的目标与追求高风险调整后投资收益率的委托人的目标之间的差异通常会有利于代理人。

某些以业绩为基数的费用结构安排有助于协调基金经理和基金持有人的利益，鼓励基金经理从卓越业绩表现中获利，而不是简单依靠维持资产管理规模。大多数激励费用设计结构都是基于资产规模的费用和基于投资业绩的费用的组合拳。基于资产规模的费用覆盖了投资管理运营所发生的合理费用。基于投资业绩的费用则会奖励基金产品高额收益——按照所获收益率减去合理的基准收益率之后的金额计算。例如，大型股票基金经理可能会获得超出标准普尔500指数收益率10%的基金收益率。在这种双重收费结构中，基于资产规模的费用涵盖了运营成本并提供合理的收入，而超额提成则会激励基金经理个人获得优异的投资收益。

Numeric投资者小盘价值基金设置了结构合理的业绩提成费用。2003年，Numeric公司收取0.89%的管理费用，包括0.45%的基本管理费用和0.44%的其他费用。站在基金持有人的角度考虑，该公司没有收取12b-1费用。Numeric公司的业绩提成费用是按如下方式计算收取的：当数字投资者小盘价值基金的收益率高于罗素2000价值指数1个百分点时，Numeric公司就可获得其中的0.10%作为业绩提成收入，其最高提成比例可达0.90%。[①] Numeric公司负责人给了持有人一个非常公平的交易机制。

根据2003年晨星公司的数据，如果Numeric公司的基金业绩与基准水平持平，那么该公司旗下的总费用水平还不及行业平均费率值1.55%的2/3。[②] 如果该基金获得超过9%的超额业绩，那么总费用最高时也只是略高于同行平均水平。Numeric公司的激励非常有效，因为它惩罚平庸，并奖励优秀。对于Numeric公司和其基金持有人来说，幸运的是，在该基金4年多的生命周期内，该公司每年的业绩表现都能高出基准水平近10%。Numeric公司获得了公平合理的报酬，持有人对此支付的费用也是合理的。

不幸的是，共同基金行业的其他公司则是在使用激励费用让持有人的损失加倍放大。除了降低基本管理费用和使用激励费用来推动业绩提成报酬之外，一些基金将激励费用作为补偿来源，甚至超出了本就高于常规的基于资产规模的收费。这里分析一个Granum价值基金的例子。2003年，Granum公司以1.83%的最低收费起步，其中包括0.75%的12b-1费用、0.50%的基本管理费用以及0.58%的其他费用。[③] 如果获得全部激励费用，则会使成本

---

① 数据来自数字投资者L. P.（Numeric Investors L. P.）。

② 数据来自晨星公司。

③ Granum Capital Management，*Granum Value Fund*，1 March 2004：4.

进一步上升到 1.5%，最高总费用占比高达 3.33%。晨星公司以高超的表述方式将 Granum 公司的收费定性为“贵到令人发指的收费”。实际上，Granum 价值基金的持有人处在一种永远不会获利的境地。2003 年，该基金的最低费用为 1.83%，高于晨星公司跟踪的行业平均费率值 1.55%，这使得持有人支付的费用势必高于平均水平，这还没有算上业绩提成部分。如果 Granum 公司设法拿到激励费用，投资者将会破产。

晨星公司指出，标准普尔 500 指数不应成为 Granum 价值基金的合理业绩比较基准。尽管在任何情况下，投资者都可以通过采用明智的标准来评价基金经理的业绩，但在计算激励性报酬时，公平合理地选择业绩基准会上升到至关重要的地位。由于缺乏评判基金经理业绩的适当措施，可能仅仅由于所采用的衡量标准（在 Granum 公司的案例中，其选用的是不匹配的标准普尔 500 指数）与公平基准（在这种情况下，较为匹配的是罗素 1000 价值指数）缺乏相关性，就会使基金经理获得激励费用。

如果激励费用的设计安排不合理，选用公平的基准就显得更加重要，比如回拨机制和最高业绩水准。当后期的业绩表现低于基准时，回拨机制会迫使基金经理放弃过去的激励提成费用（用一个生动形象的比喻，投资者追回以前支付的费用）。在没有回拨的情况下，投资者面临着糟糕的情况，他们为转瞬即逝的业绩支付了费用；最高业绩水准则要求管理人员在收取激励费用时填补前面产生的投资业绩损失，然后才能获得更多激励费用。在缺乏最高业绩水准的情况下，投资者面临为过去的收益支付费用却无法得到损失的后续补偿的问题。Granum 价值基金的持有人既不会从回拨机制中获益，也无法从最高业绩水准中获益。

使用结构不合理的激励费用安排和不适当的业绩比较基准会直接损害持有人的利益，从而让 Granum 公司的基金管理人获益。从 Granum 公司开始提取激励费用至 2003 年 10 月 31 日的 6 年时间里，正如预期的那样，标准普尔 500 指数与 Granum 价值基金的相关性要低于匹配度更高的罗素 1000 价值指数，标准普尔 500 指数与 Granum 价值基金只显示出 76%的相关性，相比之下，罗素 1000 价值指数与 Granum 价值基金的相关性则高达 88%。毫无疑问，相对于

Granum价值基金，标准普尔500指数比罗素1000价值指数更具波动性，标准普尔500指数与Granum价值基金之间的收益率标准差差异为11.7%，这与标准普尔500指数和罗素1000价值指数之间仅为10.1%的收益率标准差差异存在着较大的差距。标准普尔500指数与Granum价值基金的较低相关性和较高波动性导致基于收益率的关系中出现的只是噪音，并不是因为业绩而表现出来的真正出众。

Granum价值基金的持有人不仅没有获得优质的服务，而且最终为并不出众的业绩支付了激励费用。在基金运作的6年中，激励费用结构下投资者每年获得4.4%的收益。如表8.5所示，Granum价值基金业绩比罗素1000价值指数的年收益率低了1.1%，几乎无法表现出值得特别奖励的结果。然而，由于该基金的表现略好于标准普尔500指数，而且每年大幅偏离标准普尔500指数，因而Granum公司对卓越业绩表现收取了一定的费用。在6年中，Granum公司收取了4年的激励费用，占资产规模从0.79%到1.50%不等，其中两年最高达到1.50%。在很大程度上，这是由激励费用的不当设计造成的，在2002会计年度（截至10月31日），Granum公司投资者在占资产3.26%的费用负担下艰难生活。很少有基金经理具有足够的专业能力来战胜市场并赚到3.26%的收益，以证明这个水平的收费是合理的。Granum公司当然也不例外。然而，Granum公司的确在不创造业绩的情况下收取了不合理的业绩提成费来祸害其持有人。

表8.5　Granum价值基金持有人面临一个必输的局面

年份	Granum价值基金的收益率（%）	相对于标准普尔500指数的业绩（%）	相对于罗素1000价值指数的业绩（%）	标准普尔500指数和罗素1000价值指数的差异（%）
1998	−6.2	−28.2	−21.0	−7.2
1999	15.7	−10.0	−0.8	−9.2
2000	16.3	10.2	10.8	−0.6
2001	−3.7	21.2	8.2	13.0
2002	−6.4	8.7	3.6	5.1
2003	13.8	−7.0	−9.1	2.1
平均值	4.4	0.6	−1.1	1.7

资料来源：Granum价值基金，1998年度报告第11页；Granum价值基金，2003年度报告第14页；彭博。

说明：数据截至10月31日，与Granum价值基金的会计年度一致。

Granum公司的不当激励支付是由没有最高业绩水准、没选择合理的业绩比较基准和缺少投资者回拨机制三重威胁共同造成的。在没有最高业绩水准的情况下，Granum公司不需要弥补1998年28.2%和1999年10.0%的相对业绩亏损缺口；在其收益大幅低于标准普尔500指数之后，Granum公司并没有做出修正，却把过去的损失一笔勾销，使得该公司在2000年时得以提取激励费用，而没有去填补1998年和1999年惨痛亏损留下的窟窿。

使用不恰当的业绩比较基准会在两个方面损害持有人利益。在6年存续期间，Granum公司公布了相对于匹配度较低的标准普尔500指数的良好结果，并显示相对于匹配度较高的罗素1000价值指数为负的情形。投资者为表面的收益付出了代价。与标准普尔500指数相比，Granum公司的收益率波动更大，加剧了投资者的困境。Granum公司在1998—1999年的业绩亏损和2000—2002年的业绩反弹与标准普尔500指数的差异均高于与罗素1000价值指数的差异。相对表现波动加剧导致投资者支付了虚假的超额收益提成。

最后，由于缺乏回拨机制，投资者没有机会弥补2003年糟糕的相对业绩所造成的损失。良好的相对业绩优势使Granum公司受益，而相对较差的业绩只是在伤害投资者，它们为公司创造了一个无论如何都会赢的局面。

截至2003年10月31日的6年中，在没有创造优异业绩的情况下，Granum价值基金就获得了600万美元的收益。虽然Granum公司的业绩未能达到公平比较基准的要求，但6年期间基金经理收取的平均激励费用超过5.0%。被可耻的激励费用与12b-1费用所侵蚀的资产占比达到4.5%，与此同时，还有被常规管理费用侵蚀的资产（占比为3.0%）以及被其他费用侵蚀的资产（占比为2.6%）。Granum公司用远非卓越的表现从投资者那里榨取了非常高昂的费用。

尽管适当的激励费用能为投资者带来可能的收益，但共同基金行业对基于业绩表现的激励计划的潜在扭曲迫使投资者以极大的怀疑态度来审视激励安排。以Granum价值基金为例，如果没有公平的基准、回拨机制和最高业绩水准，那么在投资成功时会增加收入，出现失利时并不会给予任何补偿。收益结构的不对称设计为基金经理创造了一个期权。在投资成功的情况下，基金经理和持有人的利益是一致的，但在失利的情况下是不一致的。选择性的激励费用特征可以使基金经理免于承担投资失利的痛苦，却可以分享胜利的果实。在投资结果令人失望的时候，唯有基金持有人在承受痛苦。①

中间人的收费

一般来说，交易中涉及的参与方越多，费用负担就越大。不幸的是，大多数持有人通过中介机构购买共同基金，而且中介机构的作用变得越来越重要。1992 年，近 1/4 的投资者通过直接购买来自共同基金管理公司的基金，避免支付中介费用。2002 年，自力更生的投资者总数量下降了 12%，这表明越来越多的投资者虽然对外付出了额外的费用，却收获寥寥。②

经纪行业占据了基金销售额的最大份额，1992 年和 2002 年的市场份额一直保持在 62%。在这里，投资者面临受到最大程度伤害的可能。申购费、营销费用和投资组合炒单使经纪人富起来，却使客户变得贫困。代理人与委托人之间的利益冲突是经纪商与客户之间矛盾的潜在原因。令人难以分辨的基金分类，以及各类复杂的费用，如附带递延销售费用和 12b-1 费用，损害了投资者的利益，却为经纪人创造了丰厚的利润。明智的投资者会避免与经纪人行业扯上关系，而去选择成本较低的自助服务这一替代品。

通过雇主发起的退休金计划和共同基金超市的基金销售额从 1992 年的 14%上升到 2002 年的 25%。在由雇主发起的退休金计划中，递延税款账户的增长对持有人来说是净利润，因为持有人会增持具有吸引力的投资工具。基金超市里销售额的上升代表了投资者收益率的净减少，因为中介机构为本已负担过重的基金额外增加了一层费用。

尽管中间人的进入在投资总量上有所增加，但在基金购买时前端费用占比似乎比过去减少了。对持有人不利的是，现实证明了一句老话——表象可能都

---

① 激励费用问题与公司股东和公司管理层通过发行股票期权而产生利益一致的缺点相似。事实上，公司的期权授予不仅存在不对称问题，而且在股票价格下跌后通过重新定价期权来使利益不一致更加严重。

② 数据来自投资公司协会（Investment Company Institute）；John D. Rea，*Distribution Channels and Distribution Costs*，Investment Company Institute，Perspective，vol. 9. no. 3（Washington，DC，2003），3.

是用来骗人的。根据美国证券交易委员会的一项基础扎实的研究，1979 年，大约 70%的共同基金把资金投资到前端收费的基金上。[①] 从表面改善来看，1999 年，大约 50%的资产被投资到收取申购费或高于 0.25%的 12b-1 费用，抑或两者兼而有之的基金上。[②] 缺失的环节与附带递延费用造成的影响有关。

由于遭遇投资者对经纪行业高额前端费用的抵制，华尔街的金融工程师设计出不易被察觉的递延费用来代替它。

投资者在预先规定的时间内赎回基金时，就会出现递延费用，通常长达 5～6 年。递延费用保障了经纪人的地位，保证要么从长期投资者身上持续收取管理费用，要么在短期参与者退出时一次性获得递延费用。尽管我们缺乏关于递延销售费用发生频率及其影响的可信数据，但由于浮躁的基金持有人会比较频繁地换手，递延费用会在很大程度上对收益率造成影响。

在选择各种经纪人服务的基金类别时，投资者往往在高昂的前端费用或低前端费用的延期收费两者之间做选择。不管是早付还是晚付，持有人都会由于要为共同基金的销售和分销付费而承受沉重代价。

规模经济

共同基金行业的内在特征表明，随着资产管理规模的扩大，规模经济理应降低收费。事实上，历史表明，规模收益只会让基金管理公司受益，持有人的命运并没有发生任何改变。如果从长期的角度考察共同基金的费用，我们可以参考美国证券交易委员会的一项研究。该研究发现，近 20 年来，共同基金的费用占总资产的比例几乎没有发生过变化。如表 8.6 所示，免佣基金的年度费用只呈现微弱的下降趋势，从 1979 年占资产的 0.75%，下降到 1999 年占资产的 0.72%。1979 年，有佣基金[③]每年给投资者造成的费用负担

---

① Securities and Exchange Commission, *Mutual Fund Fees*, 46-47.

② Ibid., 43.

③ 计算有佣基金的费用是把前端费用分成 10 年摊销。若按 5 年摊销，那么得出的总费率在 1979 年为 2.28%，1999 年为 1.88%。从 1979 年到 1999 年的费用下降表明，部分 12b-1 费用取代了前端费用。请注意，长期持有人遭受更多的经常性 12b-1 费用，因为费用不会停收。此外，应考虑和分析未能纳入附带递延销售费用的事实。1979 年时并不存在的附带递延销售费用，到 1999 年时使得基金的总费用增加。

占比为1.50%，1999年则为1.52%，区别并不明显。[①]

表8.6　随着资产规模扩大，费率保持稳定

年份	共同基金资产规模（10亿美元）	无佣基金费率（%）	有佣基金费率（%）
1979	51.7	0.75	1.50
1999	4 457	0.72	1.52

资料来源：SEC，Report on Mutual Fund Fees and Expenses（Washington，DC：GPO，2000），40-44.
说明：有佣基金的费率通过对前端费用按10年做摊销计算而得。

尽管在过去的20年里，费用水平基本保持不变，但今天有佣基金持有人面临着透明度较差的外部环境。随着华尔街经纪商经受着来自客户要求减少前端收费的压力，聪明的金融工程师提出新思路，即把部分递延销售费用和12b-1费用构建一个组合，以替代部分前端费用。如果投资者在几年内赎回，则要交纳合同上附带注明的销售费用，同时也会把本已调低的前端费用冲减掉一部分。如果投资者持有基金长达数年之久，那么12b-1费用会累加起来，并补偿前面没有收取的前端费用。通过把费率从1979年极高的8.5%降低到1999年的4.75%，并用递延费用和12b-1费用补上这个缺口，基金管理公司欺骗了有佣基金的持有人，让他们继续忍受这种令人难以接受的费用结构。

由于在过去20年里，资产管理规模增长超过了86倍，收费在资产中的占比却保持稳定，这个令人震惊的事实与管理共同基金会带来规模经济的想法背道而驰。显然，投资管理工作是投资组合管理中最重要的（也是最昂贵的）投入，它并不会随投资组合总规模的扩大而提高。对于投资组合经理而言，打理50亿美元与打理10亿美元的难易程度其实差不多，打理100亿美元和200亿美元其实是一样的容易（管理的资产规模可能会影响业绩，但它不会给运作情况带来挑战）。随着规模的扩大，费用在资产规模中的占比理应下降，从而让基金经理和基金持有人都能受益。实际上，基金持有人并未感受到费用水平在下降。规模经济只是对共同基金管理公司有利。

关于规模经济的确凿证据来自聘请外部基金经理打理日常投资组合管理活动的共同基金公司。通常投资顾问（共同基金公司在门牌上的名称）和助

---

① Securities and Exchange Commission，*Mutual Fund Fees*，44.

理顾问（实际上并没有做任何工作的投资组合经理）在合同中约定了收费方案中双方的分成情况。分成比例能够反映边际成本的下降与投资组合规模攀升之间直接关系的经济现实。

这里，我们分析信安管理公司（Principal Management Corporation，以下简称信安公司）合伙人大盘价值基金的情况。该基金是艾奥瓦州得梅因的信安人寿保险（Principal Life Insurance）公司创设的共同基金系列产品之一。信安公司管理着这只基金，实际上并不提供任何投资管理服务，而是将重点放在“文书、记录和簿记服务”上。承担日常投资组合管理的还有联合资产管理（Alliance Capital Management）公司的一个子公司，即伯恩斯坦投资研究与管理（Bernstein Investment Research and Management）公司（以下简称伯恩斯坦公司）。[①]

信安公司与伯恩斯坦公司之间的收费安排中，信安公司只从投资者手中收取了部分费用。截至2003年12月31日的一年中，如表8.7所示，信安公司的免佣基金B级份额设定的收费费率为2.51％。投资者还支付了0.91％的12b－1费用，其他费用为0.85％，管理费用为0.75％。信安公司的费用只不过是确保投资者得不到满意的收益。

表8.7　信安合伙人大盘价值基金：基金投资者没有从规模经济中获益

资产额（百万美元）	管理费用（％）		总计（％）	其他费用（％）		总开销（％）
	伯恩斯坦公司	信安公司		12b－1费用	其他开销	
10	0.600	0.150	0.750	0.910	0.850	2.510
50	0.470	0.280	0.750	0.910	0.850	2.510
100	0.385	0.365	0.750	0.910	0.850	2.510
500	0.245	0.506	0.750	0.910	0.850	2.510
1 000	0.222	0.528	0.750	0.910	0.850	2.510
5 000	0.204	0.546	0.750	0.910	0.850	2.510

资料来源：Principal Mutual Funds，Statement of Additional Information，1 March 2004：44，48.

说明：费用反映B级股票的收费，不含申购费。递延销售费用适用于少于7年的持有期。表中数字截至2003年12月31日。

① Principal Life Insurance Company，*Prospectus for Principal Mutual Funds*，1 March 2004.

信安公司和伯恩斯坦公司之间的管理费用安排为基金管理行业的规模经济效应提供了线索。当资产规模低于 1 000 万美元，管理费用为 0.75% 时，0.60%归于伯恩斯坦公司，0.15%归于信安公司。随着管理的资产规模上升，伯恩斯坦公司的费用分成比例也在下降，信安公司的费用分成在提高。在规模分割点的 2 亿美元资产中，0.75%的规模费用不变，伯恩斯坦公司获得 0.20%，而信安公司获得 0.55%。费用结构清晰地表明了投资管理业务确实存在规模经济效应。对于负责投资组合管理工作核心的一方，伯恩斯坦公司赚取的收入从 0.60%减至 0.20%。随着资产管理规模的扩大，伯恩斯坦公司的工作内容没有发生任何改变，所以边际收费的下降是有道理的。

如果说信安公司的共同基金客户没有从规模经济中获得收益，那也是说不通的。不管投资组合规模大小，投资者的总开销都保持在 2.51%。随着伯恩斯坦公司的管理费用下降，信安公司的管理费用在增加。对于 2 亿美元以上的资产，委托人在其他费用为 1.76%的基础上，要加上 0.55%的管理费用，这就使信安公司的总费率高达 2.31%，伯恩斯坦公司的边际费用为 0.20%。在这个混乱的世界里，信安公司因履行后台职能就可以拿到 0.55%的边际管理费用，而制定证券选择决策的伯恩斯坦公司获得了 0.20%的边际管理费用。随着资产规模的扩大，伯恩斯坦公司的收入在减少，而信安公司的收入在增加。

下面我们比较信安合伙人大盘价值基金和先锋美国价值基金。① 这两只基金都采取了投资大盘股、价值导向的投资策略。与信安公司一样，先锋集团聘请了一名助理顾问来管理投资组合。与信安公司不同的是，先锋集团为其投资者提供了公平的收费设计。截至 2003 年 9 月 30 日，先锋集团的年度总开销为 0.63%；而截至 2003 年 12 月 31 日，信安公司的年度总开销为 2.51%。表 8.8 列出了先锋集团的收费，包括先锋集团与其助理顾问格兰瑟姆-马友-奥特鲁公司（以下简称 GMO）的费用分成情况。值得注意的是，在每个收费项目上，先锋集团的收费都要低于信安公司。

---

① The Vanguard Group, *Prospectus for Vanguard U.S.Value Fund*, 29 January 2004: 1 - 3.

表 8.8　先锋美国价值基金投资者获得公平交易

资产规模（百万美元）	管理费用（%）		总计（%）	其他费用（%）		总费用（%）
	GMO	先锋集团		12b－1 费用	其他开销	
10	0.225	0.385	0.610	0.000	0.020	0.630
50	0.225	0.385	0.610	0.000	0.020	0.630
100	0.225	0.385	0.610	0.000	0.020	0.630
500	0.225	0.385	0.610	0.000	0.020	0.630
1 000	0.225	0.385	0.610	0.000	0.020	0.630
5 000	0.185	0.385	0.570	0.000	0.020	0.590

资料来源：The Vanguard Group，Vanguard U. S. Value Fund Prospectus，29 January 2004：2，7.

说明：数字代表截至 2009 年 9 月 30 日一年间的收费情况。截至 2003 年 9 月 30 日，先锋美国价值基金的净资产约为 4.74 亿美元。超过 10 亿美元的费率为估计水平，管理费用代表基本费用，不包含激励费用，否则 GMO 将最多增加或减少 0.125%。

类似于信安公司和伯恩斯坦公司的收费安排，先锋集团与 GMO 的安排反映了投资管理业务存在着规模经济。对于超过 10 亿美元的资产水平，GMO 的增量报酬下降超过 20%。与信安公司的持有人不同，先锋集团的持有人可以从支付给其助理顾问 GMO 的费用下降中获益。由于先锋集团秉承“以成本为基础向成员基金提供服务，而没有利润成分”的宗旨，成本的降低使得投资者交纳的费用也随之降低。①

尽管对单只基金而言，管理层承认在管理投资组合方面确实存在规模经济，但基金行业的数据显示，随着资产管理规模的增长，费用并没有任何减少。对这种差异的最合理解释为，规模经济的好处主要转化成了基金管理公司的利润，而丝毫没有改善持有人的收益。先锋集团和 GMO 是例外，信安公司和伯恩斯坦公司则是这一规则的见证人。

除了没有令人满意的预期（即规模的增加会导致收费下降）以外，其他证据也表明共同基金公司的收费水平仍在上升。在 2001 年春季发表的一篇文章中，约翰·弗里曼（John Freeman）和斯图尔特·布朗（Stewart Brown）借助各种巧妙构造的测试，证实了共同基金收取了过高的咨询费用。例如，作者表示，以非盈利、价值投资为导向的先锋集团也在设法为其主动管理的

① The Vanguard Group，*Prospectus for Vanguard U. S. Value Fund*，29 January 2004：7.

基金的外部管理人争取极具竞争力的费用。1999 年，先锋集团的费用安排中通常会设计专门的激励条款，其数额大约占“基金行业现行费率”的 25%。弗里曼和布朗援引证据表明，共同基金所收取的费用大约是公共养老金计划提供的可比服务的收费水平的两倍。作者以各种方式向我们展示了证据，包括一张足以定罪的图表，其显示特定的基金经理对共同基金客户的收费远远高于对养老金基金客户的收费。作者总结道，养老金基金投资组合经理之间存在实质性咨询费水平差异的主要原因为，在养老基金市场中，咨询费是可以协商的。[①] 因此，基金持有人并没有从竞争激烈的市场中获益。

费用很大程度地削减了共同基金的收益率水平。期望业绩最大化的投资者会尽一切努力淡化费用的影响。首先，抵制包含前端收费和 12b－1 费用的基金。其次，关注管理费用的影响，选择低成本的替代方案。最后，考虑选择购买收取费用最低的指数基金。

投资组合的换手率

在一个长期存在着令人震惊的不当行为的行业中，共同基金投资组合的疯狂换手率始终位于名单首列。2002 年，股票型共同基金投资组合的年均换手率[②]高达 67%，这与证券头寸平均持有期为 1.5 年的水平相对应。[③] 频繁交易的共同基金投资组合会对投资者造成不利影响，包括易于衡量的佣金成本、难以评估的市场影响成本，以及无法防范的税负成本。频繁的换手并不是成功的投资策略，同时也有悖于基金的信托责任。

当投资者持有资产构建不善的被动型指数基金和采用投资思路不佳的主动管理策略时，其资产的换手率会超出必要的水平。就指数基金而言，解决

① John Freeman and Stewart Brown, “Mutual Fund Advisory Fees: The Cost of Conflicts of Interest,” *Journal of Corporation Law* 26, no. 3 (Spring 2001): 627－640.

② 换手率与基金经理使用的投资期限相对应。年换手率为 100%的投资组合对应着每只基金平均 1 年的持有期，因为这样的换手率对应于某一特定年度内每个现有头寸的出售以及其他头寸的购买。年换手率为 50%对应着平均持有期为 2 年。年换手率为 10%意味着平均持有期为 10 年。

③ 数据来自理柏公司。

方案在于选择结构合理化的低换手率指数基金。在采取主动管理策略的情况下，希望打败市场的投资者只有通过精准选股并保证换手率，才能增加投资成功的可能性。

希望每个季度都能战胜市场的股票投资者面临极大的挑战。在尝试寻找具有重大错误定价和有催化因素的证券，从而把头寸转换为公允价值时，基金经理对可行的选择实质上设置了限制。以更长的投资期限进行投资可增加选择的机会，极大地增加了成功创建投资组合的可能性。

专注于每个季度的盈利会减少投资者的可选择空间，他们只好去盯着事件驱动型的上市公司，因为只有这些公司会在几天或几个月内需要解决错误定价的问题。由于证券价格通常反映了重要的相关信息，因此，投资者几乎没有机会购买被低估的证券。将证券选择进一步限定在预期短期内会恢复股票估值的证券上，会不合理地减少人们构建投资组合的选择。

高换手率不利于创造优异的业绩表现。买入和卖出动作会造成市场冲击并产生佣金支出，资金从投资者账户中流失。短期投资理念迫使投资者在组合中进行乏味的操作。当某个短期的错误定价自动消失时（会让投资组合从中受益或者受损），必须找到另一个理想产品来代替。我们务必警惕投资组合管理中成本高昂、耗时费神且换手率高的基金。

大量资金会追求短线交易的成功。例如，共同基金经理面临着每年每个季度都要超越市场的压力。《华尔街日报》以《低迷的市场，成功的选择：我们的年度获胜者》[①] 和《第二季度冠军聚焦小盘股和陷入困境的公司》[②] 为标题，突出报道最热门的基金，让短期胜出的基金经理受到大众关注。基金管理公司会在整版广告上用 72 磅的字号贴满近期有强劲表现的基金，使得在短期内赢得成功的基金经理名利双收。

不幸的是，事实证明短期成功往往只是昙花一现。错误定价在短期内得以回归，而且很快就要卖出的证券必须由另一只新的证券取代。在短期赢家

---

① Kara Scannell, "Quarterly Mutual Funds Review; Bad Market, Good Bet: Our One-Year Winner Draws a Flush," *Wall Street Journal*, 9 April 2001.

② Christopher Oster and Theo Francis, "Quarterly Mutual Funds Review; Second-Quarter Champions Focus on Small-Cap Stocks and Distressed Companies," *Wall Street Journal*, 7 July 2003.

的拥挤市场中，基金管理人面临着巨大的困难。

通过延长投资换手的时间，基金管理人会增加一系列投资机会。随着短期参与者的消失，不仅长期投资的可能性会增加，而且识别错误定价证券的竞争也会减少。随着参与者越来越少，成功的可能性也就越来越大。

如果延长投资期限能为投资者带来明显的好处，那为什么长期投资者还是很少见呢？通常投资者面临的短期压力巨大。财经新闻节目主持人会为投资者提供关于市场动态的实时更新报道，尖叫的头条时刻会提示读者去追逐热门经纪人的表现，华尔街调查提醒投资者关注上市公司下一季度的盈利预测。因此，很少有市场参与者能表现出坚决无视各类杂音的态度。

在诱导投资者关注基本无关紧要的短期问题方面，华尔街扮演着十分可恶的角色。庞大数额的投资组合交易创造了可观的收入，所以，金融公司会替投资者找到购买和出售基金的理由，诱导投资者去关注季度财务公告——这是华尔街以牺牲大众利益为代价赚取收益的最常用手段。在运作良好的股票市场中，股价代表公司创造的所有未来股息现金流量的现值。由此可见，公司未来的盈利能力在证券定价中具有重要意义。很显然，最近几个月的收益只是决定股票未来价值的很小一部分。事实上，在证券估值中，未来5～10年的业绩扮演着绝对重要的角色。为什么华尔街还是如此关注下一季度的业绩呢？

部分答案在于人们很难做出长期预测。随着未来评估机遇和挑战的时间越来越远，投资者预测的精确度就越来越差。人性会促使分析师在企业投资者关系岗位人员的指导下进行相对确切的短期预测。

是什么导致了高换手率呢？对基金经理行为最合理的解释是，为了寻求卓越表现，基金经理积极尝试低位买入和高位卖出。如果基金管理人选择通过大量交易以产生业绩，那么他们走进了一场艰难的竞赛。高换手率意味着持有期短，这意味着投资期限较短。实际上，对投资者而言，证券的短期价格是毫无意义的。想要在每个季度打败市场，虽然出发点良好，却很可能徒劳无功，最终只是导致高换手率而已。

即使基金管理人为了有出色的业绩，较高程度地参与了短线交易活动，能获得税前高收益已经是最好的结果了。在频繁换手的投资策略下，税收对高税后收益的负担变得更加不可能。对于投资活动带来的税负影响，基金管理公司似乎一点也不关心，因为共同基金的广告几乎总是只吹嘘基金的税前收益，而把税后业绩放在基金正式发行文件不太显眼的位置。

高换手率战略几乎总是导致应税投资者无法达成预期税后收益的目标。考虑到应税账户中的共同基金资产占应课税账户的绝大部分，过于主动的基金管理人无法满足大多数投资者的需求。即使对其动机进行最善意的解释，高换手率的基金管理人也是失败的。

对共同基金经理行为的最直白解释就是，他们借助频繁交易而从经纪行业谋求好处。大额交易者目前选择软美元或者定向佣金，两者分别以实物或现金形成计价回扣。软美元和定向佣金都让基金经理受益，却伤害投资者利益。无论软美元和定向佣金自身的未来如何，共同基金总会找到办法利用持有人资产买通华尔街经销商；反之亦然。没有任何监管能够抵制用共同基金资产为华尔街创造佣金收入和反对华尔街公司分销共同基金产品这样的事实。共同基金公司赚了钱，华尔街人士也赚了钱，基金持有人却在亏损。

与高换手率的狂热特点形成鲜明对比的是，低换手率意味着更长的证券持有期和延期实现收益。在某些情况下，换手率策略是一种玩世不恭的做法，是通过选择低风险策略来保护基金经理的收入来源。许多基金经理创建的投资组合主要是模拟市场，其中一些小额基金被“押注”在短期内将跑赢大型市场证券。在频繁交易的工作中，这种“隐性指数化”的投资组合无视了基金持有人的存在，因为其所持的大部分股票头寸只是模拟跟踪市场而已。不幸的是，主动管理型的跟踪市场的投资组合不具备创造强劲业绩的机会和动力，较低的风险管理和较高的管理费用实际上会导致主动管理无法战胜市场基准。

在有些情况下，低换手率是创造出色业绩的一种深思熟虑的尝试。以更长的持有期来创造更多的投资机会是短期投资者无法获得的高效率。由于真正错误定价的资产是并不常见、不易识别的商品，因此，长期投资者倾向于创建具有少数几种好产品的集中投资组合。不幸的是，长期投资者面临一个艰巨任务，不仅错失了快速启动的兴奋点，而且面临临时下挫的风险。用审慎方式做投资但是在短期无法形成强劲业绩结果的基金经理有可能面临资产管理规模流失，以及被公司解雇的风险。然而，长期投资者最有可能服务于投资者利益，即在少交税的同时创造出具有吸引力的收益。

交易成本

交易成本是造成主动管理业绩流失的重要组成部分。购买和出售证券的成本包括支付给经纪人完成交易的佣金和执行交易产生的市场冲击。佣金是一种独立的收费方式，市场冲击则包括做市商赚取的利差和达成交易造成的价格变动。

美国证券交易委员会强制要求共同基金披露交易费用，却没有真正公开相关信息，反而造成了混淆。该委员会只是披露了易于观察到的佣金成本，却忽略了不易观察的市场冲击成本，这造成了两个问题。首先，佣金的存在侵蚀了基金的净值，而且收益没有因为基金管理费用的提高而增加。对佣金的单独披露鼓励投资者相信这些费用代表的成本超过了报告中管理费用代表的成本。其次，佣金仅代表基金发生的交易成本的可衡量部分。交易活动的市场冲击给基金收益造成了进一步的负担，从而增加了投资组合换手的费用。通过报告可观察到的佣金、忽略了不易观察的市场冲击，以及美国证券交易委员会规定的报告义务，导致投资者低估了投资组合交易对共同基金收益率的影响。

很显然，佣金只是交易成本的一部分。理柏公司的数据分析表明，2002年，主动管理的股票型共同基金花费了占资产大约0.2%的佣金。[①] 共同基金行业显示了活跃的交易行为，如表8.9所示。最活跃的四分位数发生了惊人的152%的加权平均换手率，暗示持有期不到8个月。最低四分位数换手率很低，只有16%，这有利于投资者，相当于6.25年的隐含持有期。毫无疑问，佣金高低与交易活动的活跃程度直接相关。最高四分位数换手率花费了资产的0.46%，而最低四分位数换手率仅花费基金总额的0.04%。主动管理人支

① 数据来自理柏公司。

付的佣金表明共同基金的资产直接转移到了华尔街经纪人的手里，原本希望交易活动创造出色业绩，结果却徒劳无功。

表 8.9　投资组合的高换手率增加了成本

	按资本总额加权的换手率	默认持有期	按资本总额加权的佣金
前 25%	152%	0.66 年	0.46%
26%～50%	64%	1.56 年	0.19%
51%～75%	35%	2.86 年	0.12%
76%～100%	16%	6.25 年	0.04%
基金总数量	9 217 只		7 470 只

资料来源：理柏公司。

说明：每个四分位数包括四分之一的共同基金资产。因为有些基金未对外披露佣金信息，所以用于研究换手率的基金数量和佣金基金数量不同。以上数据截至 2002 会计年度。

交易活动的市场冲击比易于观察到的佣金成本更加难以量化。据一家成功的基金管理公司的负责人泰德·阿伦森（Ted Aronson）估计，对于采用主动管理并选择市值位于前 500 位的证券所构成的投资组合，如果每年换手率为 100%，其业绩比在没有佣金的情况下低 0.5%。[①] 小市值资本化证券的交易成本更高。如表 8.10 所示，第二大、第三大和第四大的 500 只证券消耗的资产在 1.25%和 3.0%之间，它们都流入了华尔街资产管理人的账户。基于资产换手率 100%这个假设，第五大的 500 只证券每年花费占资产 3.6%的费用。在任何情况下，市场冲击造成的隐性成本大幅高于佣金成本。可见，考虑市场冲击的成本确实很有必要。

表 8.10　市场冲击减少了收益率（%）

估算资本	估算的证券市场佣金	交易行为的市场冲击	成本
最大的 500 只证券	0.12	0.51	0.63
第二大的 500 只证券	0.25	1.25	1.50
第三大的 500 只证券	0.38	2.34	2.72
第四大的 500 只证券	0.56	3.00	3.56
第五大的 500 只证券	0.76	3.57	4.33

资料来源：阿伦森；约翰逊和奥尔蒂斯（Johnson & Ortiz）投资公司。

说明：假设选用换手率为 100%的主动管理型投资组合。

① 数据来自阿伦森以及约翰逊和奥尔蒂斯投资公司。

考察一下市场冲击造成的市值加权成本。阿伦森对最大的 2 500 只证券进行了研究，这些证券占总市值的 97%以上，其中最大的 500 只证券就占总市值的近 80%。按照各自市值对每个分组进行加权得出的结论是，对于 100%换手率的投资组合，市场冲击每年消耗近 0.8%的资产。如果加上 0.17%的按资本总额进行加权的佣金，市场冲击造成的损失为 0.79%，导致总交易成本为 0.96%。活跃的交易员就是在逆风而行。

阿伦森估算的交易成本适用于共同基金行业的大部分领域。理柏公司的数据显示，2002 年，38%的股票型基金的换手率超过了 100%。根据阿伦森的研究，对于近 2/5 的共同基金资金，每年换手一次才是最佳选择。

由于共同基金行业资本总额的加权平均换手率达到 67%，为了分析整个市场的交易成本，阿伦森的数据（即基于 100%换手率假设）需要下调。将观察到的换手率用于估计市场冲击形成的成本估算所得出的结论是，2002 年，投资组合交易造成的市场冲击削减了 0.5%以上的收益率。

采用主动管理的交易成本总额成为成功投资的一个很大障碍。以 2002 年为例，披露出来的佣金达 0.2%，估算的市场冲击成本总计 0.5%。交易成本共计抵消了 0.7%以上的共同基金收益。华尔街公司完胜，而共同基金持有人输了。①

不同风格投资策略的交易成本

我们对成长型和价值型基金的投资组合换手率进行统计，并基于不同风格的管理特点做先验假设。成长型基金追求投资于热门股票，交易者要求即时满足，寻求快速执行，以保证买到受追捧的股票。投资经理频繁买卖股票，卖出昨天冷门的股票，转而选择当前热门的股票。如表 8.11 所示，成长型基金经理的狂热行为导致平均换手率达到 97%，远高于股票型基金 67%的平均换手率。② 成长型基金经理称不上是持有股票，他们只是短期租用它们，因为平均持有期仅为 1 年。

---

① 0.73%的总交易成本是按如下方式计算的：把阿伦森估算的市场冲击成本（0.53%）与理柏公司观察到的 0.20%相加。如果把阿伦森估算的市场冲击和佣金加总，那么总交易成本为 0.64%。

② 数据来自理柏公司。

表 8.11　高换手率的组合削减了与佣金有关的收益

基金类型	资产总额的加权换手率（%）	默认持有期（年）	资产总额的加权佣金（%）
主动管理型股票基金	67	1.49	0.20
股票指数型	8	12.50	0.01
成长型	97	1.03	0.28
价值型	43	2.33	0.16
大盘成长型	102	0.98	0.25
大盘价值型	39	2.56	0.13
小盘成长型	106	0.94	0.41
小盘价值型	49	2.04	0.26

资料来源：理柏公司。

说明：表中数据反映了被报告共同基金截至各自会计年度末的 12 个月的情况。数据截至 2002 会计年度。

成长型股票投资组合的高换手率带来了高额佣金。2002 年，成长型基金收取了占资产 0.28%的佣金，远高于一般股票型基金收取的 0.20%的佣金。投资组合换手率高引致了较大的市场冲击，特别是对于成长型基金，因为成长型基金需要快速达成交易。华尔街提供了它们所需的流动性，但收费不菲。由于在拥挤的市场选择证券，并要求即时性，成长型基金的运营代价相对高昂。

与成长型基金的高换手率形成对比的是，价值型基金会在论证周详后设定目标。价值型基金热衷于投资冷门板块。交易员买入投资者不感兴趣的股票，并谨慎积累股票，缓慢建仓。投资组合经理明智地购买和出售——选择了今天的丑小鸭，给出了明天会变为美丽白天鹅的承诺。价值型基金的换手金额占资产的 43%，大大低于所有股票型基金 67%和成长型基金 97%的换手率。

与价值型基金投资组合的低换手率对应的是其低佣金成本。2002 年，价值型基金佣金占资产的 0.16%，远低于股票型基金佣金平均值的 0.20%，以及成长型基金佣金平均值的 0.28%。市场冲击对价值型基金发展的妨碍程度远低于成长型基金。价值型基金的交易员可以顺应市场，购买其他人想要出售的股票，并出售其他人想要买入的股票。单从交易成本的角度看，价值型基金要优于成长型基金。

基金规模会影响交易成本。小盘成长型基金的佣金率为0.41%，远高于大盘成长型基金占资产0.25%的佣金水平。价值型基金也存在类似特点，相对于佣金占资产0.13%的大盘价值型基金，小盘价值型基金的佣金占资产的0.26%。可见，小型的交易资产组合需要支付很高的成本。

指数基金是共同基金规则的一个例外。共同基金规则就是指投资组合换手率高得令人难以置信，且交易成本非常高昂。2002年，指数基金的投资组合换手率水平适中，仅为7.7%，导致佣金仅消耗0.007%的资产。具有讽刺意味的是，指数基金投资组合经理面临的交易环境极其恶劣，指数基金交易的透明度，以及要求与指数特征相匹配而进行指数完美复制所需的执行及时性，都会增加指数基金对市场的冲击成本。由于做市商看重指数投资组合交易的收入来源，在交易中华尔街稳稳地拿到了多于其应得的合理收入。尽管指数基金交易面临的市场环境不利，但低换手率造成的指数基金行业的总交易成本仍然较低。指数基金所享有的交易成本优势使我们多了一个喜欢它的理由，相信它一定能获得与市场收益相似的水平，而不是虚无缥缈的高于市场收益的主动管理型基金。

指数基金的交易成本

即使在指数基金领域，换手率的影响同样很关键。标准普尔500指数和威尔逊5000指数等构造良好的指数表现出较低的换手率，从而具有较高吸引力的交易成本特征和合理的税负特点。结构不合理的指数，比如罗素1000指数和罗素2000指数的换手率很高，导致其成本高昂，同时增加了税收负担。

标准普尔500指数包含的成分股是固定的，这是由麦格劳-希尔(McGraw-Hill)公司旗下的标准普尔委员会筛选出的500家上市公司。[①] 只有当成分股由于公司兼并、收购或破产而退出时，指数才会改变组成。指数基金经理偏离该指数时会实现收益或亏损，并且只要有证券买卖就会发生成

---

① Standard & Poor's, "Results for: S&P 500," *The McGraw-Hill Companies*, http://www2.standardandpoors.com/NASApp/cs/ContentServer?pagename=sp/Page/IndicesIndexPg&r=1&1=EN&b=4&s=6&ig=48&i=56&si=138&xcd=500.

本。标准普尔委员会根据需要调整指数的成分股，将成员总数维持在 500 家。

相比美国标准普尔 500 指数，威尔逊 5000 指数在美国股票市场的覆盖范围更大，因为它包括所有公开交易的股票。是否纳入和剔除威尔逊 5000 指数取决于兼并、收购、破产、母子公司分立和首次公开发行。与刻板的标准普尔 500 指数形成鲜明对比的是，灵活的威尔逊 5000 指数反映了市场格局的日常变化，它会及时调整其成分股公司以适应新的市场形势。

如表 8.12 所示，即使标准普尔 500 指数包含的证券数量远少于威尔逊 5000 指数中包含的 5 242 只股票，其资产总额却很高，占市场总值的 77%。从统计角度来看，毫无疑问，标准普尔 500 指数和威尔逊 5000 指数非常相似，因为它们之间有大部分成分股是相同的。

表 8.12 各类指数基金的成分股调换情况

指数	股票数量（只）	资本化			每年指数成分股的调换比例（%）	
		总计（10 亿美元）	资本化率（%）	加权平均（百万美元）	至 2003 年 12 月 31 日的一年期	至 2003 年 12 月 31 日的三年期
威尔逊 5000	5 242	13 300	100	71 500	4.7	4.6
罗素 3000	2 948	12 800	96	56 700	9.7	12.7
罗素 1000	991	11 700	88	61 400	10.7	15.8
标准普尔 500	500	10 200	77	89 700	2.0	4.3
罗素 2000	1 951	1 100	8	861	18.4	23.4
罗素 2000 成长	1 294	753	6	876	31.1	36.4
罗素 2000 价值	1 284	738	6	846	30.0	33.3

资料来源：保德信金融研究（Prudential Financial Research）公司基准研究，2003 年年底。
说明：数据截至 2003 年 12 月 31 日。

近年来，标准普尔 500 指数和威尔逊 5000 指数的换手率水平大致相当，其 3 年平均调整比率分别为 4.3%和 4.6%。标准普尔 500 指数成分股的稳定性质和威尔逊 5000 指数成分股的全面性特征造就了相对稳定的指数，导致每年进行的投资组合调整都是适度的。

标准普尔 500 指数和威尔逊 5000 指数的调换源于市场相关因素。当一家公司由于兼并、收购或破产原因而退出标准普尔 500 指数时，委员会就会选择新的公司取代离开的公司；威尔逊 5000 指数则是被动地接受公司的创设和退市，其对指数构成进行频繁且必要的调整。破产公司消失，现金收购要求重新调配收益，换股合并则使得被收购标的公司不复存在。公开发行的证券会全面跟踪威尔逊 5000 指数，基金经理募集现金以买入新发行的股票，而母公司的分立则只需要在证券持有名录中新增另一只新股。虽然标准普尔 500 指数和威尔逊 5000 指数的编制方式有些不同，但是它们的调换比例都极低，这是有利于投资者的。

相比之下，罗素 2000 指数的构造极其不合理。按照 5 月 31 日的股价计算，该指数选取了 2 000 只市值仅次于市值最大的 1 000 只证券的证券，该指数的调换比率非常高。每年 7 月，罗素指数将进行调整，其中，弗兰克·罗素（Frank Russell）公司将前 1 000 只证券分配纳入罗素 1000 指数，并将近 2 000 只证券分配给罗素 2000 指数，而前 3 000 只证券则构成了罗素 3000 指数。

罗素 2000 指数的变化发生在市值排行榜的上下两端。在排行榜的顶端，若罗素 2000 指数成分股公司上一年的相对市值显著增加，就可以从罗素 2000 指数调入罗素 1000 指数。原罗素 1000 指数公司相对市值下降幅度较大的公司会被下放到罗素 2000 指数（或者在相对大幅下降的情况下从罗素指数中永远消失）。在排行榜的底部，市值相对大幅下滑的罗素 2000 指数成分股公司遭到了被指数剔除在外的悲惨命运，而冉冉升起的明星则会取代它们的位置。频繁的成分股调整会造成不必要的高交易成本和税负增加。

每年年中对罗素指数的重组都遵循透明且基于规则的流程，也给指数关注者增加了另一种成本。当 5 月 31 日（对股票按市值进行排名的日子）临近时，敏锐的套利者会寻找最有可能纳入或剔除出罗素指数的证券。由于知道指数基金经理会机械地买入新纳入指数的证券，并无意识地卖掉被剔除的证券，套利者就提前购买可能纳入的证券，并出售可能卖出的证券。当 7 月指数调整发生时，套利活动导致指数基金经理支付更多的钱去购买股票，并接受以较低的价格卖出股票，罗素 2000 指数基金的持有人则遭受了损失。

套利的更复杂版本发生在罗素 2000 指数成分股排行榜的顶端。在那里，重构导致的价格变动取决于罗素 1000 指数和罗素 2000 指数相关投资组合的相对需求。如果对罗素 2000 指数基金的需求超过对罗素 1000 指数基金的需求，那么从罗素 2000 指数升到罗素 1000 指数的某只股票会面临价格下跌压力，而从罗素 1000 指数调低到罗素 2000 指数的股票价格则会受到上涨压力。如果对罗素 1000 指数的需求超过对罗素 2000 指数的需求，则是相反情况。在任何一种情况下，指数投资者都会把财富转移给套利群体。

罗素指数的糟糕结构导致其调整比例高于最佳调整比例的水平。截至 2003 年 12 月 31 日的 3 年中，罗素 1000 指数在其市值最低的部分发生变化，平均调整比例为 15.8％。罗素 2000 指数在其持股范围的两端发生变化，同期平均调整比例为 23.4％。罗素指数的调整比例大大超过构造更好的标准普尔 500 指数和威尔逊 5000 指数的调整比例，随之而来的是，这对指数基金投资者造成了负面影响，投资者遭受了损失。

衡量成长型或价值型投资组合收益的罗素基准表现出更频繁的调整。与广义罗素指数不一样，罗素基准会根据股票的规模进行调整，而且随特定股价的变化而变化。罗素使用股价-账面价值比率和收入增长率估计值对公司进行评估，判断该公司是成长型还是价值型。由于股票价格、账面价值和收益预期每年都变化，因此，上市公司在罗素指数排名中的位置也是年年变化。

截至 2003 年 12 月 31 日的 3 年中，罗素 2000 成长指数的平均变动率为 36.4％，高于罗素 2000 价值指数的 33.3％。这两种指数的调整比例大大高于普通罗素 2000 指数的 23.4％。选择了罗素指数的被动型投资者在指数基金投资的交易成本收益中会失去优势。

罗素指数作为投资工具存在不足，用它作为业绩比较基准也存在不足。每年成分股的变化导致主动管理人的参考基准不断变化。从管理者的角度来看，这非常不公平，指数调整并不需要面对现实情况中交易成本造成的损失。指数调整带来的套利行为不但没有减少成本，反而增加了成本。通过在新股纳入指数之前迫使价格上涨，并在被剔除出指数之前迫使其价格下跌，指数基金套利者的行为压制了主动管理人获利的步伐。罗素指数在衡量主动管理是否成功上无疑是很差的标准。

罗素 2000 指数的收益与较好结构小盘指数的收益相比存在显著不足。标准普尔公司除了提供知名的标准普尔 500 指数外，还有两个不太为人知的指数，即标准普尔中盘股 400 指数和标准普尔小盘股 600 指数，两个指数的成分股是固定的。标准普尔小盘股 600 指数是罗素 2000 指数的替代品。除了证券数量不同（截至 2003 年年底，标准普尔小盘股 600 指数包含 600 只股票，罗素 2000 指数包含 1 951 只股票），两个指数的市场指标看起来非常相似。如表 8.13 所示，指数成分股资本构成的分类标准是一致的。保德信金融研究公司的一篇专题报告指出，5 年里标准普尔小盘股 600 指数和罗素 2000 指数之间每个月的关联度高达 96%。[①] 这两个指数衡量的内容大致相同。

表 8.13　标准普尔小盘股 600 指数战胜罗素 2000 指数

	标准普尔小盘股 600 指数	罗素 2000 指数
公司数量（家）	600	1 951
平均资产规模（加权平均值，百万美元）	1 100	861
规模范围		
最高（百万美元）	69	14
最低（百万美元）	4 900	2 400
对 3 年的调整比例进行追踪	9.4%	23.4%
对 10 年的调整比例进行追踪	11.6%	9.5%

资料来源：保德信金融研究公司基准研究，2003 年年底。
说明：数据截至 2003 年 12 月 31 日。

两种市场衡量标准的最根本区别在于，标准普尔和罗素采取了不同的指数编制方法。高调整比例的罗素指数是受市场驱动重建的，与此相比，标准普尔采用了基于委员会的适度调整比例的方式来选择股票。截至 2003 年 12 月 31 日的 3 年中，标准普尔小盘股 600 指数的调整比例为 9.4%，不到罗素 2000 指数 23.4%年调整比例的一半。

尽管标准普尔中盘股 400 指数和罗素 2000 指数在构成上具有很强的相似性，但两者的投资业绩差异很大。截至 2003 年 12 月 31 日的 10 年间，标准普

① Prudential Equity Group, LLC, “The Year-End 2003 Benchmark Study,” 19 February 2004: 135.

尔中盘股 400 指数业绩 11.6%远高于罗素 2000 指数的 9.5%。业绩差异比较显著，其部分原因在于重组过程中的套利行为。套利利润直接削弱了罗素 2000 指数的表现，为基金管理人提供了一次免费搭乘罗素 2000 指数基准的便车。除非小型资产管理公司能超过罗素 2000 指数几个百分点，否则它们根本无法打败市场。同样，跟踪罗素 2000 指数基金的投资者也付出了代价。调整指数构造时的套利行为给被动型指数基金投资者带来了无谓损失。当然，与罗素重新调仓时荒谬的高昂交易成本相比，套利导致的业绩亏损更惨重。明智的投资者不会选择罗素指数，以避免这种混乱。

在《动物庄园》（*Animal Farm*）里，乔治·奥威尔（George Orwell）写道："所有动物都是平等的，但有些动物比其他动物更平等。"结构良好的指数，诸如标准普尔 500 指数和威尔逊 5000 指数等为被动投资者提供了计算市场收益的合理标准和明智手段。结构不合理的指数（如罗素 2000 指数）给人们制造了市场扭曲的图景，造成了不必要的交易成本，并积累了不少延期支付的税单。严谨的投资者会密切关注指数基金所选择的比较基准的调整比例。

换手形成的税负

在这个对投资者犯下许多罪行的行业中，忽略投资组合交易的税负是最令人心痛的一种。2002 年，大约 67%的共同基金资产属于应纳税账户。在长期向上趋势的市场中，高税收的证券交易活动会阻碍应税投资者实现收益，从而让纳税义务摧毁了他们创造的财富。在共同基金行业里，缺乏税收敏感性会给投资者带来巨大的成本损失。

在 1993 年的一项研究中，罗伯特·杰弗里（Robert Jeffrey）和罗伯特·阿诺特调查了换手率导致的税收对投资组合收益率的影响，得出的结论是"把应税投资组合当作免税投资组合来管理的典型做法实质上是不负责任的"[①]。杰弗里和阿诺特计算了投资组合换手率造成的税收负担，作者使用 35%的资本利得税税率和 6%的税前收益率（大致相当于美国股票的长期资本

① Robert D. Arnott and Robert H. Jeffrey, "Is Your Alpha Big Enough to Cover Its Taxes?" *Journal of Portfolio Management* 19, no. 3 (1993): 16.

增值幅度)，结论是即便是合理的换手率水平，也会产生较高的成本。如表 8.14 所示，在 6％的税前收益率水平上，10％的换手率会将收益率降低 1％以上。在更加极端的 100％换手率的情况下，税后收益率比税前收益率低 2％以上。

表 8.14　投资组合的换手率削减了税后收益率（％）

换手率	税前收益率	税后收益率
0	6.0	6.0
5	6.0	5.4
10	6.0	5.0
25	6.0	4.4
50	6.0	4.1
100	6.0	3.9

资料来源：Arnott and Jeffrey，*Journal of Portfolio Management* 19，no. 3 (1993)：19.

回想一下，2002 年，共同基金市值总额的加权换手率为 67％。如果按照 35％的资本利得税和 6％的税前收益率计算，那么税务人员会把投资者的收益率降低约 1/3，降至每年约 4％。

当然，换手率并不必然代表投资者的无谓损失。如果换手后能带来卓越的税后投资业绩，那么投资者为此而承担的税负就是合理的。归根结底，卖出获利头寸引致的税收支出的确会对成功投资造成极大障碍，克服这个障碍就要依靠在投资组合中买进新的头寸。

应纳税的收益分配

共同基金投资者每年获得的收入分为普通收入和资本利得。无论投资者持有共同基金份额的时间多长，在该基金分红日当日持有份额的投资者对该基金全年收益的分配负有纳税义务。

共同基金的税收来自两个方面，即普通收入和长期资本利得。普通收入包括股息、利息和短期资本利得。显而易见，长期资本利得是指对证券持有的净增值部分按优惠税率进行派发。

近年来，普通收入为共同基金的投资者带来了适度的税负。低分红收益率、低利率和经常性的经营费用的共同作用会削弱对共同基金持有人的分配。截至2003年12月31日的10年中，两只最大的股票型共同基金的情况如表8.15所示。过去10年里，先锋500指数基金的普通收入分配平均占资产的1.9%，从1994年的高点4.8%到2000年的低点1.0%不等。主动管理型的富达麦哲伦基金低于市场的股息收益率，并高于先锋500指数基金的费用率，使得其在普通收入方面要交的税负低于先锋500指数基金，其公布出来的10年平均应纳税分配率仅为0.7%。

表8.15　应纳税的收益分配削减了投资者的收益率（占资产的百分比,%）

年份	先锋500指数基金		富达麦哲伦基金	
	普通收入	资本利得	普通收入	资本利得
1994	4.8	1.5	0.2	3.5
1995	2.3	1.7	0.7	5.7
1996	2.1	0.4	1.3	15.2
1997	1.7	0.8	1.3	5.4
1998	1.3	0.4	0.6	4.2
1999	1.2	0.8	0.5	8.2
2000	1.0	0.0	0.2	3.8
2001	1.1	0.0	0.4	0.8
2002	1.5	0.0	0.7	0.0
2003	1.6	0.0	0.9	0.0
平均值	1.9	0.6	0.7	4.7

资料来源：富达（Fidelity）公司和先锋集团。

说明：先锋数据截至12月31日。富达数据截至下一年的3月31日。百分比表示基金的分配在对应年份占相关资产的比例。

如果算上长期资本利得收入，上述情况就会发生变化。只有当需要匹配指数构成变化或适应投资者资金退出时，指数基金才会出现资本利得或损失。当股票从指数中被剔除时，跟踪指数的基金经理会卖掉该证券，从而实现交易收益或亏损；当投资者从共同基金赎回资产时，基金经理出售代表性的有价证券以满足客户的提款请求，税负随之产生。

成分股固定的指数基金（例如先锋500指数基金）往往表现出令人满意

的税负特征，这是由于管理人所操作的交易较少，以保持目前的指数静态构成。截至2003年12月31日的10年间，先锋500指数基金的资本利得分配的占比平均为0.6%，每年为0～1.7%。长期资本利得导致的税收支出非常微弱地削减了先锋500指数基金投资者的收益。

主动管理型共同基金的投资者一般要承担更高的税负。主动管理型基金经理试图打败市场，但这几乎是徒劳的，以低廉的价格购买并出售证券会造成市场冲击，并产生税收义务。截至2003年12月31日的10年间，富达麦哲伦基金收益率比先锋500指数基金的年均收益率要低1.8%，这符合理性投资者认为的主动管理会造成亏损的预期。在扣除销售费用和应纳税分配之前，富达公司的这只旗舰基金便出现了亏损。对于富达麦哲伦基金的持有人来说，税收这部分的支出不过是雪上加霜。

截至2003年12月31日的10年中，富达麦哲伦基金的平均资本利得收益率高达4.7%，从最低位0到牛市的高位15.2%不等。回想一下，先锋的被动管理型基金获得的资本利得每年平均仅为0.6%。富达的主动管理策略使得基金遭受双重损失：其中一重是不明智的证券选择，另一重则是较高的应纳税额。

共同基金经理对股息和利息收入分配的控制力很弱，这是买入营利性证券的天然结果。但是，主动管理型基金的资本利得的实现仍然有赖于投资组合经理的操控。具有讽刺意味的是，利润的实现会带来一些损失，例如通过出售获利，共同基金管理人可以兑现收益，却很少考虑随之而来的税收负担。虑事周详的投资者会密切关注主动管理行为的税负后果。

潜在税负

税负支出并不局限于普通收入和长期资本利得。将新的资金追加买入股票型共同基金的投资者经常会购买基金投资组合中含有累积未实现的资本收益部分，这也会带来高昂的潜在税收负担。虽然基金份额的新购买人没有从形成未实现收益的升值中获益，但新投资者还是要相应地承担纳税义务。随着时间流逝，如果基金经理兑现这部分“内含的资本利得”（即开始变为实现的资本利得），投资者会收到所持份额对应收益的税单；相反地，如果基金经理用未来损失抵消内含的资本利得，投资者将失去从未来亏损中受益的机会。无论哪种情况，内含的资本利得的实现都会让共同基金的购买者遭受损失。

潜在纳税义务让谨慎的投资者望而却步。表 8.16 列出了富达麦哲伦基金和先锋 500 指数基金投资者的 10 年期潜在税负。具有讽刺意味的是，对税收最敏感的基金却承担了最大的潜在税收负担。由于具有税务意识的基金经理会试图避免实现资本利得，因此，这会导致低换手率策略下未实现资本利得不断积聚。因此，在先锋 500 指数基金中，其未实现收益所占的比例一直很高，截至 2003 年 12 月 31 日的 10 年间，未实现收益平均占资产市值的 28.1%。基金收益和未实现资本利得之间的关系表现为，高额收益率对应未实现资本利得的增加，而微薄的收益率对应未实现资本利得的减少。牛市中投资者买入共同基金时，需要承担高额隐性税收的潜在高风险。

表 8.16　潜在税负威胁着未来的税后收益：未实现的资本利得（占资产的百分比,%）

年份	先锋 500 指数基金		富达麦哲伦基金	
	基金业绩	潜在税负	基金业绩	潜在税负
1994	1.2	10.9	8.2	16.0
1995	37.4	26.0	28.4	26.3
1996	22.9	28.1	9.1	19.7
1997	33.2	36.5	45.4	39.6
1998	28.6	42.1	25.6	46.9
1999	21.1	43.1	21.1	48.3
2000	−9.1	34.2	−24.2	27.9
2001	−12.0	22.5	−0.8	27.1
2002	−22.2	−2.7	−24.7	3.4
2003	28.5	17.8	30.4	25.4
平均值		28.1		25.9

资料来源：富达公司；先锋集团。

说明：先锋数据截至 12 月 31 日。富达数据截至下一年的 3 月 31 日。百分比表示基金的分配在对应年份占相关资产的比例。

主动管理让税负问题变得更加突出。富达麦哲伦基金应纳税持有人的资本增值遭受了三重损失。首先，投资收益率未能与市场水平相匹配，相比于先锋 500 指数基金，其每年 1.5％的跌幅就证明了这一点。其次，长期资本利得分配给投资者时造成了税负问题。相对于指数基金税负占资产的 0.6％，富达麦哲伦基金年平均税负占资产的 4.7％。最后，2004 年年初，富达麦哲伦基金投资者面临更高的潜在税收负担。相对于先锋基金的未实现资本利得在资产中 17.8％的占比，该基金的未实现资本利得占比高达 25.4％。富达麦哲伦基金的税赋特征加重了已经失利的基金持有人的痛苦。

新投资者要面对潜在税负造成的不利影响，而这会使原有的投资者获益。实际上，新投资者将分担现有投资者的潜在纳税义务。当然，新投资者很快会成为老投资者，他们的潜在税收同样会转嫁到新投资者的身上。

共同基金出现未实现的净亏损头寸时，新旧投资者的地位会发生逆转。预计净亏损基金的现有投资者将会从中受益。新投资者买入的同时可以采取避税行为，使现有投资者无法从中获益。这种奇怪的结构性框架导致新投资者和现有投资者享受不同的税收待遇，这为共同基金投资者的命运增加了一个未知数。

牛市引发资金流入共同基金，无疑掩盖了股票型共同基金未实现资本利得大量积累的问题。持续的流入使得共同基金经理可以操盘规模不断扩大的投资组合，避免了锁定一部分资产来满足投资者的赎回请求，并提供了现金以满足重新调仓的交易需求。

如果没有持续的现金流入共同基金，投资者将会面临截然不同的情况。试图满足投资者的提款请求或希望增加新投资组合的基金经理会卖出证券，从而兑现收益。已实现的收益将导致剩下的基金持有人承担资本利得税。应纳税的投资者需要警惕含有大量未实现资本利得的基金。

不可避免地，大多数共同基金持有人的行为会影响个别持有人的纳税情况，而且视特定持有人的情况决定是为其带来利益还是造成伤害。投资组合经理的活动则是影响持有人税负的另一因素。在向共同基金投资组合投入资金时，应纳税投资者必须仔细考虑税负带来的后果。

无论从投资角度还是税收角度来看，高换手率都没有意义。通常来讲，资本市场的定价效率极高，投资者想要利用存在的少量异常情况获利需要具备长期耐心。应税投资者总是倾向于推迟取得收益，推迟不可避免的纳税责任。低换手率除了能给投资和税收带来好处之外，精心设计的投资组合管理策略还有额外的好处，即限制软美元和定向佣金的同时带来了收益。无论是增加税负，还是压低收益率，过于频繁的交易都会损害共同基金持有人的利益。

投资者造成的换手成本

共同基金投资组合中过于频繁地买入和卖出会对投资者造成严重伤害，此外，如果投资者赎回和调换自己持有的共同基金却不能带来收益，那么就会对投资者利益造成进一步伤害。共同基金持有人未采取适当的长期策略，而是用希望替代经验，卖出一个明显令人失望的基金，买入一个令人愉悦的潜在基金。买入基金与卖出基金所发生的成本就包括负面的税务后果和原本可避免的销售费用。

共同基金的换手率高得惊人。投资公司协会公布的共同基金赎回和调换的数据表明，资金流出量每年占平均资产的 35%，与平均持有期仅为 2.9 年一致。[①] 换手率水平保持稳定。如表 8.17 所示，1994—2003 年，年度换手率最低为 30.3%，对应的平均持有期为 3.3 年，最高换手率达 42.2%，平均持有期为 2.4 年。

表 8.17　频繁换手的共同基金导致持有人的收益受损

	共同基金换手率（%）	持有期（年）	股市收益率（截至 6 月 30 日的 3 年内，%）
1994	31.9	3.1	10.4
1995	30.3	3.3	13.7
1996	31.2	3.2	16.8
1997	32.2	3.1	26.7
1998	34.8	2.9	28.1

① 数据来自投资公司协会。

续表

	共同基金换手率（%）	持有期（年）	股市收益率（截至6月30日的3年内，%）
1999	37.7	2.7	25.8
2000	40.4	2.5	19.1
2001	37.3	2.7	3.5
2002	42.2	2.4	−8.2
2003	32.0	3.1	−10.6
平均值	35.0	2.9	

资料来源：投资公司协会；威尔逊合伙人（Wilshire Associates）公司。

说明：本分析使用了从1994年1月1日至2003年12月31日共10年的月度数据，测算了相对于平均净资产的赎回和换手情况，每月2.9%的换手率相当于年度35%的换手率。

共同基金持有人通过频繁调仓基金头寸，使自己遭受了损失。对于应纳税账户中大约2/3的基金资产，采取连续的基金赎回模式会产生预期的税收。请注意，追踪的3年股票市场收益（据报道相当于大致3年的平均持有期）表明，在1994年至2000年的每一年中，共同基金投资者总收益颇为丰厚。数据显示，共同基金投资者通过赎回或交换份额，使得共同基金不必要地实现了大量应纳税收益。

两种不确定性使应税投资者自身承受的结论并不成立。首先，换手行为可能集中发生在递延税款账户中，导致赎回和交换不会产生当期的税收支出；其次，换手行为可能以合理的形式形成亏损，而不是非理性地产生亏损。鉴于投资大众普遍缺乏明智的行为，两种解释都不太能说通。

即使出现亏损的情况，无论出现亏损的概率大或小，换手率都应保持在相当稳定的水平。税收敏感型投资者将会主动避免换手行为，如历史上市场收益较好的年份（包括1994年至2000年期间）；并且在市场亏损年份，如2002年和2003年，才会考虑换手。但事实并非如此。事实上，在2000年第一季度，基金换手率就达到样本期间的高点，为51.4%，这意味着股票平均持有期还不到2年。随着近3年的市场收益率达到19.1%，广泛的市场上亏损的资金几乎不存在，只有最不合格的投资者才会出现亏损。相比之下，2001—2003年，市场收益率不高或者为负，投资者可能会出现亏损。但共同基金所持股票的换手率低于平均水平。市场高峰前后的投资者行为违背了理性投资者假说。

除赎回和交换活动导致不利税收后果外，对组合进行“炒单”的投资者还要支付更高的费用。超过 60％的共同基金是从经纪业人士处购买的，因而面临费用导致资产缩减的最高风险。前端费用是最明显的威胁。赎回股票以购买有佣基金的投资者会跌入一个难以逃脱的深渊。递延销售费用是另一种低透明度的威胁。肆无忌惮的经纪人会鼓励客户在附加费用到期之前换手，从而导致了投资者所付费用的增加以及钱包的缩水。

共同基金在暗中引诱了“炒单”问题的出现。晨星公司后视镜式的星级制度巧妙地鼓励基金持有人用高价购买五星级产品。经纪公司的激励措施很明确，即奖励重复收取前端费用和递延销售费用的经纪人。投资者会发现自己面临的形势非常不利。共同基金换手率的统计数字给我们讲述了令人沮丧的故事。

除了基金经理造成的税收损失之外，频繁买卖基金也加重了投资者的税负。基金“炒单”时投资者更有可能增加承担递延销售费用的可能性，并增加了出现新一轮销售费用的可能性。基金份额的换手并没有达成增加收益的目标，却减少了投资者的财富。

对主动管理人显性成本的小结

进行主动管理需要付出成本，因此大大降低了市场收益。以美国股票共同基金经理中位数为例，2002 年，管理费用大约占资产的 1.5％，佣金消耗大约占 0.25％，市场冲击成本扣减估计占 0.60％，累计共有 2.35％的资产从主动投资者的账户中消失，对于一场“零和博弈”来说，这个代价未免太过沉重。

请注意，在年度 2.35％的费率中，还不包含前端费用和递延销售费用所侵蚀的资产成本。愚蠢的投资者是在给金融顾问直接送钱，他们在主动管理的投资中获胜的机会可谓十分渺茫。还应注意的是，在年度 2.35％的费率中，同样没有考虑投资组合换手或共同基金“炒单”带来的不利税收后果。投资者愚蠢到向美国政府交纳了完全不必要的税，这也会让主动管理成功地陷入困境。

2002年，“费用、佣金和市场冲击消耗了2.35%的权益资产”这个结论与罗伯特·阿诺特研究的“两年共同基金年度业绩亏损2.1%”密切相关。在做对比前，需要注意一些事项。多年来，费用、佣金和市场冲击的影响可能已经发生了变化。虽然美国证券交易委员会的数据表明，在过去20年中共同基金收取的管理费率一直比较稳定，但与投资组合换手率相关的成本缺乏可靠的历史数据。尽管如此，2%的主动管理成本与2%的业绩亏损仍惊人地接近——这不仅仅是一个巧合。

如果共同基金业绩表现的亏损相当于主动管理的总成本，那么一个合理的解释是，共同基金经理不具备主动管理技能。如果具备主动管理技能，那么他们会创造高于市场水平的收益。由于主动管理构成了零和博弈，只有当另一组市场参与者输掉时，共同基金经理才会赢。相反，如果主动管理基金经理不具备高超的选股能力，将形成低于市场水平的收益。在主动管理的零和博弈中，表现欠佳的共同基金经理是在补贴另一组市场参与者的收益。因为参与主动管理博弈的成本与长期业绩亏损度密切相关，似乎是共同基金经理引致的结果，既不比其他股票市场参与者的总数好，也不比他们差。显然，基金经理只是为了转动车轮而做出巨大努力，却没有取得任何成果。

主动管理共同基金资产毫无意义。在交纳管理费用、佣金、市场冲击产生的潜在费用、销售费用、递延费用、税负之前，主动管理的共同基金投资者面临的是投资抛硬币的游戏。在支付所有费用和开支后，投资者都会出现业绩亏损。理性的基金投资者会远离主动管理。

本章小结

管理费和交易成本是信托责任与利润最大化之间竞争的最重要的战场。在主动管理情况下，投资者的利益遭受了巨大损失，基金公司的利润战胜了其本应承担的信托责任。

销售费用是对投资者权益的侵蚀。销售费用导致收益率下降，免佣基金投资者可以在一定程度上避免收益率下降。事实上，有证据表明，有佣基金的费用水平与其业绩亏损程度一致。尽管人们普遍认识到免佣基金的优越性，但在贪婪的经纪行业的营销推动下，有佣基金仍然非常受欢迎。

即使没有销售费用这一巨大障碍，主动管理基金的投资者也面临着一条艰难的道路。2002年，业绩中等的基金在管理费上损失了大约1.5%的资产，其中佣金大约占0.25%，市场冲击造成的损失估计占比为0.60%，主动管理的总成本约为2.35%。这个数目对所有人，除了最具技巧或运气最好的人之外，都是巨大障碍。

指数基金具有一个显著优势。先锋500指数基金的费用比率比一般股票基金以美元计价的加权费用比例低1/5。先锋基金的交易佣金总计占资产的0.005%，相当于以美元计价的平均值的1/40。据估计，先锋基金7%的换手率对市场所造成的冲击要比主动管理型股票基金对市场的冲击少90%。低管理费、低佣金和低换手率都让指数基金具备了巨大优势。

然而，并非所有的指数基金都能满足投资者的合理需要。一些众所周知的不合理的基金结构设计会导致换手率高、成本高和税负重。谨慎的投资者会将基础广泛、结构合理的指数作为基准。

对投资者来说，交易的税收负担同等重要，因为超过2/3的共同基金资产存在于应纳税账户中。对基金经理而言，税收非常重要。因为换手率过高导致需要频繁地向投资者分配大量的资本利得，这不是基金经理想要看到的局面。事实上未被承认的一则丑闻是，他们在管理具有纳税义务的资产时，把它们视同会延期纳税的投资。监管机构和投资圈对大量的资本利得收益给予的关注太少。

从税收角度看，指数基金再次为人们提供了一个非常好的选择。尽管被动复制市场指数并不能降低总税负，但指数基金的低换手率创造的税后业绩要优于几乎所有的主动管理型投资组合。

20年中共同基金每年2.1%的业绩亏损和2002年2.35%的主动管理成本的对应关系表明，共同基金行业并不具备选股能力。作为一个整体，共同基金经理只能获得 C 的业绩评级。共同基金持有人却为 C 级评级的业绩表现支付 A 级应收的费用，这是极不合理的。

加强投资者教育是帮助他们摆脱共同基金一系列问题的唯一可靠手段。共同基金行业追逐利益的行为使投资者利益与基金管理公司的目标发生了冲突。高昂的管理费、庞大的资产管理规模和对税负不敏感的交易都会给投资者利益造成极大伤害。

委托人与代理人之间的冲突是显而易见的，该问题使共同基金投资者处于一个极为不利的地位。不幸的是，这个故事仍然存在，一些不太透明的力量进一步削弱了共同基金投资者的收益。

第9章

共同基金业绩不佳的深层原因

共同基金投资者经历了一系列的业绩伤害活动，这虽然是面向所有人的，但是对持有人而言肯定只会是失望的结局。高昂的费用——无法节省的前端申购费、过度收取的管理费用、适得其反的12b-1费用和无效的激励费用叠加在一起，共同浇灭了投资者获取高额收益的希望。过高的组合成交量会损害税前和税后收益率。不断膨胀的资产管理规模为基金管理公司带来了可观的费用收入，同时为共同基金投资者的收益设置了难以逾越的障碍。这些显而易见的共同基金行业特点为我们远离基金的主动管理活动提供了充分依据。

不幸的是，对投资者来说，还有一系列的隐蔽行为会进一步粉碎他们的愿望。经纪公司和基金管理公司之间不透明的收费安排会导致投资者听到贿赂腐败的新闻；滞后的定价与交易机制会提供一种基金公司扩大盈利的机制；软费用回扣的存在也损害了投资者利益，并且使共同基金的利润总额不断扩大。综上所述，共同基金这些隐藏的特征为其避免采用主动管理策略提供了额外的理由。

虽然共同基金谋求盈利的大部分行为并不得当，却是合法的。对于大部分投资者而言，这些行为都是不透明的。在20世纪20—30年代，华尔街经销商在与中小投资者进行交易的开放式基金分销中获利。在20世纪40—60年代，共同基金公司允许大额投资者利用滞后价格增加利润，以获得超额收益。20世纪70年代到21世纪，基金公司通过广泛使用软性费用增加收益，并且继续允许共同基金采用择时交易策略。年复一年，日子就这样过去了，共同基金行业依然在支持有利于交易商和机构投资者的交易策略，其原因却只是偏袒。无论行为多么过分，客观上都提高了共同基金行业的利润。

比在法律上玩花样带来的收益更让人痛心的是，个别共同基金公司居然会从事非法活动而从中获利。纵观共同基金行业发展史，投资管理公司始终在谋求以投资者个人利益为代价来提升公司盈利。这不仅超出了常识认知，还触犯了交易规则、监管条例和法律规定。基金公司违反了基金募集文件条款，允许优先级客户开展盘后交易，并为对冲基金运营商操作择时交易提供便利。共同基金组合无视美国证券交易委员会的规定，使用软费用来购买被明令禁止的商品和服务。在种种令人失望的事情中，共同基金公司不断越过底线，从行为不道德演变为行为非法。无论是谋求合法利润还是非法利润，共同基金管理公司都是在践踏个人投资者的利益。

仔细审视共同基金业的历史，会得出令人心碎的结论，即法律规定和监管部门根本无法应付共同基金公司被贪婪所激发的创造力。有时，如 12b－1 费用和软费用一样，一旦监管机构对不利于投资者的行为给出明文规定，就会带来新的问题。在其他情况下，例如基金公司滥用权力时，监管者却未能采取行动。在监管机构正确处理的情况下，基金管理行业转而寻找新花样，以延续以往的权力滥用行为。基金管理人的完胜就意味着投资者的完败。

信托责任与底线

2003 年，在共同基金爆出操作市场择时交易策略和盘后交易纠错事件之前，资本研究（Capital Research）公司的高级执行官兼投资公司协会主席小保罗·哈佳（Paul Haaga，Jr.）曾将基金行业称为“零丑闻”，吹嘘“我们与投资者的信任关系是我们未被过去 3 年熊市打败的原因。我们的持有人相信他们的共同基金公司正基于他们的利益最大化打理他们的基金”。这是在共同基金丑闻爆发前 3 个月发表的声明，《纽约时报》（*New York Times*）受人尊敬的专栏作家格莱金·摩根森（Gretchen Morgenson）授予哈佳“骄者必败”奖[①]，而深受丑闻之苦的投资者没有得到任何好处。

经过一番思考之后，哈佳开始狡辩：“我从来没有用过‘零丑闻’这个

---

① Gretchen Morgenson，“A Year's Debacles，from Comic to Epic，” *New York Times*，28 December 2003.

词。这不是准确的说法。这就像是说‘嘿，把钱交给我们，我们可能不会偷它’。”[①] 这种道德水准极高的陈述给共同基金持有人带来的只是精神慰藉，但不起任何作用。

哈佳对共同基金忠诚性的这一说法暴露了他对共同基金历史的完全无知。从第一家共同基金向投资者发行份额的第一天起，基金管理公司就在竭力向世界展示其对投资者友好的一面。即使基金经理满口承诺信托责任，但在为基金管理公司创造利润和服务投资者之间的取舍上，显然最后占上风的还是公司。基金管理公司从各种渠道谋取利润——从合法、透明的收费结构，一直到卑鄙的、不透明的回扣计划。审视共同基金行业整个发展历史中所发生的滥用权力行为，很显然可以揭穿它们对投资者友好的面具，这对外掩盖了该行业的真正的虚伪嘴脸。

付费才能入围的游戏

当共同基金投资者从经纪公司手中购买基金时，隐性的激励措施往往会促使经纪人只推销特定的基金产品。在一个对投资者不诚实的真实案例中，为换取作为优选供应商的优势，经纪人佣金业务组织会在基金公司集团［资本集团（Capital Group）、富达、联合（Federated）、达孚（Dreyfus）等］之外收取费用，这正是创造了一种新的利润榨取手段，成为在共同基金收费之外的又一种费用。作为对经纪人公司支付的对价，共同基金公司对经纪人销售队伍设有特殊的方法，为经纪人创造了激励机制以让他们优先推销自己所在公司的基金，并扭曲客户从经纪人处所能获得的建议。在文明的金融界，这种可鄙的做法被委婉地说成“收益分享”，更直接的说法是“付费才能入围”。

共同基金公司向经纪人付费，这就使其与客户的利益形成潜在冲突。经纪人不是从市面上所有共同基金产品中做筛选，而是将范围缩小到付费后才

---

① Staff Reporter, “Haaga Eats His Words on Scandal,” *Institutional Investor*, December 2003: 12.

有资格入围的公司。以爱德华·D. 琼斯（Edward D. Jones）公司（简称琼斯公司）为例，《华尔街日报》称其为“全美最大的共同基金分销商之一”①。琼斯公司声称其拥有 530 万客户，持有超过 1 150 亿美元的共同基金份额。该公司网站宣称，公司专注于“7 个优选的共同基金集团，这些集团拥有与我们相同的服务承诺、长期投资目标和长期业绩表现”②。根据《华尔街日报》的报道，这些基金集团享有非同一般的地位，在经纪人培训期间，琼斯公司几乎只向经纪人提供有关这 7 家优选公司的信息。在经纪人与竞争对手基金公司的销售代表之间大多是令投资者失望的合同。③

琼斯公司的网站没有对外披露它从基金公司手中拿到的用于购买基金公司产品优先推广地位所付的款项。从 2002 年的 8 600 万美元到 2003 年的 9 000 万美元——正是这些隐秘的贿赂性购买才让其拿到了令人垂涎的排名位置，这些基金都是琼斯公司会向客户推销的，即便经纪人当时没推荐客户从 7 家公司中选择共同基金。④ 根据波士顿财务顾问 Cerulli Associates 公司的调查，琼斯公司 90%～95%的基金销售额都包含优选名单上的公司。

资本研究与管理公司（Capital Research & Management Company）旗下的美洲基金就证实，它曾向琼斯公司付款以换取接近该公司的经纪人。一位企业发言人辩称，那些款项是作为“与个人财务顾问见面，宣讲我们公司的产品和基金”的支出。⑤ 事实表明，这种见面的成效极其显著。琼斯公司位列美国基金销售榜的第一。

在美国共同基金业绩表现优异的情况下，投资者不会怀疑自己由于受到基金公司付费争取优先级推介的伤害。看看普特南投资（Putnam Investments，简称普特南）的例子，这是一只被琼斯公司“优先推荐的共同基金池”，这种伤害在一定程度得到了缓解。普特南不仅在 2000 年股市泡沫之后

① Laura Johannes and John Hechinger, “Conflicting Interests: Why a Brokerage Giant Pushes Some Mediocre Mutual Funds; Jones & Co. Gets Payments from ‘Preferred’ Vendors,” *Wall Street Journal*, 9 January 2004.

② Edward Jones, “Mutual Funds,” http://www.edwardjones.com/cgi/getHTML.cgi?page=/CAN/products/mutual_funds.html.

③ Johannes and Hechinger, “Conflicting Interests.”

④ “NASD Considering a Fine for Edward D. Jones,” *New York Times*, 31 March 2004.

⑤ Johannes and Hechinger, “Conflicting Interests.”

投资业绩非常糟糕，而且在卷入不当行为时，公司同样创造了令人失望的收益。这里也包括公司基金经理对市场时机的选择。当琼斯公司选择普特南作为基金产品的优先级提供商时，琼斯公司所谓的“服务承诺”到底是什么？

当然，虽然道德堕落和业绩表现不佳会加剧人们对“付费才能入围”游戏规则的不满，但即便是优异的业绩表现，也无法证明这种恶劣行径具有正当性。共同基金公司支付给经纪公司的费用肯定会造成经纪人对客户提供的投资建议的误导。付费才能入围的游戏使得接触这种做法的每一方的声誉都被抹黑。

付费才能入围这一机制在琼斯公司的企业文化中盛行。《华尔街日报》报道，优先推荐名单上的基金公司为琼斯公司经纪人的加勒比海旅行和非洲野生动物之旅的费用买单，在此期间，基金公司的销售代表会向被自己俘获的观众极力销售宣传。超过一半的基金公司经纪人共同卖掉了足够数量的优选基金，这只是用来完成毫无意义的半年度工作量罢了。[①]

尽管琼斯公司深陷“付费才能入围”游戏的虚伪世界，但该公司通过一个假装神圣的姿态来回应共同基金的丑闻。2003 年 11 月 6 日，《纽约时报》刊登了琼斯公司执行合伙人约翰·巴克曼（John Bachmann）和首席运营官道格拉斯·希尔（Douglas Hill）写给美国证券交易委员会（SEC）首席执行官威廉·唐纳森（William Donaldson）信件的整版报道。该信断言“投资者天然有权获得知情权”，并且谎称自己“完全没有意识到 20 世纪 90 年代后期的某些事态发展已经影响到一些基金经理这件事。他们理应明晓他们正在为什么付费，以及我们作为经纪人正在接受什么”[②]。在向其他人提供道德建议之前，琼斯公司居然没有想想自己那令人不齿的立场。

对投资者而言，付费才能入围的游戏让他们损失惨重。琼斯公司的客户并未从共同基金管理公司付给该公司的巨额费用中得到任何好处。事实上，由于经纪人在基金筛选上的限制会让客户受损，为了消化共同基金公司对外负担的这笔费用，基金公司会向客户收取较高的费用，这些都让客户利益受

---

① Johannes and Hechinger, “Conflicting Interests.”

② Edward D. Jones, advertisement, *New York Times*, 6 November 2000: A12.

损。付费才能入围的游戏也是精明的投资者避免购买经纪人营销推荐的共同基金的另一个原因。

为了获得优先推荐基金排序而付费的行为败坏了共同基金行业中大多数大型参与者的声誉。在 5 家最大的共同基金企业中，有 4 家涉足付费才能入围的游戏。我在表 9.1 中再现了从共同基金公司的附加信息声明中找到的残酷的条款式语言，其中讲述了一个个令人不寒而栗的排序竞争的故事。富达、资本集团、美国投资管理公司/景顺集团（AIM/Invesco）、太平洋投资管理公司（PIMCO）都在参与这种肮脏的游戏。只有先锋集团没有“通过中介经纪人或交易商”销售基金，它向这家公司的投资者提供了避风港。[①]

在 2004 年秋季之前，共同基金公司不再以直接支付现金的形式补偿华尔街经纪公司的优先推介待遇，有时会采用扭曲的直接的佣金费用形式。直接的佣金费用是指基金经理会支付高于市场费率水平的交易佣金。然后，基金经理指示经纪人用这部分超额佣金购买大量商品和服务。当整个行业习惯于履行付费才能入围的义务时，直接的佣金费用则是以更高昂的交易成本形式来让基金公司承受付费才能入围的代价。直接的佣金费用缺少合法、合理的理由。在使用直接的佣金费用支付基金优先推介费用的情况下，这种做法带来了更加令人不快的色彩。

在不间断的付费游戏丑闻中，让人稍感宽慰的是，在 5 家最大的基金公司中，只有 3 家为履行付费入围的义务提高了佣金。美国基金的管理者——资本集团也加入先锋集团的行列，不采取对投资者的不友好行为。[②] 当然，资本集团继续将其公司资产用于贿赂。富达公司、美国投资管理公司/景顺集团、太平洋投资管理公司保留使用其股东资金向经纪行业行贿的权利。实际上，富达对该主题做了特别让人反感的说明，暗示富达麦哲伦基金持有人额

---

① The Vanguard Group，*Statement of Additional Information for Vanguard Index Funds*，28 April 2003：B-26.

② 2003 年，资本集团停止了使用直接的佣金费用来奖励经纪人销售其基金的做法。2005 年 3 月 25 日，《华尔街日报》称，资本集团使用基金资产作为交易佣金来补偿销售其基金的经纪公司，对于美国证券交易委员会的执法行动，资本集团对其罚款提出异议。此外，根据《华尔街日报》在 2005 年 4 月 1 日的报道，SEC 正在调查资本集团是否完整执行了特定经纪人补偿其他经销商进行产品安置的交易。该公司正在配合 SEC 的调查。

外支付的佣金可能被用来补偿经纪人“对其他基金所做的贡献”[①]。富达麦哲伦基金的持有人承受了削弱其投资收益率的成本负担，以及损害其他富达基金持有人收益的成本。共同基金公司真是生活在一个奇葩的世界。

在共同基金监管体系明显改善的情况下，2004 年 8 月，SEC 禁止共同基金使用直接的佣金费用对华尔街公司销售其基金份额进行补偿。威廉·唐纳森指出，利用基金资产进行分配“显然会引起利益冲突”[②]，并“提供了权力滥用的机会”[③]。共同基金行业游说了投资公司协会（Investment Company Institute，ICI），称该规则是“一个有利于基金投资者，并加强共同基金行业诚信运营的里程碑事件”[④]。华尔街的代言人美国证券业协会（Securities Industry Association，SIA）表达了对该规则的支持，并指出它“将有助于缓解共同基金销售的潜在利益冲突”[⑤]。显然，共同基金行业、华尔街和监管机构合作推出的这项监管措施有利于保护大众投资者。

事实上，该规则并没有起到任何作用。对投资者不利的付费才能入围游戏仍在继续。共同基金公司需要做的只是找到其他资金来源以履行其可憎的义务。直接的佣金费用损害投资者利益的活动仍在继续。共同基金公司只是需要通过其他方式来配置它们的不义之财。SEC 无视投资者损失的根本原因是付费才能入围和直接的佣金费用，它只是选择了一条折中的道路，即采取一种毫无作用的措施。

ICI 和 SIA 对向经纪人定向付费禁令的支持声明引起了人们对共同基金管理公司和经纪行业过往行为的关注。在宣传禁令的新闻稿中，两个行业组织都提及利用支付过高佣金来支持出售基金所存在的利益冲突。然而，在 2004 年 8 月 SEC 的裁决之前，共同基金行业和经纪行业普遍接受了使用客户资金

① Fidelity Investments，*Statement of Additional Information for Fidelity Magellan Fund*，21 May 2003：12.

② “S. E. C. Orders Mutual Funds to Cease Incentive Pay，” *Bloomberg News*，19 August 2004.

③ John Poirier，“SEC Bars Mutual Fund Payoffs to Brokers，” *Reuters*，18 August 2004.

④ Investment Company Institute，press release，“ICI Supports SEC Action on Directed Brokerage，Portfolio Manager Disclosures，” 18 August 2004.

⑤ Sec. gov，William H. Donaldson，“Speech by SEC Chairman：Opening Statement on Final Amendments to Rule 12b-1 at Open Commission Meeting，”（Washington DC，18 August 2004），http：//www. sec. gov/news/speech/spch081804whd. htm.

支付回扣的观点。并没有人强迫富达、资本集团、太平洋投资管理公司和美国投资管理公司/景顺集团使用直接的佣金费用来支付入围。很显然，ICI 和 SIA 的话是在谴责其成员过去的做法。在关键时刻，肮脏方案的交易组织协会立即转变态度，掩盖了这些不可告人的计划。

表 9.1　5 家基金集团中有 4 家参与了付费才能入围游戏

基金管理人	基金名	参与费用规则	直接的佣金费用
富达	麦哲伦基金	麦哲伦基金可能给中介支付重金。例如银行、券商和其他服务提供商（做出贡献的服务商）……	麦哲伦基金有权以某种方式分配投资组合的交易活动，但要考虑该基金或其他基金的份额
资本集团	阿姆卡普基金	作为代价，美国基金分销商现在给投资交易者额外的补偿……同时支付使美国基金的金融投资顾问和股东得到教育的会议	当投资顾问向基金组合交易下订单时，并不会考虑经纪人是否卖出了投资顾问管理的份额
先锋	指数基金	该基金不通过中介经纪人在市场买卖份额	因为该基金不通过中介经纪人在市场上买卖份额，所以不存在向经纪人支付基于基金销售的佣金
美国投资管理公司/景顺集团	美国投资管理公司系列基金	……（销售）行为包括……给交易者和其他机构的额外付费	……美国投资管理公司给不同的经纪人制定了不同等级的佣金……基于基金销售情况
太平洋投资管理公司	太平洋投资管理系列	……分销商分配佣金给参与的经纪人、特定银行，以及其他金融中介	……太平洋投资管理公司在执行投资组合交易时会将销售份额作为一个考虑因素

资料来源：Fidelity Magellan Fund Statement of Additional Information，21 May 2003：12，31；AMCAP Fund，Inc. Statement of Additional Information，1 May 2004：20，44；Vanguard Index Funds Statement of Additional Information，28 April 2003：B-26；AIM Funds Group Statement of Additional Information，3 March 2004：36，63；Pacific Investment Management Series Statement of Additional Information，13 March 2003：49，62.

说明：按截至 2003 年 12 月 31 日的基金资产管理规模排序。

事实上，SEC、ICI 和 SIA 共同精心设计了一场虚假游戏，给公众造成了监管正在改进的印象，但交易像往常一样。SEC 制定的是能让行业接受的规则，因而其作为“投资者利益代言人”的形象破灭了。更糟糕的是，SEC 通过营造一种提高投资者利益保护水平的假象，对投资者造成了直接的伤害。

他们所做的变革举动越多，一切越是维持老样子。

“从资本集团旗下美洲基金取得报酬的经销商数量”这个想法来自一部分交易员。2004年5月的名单见表9.2，包括金融服务机构：全国经纪巨头有美林证券和美邦，区域经纪人有莱格·梅森·伍德·沃克公司和雷蒙德·詹姆斯集团，保险公司有美国国际集团、大都会人寿保险公司、瑞士联合银行和美联银行。资本集团的披露既包含了公司参与者的简单列表，也包含了以子公司名义出现的知名度不高的公司。例如，德意志银行和爱德华父子以外界熟悉的名字出现，而约翰·恒康（John Hancock）以注册名为签约投资者的子公司名义出现，马萨诸塞互助公司则以MML投资者服务的名字上榜。绝大多数大型商业银行和大型保险公司都会很好地伪装自己，用鲜为人知的金融咨询子公司的身份出现。无论信息披露的清晰度如何，付费才能入围的游戏规则都会影响大量的金融服务机构。

表9.2 资本集团支付费用的合作伙伴包括大量金融证券巨头

银行	保险公司
花旗集团（美邦）[Citigroup (Smith Barney)]	美国国际集团（美国通用公司/富兰克林金融公司）[AIG (American General/Franklin Financial)]
德意志银行（德意志银行债券）[Deutsche Bank (Deutsche Bank Securities)]	美国国际集团（桑美金融集团）[AIG (SunAmerica Group)] 阿曼里特斯人寿保险公司（顾问小组）[Ameritas Life (The Advisors Group)]
国家城市银行（自然城市投资）[National City Bank (NatCity Investment)]	安盛顾问（AXA Advisors） 信合保险公司（信合保险经纪服务）[CUNA Mutual (CUNA Brokerage Services)]
匹兹堡国民银行（JJB希拉德）[PNC Bank (JJB Hillard)]	卫士人寿保险公司（公园街证券）[Guardian Life (Park Avenue Securiti-es)]
地区金融服务公司（摩根·基冈公司）[Regions Financial (Morgan Keegan & Company)]	荷兰国际集团（荷兰国际集团顾问网络）[ING Group (ING Advisors Network)]
加拿大皇家银行（加拿大皇家银行戴恩·劳舍）[Royal Bank of Canada (RBC Dain Rauscher)]	杰克逊国民（国家计划控股）[Jackson National (National Planning Holdings)]
社会国民银行（麦当劳投资）[Society National Bank (McDonald Investments)]	杰弗逊飞行公司（杰弗逊证券）[Jefferson Pilot (Jefferson Pilot Securities)]

续表

瑞士联合银行（瑞士联合银行金融服务公司）[UBS（UBS Financial Services）]	约翰·恒康（签约投资者）[John Hancock（Signator Investors）]
美联银行（US Bancorp Piper Jaffray Wachovia）	林肯国民（林肯金融顾问公司）[Lincoln National（Lincoln Financial Advisors）]
金融咨询公司	马萨诸塞互助公司（MML 投资者服务）[Mass Mutual（MML Investors Services）]
卡达雷特，格兰特公司（Cadaret，Grant & Company）	
剑桥投资研究所（Cambridge Investment Research）	大都会人寿保险公司（大都会人寿企业）[MetLife（MetLife Enterprises）]
	明尼苏达人寿保险公司（Securian/C. R. I.）[Minnesota Life（Securian/C. R. I.）]
资本分析师（Capital Analysts）	全国人寿（1717 资本管理公司）[Nationwide Life（1717 Capital Management Company）]
英联邦金融网（Commonwealth Financial Network）	
	俄亥俄州国民人寿保险（俄亥俄州股票销售公司）[Ohio National Life（O. N. Equity Sales Company）]
赫夫伦·蒂洛森公司（Hefren-Tillotson）	太平洋人寿（太平洋人寿集团）[Pacific Life（PacLife Group）]
英维斯塔公司（Investacorp）	宾夕法尼亚互助人寿（霍诺，汤森德和肯特）[Penn Mutual（Hornor，Townsend & Kent）]
林斯科私人分类账股份有限公司（Linsco/Private Ledger）	宾夕法尼亚人寿（珍妮·蒙哥马利·斯科特）[Penn Mutual（Janney Montgomery Scott）]
国家金融合作伙伴（国家金融合作伙伴证券）[National Financial Partners（NFP Securities）]	信安人寿（Princor/PPI）[Principal Life（Princor/PPI）]
	保护生命公司（卓越股权）[Protective Life（ProEquities）]
证券服务网（Securities Service Network）	凤凰公司（WS 格里斯证券）[The Phoenix Companies（WS Griffith Securities）]

续表

投资银行	西方储备人寿（国际证券）［Western Reserve Life（Intersecurities）］
爱德华父子（A. G. Edward & Sons） 贝尔德（NMIS 集团）［Baird（NMIS Group）］	
爱德华·琼斯公司（Edward Jones）	工业公司
加拿大皇家银行财富管理公司（Ferris，Baker Watts）	通用公司（通用独立会计师网络）［GE（GE Independent Accountant Network）］
莱格·梅森·伍德·沃克公司（Legg Mason Wood Walker）	
美林证券	
雷蒙德·詹姆斯集团（Raymond James Group）	
施蒂费尔，尼古拉公司（Stifel，Nicolaus & Company）	

资料来源：AMCAP Fund，Inc. Statement of Additional Information，1 May 2004.

说明：公司的母公司及资本集团的名称披露出现在括号中。在没有其他特别说明的情况下，会披露资本集团的名称。

即使投资者利益遭到令人反感的利益分享做法的破坏，SEC 也只是选择要求简单化披露。全面完整的披露并不是有效的补救措施，“投资者的保护者”只需要对利益分享做最常规的简单描述。2000 年 2 月，在涉及利益分享问题的案件中，有关发行说明书写着“顾问向经纪商和其他金融中间商支付了大量的自有资源”。SEC 要求应充分披露，并指出其目的是“告知客户经纪人-交易商利益冲突的性质和程度”，即使经纪商投资了基金公司的客户，也“没有必要进行精确披露”。通常，我们都无法从发行说明书中得知其他经纪商是否收到此类报酬。① SEC 监管要求的披露不能满足投资者的需求。

无独有偶，固定缴款型养老金计划的顾问和管理人员经常参与利益分享的活动。华信惠悦（Wyatt Worldwide）咨询公司称，大约 90%的 401(k)计划都是要求向资产管理公司收取费用后，才把这些公司的产品放在备选名单上。

① Tom Lauricella and Deborah Solomon，“SEC Defended Fund-Broker Compacts in Past，” *Wall Street Journal*，22 January 2004.

退休金计划通过混淆重要的财务计划和限制投资者选择的名单表现出收益分享的付费入围性质，损害了投资者利益。虽然收益分享可能涵盖基金管理人、赞助商和经纪人所创造的合法费用，但只有在偶然情况下收益才会与所发生的费用相匹配。实际上，与市场挂钩的收益分享几乎肯定无法与相对固定的管理成本相匹配。可能的结果只是把收入资金流转化成经纪商的利润来源中心。

由于收益分享机制会让决策者偏向高收费基金，并远离低收费基金，这种做法会影响向投资者提供的产品名录。一点都不奇怪的是，作为低成本投资产品之王的先锋集团受到了影响。正如《纽约时报》报道的，先锋基金机构销售总监表示，许多经纪人都曾联系过他，希望把先锋基金纳入 401(k)计划的投资者产品名录中，“当经纪人意识到他们不会因为将先锋基金列入推广计划而得到报酬时，通常他们会挂断我们的电话”[①]。收益分享只是金融机构从个人投资者那里获取报酬，以换取限制投资者的另一种工具。

在未来某个时刻，SEC 无疑将会调查投资经纪人和共同基金公司之间的暗箱操作，并得出收益分享行为损害了投资者利益的结论。如果监管机构试图制止为获取优先排名而付费的行为，基金公司将会寻找其他方式获得特殊地位，经纪人将找到其他机制以牺牲客户为代价获取利益。无论如何，从参与付费才能入围规则的共同基金公司买入基金的投资者都会面临另一种费用，并且在投资过程中遭遇进一步的利益冲突。

定价游戏

1924 年 3 月，全盛投资管理（MFS Investment Management）公司[*]在美国推出了首只共同基金。该基金由董事长梅里尔·格里斯沃尔德（Merrill Griswold）亲自管理，名为马萨诸塞州投资者信托基金，为个人投资者提供

---

① Lynn O'Shaughnessy, “A 401(k) Picks a Mutual Fund. Who Gets a Perk?” *New York Times*, 15 February 2004.

* 前身为马萨诸塞州金融服务公司（MFS）。——译者注

了投资多元化、专业管理投资组合的机会。该基金的发行标志着一个充满希望，同时也蕴含危险的时代的到来。

在 20 世纪 20 年代后期和整个 20 世纪 30 年代，开放式共同基金的投资者面临着与申购、持有和赎回基金相关的惊人成本。例如，今天的开放式基金投资者是以净资产价值买卖基金，并以投资组合的公允价值执行交易。而在《1940 年投资公司法》（The Investment Company Act of 1940）颁布之前，经销商会同时公告一个买入价格（他们愿意以此价格购买）和卖出价格（他们愿意以此价格出售）。买入价格和卖出价格之间的巨大价差构成了分销商几乎无风险的利润来源，这也是投资者无法避免的成本构成。

定价双轨制

除了透明的前端费用、持续的管理费用以及与交易相关的买卖价差外，20 世纪 20 年代和 30 年代的投资者还面临着一种模糊的定价双轨制体系。在这种体系中，经销商的优势明显，对投资者则是极大的劣势。几乎所有开放式投资公司都采用了定价双轨制，由于它可以为基金经理、交易商和分销商提供特殊的交易机会，允许它们形成无风险或近似无风险的利润。[①] 知情程度较低且处于不利地位的个人投资者会遭受损失。

20 世纪 20—30 年代，在交易日的某些时间段中，分销商通常会披露共同基金份额前一天的“清算价值”（当前的术语为净资产价值）以及销售费用。1940 年，SEC 发布的《投资信托和投资公司报告》（*Report on Investment Trusts and Investment Companies*）援引了凯文 · 布洛克（Calvin Bullock）发布的红利股份基金的例子。该分销商会在前一天的清算价值上“加上申购价的 8.67%的溢价”（即略低于清算价值 9.5%）来兜售该基金。[②] 这个申购报价到申购日的中午依然有效。实质上，在任何特定交易日的整个上午，分销商都可以以前一天的红利股份基金的价格做交易。

---

① Securities and Exchange Commission，Division of Investment Management，*Investment Trusts and Investment Companies*，Part 3 ，*Abuses and Deficiencies In the Organization and Operation of Investment Trusts and Investment Companies*（Washington，DC：GPO，1940），860.

② Ibid.

从理论上看，尽管滞后的价格机制允许个人投资者以昨天的价格做交易，但约9.5%的费用无情地打消了个人投资者利用此套利机会的一切念头。不过，对于经销商不存在这个问题，因为交易免佣金可以让他们利用该机制获利。

除了具有免佣交易的能力之外，在滞后的价格机制交易中经销商还享有隐蔽的关键优势。根据红利股份基金的发行说明书，凯文·布洛克会向交易商告知第二天的发行价，“在纽约证券交易所收盘后一个小时到一个半小时中，之前的申购价仍然有效”。发行说明书后面的文字有助于概述经销商可获得的套利机会：

> ……当下一个工作日的有效价格会下跌时，经销商和投资者可以推迟以当时的有效价格购买股票。相反地，当知道价格上涨时，可以按当下有效价格买入基金份额。①

发行说明书没有说透的是，即便价格已经下跌，交易商依然可以从基金份额的空头头寸中获利。随着对第二天价格的预测，享受免佣交易的基金经销商可以获取套利利润，却牺牲了信息匮乏和须交纳佣金的个人投资者。

在2003年共同基金的滞后定价丑闻发生之前，出现一个奇怪且不合时宜的征兆，20世纪30年代的老派共同基金交易商利用美国大陆的时间差套利。SEC报告指出“额外的优势能使东部交易商在西部销售这些基金”，从而得出“该交易商有一整个下午可以用两种价格进行交易”的结论。

多年来，共同基金投资者对自身的信息劣势始终一无所知，因为“在1935年12月31日之前，开放式投资公司的发行说明书中并没有披露定价双轨制及其运作模式”。SEC断言投资者“并不知道经销商和分销商可以间接获得利润。定价双轨制导致已发行基金的资产价值减少……已经抹去了对潜在购买者至关重要的信息”②。

---

① Securities and Exchange Commission, Division of Investment Management, *Investment Trusts and Investment Companies*, Part 3, *Abuses and Deficiencies In the Organization and Operation of Investment Trusts and Investment Companies* (Washington, DC: GPO, 1940), 860.

② Ibid., 867.

1935 年之后，SEC 要求对外披露定价双轨制，使得经验丰富的共同基金投资者得以了解经销商借用该机制的套利机会。披露并未能阻止经销商的套利活动。最后，《1940 年投资公司法》明文禁止了定价双轨制，使基金管理公司寻找剥削共同基金投资者的新方法。

经 SEC 许可的滞后价格

对于个人投资者的持续劣势，尽管有了《1940 年投资公司法》的禁令，机构投资者还是找到了利用新修订的共同基金定价机制牟利的方法。尽管《投资信托和投资公司报告》承认，如果销售和赎回价格都是基于收到订单当天收盘资产的价值，那么可以消除经销商和交易商之间存在的或者可能存在的滥用交易行为。《1940 年投资公司法》未能建立这样一个价格体系。相反，不利于个人投资者的是，该法案迂回反映了“人们对这种定价方式提出的反对意见”，即“经销商只能在一天内某个固定或者特定时间买卖基金”[①]。

在要求买卖双方以最新的可用价格进行交易时，《1940 年投资公司法》禁止了开放式共同基金份额二级交易中买卖价之间的不公平价差，并取消了以个人投资者的损失为代价给经销商带来无风险利润的定价双轨制。然而，由于屈服于投资行业的压力，该法案未能要求根据当前交易日的收盘价定价（即“向前定价”），而是继续允许使用前一个交易日的收盘价定价（即“向后定价”）。基金行业认为向后定价[*]通过允许共同基金购买者以已知价格进行交易来为投资者利益服务，未能指出滞后定价默许了更大型、更主动的交易者以牺牲普通共同基金投资者的利益而牟利。

在 20 世纪 40—60 年代的大部分时间里，共同基金的滞后定价使得剥削者能够把手伸到长期投资者的钱包里。虽然《1940 年投资公司法》取消了定价双轨制，经销商少了以今天的价格购买同时以明天的价格出售的机会，但市场参与者保留了今天以昨天的价格做买卖的权利。当市场反弹时，交易商

---

① Securities and Exchange Commission, Division of Investment Management, *Investment Trusts and Investment Companies*, Part 3 , *Abuses and Deficiencies In the Organization and Operation of Investment Trusts and Investment Companies* (Washington, DC: GPO, 1940), 870.

* 原文中向后定价为“backward pricing”，滞后定价为“stale pricing”。——译者注

可以通过昨天的折扣价购买共同基金份额来参与投资。在收盘前所下的报单为投资者提供了一个重要的牟利机会。通过以较高的市场交易价格对冲低价来获得共同基金头寸，共同基金择时交易者利用相对于其他共同基金持有人的不公平优势牟利。

除了短线参与者会直接稀释长期持有人的收益之外，择时交易者的活动也会干扰共同基金的组合管理活动。SEC 的一份报告指出“投机性交易行为会严重干扰投资公司的管理活动”，会迫使共同基金经理保有现金余额，以满足投机性流动需求，或者更糟糕的是，在购买和出售证券时进行投机交易会发生交易成本。①

共同基金持有人连着两次遭受损失。择时交易者从交易活动中拿走不义之财，直接降低了基金投资者的收益；基金经理则在间接削减投资者的收益，因为其保有的现金源于投资者的购买资金，而所保有的现金有助于择时交易者实现抛售活动。滞后定价不利于长期投资者的利益。

尽管投资者承担了费用，受利润驱动的基金管理公司仍对大型交易商表示欢迎。更大资产的管理规模可以创造更多的管理费用收入。盈利动力战胜了为持有人创造收益的想法。

1968 年，在共同基金择时交易者享受了 40 多年的轻松获利机会之后，SEC 颁布了 22c－1 规则，要求共同基金采用向前定价。监管机构最终解决了在共同基金行业出现第一天就困扰着投资者的定价问题。尽管早在 20 世纪 30 年代，SEC 就已明确知晓问题的性质和解决方案的特征，但直至数十年后才实施这一措施。不幸的是，与《1940 年投资公司法》一样，监管机构只解决了权利滥用中最显而易见的部分，而没有解决问题的根源。

尽管 SEC 颁布的 22c－1 规则杜绝了滞后定价的最突出问题，但对于包含交易频率少的资产和海外上市证券头寸的基金而言，这个问题依然存在。对于流动性较差的证券，例如公司债券和小盘股票，当市场出现大幅波动时，在共同基金定价截止时点即下午 4 点，对低流动性证券的定价会低于当前市场价格，

---

① Securities and Exchange Commission，Release No. 5519. “Adoption of Rule 22c-1 Under the Investment Company Act of 1940 Prescribing the Time of Pricing Redeemable Securities for Distribution，Redemption，and Repurchase，” 16 October 1968.

导致公允价值与滞后价格收盘价之间脱节。就外国市场而言，当海外市场收盘且美国市场出现大幅波动时，活跃的美国市场与休眠的外国市场之间存在可预期的相关性，这导致预期公允价值与滞后价格收盘价出现脱节。20 世纪 70—90 年代和 21 世纪初，在市场发生轰动性事件且出现市场实际价值高于收盘价时，大型交易商会利用滞后价格买入基金。受到择时交易带来的费用收入的吸引，大型共同基金公司会协助并怂恿这种做法。

到了 21 世纪，滞后价格交易活动已经达到了高潮。这些可耻的交易分为两大类：延迟交易和择时交易。延迟交易包括明显违反 SEC 于 1968 年颁布的 22c－1 规则的非法交易，该规则要求在每日下午 4 点之前依据基金资产净值执行交易。美洲银行（Bank of America）旗下共同基金的高管主导了这一可耻的行动，允许对冲基金运营商金丝雀资本合伙（Canary Capital Partners）公司对该银行的共同基金执行延迟交易。择时交易活动本身没有违反任何法律，但我们可以从两个方面证明其是有问题的。首先，择时交易行为明显降低了长期持有人的收益，引发了对共同基金管理层和董事会忠实履行信托责任的质疑；其次，许多共同基金发行文件中会提及禁止执行市场择时交易策略。因而，允许或诱发违反基金发行说明书中所陈述的行为就会构成犯罪。

许多共同基金公司与择时交易者签订明确的协议安排，允许其开展破坏性活动以换取择时交易者承诺，把特定数量资金用来购买其指定基金。事实上，纽约州总检察长办公室的戴维·布朗（David Brown）说“这让我大为震惊”，在一家基金的发行文件已经明文规定禁止择时交易的情况下，该基金公司还会采用协议合约来安排市场择时交易。[①] 共同基金公司和择时交易者之间的协议通常会确定长期投资和择时交易之间的比率，用杰纳斯资本集团（Janus Capital Group）的一名员工的话来说就是，“确保有足够的静态资本让我们能够创造适当的利润，即使实际上我们会遇到很多麻烦”[②]。

戴维·布朗说道：“总体来说，这些公司的首席执行官了解‘关于所谓的

---

① Tom Lauricella, “Quarterly Mutual Funds Review; Scandal Reaches Far and High; It Took Many Bad Apples to Taint Fund Industry's Reputation Amid Continuing Probes of Share-Trading Abuses,” *Wall Street Journal*, 8 January 2004.

② Ibid.

不法行为’的情况，高层人员都知道。”[①] SEC 指控景顺基金集团（Invesco Funds Group）总裁瑞·坎宁安（Ray Cunningham）在该公司与择时交易者金丝雀资本合伙公司的合作中扮演了重要角色。根据监管机构的说法，联合资产管理公司总裁约翰·卡里法（John Carifa）和该公司董事会主席布鲁斯·卡维特（Bruce Calvert）参与了择时交易策略的讨论，并与择时交易者丹尼尔·卡路加（Daniel Colugar）签订了“黏性资产”协议。[②] 事实上，卡路加甚至曾经计算过联合资产管理公司“可以从卡路加的业务中赚取 180 万美元”[③]。基金公司最高层管理人员直接参与择时交易，说明了追逐利益的行为战胜了自己所负的信托责任。

下面我们分析一下丹尼尔·卡路加所在证券公司经纪人的不端行为。在择时交易活动中，与择时交易者所获的不义之财相比，共同基金公司获得的财务收益显得微不足道。在卡路加与联合资产管理公司和马萨诸塞州金融服务公司（MFS）长达两年多的择时交易中，涉及总成交金额在 4 亿美元和 5 亿美元之间。SEC 宣称，在“向投资者提供的发行说明书中，联合资产管理公司并不允许开展择时交易，MFS 则是明文禁止此类活动”。卡路加的择时交易包含与联合资产管理公司达成的 2.2 亿美元的择时交易的书面协议，SEC 称之为“一个庞大的收益方案”。卡路加获得了 1.75 亿美元的收入[④]，联合资产管理公司和 MFS[⑤] 各赚了几百万美元。与其说是联合资产管理公司和 MFS 的高级管理人员把投资者出卖了，不如说是公司找借口把投资者廉价出卖了。

一些共同基金高管会通过采取直接的个人行动破坏投资组合收益，从而

---

① Tom Lauricella,“Quarterly Mutual Funds Review; Scandal Reaches Far and High; It Took Many Bad Apples to Taint Fund Industry's Reputation Amid Continuing Probes of Share-Trading Abuses,” *Wall Street Journal*, 8 January 2004.

② Tom Lauricella,“Alliance Officials Knew of Timing; Vice Chairman Included E-Mails About Details of Market-Timing Account,” *Wall Street Journal*, 17 December 2003.

③ Lauricella,“Quarterly Mutual Funds Review.”

④ *Securities and Exchange Commission v. Daniel Calugar and Security Brokerage, Inc.*, United States District Court for the District of Nevada, Case No. CV-03-1600-RCJ-RJJ (2003): 3, 6. http://www.sec.gov/litigation/complaints/comp18524.pdf.

⑤ Lauricella,“Quarterly Mutual Funds Review.”

让市场变得更加混乱。包括 6 位投资组合经理在内的 20 位普特南投资公司的员工为公司的基金操作了择时交易。[①] 当员工在他们管理的基金中操作择时交易时，内幕交易就会出现。SEC 宣称，普特南的投资组合经理可以查阅到投资组合账户当前的持有量、估值及交易情况，并非所有投资者都可以取得上述信息。利用这些重要的非公开信息进行择时交易会加剧犯罪行为。2003 年 10 月 28 日，普特南在丑闻中成为第一家正式受到证券欺诈罪指控的共同基金公司。[②]

共同基金首席执行官愚蠢而错误地算计如何利用市场择时策略来谋取个人利益。在被指控其通过择时交易获得超过 60 万美元的利润后，史壮金融公司（Strong Financial Corporation）的创始人、董事长兼首席执行官理查德·史壮（Richard Strong）宣布辞职。[③] 事实表明情况要比我们所预期的更糟糕。史壮最终承认，他在 10 只基金的 40 个账户中操作了择时交易，包括由他管理的史壮探索基金。仅在 2001 年一年，史壮就对他公司旗下的共同基金操作了 510 笔择时交易。总体而言，他获得了高达 180 万美元的非法利润，这比他最初估计的 3 倍还多。[④]

司法部门和监管机构为理查德·史壮开脱。SEC 主任斯蒂芬·卡特勒（Stephen Cutler）将史壮的行为描述为“背叛了最高等级的指令”，纽约州总检察长艾略特·斯皮策（Eliot Spitzer）指责史壮“严重违背信托责任”。政府的处理方案包括史壮向公众道歉这一不寻常的要求，斯皮策称之为“当众羞辱”。即使铁证如山，案件的判决也包含监管机构的习惯性让步，即史壮既不承认也不否认这些指控。[⑤]

---

① John Hechinger, “Putnam Is Fining Nine More Workers for Improper Trades,” *Wall Street Journal*, 17 December 2003.

② Deborah Solomon, John Hechinger, and Tom Lauricella, “Milestone for ‘Timing’ Scandal; Putnam Is First Mutual-Fund Firm to Face a Regulatory Complaint,” *Wall Street Journal*, 29 October 2003.

③ Staff Reporter, “Richard Strong Quit as Chairman and CEO of Strong Financial,” *Wall Street Journal*, 3 December 2003.

④ Christopher Oster, “A Fund Mogul’s Costly Apology; Strong Agrees to Pay \$60 Million and to a Lifetime Industry Ban as Part of Rapid-Trading Deal,” *Wall Street Journal*, 21 May 2004.

⑤ Ibid.

在史壮金融公司的丑闻事件中，总计处以 1.75 亿美元的罚款，史壮个人所承担的罚款计 6 000 万美元。尽管罚款很高，但史壮金融公司的最大损失来源于史壮在公司所持的大约 90%股份的价值缩水。史壮违反了信托责任准则所导致的资产有形损失和声誉的无形损失使公司价值缩水了数亿美元，应验了“捡了芝麻丢了西瓜”这句老话。史壮通过择时交易从基金投资者身上榨取了些许利润，却极大地影响了公司特许经营权的价值。

即使由史壮金融公司支付巨额罚款，也不足以抵补他的违法行为。在 2003 年给股东的年度信中，沃伦·巴菲特（Warren Buffett）写道：“至少有一家不法的管理公司在推销自己，毫无疑问，它希望将托付给其管理的共同基金‘输送’给出价最高的其他管理人员，为自己牟取巨额财富。这真是一个讽刺！为什么世界上没有基金公司董事只选择他们认为最适合的人，并直接与该方签约？因此，这位胜出者可以不用向前任经理支付巨额回扣。这种曾蔑视代管原则的人不应该拿一分钱。”① 当然，如果史壮金融公司的董事听了巴菲特的建议，理查德·史壮也就不会通过推销公司获得数亿美元的利润。也许史壮的下场会好一点。

皮尔格林-巴克斯特合伙（Pilgrim Baxter & Associates）公司联合创始人加里·皮尔格林（Gary Pilgrim）和哈罗德·巴克斯特（Harold Baxter）则分别找到了一种以牺牲投资者利益为代价而牟利的方法。根据 SEC 的说法，哈罗德·巴克斯特向华尔街折扣（Wall Street Discount）经纪公司的公司总裁传递了内幕消息，后者又将这些数据提供给择时交易的客户。加里·皮尔格林比巴克斯特更精明，通过私下设立阿巴拉契亚山道共同基金，从 2000 年开始就对阿巴拉契亚山道共同基金进行择时交易。在皮尔格林用于择时交易的基金中，他实际管理其中一只共同基金——PBHG 成长基金。虽然该基金的投资者在 2000 年遭受了 20%的亏损，在 2001 年又遭受了 35%的亏损，但是皮尔格林本人收获颇丰。从 2000 年 3 月到 2001 年 12 月，阿巴拉契亚山道共同基金创造了 1 300 万美元的择时交易利润，其中 390 万美元归于皮尔格林个人。据称，皮尔格林并没有对巴克斯特提及关于阿巴拉契亚山道共同基金欺

---

① Warren E. Buffett，Berkshire Hathaway，*Annual Letter to Shareholders*，27 February 2004：8.

诈的任何信息。[①]

阿巴拉契亚山道共同基金的择时交易只揭开了皮尔格林-巴克斯特合伙公司涉嫌违法行为的冰山一角。根据SEC和纽约州检察长的指控，在1998年至2001年期间，该公司允许28名投资者在择时交易中使用超过6亿美元的资金。2004年6月，SEC的艾瑞·加比内（Ari Gabinet）宣布与监管机构达成和解协议，称“皮尔格林-巴克斯特早前曾是最受某些最知名、最活跃的择时交易者欢迎的避风港。该公司允许一些投资者操作择时交易，以牺牲普通投资者利益为代价赚取数百万美元，在PBHG成长基金大幅缩水的过程中，投资者看清了它的价值”。最终，皮尔格林-巴克斯特同意支付1亿美元罚金，但既不承认也不否认自己的罪行。[②]

在共同基金行业的整个历史中，共同基金的滞后定价为不法市场参与者创造了择时交易机会。20世纪20—30年代，滞后定价是导致投资者处于不利地位的定价双轨制的基础。20世纪40—60年代，向后定价导致滞后定价的出现，滞后的定价机制导致投资者只能以昨天的价格达成交易。在20世纪70—90年代和2000年代，共同基金持有的证券依然存在滞后定价现象，这些证券可以在不同时区交易或不经常交易，抑或两者兼而有之。几十年来，即使牟取不义之财的目标发生变化，滞后定价中的获利机会仍然存在。

对择时交易问题最直接的解决办法是对共同基金份额公平定价。基金经理没有使用不同于真实价格的价格的权利，而是拥有合法调整资产价值以反映市场现实情况的能力。事实上，2001年4月，在任何可能导致滞后价格形成的“重大事件”发生之后，SEC要求共同基金应使用公允价值定价。正如《华尔街日报》所言，“该行业并没有全心全意为投资者赚取收益。”[③] 尽管SEC做出了艰苦的建设性努力，但共同基金公司和择时交易者仍在继续利用滞后定价。

---

① Tom Lauricella, “Pilgrim and Baxter Face Charges; Mutual-Fund Firm's Founders Are Accused of Breach of Duty, Civil Fraud by SEC and Spitzer,” *Wall Street Journal*, 21 November 2003.

② Ian McDonald, “Moving the Market: Pilgrim Baxter Settles for $100 Million,” *Wall Street Journal*, 22 June 2004.

③ Editorial, “The Price of Mutual Funds,” *Wall Street Journal*, 19 November 2003.

只要共同基金存在，个人投资者就会受到择时交易者的贪婪的剥削策略的困扰，基金管理行业会进一步放大它们的亏损。首先，经销商使用定价双轨制剥削投资者，国会进行了干预。然后，大型交易员利用了向后定价，SEC 也开始介入。接下来，基金公司和优先级客户采用滞后价格来牟取非法盈利。由于立法者和监管机构的反应迟缓而且效率低下，博弈发生了变化，但结果没有发生变化。强者获胜，弱者失败。

软美元费用

软美元费用的使用不太起眼且更为复杂，历史向我们展示了一个更令人担忧的故事。在 1975 年 5 月 1 日之前，华尔街是在佣金费用固定费率的制度下运作，该制度设定的佣金费率远高于执行交易的成本。激烈竞争导致经纪公司开始规避固定费率的佣金费用，通过软美元费用的形式向优先级客户提供折扣。实质上，软美元费用是经纪人给交易商打的折扣，是在为投资者相关和不相关的商品和服务提供资金。

这里，我们分析一下软美元费用交易对共同基金投资者的影响。无论出于何种目的，在证券交易中支付过高的佣金都会降低投资收益。收益的减少直接影响投资者的钱包。利益以商品和服务的形式被直接输送给基金管理人。因为软美元作为商品和服务的一种成本，其来源于基金公司的管理费用收入，软美元费用只不过是管理费用的变相存在。华尔街人士从软美元中受益。

2004 年 3 月 1 日，美国普信集团（T. Rowe Price）的附加信息声明中描述了软美元费用，“在某些条件下，可以通过支付更高的经纪佣金以换取经纪和研究服务。这些服务可能包含计算机和相关硬件。普信集团可以使用佣金代替现金来支付研究服务费用。如果普信集团试图利用自己的员工得到额外信息，则可能会大幅增加成本。如果经纪人或经销商提供了有价值的研究服务，普信集团承担的费用可能降低。”[①] 投资者中很少有人会去查阅普信集团发布的这份精心撰写的合法文件，但是投资者可以在文件的第 90 页和第 91

---

① T. Rowe Price，*Statement of Additional Information*，1 March 2004：90 - 91.

页发现该公司在使用软美元。尽管普信集团的文件披露符合法律规定，但该公司在通过其软美元费用损害投资者利益。

1975年的五一节之后，当SEC取消直接的佣金费用制度时，软美元费用能存在的理由便消失了。经纪公司佣金费率将由价格竞争来确定，私下的回扣可能会消失。对于共同基金投资者而言不幸的是，基金经理意识到软美元将与研究相关的费用从其账户（管理费收入）转移到投资者账户（交易费用）。因此，共同基金行业开始热烈地为软美元辩护。

1975年，国会通过修改后的《1934年证券交易法》（Securities Exchange Act of 1934）为使用软美元提供了安全港，而不是杜绝软美元。旨在保护投资大众的某些法条被国会歪曲了，国会屈服于华尔街的压力，最后软美元费用的立法条款就变成SEC所定义的"妥善使用"，即明确允许了基金经理侵吞投资者资产。为什么市场参与者会容忍为交易服务支付高额费用，然后以商品和服务的形式获得折扣所表现出来的低效率现象呢？答案在于层层缺乏透明度，这使得共同基金公司能够以不透明的方式获利。如果软美元与高度可见的管理费用同样透明，那么投资管理行业就不会使用这一概念。

20世纪80年代中期，当SEC研究软美元问题时，SEC不仅错过了铲除软美元祸害的机会，而且实际上放纵了这一祸患。通过措辞完美的官僚口吻，SEC指出其1986年的报告通过"采用更广泛的经纪和研究服务定义，来解决这一行业对使用软美元费用施加限制性标准这一难题"①。换句话说，如果限制得过紧，就该放松一下约束。1986年，在制定软美元相关法规的过程中，SEC偏袒了投资顾问方，而非咨询人。

1998年，SEC依然未能保护共同基金投资者。监管机构的《检查报告》（Inspection Report）只是泛泛地说"行业在广泛使用软美元"，因为"几乎所有投资顾问都获得了除经纪自营商的纯粹执行交易以外的产品和服务，并使用客户佣金为这些产品和服务付费"。该报告承认使用软美元的投资顾问与客户存在利益冲突，即他们自己需要使用研究服务，更好地执行交易服务，以

① Securities and Exchange Commission, Office of Compliance, Inspections and Examinations, *Inspection Report on the Soft Dollar Practices of Broker-Dealers, Investment Advisers and Mutual Funds* (Washington, DC: GPO, 1998), 9.

及获取更多的佣金。该报告列举了软美元费用的可疑之处和行业普遍存在的情形，包括支付“办公室租金和设备、移动电话服务和个人支出、员工工资、营销费、律师费、酒店和汽车租赁费等”①。显然华尔街人士对研究的定义与《韦氏词典》（*Merriam Webster's*）迥然不同。

使用软美元费用造成了根本性的、不可调和的利益冲突，即使长期存在滥用软美元的现象，在SEC于1998年提供的《检查报告》中，还是只得出以下结论，即“应该重申并提供额外的指导，考虑采取记录保管的要求，要求基金公司做更有价值的对外披露，并鼓励企业采取内部控制措施”。SEC并没有保护投资者利益，而是在为华尔街的利益做辩护。

虽然1998年《检查报告》的实质是主张废除软美元费用，但SEC仍然畏缩不前。面对有关各方的共同游说，包括共同基金公司、华尔街公司以及由研究所分析师组成的理性交易协会，以及缺乏来自个人投资者的压力，“投资者代言人”选择了加强法规约束，而不是走完全禁止软美元费用的道路。愤世嫉俗者可能会说SEC的行为只是针对显而易见、易于理解的投资者保护问题，同时默许不易察觉、常人较难理解的滥用行为的存在。

最骇人听闻的软美元费用滥用行为之一就是向经纪公司支付销售共同基金份额的报酬。SEC在1998年的《检查报告》中指出，“随着共同基金分销变得越来越具有竞争力，软美元已经逐步成为基金顾问用来奖励经纪交易商出售基金份额的额外激励措施”②。使用软美元费用来支付基金销售费用，违规的共同基金公司共计损害其投资者利益三次。第一次是用软美元费用提高了总费用水平；第二次是通过放大资产管理规模削弱了业绩；第三次是曾经通过经纪人向投资者提供有倾向性的建议。

2003年的共同基金丑闻导致人们要求改革软美元费用。2003年12月，投资公司研究所一直试图保护投资者，要求限制使用软美元，包括禁止使用经纪业务佣金来奖励经销商。2004年，在问题暴露半年之后，SEC正式禁止

---

① Securities and Exchange Commission，Office of Compliance，Inspections and Examinations，*Inspection Report on the Soft Dollar Practices of Broker-Dealers*，*Investment Advisers and Mutual Funds*（Washington，DC：GPO，1998），3－4.

② Ibid.，30.

收取过高佣金来履行收益共享的义务。

尽管 SEC 明令禁止使用直接的佣金费用来支付入围所需费用，但 SEC 未能杜绝其把直接的佣金费用用于其他目的，并且未能停止使用其他资金进行收益分享的做法。直接的佣金费用和付费才能入围共同伤害了共同基金持有人的利益，因而监管机构的措施一无所获。

行业辩护者取得了胜利，但未能在荣耀中掩饰自己。当现实冲突直接进入观察者眼中时，ICI 在向 SEC 发出的一封信件中委婉提到了“利益冲突表象”和“实际冲突的可能性”。[①] 在《华尔街日报》的评论中，资本研究管理公司（Capital Research and Management Company）[②] 的资深主管兼 ICI 主席小保罗·哈佳宣称，他所在的组织呼吁进行重大改革。[③] 在谴责滥用软美元这一长期实践，以及直接支付佣金费用才能入围上，哈佳的表现就像是 21 世纪版本的路易斯·雷诺（Louis Renault）船长。在电影《卡萨布兰卡》（*Casablanca*）中，即使是在给雷诺发放他赢到的奖金时，赌场主持人还在说，“在这里看到有人赌钱，我真的非常震惊”。像电影剧本一样，SEC 在 2004 年 8 月的改革并没有阻止赌场的活动。

本章小结

共同基金行业发展的历史始终包括一些以牺牲个人投资者收益为代价来维持共同基金公司利润的案例。当投资者的信托责任与企业对利润的渴望矛盾时，盈利动机一定会胜出。

投资者和基金管理公司之间的利益冲突关系同时以透明和不太透明的形式存在。高到无法承受的前端费用、递延销售费用、过高的年度管理费用、不恰当的营销费用以及过高的投资组合成交量使投资者望而却步。表面上看，

---

① Laura Johannes and Christopher Oster, “Commissions on Fund Sales Draw Scrutiny,” *Wall Street Journal*, 15 December 2003.

② 资本研究管理公司和美国基金（American Funds）都隶属于资本集团。资本集团支付费用的合作伙伴名单参见表 9.2。

③ Paul G. Haaga, “Mutual Integrity, Mutual Trust,” *Wall Street Journal*, 15 December 2003.

投资者遭受了经纪人的私下销售行为、剥削性的滞后价格交易活动以及可耻的软美元费用。

对绝大多数共同基金投资者而言，前景看似暗淡无光。监管机构发现滥用行为，从表面上处理了最受人关注的问题，然后基金公司开始转向其他事项。与此同时，共同基金行业找到了将利润置于投资者利益之上的新方法——即使 SEC 严禁付费才能入围来分享收益、强制实施公允价值定价机制，以及禁止软美元付费。从 1924 年开始，共同基金行业就采用其无穷无尽的创造力，以找到透明的或隐蔽的手段来占个人投资者的便宜。

第 10 章

决胜主动管理

作为行业适用规则，共同基金管理公司的职责是作为受托方来为基金持有人服务，同时也要为基金管理人赚取佣金，其底线便是在两者之间做出权衡。共同基金管理公司的净利润每提高一些，都会使得基金持有人账户的资产有所缩水。当遇到以下情况时，比如收取的基金管理费用过高，申购、赎回费率设置得不合理，投资组合换手率过高，以及投资组合规模过于庞大，都会直接导致基金持有人只能拿到非常失望的投资收益。同时，支付给经纪公司的基金产品托管费用、滞后价格交易行为，以及软美元费用也会给投资者造成损失，这在很大程度上都会被隐藏起来。在高度竞争的环境中，共同基金管理公司的投资者在运营公司时可谓如履薄冰。尽管涉足共同基金公司可谓陷阱重重，但基金持有人的处境也并非完全绝望。

在从业人数众多的共同基金行业中，依然有一小部分真正有投资能力的基金经理，他们受人尊敬，并且值得投资者信赖。这一小部分基金经理并不唯利是图，而是将对基金持有人的无私奉献置于追寻个人私利之上。此外，还有极少数基金经理会斥资买入一大笔自己管理的基金份额，这时候，他们就从基金管理人化身为委托人，从而极大提升了他们帮助基金持有人获利的概率。

一些激进的投资者希望能够识别出哪些共同基金是能够战胜市场的。在他们的投资评价准则中，首要的便是去评价基金经理的个人特质。主动管理型基金的成功取决于它的基金管理人——为人正直，敢于采取令人不安但能够赚取超额收益的投资策略的基金经理。例如，构造集中型投资组合和持有不被看好的证券虽然有助于成功获得投资收益，却可能损害个人声誉。共同基金的持有人很难评判基金经理的特质，因为这需要根据信息做出艰难的定性判断，而个人投资者往往很难收集到这些信息。

基金持有人如果想打败市场，不仅需要识别出有勇气、不墨守成规的基金经理，而且需要找到将持有人利益置于公司利益之上的基金管理公司。在处于资本主义体系核心的金融市场中，要想找到把信托责任看得比最终盈利更重要的投资管理公司，投资者面临着重重挑战。怎样才是把投资者利益置于个人利益之上？限制资产管理规模就是最有力的表现形式之一。不幸的是，在热衷于汇集资金的共同基金行业里，在限制基金规模或清盘基金时，基金经理都会很谨慎，他们中很少有人不信奉利润最大化原则。

投资者也许会很明智地想到，可以把钱投资到投资组合经理联合投资程度很高的基金管理公司。基金经理密切关注基金业绩，表明他希望自己充当委托人的角色，也表明投资者的利益与基金经理的动机之间出现了少有的一致性。不幸的是，联合参与投资所预示的价值可能很短暂。如果联合投资行为被视为投资者参与的试金石，无疑基金经理就会增持自己名下的基金份额，并鼓吹分享投资收益的正面影响。联合投资就可能从利益一致性的信号作用异化成发行募集资金的前提条件。

希望打败市场的投资者还要注意一点，即使找到了才华出众的、愿意追求更高投资收益来服务投资者的基金管理团队，也要面对一个残酷现实。基金募集说明书的标准模板里的文字向我们指出了问题所在，“过往业绩并不能代表未来的投资结果”。人在变，市场在变，环境也在变。即使把所有因素都妥善协调好，然后做最深思熟虑的投资决策，有时还是可能犯错。

在美国，总共有 9 000～10 000 只共同基金，但只有数十只基金会把投资者的利益置于首位。在少数特立独行的共同基金公司的管理之下，那些有价值的基金几乎是孤零零地站在一片荒原中。绝大多数共同基金还达不到忠实于信托责任的基本标准——把追求利润置于对投资者的责任之下。归根结底，几乎所有的共同基金都会玩忽职守。

基金经理应具备的特质

很多人都在尝试做主动管理，但极少有人能真正成功。试图战胜市场的证券选择者在竞争激烈的环境下进行交易。主动管理的投资经理被高素质、高度进取、高薪酬的竞争者包围，识别以及挖掘超额收益的过程异常艰难。在决定哪些市场主体能最终获胜上，个人特质发挥着重要作用。

伟大的投资经理以近乎痴迷的热情来对待自己的工作。最成功的从业者有时感到很吃惊（在私底下），他们竟能够从事这样一份激发智力的职业并获得报酬。因为我们很难描述市场的影响范围，生活中各个方面的因素都能为投资经理带来决策支持，将投资事业与个人生活融为一体的主动管理人更有可能取得投资上的成功（如果不是个人的成功）。

有毅力的投资经理能够与不断流入的资金保持步调一致，获取更丰富的信息是获得更高收益的必要非充分条件。相对于失败的对手，成功的投资者都在更努力地收集更多数据。要获得信息，投资者就要睁大眼睛参观更多、更好的公司，或者从分析师那里获取更多优质信息。

从获得的数据中得出结论并将信息用于构建成功的投资策略仰赖于投资者的智慧。然而，由于股票价格瞬息万变，只把握当前的环境远远不足以创造更高收益。为了取得资产管理成功，投资者需要具备有别于主流观点以及非比寻常的洞察力。

对基金投资经理而言，信念的作用很大，敢于主动发掘并持有不被看好的仓位是一种真正的投资智慧。在很多情况下，反主流的操作会让本该是利润的部分变为损失。

就对集中持仓组合的认知深度而言，战胜市场的基金经理是要远超大部分同行的。在管理集中型投资组合时，绝对有必要保持坚定的立场。投资业绩不可避免会出现不尽如人意的时刻，基金经理要么继续持有，等待绝地反击的机会；要么认输止损，使得投资者的失望成为定局。投资要取得成功，能坚定持有经过深思熟虑的投资头寸至关重要。

投资者都很渴望获利。投资者将资金委托给他人时需要充分了解基金经理的动机。如果基金经理的目标是为投资者获取超额收益，那么投资者获利的机会大幅提升。如果基金经理的目标是尽可能多地收取管理费，那么投资者的失望几乎在所难免。

不幸的是，集正直、热情、坚毅、智慧、勇气、投资技能等竞争力于一身的基金经理凤毛麟角。几乎所有投资者都很难获取用于筛选基金经理所需的必要信息。

外部顾问提供的帮助作用甚微。比如，晨星公司提供的投资咨询服务根据量化指标对基金做出评级，该方法对评估基金的过往业绩效果颇佳，但对预测其未来业绩则比较模糊。即使投资顾问致力于发掘基金经理的特质并极力推荐，投资者还是会怀疑投资顾问是不是收了被推荐方的回扣。几乎所有投资者都无法评估基金管理团队的质量，这就给取得投资成功制造了不可逾越的障碍。

在督促基金经理关注投资者利益上，基金公司几乎没有采取任何合同的约束。无论合同条款和监管条例中包含了哪些限制，基金经理还是更关注经济激励。补偿计划和管理合同不能确保主体行为有利于持有人，这迫使持有人在评估投资机会时只考虑基金经理的个人目标。除了基金经理在自己打理的基金中拥有真实头寸的少见情况之外，经济激励会引导基金经理采用汇集资金和拥抱基准的交易策略。基金持有人对利益一致性的最佳选择在于识别出不随波逐流且心怀抱负的基金经理。

共同基金持有人要想赚取收益，必须找出能把维护客户利益作为首要目标的基金经理。创造经风险调整后的超额收益是一个很大的挑战，但与募集资金以增加基金管理公司的盈利比起来，就相形见绌了。扩大管理资产规模，并收取高额费用会给基金管理公司带来更高的收入，代价则是减少了投资收益。把风险调整后投资收益率置于基金经理个人收入之上是对基金经理的职业道德准则要求。

要缓解委托人与代理人之间的矛盾，最重要的策略就是雇用与委托人利益一致的代理人。经济激励和道德责任的结合也许会鼓励代理人为客户的利益服务。虽然潜在的投资者很难用对基金经理的道德品格评判来做有力证据，但是借助经济激励措施可以为投资者发现和评估基金经理提供一些线索。

想让代理人为投资者利益服务，数额巨大的联合投资也许算是最强有力的经济激励措施。在联合投资中，若某位共同基金经理购买了自己打理的基金，则会使代理人（基金经理）和委托人（基金持有人）达成共识，因为联合投资实际上把代理人变成了委托人，许多优秀的投资经理会因为能“自食其力”而感到自豪。

当基金经理在某个投资组合中大量持有资产时，联合投资就能最好地发挥作用。比如，当投资组合中99%是基金经理本人的资产，余下1%来自外部投资者时，很显然在这种情况下，对于基金经理而言，创造投资收益就会比收取管理费用更重要，因为外部投资者的资产所贡献的管理费用太少了，以至于可以忽略不计。

如果在某个基金组合中，基金经理所持有的头寸占不到绝大多数，那么他就需要在募集资产牟取较高投资收益与因资产管理规模过大拖累业绩而造成较低投资收益两者之间做出权衡，然后决定资产管理规模。高度的联合投资和共同持有的大量头寸使基金经理和投资者的利益出现极高一致性，但这种情况非常罕见。不幸的是，大多数共同基金中只含有少量的联合投资。通常情况下，从基金经理的角度来看，确定性的高额管理费用收入完胜存在不确定性的低额投资收益。

通过较高程度的联合投资，虽然能把委托人和代理人的利益绑定在一起，也可能会创造更高收益，但在某些情况下会产生一些问题。如果在不同的投资期限、不同的税收环境或不同的风险偏好下，基金持有人和基金经理进行交易，那么基金经理的投资决策可能无法为基金持有人的利益服务。在做投资决策时，共同基金持有人应该对基金经理的投资期限、纳税情况和风险特征一并进行评估，并尝试做出适当的选择。不论在投资目标上基金经理和基金持有人存在哪些差异，更多的联合投资都会更好地照顾到基金持有人的利益。

即使联合投资不能让基金经理完全致力于创造投资收益，在促进利益结合方面也会起到重要作用。基金经理的高额联合投资意味着他将与基金持有人共同分享投资成果，联合投资所带来的心理纽带和经济效应同等重要。

虽然高比例的联合投资代表了与基金经理和公司股东之间的财务一致性，但谨慎的投资者切忌过高估计联合投资的好处。如果基金经理的高额联合投资成为业内普遍应用的基金投资试金石，那么基金经理会急于投入自己的资金，然后大肆鼓吹个人出资带来的利益一致性。到那时，联合投资就演化为业务开展的成本，异化成为收取管理费的一种手段。在外界不了解联合投资的好处时，高水平的联合投资便对外发出了强有力的信号。一旦联合投资的要求被广泛使用，信号就失去了它的力量。多数情况下，联合投资都可以作为分析基金经理行为偏差的客观依据，普通投资者都可以使用这个方法。

东南资产管理公司案例分析

作为长叶合伙人（Longleaf Partner）基金的创立者，东南资产管理（Southeastern Asset Management）公司向外界展示了很多极具吸引力、对投资者友好的行为特征。由马森·霍金斯（Mason Hawkins）和斯塔利·凯兹（Staley Cates）管理的长叶合伙人基金创立于 1987 年 4 月，这是一段尴尬的时期，因为当时距离股票市场史上最惨烈的大崩盘还不到 6 个月，但它造就了一群言出必行的优秀个人，并树立了最好的榜样。

委托人的定位

1998 年，在长叶合伙人基金致持有人的信中，霍金斯和凯兹明确提出了管理投资者资产的 10 条指导准则。其中，第一条“我们将把您投资于长叶的资产视同我们自己的资产”就体现了消除委托人（基金持有人）与代理人（基金经理）之间隔阂的承诺。长叶合伙人为共同基金持有人着想的承诺使该公司的基金经理在共同基金行业中独树一帜。比如，作为服务于投资者利益的承诺之一，东南资产管理公司决定不接受软美元费用，该公司称此为“全行业中独一无二”的政策。[①] 通过明确“基金经理会竭尽全力维护投资者利

---

① Longleaf Partners Funds Trust, *Longleaf Partners Funds Annual Report*, 31 December 1998: 1 - 2.

益”这一指导准则，东南资产管理公司也为确立有利于投资者利益的原则做好了准备。

清晰的投资策略

坚定不移、论证周详的投资策略对成功管理投资组合至关重要。长叶合伙人的基金经理承诺“根据我们对公司的内在价值、财务能力、管理水平、竞争地位以及未来盈利潜力的贴现值来选择投资标的”[①]。长叶合伙人基金的基金经理利用股价与公允价值的比率来衡量单只证券的相对吸引力，用严格的估值方法评价市场。当经营良好的公司以大大低于公允价值的市场价格成交时，基金经理会对所持投资组合的前景表现出极大热情，并鼓励持有人追加投资；当低于公允价值的程度降低时，基金经理就会表现得很保守，从而使手中的现金头寸增加。

在该公司发展历程的前几年里，这些周详的运营管理策略运行良好。在 1987 年 4 月到 1995 年 12 月之间，长叶合伙人基金创造了每年 15.3%的收益率。这个结果优于标准普尔 500 指数同期 12.6%的年化收益率，同时达成了基金经理和共同基金持有人两方面的愿望。

在接下来的 5 年里，情况发生了变化，一个业绩不佳的逆向投资组合使东南资产管理公司的基金经理举步维艰。截至 2000 年 3 月的 12 个月里，长叶合伙人基金落后标准普尔 500 指数近 27 个百分点。在过去的 5 年里，与标准普尔 500 指数的差距每年都超过 12 个百分点，没有哪个公司比东南资产管理公司更落后于时代的步伐。

该公司 1999 年年报的持有人提问部分暴露了东南资产管理公司所面临的压力——“长叶合伙人基金出问题了吗?”“为什么你们没有抓住互联网发展带来的机遇?”“长叶合伙人基金会投资于高新技术产业吗?”尽管霍金斯和凯兹公开回答了最后一个问题，“我们以最优价格持有的最佳资产在未来应该会带来高额收益”，但是长叶合伙人基金的高管肯定都曾为该公司的业绩失眠

---

① Longleaf Partners Funds Trust, *Longleaf Partners Fund Quarterly Report*, 30 June 2003: 1.

过。[①] 1987 年 4 月至今的投资业绩显示，除了在 1998 年年底其表现超越市场之外，截至 1999 年 12 月 31 日，它的收益率平均每年比标准普尔 500 指数低 1%以上。互联网热潮的泛滥使基金经理曾创造的高额收益记录开始变得“泯然众人矣”。

2000 年 3 月 31 日，在致持有人的信中，长叶合伙人基金提及了几个极合时宜的忠告，“从历史上看，把持有的股票以大大高于潜在商业价值的价格卖出的投资者为此付出了昂贵代价；更坏的情况是，追求良好业绩的投机者购买已到达发展巅峰的公司股票，结局自然很糟糕；持有人见人爱的股票是一个令人愉快的共识，但它会在长期内破坏公司的资金健康水平。”[②] 虽然其他的基金经理放弃了原有的投资准则，转而涌入投资互联网股票，但东南资产管理公司仍然忠实于植根传统经济的投资组合，东南资产管理公司坚守阵地布局于传统行业的投资组合，这些公司的市场价格显著低于合理的公允价值水平。

虽然该公司采取了应对市场的理性措施，但是长叶合伙人基金仍无力抗衡疯狂的牛市收益，这导致大量投资者选择与其分道扬镳。从 1999 年 6 月 30 日到 2000 年 6 月 30 日的一年时间里，投资者从长叶合伙人基金中赎回超过 10 亿美元的资金，这几乎占该基金在 1999 年 12 月 31 日净资产总额的 30%。选择离开的投资者是在机会最为有利的时刻抽身而退，这也标志着牛市到达了顶点。

造成投资者撤资的另一个原因就是晨星公司，它也是造成投资者赎回长叶合伙人基金的原因。尽管长叶合伙人基金的业绩表现不佳，直到 1999 年 6 月，晨星公司对它的评级仍为五星级。但在 1999 年 12 月，晨星公司在这个绝对是最不合适的时候把长叶合伙人基金的评级下调为中等水平的三星。正当投资者需要具有前瞻性的远见卓识来继续持有这只基金时，却在后视镜里看到晨星公司正提醒他们赶紧撤离。

---

① Longleaf Partners Funds Trust, *Longleaf Partners Funds Annual Report*, 31 December 1999: 1.

② Longleaf Partners Funds Trust, *Longleaf Partners Funds Annual Report*, 31 December 1999: 1-2, 4-5.

霍金斯和凯兹意识到稳定投资者信心非常重要，于是在 1998 年 6 月的半年度报告中指出，“合适的持有人对一只共同基金要比对其他公司更为重要。我们认为长叶合伙人基金拥有一群无与伦比的持有人。在平均资产规模、持有期和道德支持方面，我们的这些合作伙伴都是出类拔萃的。长叶合伙人基金的持有人理解买进估值过低的基金、逐一授权各项业务、将税负最小化，以及选择较长的投资期限等方面的重要性。”① 没有投资者的坚定支持，即便是世界上最好的投资公司也无法为客户创造出高收益。

即使长叶合伙人基金已经不能再为离开的投资者服务了，但是该公司还是用行动回馈了这些选择风雨同舟的投资者。从 2000 年第一季度末到 2003 年年底，该基金的年化收益率接近 16%，平均每年都要比收益率为负的标准普尔 500 指数高出 22%。对该基金的长期持有人来说，更为重要的是，从 1987 年 4 月以来，该基金的业绩就比标准普尔 500 指数更有优势，并以每年 3.9%的优势彻底战胜了这个被动跟踪的业绩基准。东南资产管理公司坚持了经过深思熟虑的一系列理性投资准则，这场疯狂的旅行最终还是为该公司和其忠实的投资者带来了丰厚奖赏。

注重长线投资

长叶合伙人基金的投资组合管理人“开展长线投资，并一直致力于将税后收益率最大化，而将来自商业、财务、监管和市场方面的风险最小化”②。东南资产管理公司的投资者没有选择高换手率、企图超越市场平均表现的疯狂游戏，因为这难免会带来巨额的税负支出。与此相反，长叶合伙人基金的投资组合管理人以一种对税负敏感的方式打理旗下资产，从而维护了基金持有人的利益。当然，激励长叶合伙人基金投资组合管理人的并不仅仅是利他主义。霍金斯和凯兹也指出，“作为基金持有人，我们会综合考虑基金各方面完税后的业绩表现”③。

---

① Longleaf Partners Funds Trust, *Longleaf Partners Funds Semi-Annual Report*, 30 June 1998: 2.

② Longleaf Partners Funds Trust, *Partners Fund Fact Sheet*, 30 June 2003: 1.

③ Longleaf, *Annual Report*, 1998: 2.

投资组合集中化

意识到“集中化投资的重要性”，投资组合管理人“只选择最好的方法”以保证其持有的头寸“对整个投资组合具有重要影响”①。一些募集资金的共同基金公司见利忘义，采用暗地做指数化投资的伎俩。长叶合伙人基金的投资组合管理人则拒绝使用这种手段，他们会选择冒着商业风险去构建一个多元化程度略逊一筹的投资组合。相比多元化投资组合，集中型投资组合则需要在一段更长的时间维度上开展估值。由于基金所持组合的业绩取决于相对较少的标的，该投资组合的收益与市场平均收益之间的差异就会令人担忧。当业绩不可避免地处于低迷时期，集中型投资组合管理人就会面临失去客户的风险。但是，对于优秀的主动管理人，集中化投资将会获得高额股息，因为精明的证券选择策略对投资结果至关重要，也就有可能以更高业绩达成投资者的愿望。

稳定的客户基础

东南资产管理公司意识到，吸引与本公司拥有相同投资理念、富有经验的共同基金投资者非常重要。如果追逐业绩的投资者在一个不合适的时候放弃了长叶系列基金，那么资金赎回动作就会伤害其他投资者和基金管理人。因而，霍金斯和凯兹强调选择投资期限足够长的个人来壮大该公司的客户基础也就不足为奇了。

在 2003 年共同基金丑闻发生前 5 年，长叶合伙人基金声明要遵守“防止短期投机者和择时投资的原则”。这一举动几乎扇了所有同行的耳光，霍金斯和凯茨写道，“1998 年，我们与第三方清算公司和支付代理商合作密切，确定了择时交易策略的投资者名单。我们编制了详尽的相关投资者和投资顾问名单，禁止他们买卖我们的基金产品。投资期限低于 3 年的资金不能让我们的投资伙伴受益。”② 其他共同基金的管理层与“害虫”般的择时交易策略者就

---

① Longleaf, *Annual Report*, 1998: 3.

② Longleaf, *Annual Report*, 1998: 4.

黏性资产达成协议，长叶合伙人基金则杜绝了此类“害虫”。

合理的费用协议

对于费用侵蚀投资者资产，长叶合伙人基金非常敏感，它声明该公司“不会增加客户的费用负担，要求持有期，不会收赎回费或者 12b－1 费用”。在 1998 年年报中，其指出“低费率、无附加费最符合基金持有人的利益”，并决定“我们不会提高或增加费用”。令人吃惊的是，有时东南资产管理公司还会做出调低收费的惊人之举。2003 年 9 月，长叶合伙人国际基金宣布将 25 亿美元以上资产的年度管理费从 1.5%降低到 1.25%，以表明“与我们的合伙人分享规模经济带来的一些好处，这样才是公平合理的”[1]。当然，降低费用的目的并不是为了用费率折扣来吸引新资金。因为在此举之后不到 6 个月，东南资产管理公司就停止向新投资者销售这只国际基金。

大量的联合投资

该公司的基金管理人与投资者联合投入了大量个人自有资金，并声明，“我们将与您一直做长叶合伙人基金的重要投资者”[2]。东南资产管理公司的联合投资达到了令人咂舌的程度。截至 2003 年年底，长叶合伙人基金的受托人、员工和他们的亲戚累计持有 4 亿多美元的基金份额，相当于该公司 100 亿美元共同基金资产规模的 4%。为了强化自己的委托人定位，东南资产管理公司还严禁员工购买该公司共同基金之外的任何基金。

尽管这种财务上的联合投资通常会带来正面影响，但是高度的联合投资更多是为了展示公司的投资理念，而不是作为财务激励手段。以长叶合伙人基金为例，假定多吸收 20 亿美元资金会导致预期投资收益率下降 1%，如果该公司懂得这个道理，就会在新增的 1 500 万美元管理费用收入与 4 亿美元个人资产缩水 400 万美元的可能性之间做个权衡。如果在计算时见利忘义，那么就会引发募集资金的无限制增加。当然，增加 20 亿美元资金减少的预期收

---

① Longleaf Partners Funds Trust, *Longleaf Partners Fund Quarterly Report*, 30 September 2003: 4.

② Longleaf, *Annual Report*, 1998: 2.

益率可能高于或低于1%，从而让基金经理得出不同的结论。事实上，尽管东南资产管理公司的基金经理进行联合投资的程度很高，但募集资金后的经济影响仍然欠缺透明度。在较高的管理费用收入和较低的投资收益之间，该公司要反复做权衡。

不管利润最大化原则的最终结果如何，东南资产管理公司的巨额联合投资足以表明该公司的委托人定位是无可比拟的。基金管理人既作为受托人又作为委托人，承诺与该公司并肩合作，这又进一步表明该公司是在严格忠诚于投资者的利益，即使这是以牺牲该公司的利润为代价的。

限制资产管理规模

该公司另一项明显有利于投资者的政策是，当发现投资机会减少时，它会停止接受新客户的基金申购请求。1995 年 9 月，由于“我们没能找到合适的投资标的”，马森·霍金斯和斯塔利·凯兹清盘了主打产品长叶合伙人基金。[①] 当时该基金的总资产为 17.6 亿美元，其中现金资产占比高达 26%，投资机会的匮乏程度可见一斑。

在清盘的时候，长叶合伙人基金的总资产还不到 18 亿美元，与此同时，世界上规模最大的主动管理型共同基金——富达麦哲伦基金所管理的资产则超过 500 亿美元。尽管富达麦哲伦基金拿到了资产规模排名全国第一的奖项，长叶合伙人基金仍以极高的业绩表现独领风骚。追踪这两只基金在 5 年间的业绩，就会发现总部位于孟菲斯的长叶合伙人基金的收益率高达 24.3%，明显领先总部位于波士顿的富达麦哲伦基金 22.9%的收益率。这两只主动管理型共同基金都轻而易举地战胜了 5 年增长 17.2%的标准普尔 500 指数。

如果当初东南资产管理公司决定宣传长叶合伙人基金的历史业绩，那么现在肯定早就已经累积到数百亿美元的资产规模了。假定每 100 亿美元可以为该公司创造 7 500 万美元的收入，只需要运用小学五年级的数学知识，霍金斯和凯兹就可以算出这对他们个人收入状况的影响。但是他们并没有追求个

---

① Longleaf Partners Funds Trust，*Longleaf Partners Fund Quarterly Report*，30 September 1995：2.

人利益，而是毅然决定暂停这只旗舰基金的申购，以削弱资产规模过大对基金业绩造成的不利影响。

在暂停申购的公告里，霍金斯和凯兹指出，投资者在基金资产扩张初期就体验到了规模经济带来的好处。1987 年年初，长叶合伙人基金的收费比率为 1.50%。1995 年，管理资产增加带来的效率使这一费率降至 1.06%。公司之所以会停止该基金的申购，部分原因就是投资组合经理发现，如果进一步扩大资产管理规模，则会对收费比例“造成相应的不利影响”，这也再一次证明东南资产管理公司更为看重的是基金持有人的利益。

收费比例的下降也说明了东南资产管理公司把投资者利益置于公司获利之上。与实现规模经济以降低费用相反，基金经理原本可以悄悄地继续收取占资产一定百分比的费用，带来更多的现金流入，并为他们自己创造更多的利润，东南资产管理公司却坚持把规模扩大所得的大部分利润分享给自己的客户。

在长叶合伙人基金停止申购后的第 3 年，1998 年 10 月，东南资产管理公司重新放开了这只旗舰基金的申购，并指出“该基金的现金水平已不足以把握当前的投资机会，新资金的流入将提高全体基金持有人的收益”。所以，公司决定扩大基金管理规模，吸收新的资金进行集中投资，以保障基金持有人的利益。1999 年 6 月，为新投资者打开的大门再次关闭，这是由于东南资产管理公司仅发现“很少几个符合长叶合伙人基金标准的新投资机会”[①]。该公司继续执行“对机会敏感”的投资方针，于 2000 年 2 月恢复长叶合伙人基金的申购，以完成某些引人注目的投资。[②] 该基金开放时的声明指出，基金的收费比例已下降到 0.92%，这再一次证明了该公司为客户着想的投资理念。

在长叶合伙人基金封闭的几年里，东南资产管理公司的确控制住了该基金的资产管理规模。截至 2003 年年底，这只持有 20 只股票的基金市值达到了 77 亿美元。相比之下，分散投资了 224 只股票的富达麦哲伦基金市值则高

---

① Longleaf Partners Funds Trust, press release, “Longleaf Partners Fund managed by Southeastern Asset Management, Inc. will close to new investors on June 1, 1999,” 13 May 1999.

② Longleaf Partners Funds Trust, press release, “Longleaf Partners Fund reopened on February 1, 2000,” 1 February 2000.

达680亿美元。东南资产管理公司的投资理念包括投资组合集中度和资产规模限制，并得到了很好的收益。2003年年底，长叶合伙人基金5年的年化收益率达到10.8%。而同一时期，规模庞大且投资分散的富达麦哲伦基金只取得了−1.1%的年化收益率，低于标准普尔500指数−0.6%的年化收益率。尽管富达麦哲伦基金为富达公司创造的收入远远高于长叶合伙人基金对东南资产管理公司的经济贡献，霍金斯和凯兹却为自己的客户提供了更多更优质的服务。

与长叶合伙人基金根据投资机会的多少来决定它的开放或关闭不同，长叶合伙人小盘基金在1997年8月1日停止申购后就再也没有恢复申购。按照霍金斯的解释，这是因为“担心核心投资头寸被削弱，而又没有找到绩优商业股的希望”[①]。在长叶合伙人小盘基金清盘不到一年以后，霍金斯和凯兹指出“即使波动或市场调整标志着出现买入的投资机会”，这只基金“可能仍不会向新投资者开放，以保持对小盘股的重点关注和我们的集中投资策略”[②]。这就像人咬狗一样稀奇，投资者利益居然战胜了基金经理自身的利润诉求！

根据投资机会适时关闭基金认购以保持一定的资产管理规模会更有利于现有基金持有人。遗憾的是，对于潜在投资者而言，这个信号并不友好。这就像是金融界的第22条“军规”一样令人左右为难，因为关闭一只基金就是拒绝新投资者的进入。利益相关者忧心忡忡地等待关闭的基金重新开放申购，而这种等待有可能是完全没有意义的。以东南资产管理公司的长叶合伙人大盘基金为例，这种等待可能要历时数年之久。而对于长叶合伙人小盘基金而言，新的投资者可能再也没有机会买到它。截至2004年年底，这只基金暂停认购有7年多了。

如果长叶合伙人基金的委托人觉得他们再也不能让某一特定的投资工具增值，东南资产管理公司就会退出这项交易。2001年9月，在宣布“房地产市场共同基金的结构不再是增加房地产投资资本的最好工具”之后，东南资产管理公司关闭了资产管理规模超过5亿美元的长叶合伙人房地产市场共同

---

① Longleaf Partners Funds Trust, press release, “Longleaf Partners Small-Cap Fund managed by Southeastern Asset Management, Inc. will close to new investors on August 1, 1997,” 30 June 1997.

② Longleaf Partners Funds Trust, *Longleaf Partners Fund Quarterly Report*, 31 March 1998: 12.

基金。[①] 放弃这只收取 1%管理费用的基金后，该公司的基金经理每年少收了 500 万美元的费用，却对外展现了该公司对投资者利益的高度忠诚。

与基金持有人的沟通

东南资产管理公司的最后几条投资准则是，承诺为基金持有人服务，并与其进行真诚的沟通。旨在募集资金的共同基金公司总会让潜在投资者在投资之前就能很便利地取阅产品发行文件，但投资者通常很难拿到一些包括敏感信息的辅助文件，如附加信息声明（SAI）。2004 年 2 月，一项对规模排于前 10 位的共同基金公司所做的网上调查显示，只有 1 家基金公司在网上对外公布了 SAI。美国基金旗下的美国投资公司（Investment Company of America）专门收集了一些基金的 SAI 信息，这是一种有利于基金持有人的信息披露。信息披露的基金包括免疫科技绩优股基金、富达麦哲伦基金、富兰克林收入基金、杰纳斯基金、奥本海默非主流基金、太平洋投资管理总收益基金、普特南成长与收入基金、普信股权收入基金和先锋 500 指数基金。而东南资产管理公司始终坚持“为投资者着想”的准则，承诺与基金持有人进行真诚沟通，只需要轻点鼠标就可获得其 SAI 信息。

小结

东南资产管理公司是一家私人控股的独立公司，这对其能够为投资者利益服务显得至关重要。如果东南资产管理公司是某家金融服务集团的子公司，那它就有义务为股东创造利润。只有在私人控股、由投资组合经理所控制的独立公司里，追求利润的经理人才有条件考虑为投资者利益服务，而不用担心这对公司利润报表的影响。独立公司有机会选择在多大程度上为投资者的利益服务或为公司创造利润。

东南资产管理公司向我们展现了要取得主动管理成功所需具备的各项有利于投资者的主要特征。投资组合经理要敢于持有集中型的投资组合，与基

① Longleaf Partners Funds Trust, *Longleaf Partners Fund Quarterly Report*, 30 September 2001: 3.

金持有人共同向基金投入大量资金，限制基金的资产管理规模，对税负保持敏感，合理设定收费费率，并在投资机会消失时将基金清盘。即便上述信号指出了正确的方向，投资者仍不能确信在未来的主动管理中东南资产管理公司一定会取得成功。

由于人才是整个投资管理过程的核心，影响未来业绩的问题主要来自基金经理。要想获取较好的投资业绩，马森·霍金斯和斯塔利·凯兹还会继续为创造高额投资收益投入多少时间和精力呢？管理团队的资深人员有没有吸引、培训并留住高素质的年轻人才呢？对于创造投资收益的专业人才，经济报酬的分配是否公平呢？要回答关于投资团队的经验、动机和聘任等方面的关键问题，就需要对其有深入全面的了解，而普通的共同基金投资者是很难获取这些信息的。

除了要关注现有投资管理团队的持续投入水平外，投资者还应该不断重视在投资开始前对基金经理的性格特征做出评价。谨慎的投资者不仅会考虑保守派，也会选择锐意进取的人。评价投资经理是一项永无止境的工作。

最后，成功的共同基金投资者必须足够了解自己是否有信心一直持有基本稳定却不被看好的头寸。在 1999 年年末到 2000 年年初的牛市高位，长叶合伙人基金的投资者赎回了接近 30%的资产，使投资组合遭受了三重损失。首先，退出的投资者要对已实现的收益交税；其次，他们在退出之前遭遇了很差的业绩，再也无法享受相对较好的未来收益；最后，离开的投资者可能会去购买当时市面上业绩较好但很快会变糟的基金。在筛选优胜基金时，只有足够有耐心的投资者才能笑到最后。

在签约任何主动管理投资方案时，即使是东南资产管理公司旗下的绩优基金，投资者同样需要极强的信心。投资者必须坚信基金的未来业绩会像过去一样好，同时明白市场必然会发生变化。基金经理会老去，会离职，会变得贪婪，也会后继无人。即使公司名称一直不变，也无法保证在未来 10 年里能继续保持前任创造的连续 10 年位居榜首的光辉记录。人总是在变的。

本章小结

尽管绝大多数共同基金经理都以牺牲投资者利益为代价来创造利润，但还是有一小部分共同基金管理公司会把投资者利益放在首位。想要持有主动管理型共同基金的理性投资者会寻找在行为和组织结构上对投资者友好的基金管理公司。联合投资和限制资产管理规模的行为与为投资者创造财富的定位是一致的。虽然表现好的基金经理会让投资者获益，但潜在的共同基金购买者会面临一个巨大挑战，那就是怎样识别并监督表现良好的基金经理。投资者必须做好准备，要在 B 级片的一大堆坏小子之中，辨别出为数不多的大片里的英雄。更可怕的是，一旦找到了这样一位难得一见的超级巨星，他的下一部作品会成功还是失败依然是一个谜题。由此可见，想要找到一位主动管理的赢家是一件极其困难的事情。

第 11 章

另类选择——交易所交易基金

交易所交易基金（ETF）是一种可以像上市公司股票一样挂牌交易，并进行指数化投资的开放式共同基金。结构合理的 ETF 和标准的指数基金一样，都具有投资多元化、成本低廉和节约税负的优点。事实上，在某些情形下，ETF 可能比其他普通的指数基金更加节约税负支出。

1993 年 1 月 22 日，由道富银行信托（State Street Bank and Trust）公司、美国证券交易所和标准普尔公司联合发行的 15 万份标准普尔存托凭证（SPDR）是最早诞生的 ETF，它是一种追踪标准普尔 500 指数实时走势的证券。在问世之后，俗称“蜘蛛”的 SPDR 备受追捧。1993 年“蜘蛛”首次发行时，其资产总额仅为 660 万美元。截至 2003 年 12 月 31 日，道富旗下的这只“蜘蛛”已经累积了 438 亿美元的资产，几乎占 ETF 总市值（1 574 亿美元）的 1/4。

ETF 可以投资于任何一种核心的大类资产，如国内股票、国外发达市场股票、新兴市场股票、传统的固定收益债券、与通胀指数挂钩的债券以及房地产。由于对市场的覆盖面非常广泛，投资者只须投资 ETF，就有机会构造出一个多元化的投资组合。

高水平的投资管理公司掌控着当前的 ETF 市场。截至 2003 年 12 月 31 日，巴克莱全球投资（Barclays Global Investors，简称巴克莱）公司和道富环球投资管理（State Street Global Advisors，简称道富）公司在 ETF 市场占据总市值的 3/4。最初巴克莱全球投资公司和道富环球投资管理公司是为机构投资者的大型投资组合提供被动管理服务的，它们向 ETF 市场提供节约成本的投资管理服务也有着悠久历史。虽然它们都希望赚取更多利润，但为机构投资者提供共同基金管理服务的市场竞争十分激烈，这就迫使巴克莱全球投资公司和道富环球投资管理公司形成了一种以客户为本的服务宗旨，并把这种宗旨在 ETF 市场中发扬光大了。

ETF 投资的最大弊端在于需要与经纪行业打交道。华尔街的经纪人一般都采取损害投资者利益的行为赚钱。经纪人通过牺牲投资者的利益中饱私囊，常见的方式有四种：对交易收取高额佣金，消极地为低频交易的投资者执行交易，收取账户维护费用和鼓励频繁交易。不管经纪人的行为有多恶劣，ETF 交易的佣金支付都规定了最小交易规模，由此排除了低于该最小规模的交易。明智的投资者会密切关注交易成本和交易执行过程中天然存在的委托人和代理人的利益冲突。

个人投资者买卖 ETF 存在着几个巨大挑战。ETF 的架构包含一种能使市场价格趋于公允价值的套利机制，前提是 ETF 中所持有的证券是能在一个流动性好且富有弹性的市场上进行交易，这时 ETF 的套利机制才是最有效的。如果 ETF 产品本身就在一个交投活跃的市场上交易，那么套利活动会更加高效。然而有时套利机制并不能让价格回归公允价值，经验欠缺的投资者就有可能以高出公允价值的价格买入 ETF，以低于公允价值的价格卖出 ETF。

ETF 市场上除了提供一些表现抢眼的投资标的以外，还有很多基金的成本很高或结构不合理，抑或两者兼而有之。例如，Rydex 全球顾问（Rydex Global Advisors）对一只加权平均的标准普尔 500 ETF 产品收取 0.40%的费用，而巴克莱全球投资公司对一只同样按市值加权的标准普尔 500 ETF 产品仅收 0.09%的费用。对于基本相同的投资管理服务，为什么投资者要多交约 4 倍的费用呢？此外，市场上涌现了一些小众 ETF 产品，如单一国家基金或行业基金，它们用一些毫不相干且有迷惑性的产品将 ETF 市场搞得一片混乱。有些 ETF 跟踪的是结构不合理的指数，这类产品根本无法吸引投资者。有些 ETF 产品内部的投资组合长期保持不变，根本无法对指数变化做出反应，此类投资组合完全不具有代表性。因此，即便在 ETF 市场上，投资者也必须像对待其他金融服务一样抱有谨慎且怀疑的态度。

投资者应该对更艰难的未来有所准备。ETF 资产的巨额增长已经吸引了华尔街的一些卑鄙小人，他们已想出了一些增加自己收入的伎俩——结构更差、收费更高的产品已经蓄势待发。富有创造力的金融工程师已经找到了一种方法来发行主动管理型的ETF，这使得ETF行业的缺陷变得更为严重。随着时间流逝，ETF市场会日益表现出传统共同基金行业所具有的平庸特点。

对大多数投资者而言，ETF是一种可以替代传统指数基金的新选择。但不幸的是，与金融服务行业的所有领域一样，ETF的投资者也面临着一系列委托代理问题，从而使基金背离了最初设定的目标。仔细筛选基金并审慎操作交易就可以解决委托代理问题，这就迫使投资者需要构造出一个极具吸引力的投资组合，它可以比得上甚至超越由标准指数基金构成的投资组合。

交易所交易基金

在约10年的时间里，ETF市场从首次发行金额660万美元的标准普尔存托凭证，发展成为2003年年底已经持有134只证券、总市值达1 570亿美元的市场。ETF市场涵盖了多种大类资产，如国内、国外和全球股票，国内债券，以及通胀保值债券（TIPS）等。

美国股票主导着上市的ETF产品，在数量上所占份额超过60%。如表11.1所示，就市值来看，美国的股票基金占全部ETF市值的近90%。实际上，前5大基金的持仓都集中在美国股票上，在ETF资产中的持有比例高达55%。

表11.1 ETF涵盖了一系列大类资产

	基金数量（只）	市值（百万美元）
美国股票	86	139 088
国外发达市场股票	24	11 784
新兴市场股票	9	2 563
全球股票	7	307
房地产	3	1 282
美国债券	5	2 231
通胀保值债券	1	142
总计	134	157 396

资料来源：摩根士丹利。

说明：数据截至2003年12月31日。

表 11.2 列出了规模最大的 10 只 ETF，其中有 4 只投资于核心资产［标准普尔存托凭证、标准普尔 500 指数基金和先锋整体市场指数都投资于美国股票，摩根士丹利资本国际欧洲、大洋洲和远东指数（MSCI EAFE）投资于国外发达市场股票］。其他 6 只基金所追踪的基准要么结构不合理（如道琼斯工业平均指数和罗素 2000 指数），要么只适于投机（如纳斯达克 100 指数），或者两者兼而有之。尽管从整体上看，ETF 市场都把重点放在指数基金上，但是按照规模排名最大的前 10 只 ETF 像大杂烩。

表 11.2　规模最大的部分 ETF 主导着市场

序号	ETF	指数	受托人或顾问	市值（百万美元）
1	标准普尔存托凭证	标准普尔 500 指数	道富环球投资管理公司	43 750
2	纳斯达克-100 追踪股票指数	纳斯达克 100 指数	纽约银行（Bank of New York）	25 608
3	标准普尔 500 指数基金（安硕）	标准普尔 500 指数	巴克莱全球投资公司	7 858
4	钻石	道琼斯工业平均指数	道富环球投资管理公司	6 772
5	标准普尔 400 中型存托凭证	标准普尔 400 中盘股指数	纽约银行	6 420
6	摩根士丹利资本国际欧洲、大洋洲和远东指数（安硕）	摩根士丹利资本国际欧洲、大洋洲和远东指数	巴克莱全球投资公司	5 362
7	罗素 2000 指数（安硕）	罗素 2000 指数	巴克莱全球投资公司	4 509
8	摩根士丹利日本指数（安硕）	摩根士丹利日本指数	巴克莱全球投资公司	2 840
9	先锋整体市场指数	威尔逊 5000 指数	先锋集团	2 509
10	罗素 1000 价值指数（安硕）	罗素 1000 价值指数	巴克莱全球投资公司	2 329

资料来源：摩根士丹利。
说明：数据截至 2003 年 12 月 31 日。

撇开那些品质低下的 ETF 不论，这个市场还是提供了结构良好、定价合理且广泛投资了各种核心大类资产的证券。在表 11.3 所列的 ETF 中，有 6 只主要投向美国股票，有几只投向债券和房地产，还各有一只投资于国外发达市场股票、新兴市场股票和通胀保值债券。巴克莱全球投资公司的安硕（Ishares）系列产品占据绝对优势，在该列表的 14 只产品中占到了 11 只。屈居第二的是道富环球投资管理公司，虽然只有两只产品入选，但由于它们掌管着号称“蜘蛛”的一只规模庞大的 ETF，道富环球投资管理公司提供的 ETF 产品凭借资产规模弥补了数量上的劣势。先锋集团虽然近期才介入 ETF

市场，但也有一只产品榜上有名。

表 11.3　核心资产类别 ETF 提供了有效的投资组合管理工具

资产类别	ETF	指数	股票代码	公允价值代码
美国股票	先锋整体市场指数	威尔逊 5000 指数	VTI	TSJ
	罗素 3000（安硕）	罗素 3000 指数	IWV	NMV
	美国道琼斯股票市场（安硕）	道琼斯指数	IYY	NLAX
	标准普尔 1500（安硕）	标准普尔 1500 指数	ISI	EIS
	标准普尔 500（安硕）	标准普尔 500 指数	IVV	NNV
	标准普尔存托凭证	标准普尔 500 指数	SPY	SXV
国外发达市场股票	摩根士丹利资本国际欧洲、大洋洲和远东指数（安硕）	欧洲、大洋洲和远东指数	EFA	IEE
新兴市场股票	摩根士丹利资本国际新兴自由市场（安硕）	新兴自由市场指数	EEM	EEV
房地产	威尔逊房地产投资信托（TRACKS 街道）[Wilshire REIT（streetTRACKS）]	威尔逊房地产投资信托指数	RWR	EWR
	科恩与斯特尔专业房地产（Cohen & Steers Realty Majors）（安硕）	科恩与斯特尔专业房地产指数	ICF	ICG
美国债券	雷曼 1～3 年期美国国债（安硕）	雷曼 1～3 年期美国国债	SHY	SHZ
	雷曼 7～10 年期美国国债（安硕）	雷曼 7～10 年期美国国债	IEF	IEN
	雷曼 20 年期美国国债（安硕）	雷曼 20 年期美国国债	TLT	TLZ
通胀保值债券	雷曼通胀保值债券（安硕）	美国雷曼兄弟发行通胀保值债券	TIP	TBK

资料来源：Morgan Stanley，Exchange Traded Funds. Index-Linked ETFs：Quarterly Update，28 January 2004.

说明：截至 2004 年 1 月。

截至 2003 年 12 月 31 日，上述三家公司主导了 ETF 市场，它们在 ETF 市场上的总份额占比仅略低于 95%。位居前两名的巴克莱全球投资公司和道富环球投资管理公司都是机构基金被动管理领域的重量级“选手”。巴克莱和道富跻身全球最大的资产管理公司，2003 年年底，各自管理的资产都达到 1 万亿美元左右。纽约银行也凭借与美林证券合作开发的控股公司存托凭证（HOLDR）和自己推出的美国存托凭证（BLDR）而成为 ETF 市场的“三巨头”之一，但这两只产品集合了五花八门、业绩糟糕的证券，根本无法为投资者提供优质服务。

如果想判断出主宰 ETF 市场的公司推出的产品能否满足投资者的需求，只需要从这些公司的特点和文化上就可以找出一些线索。

巴克莱全球投资公司和道富环球投资管理公司的资产管理业务具有机构业务性质，这对 ETF 持有人大有裨益。一直以来，在向经验丰富的机构投资者提供类似商品的被动管理服务市场上，业务竞争非常激烈，而巴克莱全球投资公司和道富环球投资管理公司则在这场利润之战中以微弱优势获胜。在管理核心资产的业务中，这两家公司逐渐形成了高效的公平定价和竞争的传统，并将这种效率延续到 ETF 市场中，从而使 ETF 的散户投资者从中受益。

对巴克莱全球投资公司和道富环球投资管理公司来说，进入 ETF 市场是管理机构指数基金这项核心业务的延伸。事实上，没有可靠的数据把散户的头寸从机构投资者的头寸中区别开来，机构投资者在主动参与 ETF 交易，这就要求资产管理公司提供定价合理的产品，否则将面临丧失市场份额的风险。① 对于巴克莱全球投资公司和道富环球投资管理公司的 ETF 产品，市场力量会把它们的价格维持在公平有效的机构市场水平上，而不是在不公平且过高的散户水平上。散户因此沾了机构投资者的光。

巴克莱全球投资公司和道富环球投资管理公司提供的产品都经受住了市场竞争的考验，但是，整个 ETF 市场中依然存在众多结构不合理的产品，它们大多由面向散户的公司推出。纽约银行是 ETF 行业的第三大参与者，也是 HOLDR 和 BLDR 的受托管理人。上述两只基金更多的是靠冠冕堂皇的名字缩写而不是出色的投资结构来吸引投资者。HOLDR 也是美林证券的产品，它是由几只特定的行业基金构成的，在一些公司退出时它会缩水，在新公司出现时却不能增值。HOLDR 集中于几个行业的投资组合，这种不合理的组合结构设计让美林证券的客户承担了极高风险。

BLDR 是懒人在国外和全球投资中才会使用的方法。它没有合理投资于各类国外证券，只是投向发行了美国存托凭证（ADR）的公司。ADR 是一种允许外国证券在美国交易所内交易的证券。对欠缺经验的投资者而言，ADR 具有很大吸引力，因为它能让投资者像买卖国内股票一样交易国外证券，而

① 摩根士丹利估计，ETF 交易中来自机构和个人的比例大致相同。

且不必使用外国货币，也不必通过外国的股票交易所。交易的便利性显然构不成促使这些投资者购买这种专业化管理基金的理由，因为即使对于新入职的机构基金经理，买卖外国股票也算不上有障碍。

纽约银行把它的重点放在 ADR 上也许是别有用心。首先，纽约银行在授权使用自己编制的、不具代表性的 ADR 指数时，要收取资产的 0.06%作为费用。为了便于理解，这里我们做个比较，纽约银行的 BLDR 收取 6 个基点（即 0.06%）的授权费，而道富环球投资管理公司旗下“蜘蛛”的总费率仅为 9 个基点。为了一个设计并不合理的指数支付如此高昂的费用，相当于花很大一笔钱买了件一文不值的东西。其次，ADR 是 BLDR 产品的基础资产，而纽约银行自己就是 ADR 创设和发展过程中的主角，为 ADR 市场导入资金无疑会让该银行从中受益。在庆祝 BLDR 项目启动的新闻发布会上，纽约银行似乎没有注意这个显而易见的冲突，“作为全球最大的存托凭证保管人，我们很荣幸推出这只 ETF 来为投资者提供一种创新的解决方案，BLDR 系列产品进一步发扬了存托凭证的优点，是投资非美国证券的便利且省钱的绝佳选择。”① 在 ADR 市场上，虽然 BLDR 的持有人自己没有任何倾向性，但是投资成功的机会减少了，而纽约银行从中可以连续两次受益。

买卖 ETF

由于 ETF 交易与其他在交易所上市的证券一样，投资者可能面对的不利局面是在进行交易时要与经纪公司过招。在证券行业，经纪人和客户之间的利益完全相悖是显而易见的。经纪人的成功要靠收取尽可能高的费用，而客户的成功靠交纳尽可能最低的费用。经纪人的成功要靠客户频繁地“炒单”，而客户的成功有赖于长期持有的头寸。聪明的投资者会大胆怀疑经纪人所说的每一句话。

稳健型投资者的行为会削减经纪人的利润，而这又加剧了他们与经纪人

① The Bank of New York, press release, “NASDAQ Introduces the BLDRs Family of Exchange-Traded Funds Based Upon The Bank of New York ADR Indexes,” 13 November 2002.

之间的天然冲突。对成本敏感的投资者应尽力避免支付高额费用，否则会让经纪人从中获利；长期投资者应尽量避免频繁交易，否则只是让经纪人获利而已。而理性的投资者只会让经纪人赚到微薄利润，这就使两者原本对立的关系雪上加霜。

通常来说，经纪人提供的全方位服务都会降低投资者的成功概率。全方位的服务包括一些明显没有价值的调查研究，以及一些无关紧要的投资建议，但它产生的成本大大高于其他交易方式。使用全方位经纪人服务的投资者简直用天价买了件一无是处的东西！

还有一种情况是经纪人只提供执行交易的服务。投资者可以自己下订单和接受执行结果，从而避免全方位服务导致的高成本。会用互联网下单的投资者要比使用电话下单的投资者节约一部分成本。

经纪人协助执行的交易存在着两种极端情况，即要么只执行交易，要么提供全方位服务。客户对经纪人协助交易所支付的增量费用只能购买一个人的"声音"；提供全方位服务的经纪公司并没有让经由经纪人协助达成的交易表现出任何显而易见的好处。

执行交易的类型不同，支付给经纪人的费用也会有很大差别。2004 年 8 月对交易成本所做的一份抽样调查发现，如表 11.4 所示，经纪公司对单纯线上执行交易所收取的费用是固定的（不区分交易规模的大小）。费用不会随着交易规模而变化，这也反映出线上交易给经纪人带来的成本不随交易规模而变。买卖 100 股的成本与买卖 100 000 股的成本相同。在竞争激烈的线上交易领域，成本不随交易规模而变化使得费用支出也不随交易规模而变化。

表 11.4　投资者支付的各种交易成本：标准普尔存托凭证

（股票代号为 SPY）交易成本估算

经纪人	100 股标准普尔存托凭证		500 股标准普尔存托凭证		1 000 股标准普尔存托凭证	
	数额（美元）	比例（%）	数额（美元）	比例（%）	数额（美元）	比例（%）
互联网下单						
美利坚证券	10.99	0.10	10.99	0.02	10.99	0.01

续表

经纪人	100股标准普尔存托凭证		500股标准普尔存托凭证		1 000股标准普尔存托凭证	
	数额（美元）	比例（%）	数额（美元）	比例（%）	数额（美元）	比例（%）
宏达理财	17.95	0.16	17.95	0.03	17.95	0.02
富达	29.95	0.27	29.95	0.05	29.95	0.03
电话下单						
美利坚证券	14.99	0.14	14.99	0.03	14.99	0.01
宏达理财	35.00	0.32	35.00	0.06	35.00	0.03
富达	45.00	0.41	45.00	0.08	67.50	0.06
经纪人辅助						
美利坚证券	24.99	0.23	24.99	0.05	24.99	0.02
宏达理财	50.00	0.46	116.25	0.21	150.00	0.14
富达	55.00	0.50	111.00	0.20	181.00	0.17
全方位服务						
A.G. 爱德华	100.00	0.92	500.00	0.92	976.68	0.90
美邦	110.50	1.01	552.50	1.01	1 052.57	0.97
美林证券	206.79	1.90	687.53	1.26	1 081.06	0.99

资料来源：经纪公司网站；机构代表。

说明：比例计算假定标准普尔存托凭证的价格是109美元，为2004年8月的平均价格。

这里我们做一个比较，对比一下费用不随交易规模而变化的线上（即互联网下单）交易模式和费用随交易规模递增的全方位服务交易模式。虽然在成交单上，买卖100股与买卖500股的差别只是数目不同，A.G. 爱德华（A.G. Edwards）和美邦对500股收取的费用却是对100股收取费用的5倍，提供全方位服务的经纪人用交易规模变大这个苍白的理由向客户榨取更多佣金。通过全方位服务的经纪公司做交易的投资者不仅愚蠢，而且会自食苦果。

这项交易成本调查考察了标准普尔存托凭证进行交易时要交纳的费用，从表中可以看出各组费用水平的差别十分惊人。提供全方位服务的传统经纪公司从中收取的费用数额惊人。位列榜首的是美林证券，买卖100股标准普尔存托凭证时收取206.79美元，买卖500股则要收取687.53美元。

不管交易规模有多大，为全方位服务所支付的费用都会吞噬掉投资者的一大部分资产。在最高一档的收费上，美林证券对成交额为 10 900 美元的标准普尔存托凭证交易要收取 1.9%的费用。即使是价格更为优惠的全方位服务经纪公司 A.G.爱德华，也要收取 0.9%的费用。嗅觉灵敏的投资者会远离全方位服务造成的过高费用。

互联网下单的收费则大不相同。如果仅提供执行交易的服务，美利坚证券则会对 100 股的交易报单。美林证券对全方位服务收取的费用比美利坚证券收取的 10.99 美元的费用多约 18 倍。在上述标准普尔存托凭证交易中，美利坚证券收取的费用并不算高，仅为 0.1%。

成交规模越大，收费水平的差异也就越大。美利坚证券对成交 1 000 股标准普尔存托凭证收费 10.99 美元，而美林证券要收取 1 081.06 美元，是前者所收费用的近 100 倍。就费用占成交价值的比例来看，美利坚证券占比为 0.01%，美林证券占比为 0.99%。如果投资者能自力更生，也就是让经纪人只负责下单交易，那他们既避免了经纪人的“噪音干扰”，也为自己节约了一笔钱。

经纪佣金的存在把合理的 ETF 交易规模强有力地限制在大单交易上。如果投资者只是使用经纪人做下单交易，买卖价值 109 000 美元的 1 000 股标准普尔存托凭证则须支付 0.01%的费用，而买卖价值 10 900 美元的 100 股标准普尔存托凭证须支付 0.10%的费用，这些费用对投资者收益造成的损失都很小。但是，如果只是成交 1 股价值 109 美元的标准普尔存托凭证就要交纳 10.0%的佣金，这给投资者本金造成的损失就过高了。因而，买卖 ETF 只有在做大单交易时才划算。

买卖 ETF 要交纳经纪佣金是 ETF 投资的最大缺点之一。只使用经纪人执行交易能让投资者达到一箭双雕的目的——既可以避免经纪人毫无头脑、喋喋不休地谈论当前热门股票的价格，也可以只为执行交易支付尽可能合理的价格。稳健的投资者会避免选择提供全方位服务的经纪公司，并选择只提供执行交易服务的低成本经纪公司。

套利机制

大多数 ETF 的结构设计包含套利机制，这一机制所鼓励的交易行为能使 ETF 的市场价格与相关证券的公允价值保持一致。市场价格与公允价值之间存在着密切联系，这保证了市场参与者能以实时市场价格达成交易。在很大程度上，ETF 可以避免困扰着普通共同基金的滞后价格问题，因为在交易时段内 ETF 的市场价格在连续变化，这就使投资者有机会按最新市场价格进行买卖。表 11.3 总结了投资核心资产类别的 ETF 对市值和公允价值所采用的代码。

即使供需不平衡导致某些 ETF 市场无法出清、价格偏离公允价值，当市场价格偏离公允价值的程度足够高时，套利机制也会让某些特定的大型参与者借助纠正这一不平衡来获利。因此，在整个交易日内，市场通常可以保持高效运行。

在执行套利功能时，特定参与者需要以机构投资者的规模来买卖 ETF 份额。对于股票型 ETF，一般起点为 50 000 份；对于固定收益型 ETF，一般起点为 100 000 份。当 ETF 进行溢价交易，即市场价格高于公允价值时，有套利动机的特定参与者会买入相对便宜的、与 ETF 基金构成相同的一揽子证券，然后创建组合并卖出新发行的 ETF 份额。需要注意的是，套利行为减少了公允价值与市场价格的差额，因为 ETF 供应量的增加会使市场价格下降到公允价值水平；当市场价格高于公允价值时，套利行为会增加流通中的 ETF 份额。

如果情况相反，即 ETF 的公允价值高于市场价格，特定参与者就会采取相反的举措。套利者会卖空估值过高的与 ETF 构成相同的证券组合，并买入估值过低的 ETF。然后他们可以用手上的 ETF 份额换取标的证券，并用这些证券弥补空头头寸。应该注意的是，套利行为会减少公允价值与市场价格的价差，因为 ETF 的供应量减少会驱动其市场价格上升至公允价值。当公允价值高于市场价格时，套利行为会减少流通中的 ETF 份额。

ETF 套利机制的有效性取决于组成 ETF 的证券所在市场的深度和流动性，以及 ETF 自身所处市场的深度和流动性。如果市场适合以窄幅价差操作大单交易，那就有利于套利行为；如果市场只能承受以宽幅价差执行小单交易，套利者就会受挫。由于市场价格与公允价值的紧密联系能增强投资者对市场公平性的信心，因此，市场深度和弹性在支撑 ETF 市场方面发挥了重要作用。

市场深度

在 ETF 行业里，如果其相关证券市场交投活跃且富有弹性，能支持指数基金成分股的交易，那么此时的市场价格和公允价值最为接近。如果成分股是以极小的买卖价差进行大单交易，那么套利者能快速集中大规模的头寸来利用市场价格与公允价值的偏离进行套利；相反地，如果成分股只能偶尔以大额价差进行交易，那么套利者想要通过套利交易使市场价格与公允价值趋于平衡就非常困难了。

我们通过大致分析自 2004 年 5 月 3 日开始一周内 ETF 市场的走势，就能看到 6 只由核心资产构成的 ETF 所含的套利机制是有效的。这里考察了市场价格与公允价值的关系，并按交易规模做相应加权处理，整整一周的 ETF 交易证实了市场在创造公平结果方面的有效性。即使考察一周的交易只能提供象征性的结论，这种结论依然具有启发意义。

有效市场的目标之一是使市场价格与公允价值相等，市场价格与公允价值的任何偏离都是市场失灵的表现，因此，考察市场价格与公允价值偏离的绝对值是很有意义的，这样会让市场价格与公允价值的正负偏差变得同等重要。由于这与套利投入的资金数量有关，因此按照成交量加权后的数据会使较大金额的成交对结果的影响更大，也就可以清晰地反映出市场运行的有效程度。

ETF 市场有效性的数据与市场稳健性的相关先验认识非常吻合。雷曼兄弟旗下 7～10 年中期政府债券 ETF 基金旨在跟踪全球交投最活跃、最有效的证券市场的中间部分，它所形成的市场价格与公允价值偏差（按交易量进行加权）是最小的，仅有0.04%。如表11.5所示，美国股票和通胀保值债券表现出极强的市场有效性，市场价格与公允价值的偏差都只有0.08%。正如我们所预料的，流动性较差的国外市场根本不适合套利交易的操作，其中国外发达市场股票的价差为0.22%，新兴市场股票的价差为0.57%。

表11.5　核心资产类别ETF价格与公允价值的关系对应于相对市场的效率

资产类别	ETF	价格与公允价值之间的加权差值（%）	公允价值范围*		
			最低折价	最大溢价	范围
美国债券	雷曼兄弟7年期国债（安硕）	0.04	−0.23	0.34	0.56
通胀保值债券	雷曼兄弟通胀保值债券（安硕）	0.08	−0.21	0.38	0.59
美国股票	股票市场	0.08	−0.33	0.20	0.53
房地产	威尔逊不动产投资信托商品	0.17	−0.81	0.52	1.33
国外发达市场股票	摩根士丹利资本国际欧洲、大洋洲和远东（安硕）	0.22	−0.69	0.74	1.43
新兴市场股票	摩根士丹利资本国际新兴自由市场（安硕）	0.57	−1.64	0.46	2.10

资料来源：彭博（Bloomberg）。

说明：数据的时间范围为自2004年5月3日开始的一周。

*原书表中无单位，从正文中可推出应为%。表中数据与正文数据不严格对应，为与原书保持一致，故不做修改。——译者注

虽然按交易量做加权的数据展示了整个ETF市场的大致情况，然而单独的交易数据对个人交易者才是有参考价值的。通过对这一周的数据进行分析可以得出：由美国债券构成的ETF在公允价值−0.2%～0.3%的区间内进行交易；由通胀保值债券构成的ETF在−0.2%～0.4%的区间内进行交易；由美国股票组成的ETF则在−0.3%～0.2%的区间内进行交易；投资国外发达市场股票的ETF在−0.7%～0.7%的区间内进行交易；投资新兴市场股票的ETF则在2.1%的波动范围内交易——从−1.6%的折价到0.5%的溢价。在更富有效率的市场上，投资者很少关注以公允价值执行的交易，而是期望套利机制能够带来公平价格。在效率低下的市场上，稳健的投资者会看重交易能否得到有效执行。

ETF份额所在市场的规模和流动性对交易达成起到了重要作用。衡量市

场有效性的一个指标——买卖价差代表做市商对某只证券的买卖报价价差。大幅价差对应的是高昂的交易成本，小幅价差对应的则是低交易成本。

自 2004 年 5 月 3 日开始的一周中，由美国有价证券组成的 ETF 成本较低，它们的平均买卖价差占其价格的 0.06%～0.09%。投向国外发达市场与新兴市场的 ETF 的平均买卖价差分别为 0.12%和 0.15%。流动性偏差的房地产 ETF 几乎都是按照约定进行交易，并以 0.31%的平均价差排名垫底，详见表 11.6。

市场流动性在 ETF 基金的定价中发挥着重要作用。价格与公允价值是否接近取决于构成 ETF 的证券所在的市场与 ETF 自身所在的市场是否活跃。对投资者来说幸运的是，由核心资产类别构成的 ETF 一般都表现出良好的流动性，这使他们更有理由相信市场价格反映了公允价值。

表 11.6　ETF 买卖价差因资产类别不同而不同

资产类别	ETF	截至 2003 年 12 月 31 日的市值（百万美元）	平均每日成交量（千股）	平均买卖价差（%）
美国债券	雷曼兄弟 7 年期国债（安硕）	398	174 804	0.06
通胀保值债券	雷曼兄弟通胀保值债券（安硕）	142	113 673	0.07
美国股票	股票市场	2 509	155 216	0.09
国外发达市场股票	摩根士丹利资本国际欧洲、大洋洲和远东（安硕）	5 362	605 390	0.12
国外新兴市场股票	摩根士丹利资本国际新兴自由市场（安硕）	1 090	142 330	0.15
房地产	威尔逊不动产投资信托商品	285	17 500	0.31

资料来源：摩根士丹利；彭博。

说明：截至 2004 年 1 月 28 日，平均每日成交量的数据涵盖 100 个交易日。

避税效率

相比其他的开放式共同基金，ETF 更有助于避税。当共同基金投资组合经理——不管他们是哪种类型——出售股票实现收益，并向基金持有人分配需要纳税的收益时，就会形成纳税义务。ETF 套利机制的存在使得基金经理有机会减少应纳税的收益分配部分。

ETF 投资的避税优点源于以券易券的交换，这种交易本身是市场价格与公允价值套利行为的一部分。当 ETF 的公允价值高于市场价格时，套利者可以卖空估值过高的构成指数的证券组合，并买入估值过低的 ETF，然后赎回 ETF 以换取一揽子证券。这种以券易券的交换不会产生任何税负，并使基金经理有机会向套利者提供成本最低的证券（意味着最高的潜在税负）。然后，套利者用这些证券补仓并完成交易。

正如预期的那样，历史数据表明标准普尔 500 Spider ETF 比标准普尔 500 指数基金更利于避税。表 11.7 选取了截至 2002 年 12 月 31 日的 10 年间的数据，从中可知，开放式标准普尔 500 指数基金分配的平均资本利得收益占总资产的 1.87%，而“蜘蛛”ETF 仅占几乎无法察觉的 0.01%。即使标准指数基金分配的资本利得表明它本身能够节约很多税负，ETF 在避税方面仍占据优势。

表 11.7　ETF 表现出优越的避税效率：相对于净资产价值的资本收益分配（%）

	ETF（标准普尔存托凭证）	开放式标准普尔 500 指数基金
1993	0.00	1.10
1994	0.00	1.35
1995	0.00	3.85
1996	0.12	2.10
1997	0.00	2.34
1998	0.00	1.67
1999	0.00	1.52
2000	0.00	2.58
2001	0.00	1.76
2002	0.00	0.42
平均值	0.01	1.87

资料来源：Morgan Stanley，Exchange Traded Funds. Index-Linked ETFs：Quarterly Update，28 January 2004.

核心资产构成的 ETF

并非所有的 ETF 对投资者都适用。截至 2004 年 1 月，在美国交易所进行交易的 ETF 共有 135 只，其中仅有 14 只为投资选择了多元化的核心资产，剩下的 121 只 ETF 要么选择了结构不合理的比较基准，要么集中投资于高风险的资产类别，或者两者兼而有之。大多数有缺陷的基准所选择的组合——包括根据资产规模（小盘、中盘和大盘）、投资风格（成长型和价值型）、市场领域（医疗卫生、电信、公共事业等）和地理位置等因素建立的投资组合——都会导致不必要的高换手率。聪明的投资者会远离绝大多数 ETF 产品。

不幸的是，现在投资于由非核心资产构成的 ETF（简称非核心 ETF）已超过由核心资产构成的 ETF（简称核心 ETF）。如图 11.1 所示，在 ETF 投资的早期，核心 ETF 占据主导地位。面对早期的"理性"基金所取得的成功，华尔街的金融工程师又研发出很多"并不理性"的替代品。由于华尔街的"努力"，现在由非核心资产构成的 ETF 已经逐渐主导了这个市场。

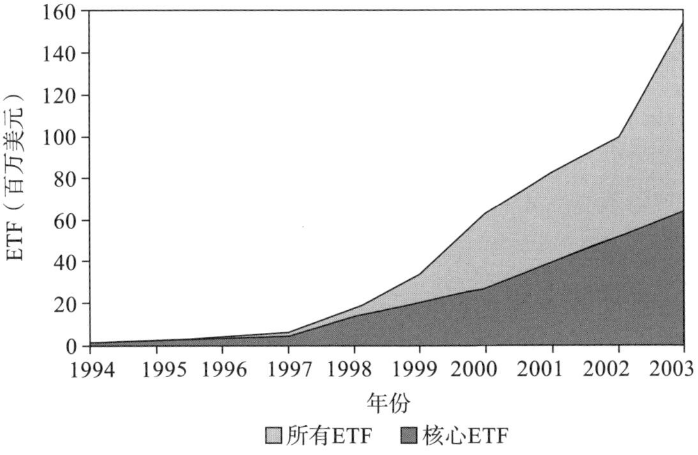

图 11.1　核心 ETF 日渐少于非核心 ETF

资料来源：理柏公司。

核心 ETF 为投资者提供了投资更多资产类别的低成本渠道。如表 11.8 所示，核心 ETF 的平均费率为 0.24%，比非核心 ETF 的平均费率（0.49%）

低了一半以上。以低成本和优质结构为核心资产类别的 ETF 能带给投资者更高的投资收益。

表 11.8 大多数 ETF 基金的投资组合构成都不合理

	基金数量（只）	平均费用比率（%）
美国股票 ETF		
核心 ETF	6	0.16
其他多元化	16	0.28
类型	18	0.23
行业（包括房地产行业）	43	0.52
国外发达市场股票 ETF		
核心 ETF	1	0.35
其他多元化	1	0.30
地区	8	0.45
国家	16	0.82
新兴市场股票 ETF		
核心 ETF	1	0.75
其他多元化	1	0.30
地区	1	0.50
国家	6	0.94
全球股票 ETF		
其他多元化	3	0.35
行业	5	0.65
房地产 ETF		
核心 ETF	2	0.30
其他	1	0.60
美国债券		
核心 ETF	3	0.15
共同基金	1	0.15
其他多元化	1	0.20
通胀保值债券		
核心 ETF	1	0.20
总计		
核心 ETF	14	0.24
非核心 ETF	121	0.49
总计	135	0.46

资料来源：Morgan Stanley，Exchange Traded Funds. Index-Linked ETFs：Quarterly Update，28 January 2004.

说明：平均费用比率不包括 17 期控股公司存托凭证，17 期控股公司存托凭证评估的费用随股价而变动。

需要注意的是，投资于核心资产的美国股票 ETF 的费率仅仅为 0.16%，而美国行业 ETF 的费率为 0.52%，两者差异巨大。大多数行业基金不仅让投资者承担了不适当的风险，而且让投资者为这些不可靠的产品额外付出一笔费用。

统计数字背后的详细资料表明，理性的投资者十分关注单只 ETF 的费用比率。如表 11.9 所示，这里我们考察一下由巴克莱全球投资公司和道富环球投资管理公司管理的两只公共事业 ETF 的特点。这两只 ETF 的投资组合表现出惊人的相似，持有头寸最大的 10 只证券完全相同，排序也基本一致，但这两家公司的收费定价决策完全不同，巴克莱全球投资公司收取 0.60%的费用，而道富环球投资管理公司只收取 0.28%的费用。显然，道富环球投资管理公司的基金持有人买得更为划算。

表 11.9　对于相似的 ETF 收费，定价却大相径庭

ETF	指数	投资顾问	费用比率（%）	前 10 大重仓股（资产比例,%）
道琼斯美国公用事业部门（安硕）	道琼斯美国公用事业部门	巴克莱全球投资公司	0.60	南部（Southern）（6.3）
				艾斯（Exelon）（6.1）
				道明尼资源（Dominion Resources）（5.8）
				杜克能源（Duke Energy）（5.5）
				安特吉（Entergy）（3.8）
				美国电力（American Electric Power）（3.6）
				第一能源（Firstenergy）（3.5）
				佛罗里达电力照明（FPL Group）（3.2）
				进步能源（Progress Energy）（3.1）
				太平洋煤气电力（PG&E）（3.0）
公用事业选择部门标准普尔存托凭证	公用事业选择部门	道富环球投资管理公司	0.28	南部（Southern）（7.4）
				艾斯（Exelon）（7.2）
				道明尼资源（Dominion Resources）（6.8）
				杜克能源（Duke Energy）（6.5）
				安特吉（Entergy）（4.5）
				美国电力（American Electric Power）（4.2）
				第一能源（Firstenergy）（4.1）
				佛罗里达电力照明（PFL Group）（4.1）
				太平洋煤气电力（PG&E）（3.8）
				进步能源（Progress Energy）（3.6）

资料来源：Morgan Stanley，Exchange Traded Funds. Index-Linked ETFs：Quarterly Update，28 January 2004.

在4只科技产业ETF基金中同样存在上述收费差异，它们所追踪的指数分别由道琼斯（Dow Jones）、高盛（Goldman Sachs）、摩根士丹利和标准普尔编制。如表11.10所示，从占资产规模的0.28%到0.60%不等，这一差异与基金的投资授权无关，也与这些基金持有相似的证券无关。在持有头寸最大的10只证券中，思科（Cisco）在这4只基金中都占有一席之地；微软（Microsoft）、英特尔（Intel）、IBM、戴尔（Dell）、惠普（Hewlett Packard）和甲骨文（Oracle）则出现在其中3只基金中。由于基金所持头寸相同，面临的投资挑战也基本相同，这可能会让理性的观察者认为这4只科技行业ETF的收费定价也应该相似，但事实上它们的收费水平截然不同。

表11.10　重仓持有科技行业的ETF表现出明显的收费差异

ETF	投资顾问	证券数量（只）	发售日期	费用比率（%）
道琼斯美国全球科技行业（安硕）	巴克莱全球投资公司	250	2000年5月15日	0.60
高盛科技（安硕）	巴克莱全球投资公司	222	2001年3月13日	0.50
摩根士丹利科技（安硕）	道富环球投资管理公司	35	2000年9月25日	0.50
科技选择标准普尔存托凭证	道富环球投资管理公司	95	1998年12月22日	0.28

资料来源：Morgan Stanley，Exchange Traded Funds. Index-Linked ETFs：Quarterly Update，28 January 2004.

通过观察这些基金的上市日期，我们可以得到一个令人担忧的结论。购买道富环球投资管理公司于1998年12月发行的科技选择标准普尔存托凭证ETF是最划算的，因为它的收费仅占资产的0.28%。在科技股泡沫时期，巴克莱全球投资公司发行的道琼斯美国全球科技行业ETF收取了0.60%的费用，而在2000年，道富环球投资管理公司发行的摩根士丹利科技ETF则收取了0.50%的费用。指数基金经理是否利用了ETF投资者对收费定价的不敏感而逐年提高费率呢？

投资于国外发达市场股票的ETF出现了单只基金逐一加总与总体不匹配的情况。巴克莱全球投资公司发行了一只跟踪欧洲、大洋洲和远东指数的ETF，收费定价为0.35%，这是合理的；与此同时，巴克莱全球投资公司针对20个EAFE国家中的13个发行了国别基金，投资者购买这些国别基金就可以覆盖EAFE大约90%的市值。令人吃惊的是，它对每一只国别基金所定的费率均为0.84%，几乎是对EAFE基金收费的2.5倍。可见，通过购买单只国别基金来投资外国市场要付出更为昂贵的代价。

但让人觉得奇怪的是，巴克莱全球投资公司发行的国别基金的收费水平与单只基金的收费定价居然没有任何关联。投资英国市场的 ETF（截至 2003 年 12 月 31 日，其规模在 EAFE 指数基金中的占比为 25.6%）与投资日本（其占比为 21.4%）、比利时（其占比为 1.1%）和新加坡（其占比为 0.8%）的 EAFE 指数基金的 ETF 费率均为 0.35%，而组合的国家基金要收取 0.84% 的费用，对于这个差异并没有一个合理解释，尤其是考虑到 EAFE 指数基金的整体基本上就是各个组成国家的加总而已。

此外，巴克莱全球投资公司的收费定价与基金公司管理的资产规模也没有任何联系。事实上，截至 2003 年 12 月 31 日，安硕摩根士丹利资本国际日本 ETF 基金拥有总计 28 亿美元的资产，使其跻身于所有 ETF 中市值最大的 10 只 ETF 行列。巴克莱全球投资公司不能以这只 ETF 的资产规模庞大为借口来额外收取费用。与日本 ETF 完全相反，有关规模的争论可能也适用于安硕摩根士丹利资本国际比利时 ETF 基金，它是体量仅有 1 140 万美元的小型投资组合，但它的收费与日本 ETF 相同，也要收取 0.84%的费用。也许巴克莱全球投资公司早就已经忘记了自己对投资者向来友好的传统，只要市场能承受多高费率，它就张口要价多高。

结构设计不合理的 ETF

令人失落的是，一些结构不合理的高成本 ETF 破坏了原本相对干净的 ETF 市场。Rydex 全球顾问（Rydex Global Advisors）公司（简称 Rydex 公司）[①] 发行的一只等比例加权的标准普尔指数基金，要收取 0.40%的费用显得十分荒唐，因为相对而言，巴克莱全球投资公司按市值进行加权的标准普尔指数基金仅仅收取 0.09%的费用。Rydex 公司基金的持有人不但要为指数管理服务支付高出合理价格 4 倍的费用，同时等权重 ETF 的持有人还可能面

① 在推出价格高昂、结构糟糕的标准普尔等权重指数之前，Rydex 公司凭借其高成本、前端收费的房地产投资信托指数基金，在投资管理领域赢得了一席之地。

临不得不多交税的不利后果，因为要让各只债券保持同样权重，每个季度则都需要操作一次调仓交易。表 11.11 描述了这个令人失望的情形。

表 11.11 行为不端的机构进入 ETF 市场

ETF	指数	投资顾问公司	费用比率（%）
Rydex 标准普尔等权重指数	标准普尔 500 等权重指数（按季度调仓）	Rydex 全球顾问	0.40
电享动态市场投资组合	以股市为基础经过修正的、等金额加权的 100 只股票（按季度调仓）	电享资本（PowerShares Capital）	0.60
电离公司场外交易组合	以股市为基础经过修正的、等金额加权的 100 只纳斯达克股票（按季度调仓）	电享资本	0.60

资料来源：Morgan Stanley，Exchange Traded Funds. Index-Linked ETFs：Quarterly Update，28 January 2004.

电享资本公司发行的等比例加权基金对投资者的伤害更大，它也要在每个季度调仓，并加剧了持有人的税负，而它收取的费用更荒谬，占比竟然高达资产规模的 0.60%。除了过高收费以外，电享资本公司所编制的指数带来了更大麻烦。根据电享动态市场投资组合的发行募集说明书，该基金“追求的投资收益在大体上与动态市场 Intellidex 指数的价格和收益一致”。“Intellidex”是由智慧（intelligent）与指数（index）两个单词拼接而成，两个词本身就相互矛盾。电享资本公司使用的是摩根士丹利公司研究报告中所称的“基于规则的定量分析方法”来评估和筛选证券，采取的是主动管理形式，而不是被动地跟踪指数。指数构造过程“是基于一系列的标准，包括基本面的增长、股票估值、时效性和风险因素等”对公司排序。而与 Intellidex 作为一种指数的结论明显相悖的是，该说明书上明确介绍自己是主动管理方式的操作，即试图在风险适度的情况下，以合理价格及时买进成长型公司，单纯地进行被动管理。通过给主动管理活动的“狼”穿上被动管理的“绵羊”外衣，电享资本公司愚弄了广大投资者，也玷污了 ETF 市场原本纯粹的被动管理属性。

如果仔细阅读 Rydex 公司和电享资本公司的上市文件，就会发现它们有可能会进一步侵害投资者权益，因为它们采纳 12b－1 计划，允许每年对收益分配服务收取上限为 0.25%的费用。虽然这一计划尚未实施，但投资者在未来要以悄然上升的成本为募集资产提供资金，而从中受益的只有 ETF 的发行人。

Rydex公司还以一种方式进一步侵害投资者权益，即该公司保留了使用数额庞大的美元为各种研究服务付费的权利，这些研究包括“关于宏观经济、行业、证券组合、个股公司的信息，也有统计信息、会计准则和税法解读，以及会影响投资组合的政治和法律的变化情形，还有专业的市场行为、定价和评估服务、信用分析、风险度量分析、业绩分析和对公司责任的分析等”。然而，对于只是向标准普尔 500 指数中的 500 只成分股分别投入 0.20%资产的一只基金来说，这些研究能起到什么作用呢？由于研究服务根本没为指数基金经理带来任何好处，答案也许是这些服务“可能有利于投资顾问管理其他账户，包括由他担任投资顾问的其他投资公司”①。换句话说，Rydex 公司利用 ETF 交易业务赚来的佣金为各种研究服务买单，去支持该公司的其他投资管理活动。

有趣的一点是，纽约银行（前文已提到过它发行了毫无吸引力的 BLDR 和 HOLDR）为 Rydex 公司和电享资本公司发行的没有任何吸引力的基金担任管理人、托管人和过户代理人。结构不合理的产品与产品设计人之间的关系会呈现出自我加强和自我保持的特点。产品设计人一旦被认定为品行恶劣，往往会在第一次推出垃圾产品后，一而再、再而三地推出此类产品。

不幸的是，对 ETF 的持有人来说，现在众多市场参与者都在计划发行主动管理型的 ETF。为首的就是希望从未来发行的 ETF 中获利的美国证券交易所，这些参与者都期望在 2005 年大量发行 ETF 以“跟踪各个投资组合经理所选择的股票”②。如果实时披露主动管理型投资组合的构成情况，就会直接破坏主动管理的有效性，因此，美国证券交易所希望“设计出所持的头寸不用对外披露的 ETF”，这个产品设计过程的“专利正在申请中”③。一旦主动管理人加入 ETF 行列，投资者再想要区分出设计合理、低成本的优质产品与设计不合理、高成本的垃圾产品就更困难了。

这一变化的各种先兆都威胁着迄今为止总体上具有吸引力的 ETF 市场。像巴克莱和道富这样的一流管理公司受到了高额收费的诱惑；而像纽约银行

---

① Rydex ETF Trust, *Statement of Additional Information*, 24 April 2003: 16.

② Tara Siegel Bernard, “Next Up for AMEX,” *Wall Street Journal*, 15 July 2004.

③ Tara Siegel Bernard, “Actively Managed ETFs Near,” 9 August 2004. http: //smartmoney. com/bn/smw/index. cfm? story-20040809033633.

支持的 Rydex 公司和电享资本公司这种水平不高的管理公司，则把投资者视为嗷嗷待宰的羔羊。时至今日，ETF 的绝大多数资产都还是结构合理、定价公平的投资工具，但在未来，这个行业可能会日益向传统的共同基金行业靠拢，会充斥着各类结构畸形的高成本产品。

本章小结

对于有资金、有时间且有意愿亲自管理投资组合的投资者来说，ETF 是一个很有前景的投资标的。但无休止的委托代理人冲突是任何代理关系中都普遍存在的，接受与这一冲突进行斗争的成本会让基金持有人拥有在一组成本低、质量高且避税的产品中进行投资的机会。

对拥有中等规模资产或持续进行小额交易的投资者而言，ETF 市场则是完全没有意义的。在执行交易时，华尔街公司所收取的费用是这类散户投资者难以承受的。

ETF 现在还处于发展初期，ETF 市值的大部分（毫无疑问，这不是指大多数 ETF）都投向了定价合理、结构良好且投资于核心资产类别的证券。ETF 市场之所以具有对投资者友好的特点，主要源于该市场上最大的两家投资公司——巴克莱全球投资公司和道富环球投资管理公司，它们最初从事着为机构投资者打理指数基金的业务。在管理 ETF 产品和为 ETF 产品定价的方式上，巴克莱和道富都与它们向机构投资者提供重点产品时一样，从而使投资者获得了以合理价格享受高质量投资服务的宝贵机会。

ETF 市场的发展现状与传统共同基金行业的惨淡情景形成了鲜明对比。在传统共同基金行业里，大量投资公司以牺牲散户投资者利益为代价牟取超额利润。不幸的是，ETF 市场似乎正在重蹈传统共同基金行业损害投资者权益的覆辙。ETF 行业中的一流公司推出了过多的产品，并收取不合理的费用，这毁坏了它们在投资者心中的形象。ETF 行业的二流公司则拿出一些二流产品，却收取高得可笑的费用，这坐实了它们的平庸无能。随着 ETF 市场逐渐走向成熟，投资者面对的投资选择也必将越来越缺乏吸引力。

后 记

第12章

营利性共同基金的失败

有大量证据已经证实了整个营利性共同基金行业的失败。基金管理公司的信托责任是为投资者创造高额的风险调整后收益，赚取利润背后的动机则是为自己创造高额收益，当这两者之间发生矛盾时，被牺牲的往往是投资者的收益，而基金管理公司的利润往往受到了保护。

共同基金持有人始终无法实现他们的预期投资目标，这是因为资产管理圈的天平明显更偏向于追逐利润的基金管理人。当某个经验丰富的金融服务提供商与一位缺乏投资经验的客户对决时，我们完全可以预料到最终结局，这就好比一个重量级的拳击冠军与体重只有98磅的瘦子打拳击比赛一样。在第一回合，个人投资者就会被击倒在地。

如果我们不选择纯粹以利润为目标的公司，而选择能减少或消除利润追逐者与收益寻求者之间冲突的机构，投资者就能增加胜算。非营利性质的组织结构可以让投资管理人更为专注，致力于履行自己的信托责任。此外，在非营利领域也不存在利润率的指标要求，这就降低了共同基金持有人的成本。在投资管理行业的战场上，不以盈利为目的的投资管理人给普通投资者提供了一条安全通道。

由于所有权的性质和特征差异，在营利性共同基金管理领域也存在很多可以细分的重要子类别。其中一个重大的区别是上市公司与私人持股公司。上市公司一般都会盲目地坚持追求利润，私人持股公司有时会把提高投资者的收益率放在其次。另一个重大的区别是独立管理的公司和金融服务组织的下属子公司。虽然它们都要追逐利润，但比起致力于独立管理的公司，附属于某个上级公司的投资管理公司会面临更多的冲突。

美国证券交易委员会（SEC）颁布和实施的法规没能切实保护投资者权益。一直以来，这个人员配备长期不足又总是负担过重的市场监管当局只是在不停地追赶市场的脚步。对代理人最好的情况是，SEC 会回应备受关注的问题、制定解决方案、对付此行业的各家公司，并实施了效果不显著的改革。与此同时，这个行业的参与者则继续设法行动以达到他们自己的目的，小心谨慎地避免触犯新颁布却没有效果的法规。对代理人来说，最糟糕的情况是它为损害投资者利益的行为提供了避风港，SEC 始终无法战胜资源更丰富的共同基金行业。

由 SEC 颁布的信息披露规则也无法保护投资者权益。SEC 这一机构的设立理念就是相信自由市场力量完全有效，信息披露要求是这个监管机构抵御共同基金行业不当行为的第一道（通常也是最后一道）防线。然而信息披露没有什么用处。第一，很少有投资者会阅读信息披露文件。第二，即使投资者仔细阅读了很容易得到的厚达几百页的资金募集说明书，翻看了不是很容易拿到的额外信息以及轻而易举就能拿到的年度报告，也很少有投资者知道该如何消化这些信息。对投资者来说，SEC 要求基金管理人披露的信息基本上没人会读，这就相当于协助并纵容了他们继续胡作非为，却让可怜的（但从表面上来看，他们却是信息灵通的）投资者遭殃。

个人投资者唯一的理性对策就是避开营利性投资管理公司，并将主动管理这个危险的诱惑拒之门外。如果扣除由营利性公司管理的资产，以及在超越市场平均收益的动机下管理的资产，那么今天我们看到的共同基金行业也就所剩无几了。共同基金从投资者身上赚到了大量钱财，却给投资者带来了极大伤害。

营利性组织和非营利性组织

投资者想要找出一只在主动管理下能够创造风险调整后超额收益的共同基金，需要跨越几乎不可逾越的多重障碍。其中一些障碍源于投资组合管理人的专业能力不足和品格缺陷。其他的困难则是由投资者愿望和公司目标之间的冲突引起的。在每个关键时刻，投资者都面临着艰巨任务——在信息不足的情况下做出评估和投资决策。

投资者面临的一个稍微简单一些的任务是挑选出组织结构可能是为投资者利益服务的基金管理公司。在考察营利性投资管理人时，谨慎的投资者会分析基金管理人的行为、评价公开披露的收费设计方案，并担忧会降低投资收益的隐性费用和佣金。精明的投资者能意识到追逐利润诉求和信托责任之间的天然矛盾。对于不以利润为目标的基金管理公司，服务于投资者的目标与为公司创造收入两者之间并不存在冲突。在评价非营利性投资管理人时，投资者一开始就感觉很安心，因为他们知道自己与基金管理公司是站在相同立场上的。由于营利性基金管理人存在目标分歧而遭受认知偏差，而非营利性基金管理人能专心致力于履行自己的信托责任。

只有当基金管理公司放弃追逐利润的时候，对投资者的伤害才能够停止。高昂的管理费用被削减，12b－1 费用规则不再许可，投资组合的成交量下降，募集更多资金的活动也消停了。非营利性基金管理公司会抵制择时交易的投资者，不会收取产品配售费用，也不会使用软美元费用。非营利性公司与其投资者的利益具有一致性，而营利性基金公司与深受其害的投资者之间的利益则出现背离，前者轻而易举地战胜了后者。

从共同基金持有人的角度来看，非营利性组织具有一个显而易见的经济优势，即对于其他相同的业务，营利性组织收取的费用要比非营利性组织更高。只要用简单的数学运算就可以看出，创造利润所要求收取的费用高于提供投资服务的基本成本。在非营利性基金领域，基金公司利润率中的收费水平更符合基金持有人的利益。

大型的非营利性基金公司为数甚少。如表 12.1 所示，在 2003 年年底评出的资产管理规模最大的 10 家基金管理公司中，其中有 4 家是保险公司的子公司，3 家为上市公司，2 家是营利性私人持股公司，只有 1 家是非营利性实体。不同的所有权结构影响着投资业绩结果的特征和质量。

上市公司和金融服务公司的子公司是对投资者利益的最大威胁。上市公司的股东具有追求利润动机。资产管理公司的母公司则要求子公司为其利润做出贡献。但不幸的是，一次又一次的事实表明，对利润的追求使得基金管理人从令人满意走向被人质疑，接着又变成违背职业道德，最后走向公然违反法律。共同基金持有人和为上市母公司服务的营利性实体之间存在巨大的利益分歧。

表 12.1　基金管理公司的所有权结构各不相同

基金管理公司	2003 年 12 月 31 日的资产管理规模（10 亿美元）	母公司	公司性质
富达	616		私人持股公司
先锋	615		非营利性公司
资本集团	457		私人持股公司
富兰克林·邓普顿（Franklin Templeton）	191		上市公司
太平洋投资管理	143	安联保险（Allianz and IAP Life）	子公司
普特南	143	威达信保险（Marsh & McLennan）	子公司
普信集团	118		上市公司
杰纳斯	96		上市公司
奥本海默	89	马萨诸塞互助公司	子公司
全盛	80	永明金融（Sun Life Financial）	子公司

资料来源：晨星公司。
说明：数据不包括货币市场资产。

营利性私人持股公司与共同基金客户之间存在的明显利益冲突可能要少一些。虽然利润同样是上市公司和私人公司的命脉，但是上市公司的高层主管专心致力于创造净收入，以满足分散的股东群体所提出的要求，除此之外，很少会有别的选项。相比之下，私人公司的所有权集中，其领导人可以选择更多地考虑非货币性因素。有证据表明，私人持股的共同基金公司会放弃单纯追逐利润的目标，而选择更加忠实于客户的利益。例如，在 2003 年年初曝出的共同基金丑闻中，《华尔街日报》指出 3 家最大的基金集团全是由私人持股的，与 10 大基金公司中的另外 7 家纯粹受利益驱动的公司相比，它们所做的不当行为相对较少，并因此占有市场份额。[①] 尽管有可能创造更好的投资业绩，营利性公司——不管是上市的还是私人持股的——最终都要追求利润。基金管理公司赚取了利润，相应地必然会减少基金持有人的收益。

先锋集团及美国教师保险和年金协会-大学退休股票基金

对投资者来说，幸运的是，有两家大型基金管理机构是在非营利性基础上运营的，它们弘扬了为投资者利益服务的公司文化。截至 2003 年 12 月 31 日，先锋集团的长期资产管理规模达到 6 150 亿美元，而美国教师保险和年金协会-大学退休股票基金（TIAA-CREF）[②] 也达到 2 720 亿美元，它们遵循一套更严格的信托标准，这就使其在基金管理过程中将个人投资者利益放在最重要的位置上。[③] 由于极端强调提供高质量、低成本的投资产品，先锋集团和 TIAA-CREF 为个人投资者提供了构建投资组合的重要工具。

先锋集团董事长兼首席执行官约翰·布伦南（John Brennan）称其公司结构非常独特，这就使该公司在为投资者利益服务方面具有与众不同的优势。由于先锋集团不以盈利为目的，“申购基金的费用几乎全部源自公司运营、管理及分销服务的成本”。另外，由先锋集团内部管理的指数基金可以享受投资咨询服务，其成本是“一位由先锋集团直接聘用的资深投资管理人员”[④]。先锋集团的低廉成本和令人印象深刻的规模经济效应只会让该公司基金持有人的账户财富不断增长。

除了先锋集团非营利性定位带来的成本优势以外，其投资者的利益与该公司管理层的利益也高度一致。在 2002 年先锋 500 指数基金的年度报告中，布伦南指出先锋集团的公司架构“保证了我们的利益与您完全一致。我们不为其他任何人服务”[⑤]。共同基金丑闻的出现也促使其他基金管理公司的领导

---

① Yuka Hayashi, “Big Fund Firms Post Strong Inflows; Fidelity, American Funds, Vanguard Increase Business Despite Industry Scandal,” *Wall Street Journal*, 1 December 2003.

② 大卫·史文森担任 TIAA 的受托人。

③ 数据来自晨星公司；TIAA-CREF, 2003 Annual Reports, 31 December 2003.

④ The Vanguard Group, *Vanguard U.S. Stock Index Funds. Investor Shares and Admiral Shares. Prospectus*, 23 April 2004: B-18, B-25.

⑤ The Vanguard Group, *Vanguard 500 Index Fund Annual Report*, 31 December 2003.

层发表一些空洞的陈词滥调，他们通常都是在为自己的可耻行为开脱。在丑闻曝光之前，布伦南就要求手下的雇员“满足道德行为和信托责任的最高标准”。布伦南的话使人产生真实可信赖的感觉，大部分原因在于他的同事一点也没有受到创造利润带来的压力。

美国教师保险和年金协会-大学退休股票基金更为人熟知的名称是美国教师保险和年金协会（TIAA）与大学退休股票基金（CREF），它不以盈利为目的，把客户的利益放在首位。由于 TIAA-CREF 的大多数资产是可变年金，该公司无法入选 10 大共同基金管理公司。但这家投资管理公司是为个人提供固定缴款型养老金计划的最重要的公司之一。如表 12.2 所示，在个人主导型养老金账户的管理人中，TIAA-CREF 仅次于富达公司，屈居第二位，并超越了行业巨头先锋集团和资本集团。

表 12.2　非营利性公司在固定缴款型养老金计划市场上发挥重要作用

基金管理公司	2003 年 12 月 31 日的资产（10 亿美元）	公司性质
富达公司	360	私人持股公司
TIAA-CREF	291	非营利性公司
先锋集团	180	非营利性公司
道富公司	160	上市公司
资本集团	135	私人持股公司

资料来源：“Top Defined Contribution Managers,” *Pensions & Investments* 32, no. 16 (2004): 20.

TIAA-CREF 的起源可以追溯到 1918 年，当时的卡耐基基金会（Carnegie Foundation）设立 TIAA，旨在提高大学和学院教授退休后的收入，早年间，他们中的很多人在退休离校以后虽然一副绅士派头，却过着穷酸的日子。在成立之初，TIAA 为参与人提供了一种传统意义上的保守型投资工具，它把资金主要投资于政府债券和铁路债券。①

安德鲁·卡耐基（Andrew Carnegie）的独创理念可谓一部出色的创新史。由于意识到第二次世界大战后的通货膨胀吞噬了具有票面价值的固定收益资产所创造的收益，1952 年，TIAA 又创立了 CREF，CREF 是当时世界

① TIAA-CREF, “Company History,” 2004, http://www.tiaa-cref.org/newroom/history.html.

上的第一个可变年金，也是当今世界上规模最庞大的股权资产池之一。20 世纪 70 年代，CREF 成为“投资组合中第一批广泛投资了国际股票市场构成的公司”[①]。近期以来，该公司又提供了一种极其特殊的房地产投资工具，让散户能直接持有一个管理良好、具有机构性质的房地产投资组合。在 TIAA-CREF 的整个历史中，它始终专心致力于为其参与人的利益服务。

TIAA-CREF 的首席执行官赫伯·阿里森（Herb Allison）明确阐明该公司的持久性价值，他强调说，“TIAA-CREF 是一家特别的公司。我们的产品和服务必须不断升级，以更好地为我们的参与人服务，但我们公司的品质必须保持不变，我们一直都非常谨慎地将这两者区分开来。我们将仍然忠实于 TIAA-CREF 的特定价值观——客观、低价高质的产品，健全的投资管理，以及不收取佣金的投资顾问服务。当人们对公司丑闻忧心忡忡的时候，我们依然致力于遵守最高的诚信标准。”[②]

TIAA-CREF 对参与人的资产采取非常主动的管理方法，若按照它创造的额外风险调整后收益来衡量，有时候它的投资并未取得成功。但该公司致力于创设低成本、高质量的投资产品，这就使其客户能在这场竞争极为激烈、残酷的游戏中提高胜算。

金融服务公司的子公司

与非营利性投资管理人相对应的是多元化的金融服务公司的资产管理子公司。除了营利性资金管理所固有的冲突之外，在体量更庞大的金融服务公司管理下的共同基金还将个人投资者置于一些额外的危险之中。如表 12.3 所示，花旗、摩根士丹利和美林证券管理着数额最大同时隐藏着冲突的资产，但是下属基金的资产基数与富达、先锋和资本集团等独立的行业巨头相比就相形见绌了。前 5 大附属基金的总资产达到 2 340 亿美元，相比之下，前 5 大独立基金的资产规模为 2 万亿美元。

---

① TIAA-CREF，“Company History，” 2004，http：//www.tiaa-cref.org/newroom/history.html.

② Herb Allison，“Opening Remarks，” CREF Annual Meeting，15 December 2003.

表 12.3　各种金融服务公司的共同基金资产管理规模

基金管理人	截至 2003 年 12 月 31 日的资产（10 亿美元）
花旗	66
摩根士丹利	64
美林证券	58
高盛	25
J. P. 摩根（J. P. Morgan）	21

资料来源：晨星公司。
说明：数据不包括货币市场资产。

考虑到在推动各种金融服务母公司的利益这项事业中，可能会出现共同基金资产滥用的情况，母公司可能会参与协助客户承销其新发行的证券。事实证明，如果新发行的证券销售困难，共同基金的子公司或许就会出面申购一些份额，从而促使发行取得成功。参与认购的客户会关注后市业绩。如果发行后的业绩不佳，那么共同基金子公司就可能会在客户公司中获得一席之地以提振股价。母公司的客户公司可能需要他人代理投票，才能取得竞争性并购的成功，或者在更普通的公司治理措施中获胜。也许共同基金子公司所持有的股份会以取悦母公司客户的方式投票。①

如果公司某个部门希望基于事实做出踏实严谨的投资决策，该公司的另一部门却希望能够迎合客户需求，那么这种冲突必然会进一步升级。在设有多个部门的综合性金融服务组织中，严谨认真的投资操作是很难做到的。

在共同基金行业诞生之初，在忠诚于谁的问题上就出现了分歧。在 1929 年 3 月的《大西洋月刊》（*The Atlantic Monthly*）上，道富投资公司（State Street Investment Corporation）的创始人兼哈佛大学的财务主管保罗·卡波特（Paul Cabot）发表了一篇直言不讳的文章《投资信托》（The Investment

---

① 货币管理活动与金融服务其他业务部门之间的利益冲突甚至在代理投票这一表面上很普通的功能中也会出现。2003 年 8 月 19 日，根据美国证券交易委员会于 2002 年 3 月 15 日发布的一份新闻稿，德意志银行旗下的德意志资产管理公司（Deutsche Asset Management）对其控制的惠普公司股票投下了 1 700 万份委托书（代表客户），反对协议中与康柏（Compaq）公司的合并。在惠普公司管理层通过德意志银行投资部门发出请求后，惠普公司管理层得到了一个机会，“在最后一刻向德意志资产管理公司代理委员会做陈述”。在得知惠普公司“与德意志银行有着巨大的银行业务关系后”，代理委员会“重新进行了投票，改变了投票结果，支持合并”。美国证券交易委员会对德意志银行处以 75 万美元的罚款，不是因为该银行改变投票结果违反了受托责任，而是因为该银行没有披露利益冲突。

Trusts)。卡波特发现“两种常见的权力滥用方法正发生在投资信托身上。第一，投资信托的运作别有用心，并不是最初设定的为了实现投资者的最大利益；第二，投资信托主要被用来当作证券的保管机构，否则证券没法进行销售”。卡波特接着指出了“证券承销公司将它的一部分新股份卖给它自己旗下的受托方基金公司”所隐藏的危险，以及“由银行和经纪公司运作的受托方基金公司”所承受的诱惑[①]。

卡波特向纽约证券交易所（New York Stock Exchange）的一个委员会证实，投资信托行业的滥用源于“(1) 不诚实；(2) 粗心和能力欠缺；(3) 贪婪”。尽管卡波特明确地陈述了投资信托行业广泛存在的各种问题，并有充分的证据支持他的说法，他还是提出了（甚至可能是开创性的）这个行业也会赞成的解决方法——宣传教育。卡波特一针见血地指出，所有“补救性的法规……所能做的只会是妨碍高水平的投资管理，并不能保护大众”[②]。

卡波特关于投资信托滥用的评论非常有力，在国会听证会上，SEC 委员罗伯特·希利（Robert Healy）为通过《1940 年投资公司法》做证词时就引用了上述言论（并没有引用卡波特对合适的政策应对提出的毫无建设性的建议）。除了大篇幅引用了卡波特的文章之外，希利还将投资信托比喻为“垃圾倾倒场”。[③]《1940 年投资公司法》最终明令禁止投资公司申购某一投资公司的附属公司所承销的证券。《1940 年投资公司法》对广泛存在并且证据充分的滥用做出了狭义而积极的回应，法规解决了这种明显的利益冲突。

随着时间的推移和记忆的冲淡，共同基金行业又开始游说，要求放松对其申购附属公司所管理证券的限制。1958 年，SEC 通过一项条例，允许投资管理公司向附属公司认购总价值占比不超过 3%的证券。1979 年，时间又过去了更久，记忆也随之淡化了更多，SEC 又将这一限额提高到发行额的 4%。1997 年，SEC 允许的认购量已达到发行额的 25%，这是出于“共同基金行业迅速发展的考虑，再加上承销业务日益集中，以及基金与承销商的业务从属

---

① Paul C. Cabot, “The Investment Trust,” *Atlantic Monthly* 268, no. 3 (March 1929): 404.

② Ibid., 405 - 406.

③ Senate Committee on Banking and Currency, *Investment Trusts and Investment Companies*. Part 1, 76th Cong., 3rd sess., 2 - 5 April, 1940, 38 - 39.

关系日益紧密，这些都使原来的百分比限制过于严苛”[①]。很明显，SEC 此举更多是出于维护共同基金行业的考虑，并非为了满足投资大众的需要。

当今时代，金融服务附属公司的共同基金业务正是 20 世纪 20—30 年代共同基金滥用伎俩的翻版。SEC 投资机构管理部的前任官员莫赛尔·布拉德（Mercer Bullard）指出：“基金被用作垃圾倾倒场。”SEC 前任律师爱德华·席德尔（Edward Siedle）说道：“你想要对外表明自己不但有本事销掉证券，而且能保管这个产品。你越能做到这一点，就越能吸引你的客户。”虽然信息披露有限，还不足以帮助我们对金融服务公司的冲突形成坚实可靠的结论，但彭博新闻（Bloomberg News）对 SEC 的 108 000 条记录做了研究，得出的结论是：投资银行的附属基金持有“它们的客户公司中的过多股份”[②]，共同基金子公司的“饼干罐”对其母公司来说，始终是一个难以抗拒的诱惑。

限制共同基金申购附属公司所承销证券的历史凸显了对投资公司滥用权力所采取的监管措施中存在的问题。首先，相比问题存在的广泛程度，事实证明法规的作用范围是不够的。《1940 年投资公司法》和 SEC 处理的只是承销发行的申购份额，也就是证券的一级市场。对于内设多个部门的金融服务公司，它们很有可能利用二级市场，并牺牲共同基金持有人的利益为其客户谋取利益。其次，只有在问题持续受到大众和监管当局的重视时，法规才能保持效力。如果问题太过复杂，已经超出了公众的理解范畴，那么监管者往往会无视这个问题。如果问题存在时间过长，监管者就会失去兴趣，从而使该行业的辩护者占上风。最后，分析可以得出如下结论，损害大众的行为注定会让该行业获胜，但监管当局无视了这一点。

高成本的指数基金管理

与选择一家营利性公司相比，我们很难评估聘用一个非营利性投资管理人的成本优势。在主动管理领域，由于缺乏同类比较，非营利性投资管理人

---

① Securities and Exchange Commission, *Exemption for the Acquisition of Securities During the Existence of an Underwriting or Selling Syndicate*, File No.: S7-7-96, 31 July 1997: 7.

② David Dietz and Adam Levy, “Wall Street's ‘Dumping Ground’,” *Bloomberg Markets*, June 2004: 40, 43.

的价格优势并不明显。收取的费用取决于投资策略的性质、投资组合管理人的品质、过往的业绩记录、资产管理规模的大小和其他特殊因素。营利性基金管理人可能会用众多理由中的任何一个为他们的费用差异做辩护，不管这个理由有多么荒唐。

指数基金的管理情况却是另一种情形。指数基金被动地跟踪市场走势，是基金管理行业的纯商品。管理指数基金并不需要特别的策略，不用依赖经过专门训练的人员，也不会创造出有新闻价值的业绩记录。当名下管理的基金达到一个合理规模时，规模经济就不再起作用了。与主动管理完全相反，被动管理的情况非常简单。

经济学理论告诉我们一价定律，即在自由竞争的市场上，只能以相同的价格出售同样的商品或服务。在管理指数基金时，各种服务提供商收取的投资组合管理费用应该是相同的，或者是基本相同的。否则，理性的客户就会将他们的基金从高成本提供商转移到低成本提供商，从而迫使贪婪的（或者说效率低下的）基金管理公司降低收费价格，或者退出这个行业。

但在现实社会中，经济学理论没有奏效。晨星公司在 2002 年的一项研究中发现，57 只标准普尔 500 指数基金收取的费用都要高于先锋集团 0.18%这一市场最低的年度费率。① 除先锋集团外的指数基金管理公司平均年度费率高达 0.82%，有足足 20 家公司收取了 1.2%以上的费用，甚至有一家公司收取了 2.18%的费率，这给投资者造成了沉重打击。高成本基金旗下的资产管理总规模超过 570 亿美元，这不是一笔小数目。

如果这些昂贵的指数基金都是来自一些声名狼藉的投资管理公司，那么投资者得出的结论可能就是：选择高成本基金的可怜的笨蛋理所应当为逊色于被动管理的投资结果付出高昂的主动管理费用。但事实上，高费用的指数基金管理公司名单中竟然包含两家在投资管理界大名鼎鼎的公司——摩根士丹利和斯库德投资（Scudder Investments）。

仔细考察一下摩根士丹利标准普尔 500 指数基金会发现一个可怕的问题。该公司独立发行了三个级别的基金份额。A 级基金份额收取高达投资总额

① 数据来自美国消费者联合会（Consumer Federation of America）。

5.25%的前端费用，B级和C级基金份额所设的陷阱表现为不易察觉的递延销售费用，所有级别的基金份额每年都要交纳高得离谱的费用。①

摩根士丹利标准普尔500指数基金每年收取0.50%的管理费用和其他费用。② 相比之下，先锋集团对旗下的投资者基金份额和旗舰基金份额每年分别收取0.18%和0.12%的费用，很多长期持有的投资者和投资额巨大的投资者可以申购旗舰基金。③ 摩根士丹利向A级基金份额收取0.23%的销售和服务费（即12b-1费用），而向B级和C级基金份额收取的比例是1.00%。④ 先锋集团的基金并不收取这些费用。

费用聚沙成塔。持有期短的摩根士丹利客户受到伤害，因为前端销售费用和或有销售费用蚕食了收益。如表12.4所示，假定账户中有10 000美元，持有1年先锋投资者基金的投资者只要付费18美元，而摩根士丹利B级基金的持有人要为相同的服务付费653美元。对于10年的持有期，由于经纪公司的前端销售费用被分摊到多年中，或有销售费用也蒸发殆尽，两家公司在费用上的相对差异就不存在了，但以美元计算的绝对差异增加了。先锋基金一般账户的持有人10年交纳230美元。相比之下，摩根士丹利B级基金的持有人则需要交纳1 791美元。

表 12.4　指数基金的费用变化多端：投资 10 000 美元、创造 5%的年化收益率要交纳的费用　（单位：美元）

	持有期			
	1年	3年	5年	10年
先锋投资者基金	18	58	101	230
先锋旗舰基金	12	39	68	154
摩根士丹利A级基金	596	746	910	1 384
摩根士丹利B级基金	653	774	1 018	1 791
摩根士丹利C级基金	252	471	813	1 779

资料来源：先锋集团；摩根士丹利。

① Morgan Stanley, *Prospectus for Morgan Stanley S&P 500 Index Fund*, 30 October 2003.
② Morgan Stanley, *Prospectus for Morgan Stanley S&P 500 Index Fund*, 30 October 2003.
③ Vanguard, *Prospectus*, 23 April 2004.
④ Morgan Stanley, *Prospectus*, 2003.

对于有资格申购成本超低的先锋旗舰基金的投资者来说，情况要更好一些。在 5 年的持有期中，先锋集团优先基金的持有人只须花费 68 美元，这还不到每只摩根士丹利基金所收费用的 10%。对于管理良好的指数基金，低成本会给投资者带来非常明显的优势。

即使忽略销售费用带来的影响，摩根士丹利标准普尔 500 指数基金的投资者面临的情况也很糟糕。表 12.5 就说明了这一情况。截至 2003 年 12 月 31 日的 5 年中，A 级基金的年化收益率是 −1.28%，其业绩要比 B 级基金 −2.04% 的年化收益率和 C 级基金 −2.03% 的年化收益率高出许多。A 级基金的情况之所以比 B 级基金和 C 级基金好，是因为上述结果没有考虑前端费用对 A 级基金的影响。

表 12.5　即使忽略销售费用的影响，摩根士丹利的业绩仍然不佳：截至 2003 年 12 月 31 日的总收益（%）

	1 年期	5 年期
摩根士丹利 A 级基金	27.82	−1.28
摩根士丹利 B 级基金	26.84	−2.04
摩根士丹利 C 级基金	26.91	−2.03
先锋投资者基金	28.50	−0.63
标准普尔 500 指数	28.67	−0.54
理柏标准普尔 500 指数基金	28.25	−0.88

资料来源：晨星公司；先锋集团；理柏公司。

人们不能原谅摩根士丹利，这种无法开脱的费用结构设计使得该公司的标准普尔 500 指数基金的收益率居然没有跑赢指数。在 5 年的时间里，A 级基金的年化收益率之差为 0.74%，B 级和 C 级基金分别为 1.50% 和 1.49%。相比之下，先锋集团低成本、对基金持有人友好的管理方法能给投资者带来的收益只比指数低 0.09%。

如果再比较其他指数基金的收益，则更让摩根士丹利标准普尔 500 指数基金的收益率无地自容。路透（Reuters）集团旗下的理柏公司专门提供共同基金的各种数据，这里我们分析一下理柏公司根据前 30 只指数基金所做的平均加权指数。在该公司的三类基金中，摩根士丹利 B 级基金的业绩最差，但它凭借管理规模在理柏公司的一组共同基金中赢得了一席之地。摩根士丹利的 5 年收益率比理柏公司的平均指数低 1.16%，明显位列最后 1/4。规模稍小的 A 级基金和 C 级基金没能入围理柏公司按规模排名的基金名单。然而，A 级基金的收益率比理柏公司的平均指数低 0.40%，比 C 级基金低 1.15%，就算这两只基金包含在理柏公司选取的基金里，它们也同样处于最后 1/4 的位置。与此形成鲜明对比的是，先锋投资者基金为理柏公司选取的基金制定了一个标准，它的年化收益率仅仅比理柏公司的平均指数低 0.25%，它带来的收益却是其他任何基金管理人都无法比拟的。[①]

摩根士丹利指数基金的收益差额有一部分原因在于该产品的品质较差。2002 年 10 月 30 日，摩根士丹利标准普尔 500 指数基金的募集资金说明书中指出，"该基金的投资组合由增强型的核心团队进行管理"[②]。虽然摩根士丹利的客户交纳了很多荒唐的费用，但在该基金设立后的前 6 年时间里，它并没有建立一支尽职尽责管理指数基金的团队。一个乐观的进展是，2003 年 9 月 30 日，其补充说明中声明"该基金由指数基金团队进行管理"，这也算减轻了摩根士丹利指数基金持有人所遭受众多痛苦中的一种。[③] 当然，摩根士丹利公司的指数基金团队缺乏经验，其管理的投资组合规模也较小，该团队根本无法与先锋集团那些经受过时间考验的指数基金管理人形成竞争。

假设某个客户想投资摩根士丹利的指数基金，虽然有一长串不选择该公司发行的基金的理由。但是，如果要在摩根士丹利 A、B、C 级基金之间做选择，投资者会面临一系列令人眼花缭乱的选择——现在付费、以后付费，或者现在和以后都付费。这里举个例子来说明其中的复杂性，B 级基金和 C 级基金的一个重要区别在于 B 级基金可转换，而 C 级基金不可以，期限是在"基金认购当月的最后一天起"的 10 年内。[④] 很显然，这种复杂性给摩根士丹利的金融顾问和他们的客户都带来了困扰。2003 年 11 月，该公司由于不当销

---

① 数据来自理柏公司。

② Morgan Stanley, *Prospectus for Morgan Stanley S&P 500 Index Fund*, 30 October 2002.

③ Morgan Stanley, *Supplement to the Prospectus for Morgan Stanley S&P 500 Index Fund*, 30 September 2003.

④ Morgan Stanley, *Prospectus*, 2003: 19.

售活动而付出5 000万美元罚金，原因包括没有将适当类别的基金销售给投资者，以及没有把他们的特殊销售动机告知客户。①

SEC允许摩根士丹利采用华尔街惯用的含糊其词的办法，在没有“承认或否认罪行”的情况下交纳罚金。摩根士丹利没有承认也没有否认，其中一项罪行就是其经纪人销售了过高比重的B级基金。由于B级基金的年度收费较高，因此他们倾向于将这个最贵的产品卖给投资者也就不足为奇了。事实上，摩根士丹利标准普尔500指数基金的募集说明书中已经披露，其B级基金在给出的不同持有期——1年、3年、5年和10年中，成本都要稍微高一些。《华尔街日报》以一种巧妙而保守的说法指出，“摩根士丹利经纪人再也不能靠着向客户兜售B级基金来赚更多的钱了”。这篇文章进一步指出，有些投资者“直到看见确认书或每月的账单”时，才知道原来自己购买的是B级基金。这篇文章既谴责了经纪人，又批评了客户。②

SEC之所以对摩根士丹利处以5 000万美元罚金，还有一部分原因在于摩根士丹利对自己旗下的基金赋予优惠待遇。该公司的经纪人销售自己公司的产品时，会拿到更高的佣金，却没有将这一政策告知客户。SEC执法部主任斯蒂芬·库特勒（Stephen Cutler）指出，“对投资者来说，最重要的莫过于从专业投资人士那里获得客观的建议，或者知道自己将要得到的建议并非不偏不倚。简单地讲，摩根士丹利的客户并不知道该公司为什么要向他推销某一只特定的基金。”③ 摩根士丹利公司经纪人兜售的该公司的标准普尔500指数基金最终让客户付出了沉重代价。

2003年11月，摩根士丹利向SEC支付了5 000万美元罚款，在此之前，该公司刚刚于2003年9月向美国证券交易商协会（NASD）交纳了200万美元罚金。NASD声称，摩根士丹利的经纪人参与了多场“明令禁止的销售争

① Tom Lauricella, “Morgan Stanley Settles, but Woes Linger. Deal to Set Aside \$50 Million for Clients Resolves SEC Charges, but Mutual-Fund Probes Continue,” *Wall Street Journal*, 18 November 2003.

② Tom Lauricella, “Morgan Stanley Settles, but Woes Linger. Deal to Set Aside \$50 Million for Clients Resolves SEC Charges, but Mutual-Fund Probes Continue,” *Wall Street Journal*, 18 November 2003.

③ Ibid.

夺战”，旨在“推销摩根士丹利的共同基金”。宣布了这一谴责和罚款的新闻稿在开篇中指出，“在 1999 年 10 月和 2002 年 12 月期间，该公司组织了 29 次营销活动，向客户提供‘小甜甜’布兰妮（Britney）和滚石乐队（Rolling Stones）的音乐会门票、美国职业篮球联赛（NBA）决赛的门票、高级跑车培训学校的学费和度假地的旅行”。很显然，在组织这些营销活动时，摩根士丹利公司在良心上是有负罪感的，并且试图“向大众隐瞒它致力于销售自己旗下共同基金的事实，从而尽量避免公关危机”。在接受谴责和罚款时，摩根士丹利既没有承认也没有否认这项指控。①

正如摩根士丹利的高收费指数基金案例所表明的，追求利润的共同基金公司有时会损害投资者利益。问题在于，什么样的市场失灵才会使营利性共同基金伤害它们自己的客户。问题的关键在于见多识广的大型金融服务公司与知识匮乏的单个投资者之间是对立的。事实证明，结局很容易预测，那就是公司的利润动机获胜，投资者的利益落败。

共同基金管理公司的董事并没有为散户投资者提供丝毫帮助。以基金持有人利益为导向的董事会本来可以为管理共同基金商定出公平合理、有竞争力的费用。它们可以阻止过高地收取 12b－1 费用，还可以行使权力将管理共同基金资产的合同让渡给一家成本更低、服务质量更高一筹的公司，比如先锋集团。恰恰相反，摩根士丹利的雇员和同伙组成了一个以金融服务公司为服务导向的董事会，他们积极批准一些私下签订的合约，这使得摩根士丹利牺牲该公司缺乏经验的客户的利益，来获取不合理的利润。即使是披着经 SEC 批准的外衣在进行资产管理，但是小偷始终都是小偷。

对于主动管理型的投资组合，共同基金管理公司的董事有机会对高于市场平均水平的费用做出合理解释，他们一般奢望通过运气或者技巧来赚到超越市场平均水平的收益，但指数基金的管理圈并不认同这种解释。摩根士丹利标准普尔 500 指数基金的董事心里清楚，其基金持有人的收益肯定低于竞争对手，因为不合理费用、12b－1 费用和过高管理费用的共同作用必然造成

---

① National Association of Securities Dealers, News Release, “NASD Fines Morgan Stanley ＄2 Million for Prohibited Mutual Fund Sales Contests,” 16 September 2003.

巨大损失。盈利动机战胜了自己负有的信托责任。

在为机构投资者做资金管理的领域，投资管理服务的买卖双方在还算平等的条件下进行交易。买方的专业人士会仔细审查卖方的资金管理人，表现可谓尽职尽责，并共同商定出双方都能接受的合约条款。不管最终的结果如何，至少机构资产管理人参与了一场公平的竞争。

而对于个人投资者，美国政府试图通过立法和监管来解决地位不对等的问题。但不幸的是，事实证明，美国政府就如同漫画中那个愚蠢的拳击手乔•帕鲁卡（Joe Palooka），根本不是资产管理行业这个重量级拳击冠军的对手。当政府意识到资产管理行业带来了破坏时，立法机构和监管当局的回应不但缓慢而且效率极其低下。当美国政府制定出一套法规来对付一种众所周知的破坏行为时，该行业便挥舞重拳发起强力的反击，并找出了取胜的新方法。不管是政府干预还是个人自己积极想出来的办法，都不能挫败共同基金公司的贪欲。

立法和监管活动

共同基金公司对投资者的损害已经到了无法容忍的程度，这最终导致了公众的强烈抗议，要求改革和赔偿也就在意料之中了。SEC 和美国国会是监管体系的主要角色，它们运用监管和立法这两项工具来影响共同基金的行为。不幸的是，对于投资者来说，监管措施的改革很少能发挥作用。在大多数情况下，监管者忽略了许多复杂而隐蔽的问题，只解决了某些最基本、广为人知的问题，有关当局总是在丑闻曝光后才做出反应。当监管者出手对付共同基金欺诈时，共同基金行业就会不停地对一项明令禁止的谋利方案做变通，这就使监管者丧失了对恶劣行为的抑制作用。最终，有关当局在监督过程中偶尔会制定出一些荒谬的规章制度，为公司提供了一些可供使用的新方法或“避风港”，以便在充盈公司金库时使用。

针对共同基金资产管理中层出不穷的问题，信息披露是一种受欢迎的举措。事实上，SEC 的网站就指出，“美国证券业的法律和条例都源于一个浅显易懂的观念：所有的投资者，不管是大型机构还是个人，都应当在购买某一投资产品前被告知关于它的一些基本情况。”① 信息披露能使大型机构投资者获益，因为它们能够理解信息披露的内容，并根据这些信息行事，但是对个人投资者没什么用。共同基金管理人只会简单地遵从信息披露的字面要求（而不是它的精神实质）。个人投资者忽略了这些信息。利益侵害活动继续迅速蔓延。

规章制度

投资者要重复面对的问题就是监管活动的重点和范围。SEC 和美国国会愿意解决简单易懂、备受关注的问题，却留下更为复杂、不为人注意的问题，从而继续损害投资者权益。2003 年的基金丑闻暴露出滞后定价交易和软美元费用的问题，这就体现出监管者倾向于处理简单的问题，而忽视复杂的问题。滞后定价交易——一种很容易被发现的违法活动——受到了大量的监管审查。滞后定价交易之所以能引起人们的注意，是因为它被明确认定为个人犯罪，这就使得监管者和新闻机构能将它公之于众；相比之下，软美元费用——一个非常隐秘的投资者收益蚕食手段——受到的关注就要少很多。即便几十年来，监管者早已意识到了使用软美元费用的内在冲突，国会和 SEC 却极少关注这个对媒体不友好的话题。结果，共同基金公司继续使用复杂而不易察觉的工具把投资者的财富转移到基金公司的账面上去。

即使监管当局直接打击某些重大侵害行为，共同基金行业也会予以反击，寻找新的方法来损害投资者的利益。在滞后定价的情况下，20 世纪 20—30 年代的交易商使用荒唐、唯利是图的定价双轨制。由于《1940 年投资公司法》严禁今天以明天的价格进行交易，在 20 世纪 40—60 年代，共同基金行业就使用“向后定价”，即今天以昨天的价格进行交易。在 1968 年 SEC 禁止了“向后定价”以后，共同基金管理公司又对多种类型的基金进行滞后定价，并从中获利，最引人注目的是持有低流动性的外国公司证券。在共同基金行业

① Sec. gov，“The Investors Advocate：How the SEC Protects Investors and Maintains Market Integrity，” *Securities and Exchange Commission*，http：//www. sec. gov/about/whatwedo. shtml.

的 80 年发展历史中，监管者意识到了公允价格的重要性，也知道了需要哪些机制来制定合理的价格。遗憾的是，行业压力和监管者的无能两者共同发挥作用，使得共同基金行业总是比监管者的管制措施领先一步。

监管者的刺激会使共同基金行业做出对抗性的回应，除此之外的一个深层问题是，荒谬的立法或监管活动也会给投资者的地位造成伤害。用过高的佣金为基金公司创造形成回扣的机会的行为在 1975 年受到了监管者的鼓励，因为国会提供的一项立法允许 SEC 为软美元费用的使用设置一个“避风港”。收取营销费用对投资者造成的直接伤害在于费用导致收益减少，间接伤害在于费用引起资产增加，但 SEC 为共同基金行业创立的 12b－1 费用规则使这项费用获得了正式许可。软美元费用和 12b－1 费用使人们在善良的吉柯（Jekyll）身上看到了邪恶的爱德华·海德（Edward Hyde）的面孔，并表现出“投资者代言人”具有类似海德的邪恶品质。*

也许在将来，立法者或者监管者会制定正确的政策，并取缔滞后价格、软美元费用和 12b－1 费用。即使如此，共同基金行业的发展历史一次又一次地证明，规章制度所提供的解决方案充其量只是暂时的。在强烈的牟利动机驱使下，共同基金行业和华尔街会想出创造性的方法来规避保护投资者的措施，或者削弱这些措施的效力。

信息披露要求

一个最受欢迎的监管手段就是向投资大众披露一些相关事实。倡导坦诚地、全面地、越来越多地进行信息披露的人相信，在经过仔细考虑做出投资决策之前，投资者会对基金发行文件里包含的信息进行深思熟虑的评估。即便投资者根本就没有阅读和理解信息披露文件，仅仅强制要求基金管理公司进行信息披露，也许就能防止它们开展对投资者不利的活动。不幸的是，信息披露要求并没有让投资者从中受益。

我们可以翻阅一下先锋 500 指数基金的发行文件。管理指数基金是投资行业最基本的业务之一。先锋 500 指数基金的资金募集说明书共有 37 页，包

---

* 在英语国家里，吉柯和海德的故事家喻户晓，形容有善恶双重性格的人。——译者注

括很有用的“投资术语词汇表”、6 页的“账户登记表”，以及扩展视野的“先锋基金和账户一览表”。2003 年 4 月 28 日发布的“附加信息声明”（SAI）又有 46 页，而先锋 500 指数基金的 2003 年年度报告总共只有 34 页。很少有投资者会花时间将这些金融文章一页页看完，即使这些文章遵从了 SEC 提出的使用“浅显易懂的语言”这一建议。①

要拿到先锋集团的资金募集说明书很容易，因为向潜在投资者发放资金募集说明书就为争取到一笔资金建立了合法前提。可以在网上获取发行文件，也可得到更传统的纸质表格形式的文件。该文件提供了指数基金的简介、各种指数基金的介绍、投资顾问的情况以及申购基金份额的流程。稳健的投资者会特别关注基金投资目标、投资策略、费用情况和历史业绩等方面的信息披露。

然而查阅资金募集说明书仅仅是一个起点。细读资金募集说明书，认真的投资者将发现它会提到“附加信息声明”（SAI）——“通过引用被放到资金募集说明书中，并且是其合规的一部分”②。即使发行文件的主体部分就在先锋集团的网站上，可供任何可以上网的人下载使用，但要拿到 SAI 需要专门提出申请，并等待慢得像蜗牛一样的普通快递将它寄来。难怪《华尔街日报》的卡伦・达玛特（Karen D'Amato）把 SAI 文件戏称为“长期被忽略的东西”③。先锋集团使用美国邮政服务（U. S. Postal Service）公司寄送一份电脑打印的“附加信息声明”，除了存在生产成本、快递费用和时间迟滞，还有寄送效率的低下，这样先锋集团也就阻碍了投资者获得敏感信息。

先锋 500 指数基金的 SAI 文件共有 46 页，它包含了受托人的利益冲突、基金份额的所有权和服务酬金等方面的信息。披露的信息中有的很精确，比如它指出受托人的基本工作是管理 112 只先锋共同基金，他们每人每年获得的薪酬是 108 000 美元；也有一些很含糊，比如在受托人持有的基金类型上标示“无”、“10 000 美元以下”、“10 001 美元～50 000 美元”、“50 001 美元～

① Securities and Exchange Commission, *A Plain English Handbook: How to Create Clear SEC Disclosure Documents* (Washington, DC: GPO, 20 August 1998), 2.

② The Vanguard Group, *Vanguard U. S. Stock Index Funds Prospectus*, 20 January 2004: 68.

③ Karen Damato, "Mutual Funds' Best-Kept Secret," *Wall Street Journal*, 23 January 2004.

100 000 美元”和“100 000 美元以上”。对公司治理结构感兴趣的投资者会发现先锋集团首席执行官约翰·布伦南是“相关受托人”，也会注意到他在先锋股票型基金中是否拥有股份。[①]

即使先锋集团通常都会把投资者利益放在最高地位，但它的基金持有人可能也想知道该公司的证券交易策略是怎样的。只有仔细查看 SAI 文件的 B-26 页，投资者才会找到一些线索，表明该公司同样涉足了软美元费用这个泥潭。先锋集团模棱两可地说道，“公司可能会考虑那些为各只基金提供了统计信息和其他服务的经纪人。”[②] 对于这样一个不可原谅的行为，先锋集团为自己做了蹩脚的辩护，声称“会运用最佳的判断力挑选出最有能力提供最优价格和最佳执行能力的经纪人”[③]。但是，将“单纯地执行交易”和“单纯地执行交易加其他服务”等同起来的谎言仍在继续。即使在以投资者利益为导向的众多机构中，先锋基金几乎是一枝独秀，但它在 SAI 中披露软美元费用时依然有所隐瞒，这让投资者非常失望，因为他们发现了在该公司运营中存在令人不满的情况。

共同基金的季度、半年度和年度报告共同构成了信息披露三部曲的第三部分。2003 年 12 月 31 日，可以在互联网上获取先锋集团发布的年度报告。该报告是一份非常容易得到的资料，它包含一系列关于投资组合的有用信息，包括费率水平、近期业绩和市场共同环境等方面的信息。针对能注意到小号字体的投资者，该报告给出了一个详尽的证券持有情况一览表。

谨慎的投资者面临一项艰巨的任务，那就是在申购先锋 500 指数基金之前要阅读一份厚达 149 页的信息披露文件。在很容易就可以得到的发行文件中，每一页都充满着关于指数化投资优越性的信息。更令人担忧的信息却深藏在 SAI 中没被发现，并用非常不坦诚的话语做了掩饰。如果连先锋集团这样的共同基金行业的精英都在信息披露的某些方面做不到位，那又能指望普通的共同基金集团达到什么样的水平呢？

---

① The Vanguard Group, *Vanguard Index Funds Statement of Additional Information*, 28 April 2004: B-24, B-25, B-26.

② Ibid., B-26.

③ Vanguard, *Prospectus*, 23 April 2004: B-26.

信息披露最根本的弊端在于个人投资者不会全部读完一页又一页晦涩难懂的文件。就纸张消费能力而言，所有名列前茅的共同基金公司都以其数量众多的材料使投资者应接不暇。如表 12.6 所示，太平洋投资管理公司的文件以 236 页的总数高居榜首。富达公司是这组公司里的“小气鬼”，可它的文件也有 127 页之多，令人印象深刻。也许，一个基金管理公司如果想要隐瞒令它感到难堪的信息，最有效的方法就是把这些信息深深地埋藏于某只基金的发行文件里。

表 12.6　投资者面对堆积如山的纸质材料：共同基金的信息披露文件（页数）

基金管理公司	基金	资金募集说明书	SAI	周期性报告	总页数
富达公司	麦哲伦基金	22	37	40（年度报告） 28（半年度报告）	127
资本集团	阿姆卡普基金	32	70	36（年度报告）	138
先锋集团	500 指数基金	37	46	34（年度报告） 32（半年度报告）	149
美国投资管理公司/景顺集团	美国投资管理公司旗舰股票型基金	32	113	29（年度报告） 28（半年度报告）	202
太平洋投资管理公司	总收益基金	54	143	39（年度报告）	236

资料来源：富达公司；资本集团；先锋集团；美国投资管理公司/景顺集团；太平洋投资管理公司。

说明：各文件的发布日期如下。

富达公司资金募集说明书（2004 年 5 月 28 日），SAI（2004 年 5 月 28 日），年度报告（2004 年 3 月 31 日），半年度报告（2003 年 9 月 30 日）。

资本集团资金募集说明书（2004 年 5 月 1 日），SAI（2004 年 5 月 1 日），年度报告（2004 年 2 月 29 日）。

先锋集团资金募集说明书（2004 年 4 月 23 日），SAI（2003 年 4 月 28 日），年度报告（2003 年 12 月 31 日），半年度报告（2004 年 6 月 30 日）。

美国投资管理公司/景顺集团资金募集说明书（2004 年 4 月 30 日），SAI（2004 年 3 月 3 日），年度报告（2003 年 12 月 31 日），半年度报告（2004 年 6 月 30 日）。

太平洋投资管理公司资金募集说明书（2004 年 7 月 30 日），SAI（2004 年 7 月 30 日），年度报告（2004 年 3 月 31 日）。

SAI 的派送方法引发了人们对大量共同基金公司能否如实履行信息披露承诺的怀疑。对于先锋集团、另类投资市场的美国投资管理公司/景顺集团和太平洋投资管理公司的投资者，必须要通过打电话的方式才能索取到 SAI，接着又让他们等待通过像蜗牛一样慢的普通快递寄送的 SAI，采用这种代价高昂而且效率低下的派送方法，足以表明一个公司是否想向投资者告知某些信息。虽然将来 SEC 可能会出台规定，要求公司必须在网上提供 SAI，但共同基金行业曾经不愿意与投资者共享一些必须进行披露的信息，这将是该行业声誉上的一个永久污点。

信息披露并没有成为一种投资者利益的保护机制，很少有投资者会花时间和精力去阅读信息披露文件内容并从中受益。即使一个投资者收集并研究了相关的材料，很多问题也只有最出色的专门研究市场的人士才能理解。在现实运行的同时，信息披露机制又是非常冗长和极其低效的。

本章小结

共同基金行业根本性的市场失灵在于经验丰富、追逐利润的金融服务提供商与缺乏经验、追求收益的投资产品消费者之间缺乏互动。华尔街和共同基金行业的牟利动机战胜了信托责任的理念，这就导致了一个完全可以预料的结果：除了在一些个别情况下，有些人凭借不寻常的技能或者不可靠的运气获得了成功，强大的金融服务业都是依靠剥削弱势的个人投资者为自己谋利。

在决定投资者的成功概率方面，基金管理公司的所有权结构发挥着作用。共同基金投资者面临的最大挑战来自要为公众持有人提高收益率，或者要为母公司创造利润的投资管理公司，在这些情况下，创造利润和信托责任之间的矛盾非常突出。如果一家基金管理子公司隶属于一家设有多部门的金融服务公司，那么滥用投资者资产的概率就会提高很多。相比之下，营利性私人投资管理机构则有机会扮演一个慈善资本家的角色，出于对投资者收益率的考虑，它们弱化了自身动机。但只有在非营利性行业，投资者的利益才被放在中心位置。

投资者申购由非营利性机构管理的基金是最成功的举措，因为这种管理公司全心致力于为投资者利益服务，不存在牟利动机与管理人信托责任之间的冲突，公司的利润率不会妨碍投资者的收益率，也不会有外界公司的利益与选择投资组合的管理方式相冲突。所以，只有非营利性公司才会把投资者的利益放在首位。

对投资者来说幸运的是，市场上有两家大型基金管理机构奉行为投资者利益服务的公司理念，并遵循很高的信托标准。先锋集团和 TIAA-CREF 都是在非营利性基础上运营的，这就使它们在基金管理过程中将投资者利益放在至高无上的地位。先锋集团和 TIAA-CREF 强调提供高质量、低成本的投资产品，这就为个人投资者提供了构建投资组合的宝贵工具。

总结来看，非营利性投资管理机构旗下的被动型指数基金是最有可能实现投资者愿望的组合。正如密斯・凡・德・罗（Mies van der Rohe）的名言——“少即多”，投资指数基金的死板方法决定了主动型基金管理是无比复杂的。跟随一个一心致力于满足投资者利益的公司做投资才能把委托人和代理人的利益统一起来，并将投资方程简化为最基本的形式。由于共同基金行业涉及的范围极广，而且非常复杂，投资者偏爱的解决方法是独一无二的，并且应该是显而易见的。

附录 1

盈利与亏损的度量

在衡量业绩表现时，多数投资者都是简单地查看一下投资收益率。如果收益率数据在绝对数值上看起来很棒，或者从相对数字上来看已经有了足够的空间，那么可以宣告投资成功了。在没有发生投资中途的现金流的情形下，对收益率的简单评估能够很好地评价整个投资过程。也就是说，这种简单评估适用于投资一开始所有投资金额就已经确定的情况。

当投资中途出现投资者的定期现金流出和流入的时候，这些资金流的择时进出会以很重要的方式影响投资结果。然而，单纯依赖简单的投资收益率是无法衡量中途现金流的影响的。事实证明，在出现中途增资或赎回从而投资者风险敞口发生改变的情况下，计算投资者的盈利和亏损金额非常具有指导意义。通过从投资者活动带动的投资绩效（和赎回）中扣除其对投资业绩造成的收益（和损失）部分，我们可以得到净投资收益（或损失）。如果投资者以低价投入资金，并在高价时赎回资金，分析结果将显示出总体获益。即低买高卖的操作能够提高业绩表现。如果投资者以高价买入，分析结果将显示出总体损失。即高买低卖会伤害业绩表现。

由于共同基金的基金经理并不会每天披露所管理资产的信息，因此若要评估投资业绩与投资者现金流动之间的交融，我们需要对投资者现金流入和流出的时间点做出合理的假设。计算科技基金亏损的美元价值的时候，我们采用了关于管理资产规模的年度数据和关于业绩表现的季度数据。分析会把不是由业绩变化导致的资产规模变动（表面来看，指的是投资者现金流入或流出）按照季度分布到已知的年度时间点之间。在缺少全年现金流变化分布信息的情况下，正如现实世界中显然存在的，资产规模的年度变化似乎大部分是由投资业绩引起的。这个时候，我们就假设投资者每季度出现一次增资（或资金赎回），这种分析方法会更加贴近于现实世界的情况。

附录 2

共同基金收益率案例——阿诺特、伯金和叶甲的研究

罗伯特·阿诺特、安德鲁·伯金和叶甲在《投资组合管理杂志（2000 年夏季刊）》（*Journal of Portfolio Management*，Summer 2000）发表了题为《20 世纪 80 年代和 90 年代应纳税投资者的服务状况究竟如何？》（How well Have Taxable Investors Been Served in the 1980s and 1990s?）的文章，基于作者完成作品的全面性和谨慎性，该文在投资文献中理应占有一席之地。由于把税收问题和投资失利的基金业绩纳入研究样本，该项研究获得了特别赞誉。该研究的另一个值得关注的方面是，其选取了可供投资的替代标的，使用先锋 500 指数基金作为衡量投资成功与否的比较基准。先锋集团被动管理账户的使用为个人投资者带来了优势，它提供了真实世界的另一个投资选择，尽管其本身也具有不符合共同基金行业的基金市场资本化的特征。

鲜有关于共同基金业绩的严谨研究会突出税后收益率这个棘手的问题。通过收集共同基金的分红数据和历史的税率信息，作者能够计算出税收对投资收益的影响，但这项任务的规模之大无疑会阻止其他人开展类似研究。作者留下了令人头脑发怵的复杂的国家税收问题供人们未来做研究。

阿诺特团队研究了“1979 年、1984 年和 1989 年所有资产管理规模在 1 亿美元以上、以股票为导向的共同基金，其中包括后来清盘了的基金”。通过收集已暂停申购的基金或已合并基金的数据，作者把我们对基金业绩表现的美好愿景，带到了可能具有危险性的投资失利的现实世界中。

阿诺特等的研究发现，1979 年，市场上超过 1 亿美元资产管理规模、以

股票为导向的共同基金有 195 只，其中有 33 只基金（占总数的 17%）在这项为期 20 年的研究过程中消失了。与先锋 500 指数基金相比，剩余的 162 位幸存者基金每年的亏损为 1.8%。通过研究失踪的 33 只基金的收益情况，阿诺特和他的合作者发现：业绩表现的亏损率数值上升到每年 2.1%。表 A.1 详细列出了已经消失的基金对收益率的影响。纠正幸存者偏差后，幸存的共同基金比消失的共同基金具有创造更高收益率的倾向，这使得披露的共同基金的业绩结果表现出重大的差异。

表 A.1　投资失利对基金业绩表现造成的影响：相对于先锋 500 指数基金的税前收益表现（每年,%）

周期	包含幸存者偏差的亏损	不包含幸存者偏差的亏损	幸存者偏差的影响
10 年	3.1	3.5	0.5
15 年	3.5	4.2	0.7
20 年	1.8	2.1	0.4

资料来源：Arnott et. al.，*Journal of Portfolio Management* 26，no.4（2000）.
说明：由于四舍五入，总数可能并没增加。数据截至 1998 年 12 月 31 日。

使用先锋 500 指数基金后，阿诺特等就可以对被动管理和积极管理的基金开展同类对比。不幸的是，与使用大盘股先锋 500 指数基金相关的资本化规模偏差导致该研究出现了潜在的误差来源。先锋 500 指数基金跟踪了标准普尔 500 指数的收益率，标准普尔是由大市值的资本化证券所主导的指标。由于共同基金经理可以选择所有可用的证券，并不仅仅是标准普尔 500 指数中的证券，所以更广泛的市场衡量标准能够提供更加公允的比较基准。威尔逊 5000 指数的称呼其实已经不太准确了，因为该指数事实上包含截至 1998 年 12 月 31 日的 7 234 只股票，几乎涵盖了美国公开上市交易的所有证券，构成了一个衡量主动管理结果的更公平的比较基准。

在阿诺特等的研究期间，大盘股和小盘股的相对表现在一定程度上解释了先锋 500 指数基金与众多共同基金收益率的差异。截至 1998 年 12 月 31 日的 20 年时间里，标准普尔 500 指数每年跑赢威尔逊 5000 指数 0.3%，这表明相对于由共同基金建立的包含了更大范围证券的投资组合，投资于大盘股获得了溢价收益。如表 A.2 所示，10 年期和 15 年期中，大盘股表现出更大优势。

表 A.2　标准普尔 500 指数与威尔逊 5000 指数表现对比（%）

周期	标准普尔 500 指数	威尔逊 5000 指数	差值
10 年	19.0	18.1	0.9
15 年	17.7	16.7	1.0
20 年	17.5	17.2	0.3

资料来源：彭博；威尔逊协会（Wilshire Associates）。
说明：数据截至 1998 年 12 月 31 日。

在阿诺特等不存在幸存者偏差的研究报告章节中，主动管理基金经理的业绩表现被低估，这与现实中的真实水平相比可能被夸大了，其幅度差不多等同于标准普尔 500 指数和威尔逊 5000 指数之间的业绩差值。例如，因为阿诺特等从表 7.2 和表 7.5 的数据中扣除了幸存者偏差的影响，所以数据夸大了业绩表现与公允比较基准的差距大小。在研究计算输赢概率以及胜利和失败的平均利润率的部分研究中，幸存者偏差就体现出来了（这部分研究不包括消失的基金，因为作者需要一个完整周期的记录来计算结果）。因此，表 7.3 和表 7.6 中的数据放大了获胜的可能性，夸大了获胜的平均利润率，低估了失败时候的平均利润率。对这些数字的粗略审视表明了一种大致公平的形式，即资本化偏差（20 年来每年 0.3%，让投资者受益）大约抵消了幸存者偏差（20 年来每年 0.4%，让投资者受损）。无论细微差别如何，事实上，希望战胜市场的投资者仍然面临长期的困境。

罗伯特·阿诺特、安德鲁·伯金和叶甲提出了一项结构完善的研究报告，为理解共同基金的业绩做出了不可估量的贡献。通过纳入共同基金主动管理活动的税收后果以及应对幸存者偏差带来的收益率膨胀的影响，作者得出了一个有力的结论，即聪明的投资者乐于接受被动管理型指数基金。

译者后记

20年前读书时就闻知史文森先生的大名，他当时给我留下了深刻印象。他是金融投资圈的传奇人物，作为耶鲁大学捐赠基金的管理人凭借出色业绩成为全球金融翘楚。因此，拿到英文原书时，在象牙塔里学习多年金融理论的我既兴奋又忐忑。兴奋的是可以在逐字逐句翻译中感悟大师的实战经验与投资理念，忐忑的是唯恐水平欠缺，有负这本经典巨著。

国内专业人士对史文森先生的《机构投资的创新之路》好评如潮，《非凡的成功：个人投资的制胜之道》是史文森先生指导个人走向投资成功之路的又一力作。本书立足全球视野，围绕资产配置、择时交易和证券选择三方面，逐一归纳各类资产的投资特性、优劣及全球表现，同时详尽披露了基金管理人的根本利益冲突及诸多弊病，直指不同投资策略与工具的不足，中肯地指出个人投资者的人性弱点与约束局限，最后推荐了适合个人的投资工具，建议选择非营利性基金公司的被动管理型交易所交易基金，全书毫无保留地传授了宝贵的投资理念，探讨了诸多案例与经验分享。

本书理论功底深厚，专业文献信手拈来，全球市场洞若观火，投资经验娓娓道来，思想深邃犀利，对市场和策略的评价入木三分，直指行业乱象与根源，真可谓痛快淋漓！史文森先生对基金管理行业和个人投资的深刻认知远超我以往读过的任何一本金融著作，可谓投资的必读之作。难能可贵的是，本书文笔优美流畅，充分考虑了面向个人投资者的通俗可读性。中国人民大学出版社不辞辛苦取得版权，王晗霞博士、高晓斐老师对我给予了慷慨的信任，将翻译交付于我。然而等我真正着手译起来，才发觉单靠所学理论远远不足以应对，加之自博士后出站到上海黄金交易所工作后，与基金管理行业颇有差距，深觉自己的专业、视野、文笔在史文森先生精妙的行文面前，委实捉襟见肘。

我与易方达基金管理公司副总裁陈彤博士是校友，毕业后同在上海，因此接触更多。他在证券基金公司浸润30年，在他全面负责易方达基金管理公司销售业务期间，公司从行业第五跃升至第一并保持至今，始终走在创新业务前沿。毫无疑问，他对本书中提到的策略、业务、工具和行业内幕见地颇深，我冒昧邀请这位西南财经大学学长共同翻译此书，他爽快地答应了，这对我而言不啻雪中送炭。

过往的翻译经历告诉我，英文原著读起一时爽，翻译起来时时处处难。翻译最忌吃力不讨好，因此我不敢有一丝懈怠，也绝不惜丝毫气力。接下任务的几年里，我们查阅文献，确认术语，一个个排除疑难点，一版版地修订，一页文字常常要改上两三个小时，那些原本属于休闲、属于家人的时光，也都浓缩在本书的字里行间。窗前花开花落，门外寒来暑往，人事亦有代谢，2019年我们终于打磨出初稿，艰辛曲折不一一再叙，后续也陆续虚心征求多位基金经理和学者做审读。上海信托曹立伟、贵州大学王亚等协助校对，恕不一一列举，中国人民大学出版社朱含蓄老师专业严谨的编辑为本书增色颇多。在此对为译著做出贡献的各位师长、朋友一并谢过。全书最后由我统稿，如有疏漏之处，责任全部在我。

从2017年着手翻译，逐句逐字地切磋推敲，到2020年最终定稿，回首来看，这本书给了我们一个总结、沉淀和升华的机会，同样也是我们忠实履行信托责任、规避冲突的宝贵经历。我们相信本书同样会成为金融投资专业人士的案头读物，也是聪明的投资者于成功投资路上非同凡响的“智”选。

市场永远是对的，一如基金经理的业绩表现终须接受市场的检验，不论主动管理还是被动跟踪策略，最终都要靠业绩表现说话。我和陈彤博士确实为此书付出了大量的时间和心血，然而最终成效如何，依旧有待同行、读者的检验。书中如有任何疏漏与不足，恳请诸君斧正！

年四伍

2020年11月于申江

Unconventional Success: A Fundamental Approach to Personal Investment

Published by arrangement with the original publisher, Free Press, a division of Simon & Schuster, Inc

图书在版编目（CIP）数据

非凡的成功：个人投资的制胜之道 /（美）大卫·F. 史文森著；年四伍，陈彤译. --北京：中国人民大学出版社，2021.1
ISBN 978-7-300-28335-7

Ⅰ.①非… Ⅱ.①大… ②年… ③陈… Ⅲ.①私人投资 Ⅳ.①F830.59

中国版本图书馆 CIP 数据核字（2020）第 115323 号

非凡的成功：个人投资的制胜之道
大卫·F. 史文森 著
年四伍 陈彤 译
Feifan de Chenggong：Geren Touzi de Zhisheng zhi Dao

出版发行	中国人民大学出版社		
社　　址	北京中关村大街 31 号	**邮政编码**	100080
电　　话	010－62511242（总编室）		010－62511770（质管部）
	010－82501766（邮购部）		010－62514148（门市部）
	010－62511173（发行公司）		010－62515275（盗版举报）
网　　址	http://www.crup.com.cn		
经　　销	新华书店		
印　　刷	北京联兴盛业印刷股份有限公司		
开　　本	720 mm×1000 mm　1/16	**版　　次**	2021 年 1 月第 1 版
印　　张	22.75 插页 5	**印　　次**	2025 年 10 月第 13 次印刷
字　　数	324 000	**定　　价**	98.00 元